16	3	2	13
5	10	11	8
9	6	7	12
4	15	14	1

Fernando A. Novais

PORTUGAL E BRASIL NA CRISE DO ANTIGO SISTEMA COLONIAL (1777-1808)

editora 34

EDITORA 34

Editora 34 Ltda.
Rua Hungria, 592 Jardim Europa CEP 01455-000
São Paulo - SP Brasil Tel/Fax (11) 3816-6777 www.editora34.com.br

Edição conforme o Acordo Ortográfico da Língua Portuguesa.

A Editora 34 agradece a Flávio Aderaldo e Rogerio Forastieri da Silva.

Imagem da capa:
Gaspar Frois Machado, Praça do Comércio da Cidade de Lisboa*, c. 1780,*
Colecção do Museu de Lisboa/Câmara Municipal de Lisboa - EGEAC

Imagem da 4ª capa:
Jean-Baptiste Debret, Largo do Paço no Rio de Janeiro*, c. 1820*

Imagem das páginas 14-15:
© *Antiqua Print Gallery/Alamy Stock Photo*

Capa, projeto gráfico e editoração eletrônica:
Bracher & Malta Produção Gráfica

Revisão:
Milton Ohata, Beatriz de Freitas Moreira

1ª Edição - 1979, Hucitec, São Paulo (8 Reimpressões)
2ª Edição - 2019

CIP - Brasil. Catalogação-na-Fonte
(Sindicato Nacional dos Editores de Livros, RJ, Brasil)

Novais, Fernando A., 1933
N217p Portugal e Brasil na crise do Antigo Sistema Colonial (1777-1808) / Fernando A. Novais — São Paulo: Editora 34, 2019 (2ª Edição).
432 p.

ISBN 978-85-7326-743-3

1. Brasil Colônia - História. 2. Portugal - História. I. Título.

CDD - 981

Índice

para
Horieta,
Luís Fernando
e Ana Lúcia

Nota do autor

Para esta edição, além da rigorosa revisão, apenas agregamos alguns pequenos tópicos ou citações que, no alvoroço daqueles verdes anos, tinham ficado fora do texto. Não se trata, pois, de atualização. Só nos resta lembrar, mais uma vez, que habent sua fata libelli.

São Paulo, 15 de agosto de 2019
Fernando A. Novais

Prefácio

*Este livro é, com alguns acréscimos, correções e revisões, a tese com que obtivemos o doutoramento na Universidade de São Paulo, em 1973. De então para cá foi se tornando cada vez mais difícil preparar o texto para a edição, em que pesassem as solicitações de colegas e amigos. Não tendo preparado a edição logo após a defesa, outros afazeres foram ocupando nossas atividades, leituras de vária ordem colocavam novos problemas, e as dificuldades cresciam. Tendo publicado em separado o segundo capítulo (*Cadernos Cebrap, *nº 17), a análise ali proposta logrou boa acolhida entre os estudiosos, e mesmo provocou debates. Novos trabalhos iam saindo, em que se abordavam sejam questões particulares, sejam os problemas mais gerais aqui tratados, o que dificultava sobremaneira situar-se em face da produção corrente nesses domínios. Resolvendo-nos agora a dar o trabalho à luz da publicidade, não escondemos uma certa insatisfação com a forma que assumiu, mas consolamo-nos com o fato de que tal sentimento deve ser comum entre os autores, e mesmo necessário, no sentido de que é próprio das tarefas intelectuais. Tal insatisfação não significa, é claro, que não estejamos convencidos das ideias e interpretações aqui veiculadas; poderiam, sim, ter sido mais bem expostas, talvez mais seguramente defendidas — mas isso seria um nunca acabar...*

Revendo agora o texto no conjunto, não nos podemos furtar de transcrever a "nota de agradecimentos" que então redigimos:

> *"Foram tantas as pessoas que de uma ou outra forma nos estimularam e ajudaram a realizar este trabalho, que nosso temor ao redigir esta nota de agradecimentos é de avolumar ainda mais este já espesso tomo, ou de cometer omissões imperdoáveis.*
>
> *"Nosso primeiro agradecimento vai naturalmente para o Professor Eduardo d'Oliveira França, catedrático de História Moderna e Contemporânea da*

Universidade de São Paulo, de quem continuamos assistentes, orientador desta tese — não só pelo apoio e estímulo constantes, como também pelo exercício do terrível espírito crítico com que nos obrigou a repensar a cada passo nossas ideias, e, ainda, pela inesgotável paciência com que tolerou nosso atraso de longos anos. Igualmente aos nossos colegas da cadeira, mas dentre eles nos acompanhou mais de perto o Professor José Jobson de Andrade Arruda, sobretudo depois que se pôs a trabalhar, digo melhor, a batalhar furiosamente com as balanças de comércio do final do século XVIII.

Ao contrário de muitos que vivem reclamando de bibliotecas e arquivos, fomos sempre muito bem recebidos nessas instituições, onde nunca nos faltou apoio, pelo que agradecemos a diretores e funcionários; mas queremos destacar, no Museu Paulista, nossa colega Maria José Elias. Especial gratidão devemos ao professor Antonio Galvão Novais, da Escola Politécnica, que não só pôs a nosso serviço sua mágica régua de cálculo, como nos sugeriu tabelas e gráficos, que aumentavam depois o seu trabalho para nos ajudar; de nossa parte, líamos os seus escritos na área da dramaturgia, o que era muito agradável.

Nossos agradecimentos se estendem para Campinas, aos nossos colegas da Unicamp, especialmente os economistas João Manuel Cardoso de Mello e Luiz Gonzaga de Mello Belluzzo; para o Rio de Janeiro, a Francisco Falcon, que também se debate com o século XVIII e o mercantilismo; até para Paris, onde estão, ainda temerosos de que não chegássemos ao cabo da tarefa, Margarida e Joaquim Barradas de Carvalho. Nunca esqueceremos que foi graças a este trabalho que descobrimos, em Lisboa, a amizade de Joel Serrão.

Como atrasamos muito, os amigos se inquietavam com os prazos, e aumentava o número dos que tentavam ajudar; nem todos tiveram chance, mas lhes somos igualmente gratos. Nossos familiares nos cercavam com calorosa expectativa. Somos particularmente sensíveis à ajuda que, no calor da hora final, recebemos de nosso colega Arnaldo Contier. A bibliotecária Herminia Muzanek cometeu a proeza, aparentemente impossível, de datilografar todas essas páginas num prazo incrivelmente curto. Finalmente, but not the least, *minha mulher Horieta acompanhou todos os passos dessa caminhada.*

Todos contribuíram para as eventuais qualidades que este trabalho possa ter; pelas deficiências que certamente terá, o Autor é o único responsável.

São Paulo, 29 de dezembro de 1972"

Nos anos decorridos, a roda da história não parou: Francisco Falcon, José Jobson, Arnaldo Contier ultimaram e apresentaram suas pesquisas, agora também em fase de publicação; o término da ditadura em Portugal permitiu enfim que os Barradas regressassem à pátria. Joaquim Barradas de Carvalho terminou também seu alentado estudo sobre a especificidade do Renascimento português, tão longamente trabalhado. Ampliamos nossas experiências em contatos com as universidades americanas, pudemos voltar à Europa, e rever Portugal, transfigurado pela Revolução.

Ao rol dos agradecimentos, cumpre ainda acrescentar nosso reconhecimento à banca examinadora (professores Francisco Iglésias, Juarez Brandão Lopes, Luiz Pereira, Sônia Siqueira, Eduardo d'Oliveira França) pela atenção dispensada ao nosso trabalho, e pelas críticas feitas; na medida do possível procuramos incorporar suas sugestões. Na revisão final, pudemos contar com o exemplar, densamente anotado, de Juarez, o que foi uma experiência gratificante.

*A tarefa de revisão e preparo da edição definitiva, contudo, não pode enveredar por todas as sendas abertas pelos comentários, críticas, ou pelas novas publicações. O segundo capítulo, sobretudo, abre um leque tão grande de questões, que torna impossível seu desenvolvimento sem desequilibrar o livro; reservamo-nos, por isso, para retomar a temática em outros trabalhos. As razões de termo-nos decidido a uma análise global do sistema de colonização mercantilista ficam explicitadas na introdução e no corpo geral do trabalho. Assim, com leves retoques, mantivemos o texto; se indicamos em nota os trabalhos de Ciro Flamarion Cardoso, sobre o escravismo, não foi possível discutir, aqui, o trabalho mais recente de Jacob Gorender. Igualmente vai indicado, mais para informação do leitor, o livro altamente sugestivo de Immanuel Wallerstein, mas preferimos não discutir as posições de Perry Anderson sobre o absolutismo, igualmente dignas de um exame em profundidade. Não mencionamos, também, trabalhos de colegas nossos que já vinham trabalhando contemporaneamente conosco, e que ultimaram depois suas pesquisas, tendo já citado nossa obra em exemplar mimeografado: tais os trabalhos de Francisco Falcon (*Política econômica e mercantilismo ilustrado: a época pombalina, *1975), István Jancsò (*Contradições, tensões, conflito: a Inconfidência Baiana de 1798, *1975) e de João Manuel Cardoso de Mello (*O capitalismo tardio: contribuição à revisão crítica da formação e desenvolvimento da economia brasileira, *1975) — todos em curso de publicação. No mais, procuramos, até onde iam nossas forças, atualizar a pesquisa até as últimas* *publicações; mas é claro que sempre será possível identificar omissões, pois se a arte é longa, como diziam os antigos, a vida é breve.*

Omissões também de muitas pessoas (amigos, parentes, colegas, alunos), que, de tantos, fica difícil enumerar; mas que nos estimularam permanentemente a ultimar o trabalho — sua solicitude, às vezes, nos pesava como responsabilidade de corresponder à expectativa. Agora, uma sensação de alívio nos envolve ao nos libertarmos desse compromisso, para enveredar por outros caminhos. Pela longa demora, tudo quanto podemos apresentar, à guisa de justificativa, é relembrar a frase de Jorge Luis Borges, no final do prefácio da sua incrível Historia universal de la infamia*: "Leer, por lo pronto, es una actividad posterior a la de escribir: más resignada, más civil, más intelectual".*

São Paulo, 23 de novembro de 1978
Fernando A. Novais

Cumpriu-se o Mar, e o Império se desfez.

....

Valeu a pena? Tudo vale a pena
Se a alma não é pequena.

Fernando Pessoa, "Mar Português"

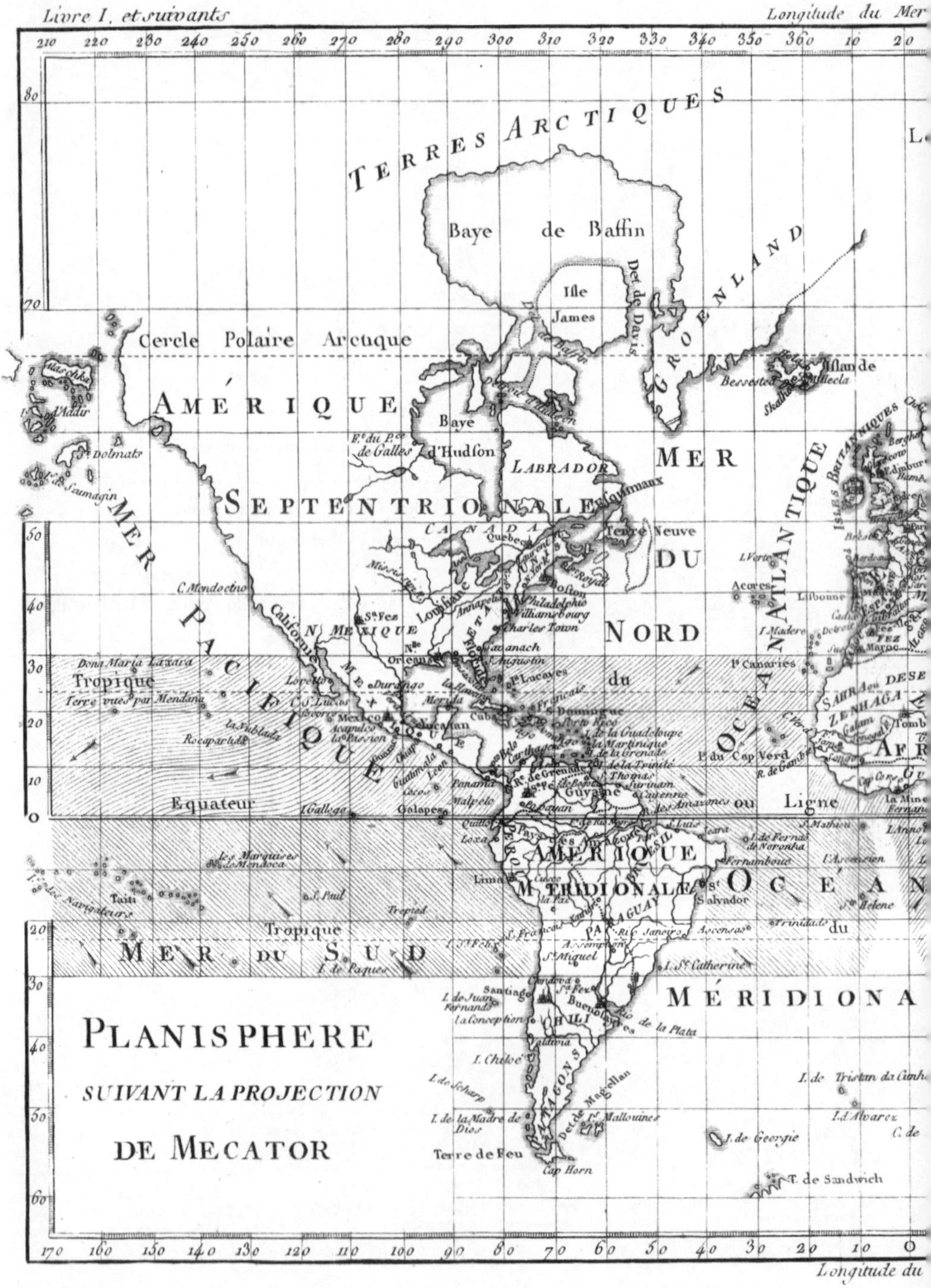

PLANISPHERE

SUIVANT LA PROJECTION

DE MECATOR

Terres Arctiques

Baye de Baffin

Isle James

Groenland

Cercle Polaire Arctique

Amérique Septentrionale

Baye d'Hudson

Labrador

Canada

Mer du Nord

Océan Atlantique

Mer Pacifique

Tropique

Equateur

Ligne

Amérique Méridionale

Océan Méridional

Mer du Sud

Tropique

Terre de Feu

Cap Horn

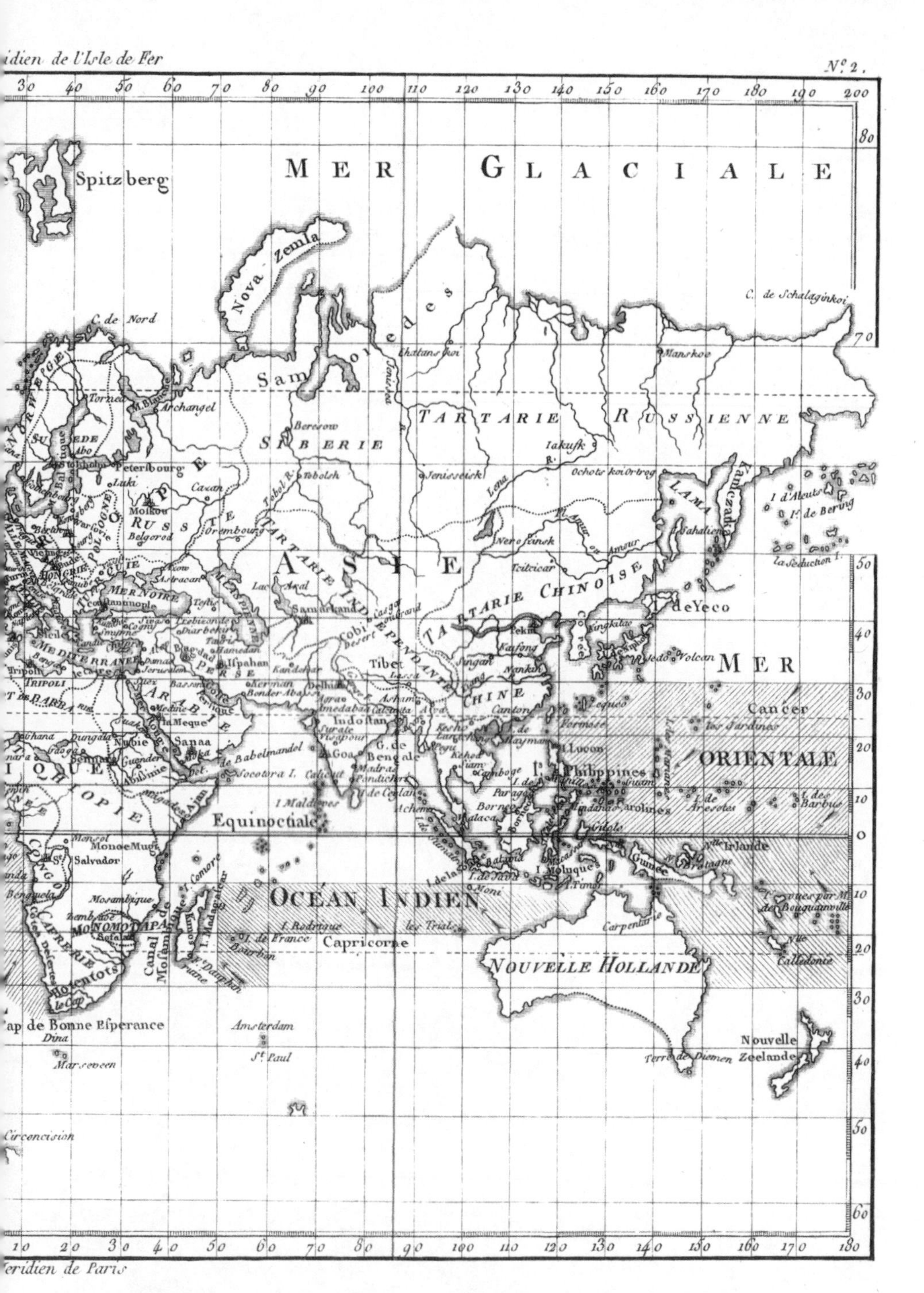

Rigobert Bonne, "Planisphère suivant la projection de Mercator", *Atlas de toutes les parties connues du globe terrestre*, publicado em *Histoire philosophique et politique des établissements et du commerce des européens dans les deux Indes*, de Guillaume-Thomas Raynal, 1780.

Introdução

Nos quadros da civilização ocidental, o fim do século XVIII e o início do XIX aparecem como um desses momentos tormentosos e fecundos em que se acelera significativamente o tempo histórico: o movimento revolucionário promove a demolição progressiva do Antigo Regime e a construção das novas instituições do Estado da época contemporânea. Anunciado, sob certos aspectos, pelas revoluções inglesas do século XVII, o grande ciclo das revoluções liberais se abre com a independência das colônias britânicas e constituição dos Estados Unidos da América (1776), manifesta-se com maior ou menor intensidade na Grã-Bretanha e Irlanda (1780), nos Cantões Suíços (1782), nas Províncias Unidas (1783), nos Países Baixos Austríacos (1787), para atingir na Revolução Francesa (1789) a sua mais completa configuração. Todos esses dramáticos acontecimentos se prendem ao mesmo processo estrutural de ruptura do absolutismo, como penetrantemente acentuaram Palmer e Godechot[1] em trabalhos recentes; mas foi indiscutivelmente a França revolucionária que se transformou no centro de expansão do movimento, por ali se ter o conflito social radicalizado mais fundo, levando-se a luta às últimas consequências. Da França, o vendaval se expande para toda a Europa e para o Novo Mundo,[2] com os avanços e recuos típicos das mudanças ver-

---

[1] Cf. a comunicação de Robert Palmer e Jacques Godechot ao X Congresso Internacional de Ciências Históricas, nas *Relazioni*, vol. V, Florença, 1955, pp. 173-239, especialmente pp. 219 segs.; Robert Palmer, *The Age of Democratic Revolution*, Princeton, 1959; Jacques Godechot, *La Grande Nation: l'expansion révolutionnaire de la France dans le monde*, Paris, 1956, 2 vols.

[2] As "formas de expansão" e de internacionalização do processo revolucionário constituem justamente o tema fundamental de J. Godechot em *La Grande Nation* (cf. vol. I, pp. 42 segs.); é claro que a revolução só se expande onde encontra condições de receptividade.

dadeiramente decisivas, e se prolonga até os meados do século XIX. O processo varia grandemente no tempo e no espaço, mas no conjunto todo o arcabouço do velho regime político e social é revolvido, e a pouco e pouco se transfigura a paisagem do mundo ocidental: é efetivamente uma nova fase da história que se inaugura.

Estruturalmente vinculado às antigas formas de organização política e de exploração econômica, parte integrante e indissolúvel do Antigo Regime, o sistema colonial do mercantilismo[3] não poderia escapar a esta subversão generalizada que tudo transformava. Foi aliás na periferia do sistema que o primeiro elo se rompeu; a revolução que independizou a Nova Inglaterra da Velha Metrópole é o primeiro abalo na estrutura aparentemente tão sólida do colonialismo moderno, e dá o exemplo da criação das novas instituições políticas. Envolta a própria Europa no processo revolucionário, em meio a inextricáveis contradições sociais e nacionais, afrouxam-se os laços de vinculação que prendiam as colônias ultramarinas às metrópoles europeias; e finalmente consuma-se a separação, as colônias tornam-se independentes, e o Antigo Sistema Colonial se dissolve.[4] É no quadro desse processo global que o Brasil emerge no mundo como nação soberana, e é em conexão com todos os seus aspectos que poderemos compreender essa etapa fundamental da nossa história.

É claro que o panorama acima descrito indica somente as linhas mestras do processo no seu conjunto, e que para pensarmos a última fase do período colonial do Brasil temos de levar em conta a peculiaridade da posição e da situação de Portugal e do mundo colonial português, é necessário descobrir e analisar todos os elementos que medeiam entre esta situação concreta e es-

---

[3] A posição do sistema de colonização no quadro do capitalismo comercial e da política mercantilista será analisada mais adiante no capítulo II.

[4] Não queremos, evidentemente, com isso dizer que, com o advento da emancipação política, tenha desaparecido o caráter dependente ("colonial") da vida econômica das antigas colônias: ele assume, porém, novas formas. Veja-se a análise das "fases e formas de dominação externa" em Florestan Fernandes, *Capitalismo dependente e classes sociais na América Latina*, Rio de Janeiro, 1973, pp. 13-20. Também Hector Malavé Mota, "Reflexões sobre o modo de produção colonial latino-americano", in Théo A. Santiago (org.), *América colonial: ensaios*, Rio de Janeiro, 1975, pp. 144-148.

pecífica e o processo geral e mais profundo do movimento histórico. Foi contudo inspirados por estas preocupações que procuramos definir e circunscrever o nosso objeto de investigação.

E, de fato, a análise da política colonial portuguesa relativa ao Brasil nas suas últimas etapas permite situarmo-nos numa posição verdadeiramente estratégica[5] para repensar aqueles diferentes aspectos e tentar articular as conexões entre os diversos níveis da realidade naquele momento histórico. Concretamente, a política relativa à colônia se manifesta como resposta aos problemas efetivos que a manutenção e a exploração do Ultramar apresentavam à Metrópole. Ora, tais problemas são na realidade a manifestação, no plano da prática, dos mecanismos estruturais profundos que atuavam no conjunto do sistema e promoviam, nessa fase, reajustamentos fundamentais. Assim, o exame desses problemas nos conduz à análise estrutural, o que nos obriga a reportarmo-nos ao processo geral acima referido. Por outro lado, é necessariamente no aparato mental da época que os dirigentes metropolitanos se vão inspirar para, apercebidos com instrumentos de análise da realidade, elaborarem os esquemas de ação que se corporificam nas normas efetivas levadas à prática. E mais uma vez amplia-se nosso quadro de referências, agora no universo das ideias que exprimem a tomada de consciência possível do movimento mais geral das transformações do fim do Antigo Regime. Através de dois caminhos, portanto, estabelecem-se necessariamente as conexões entre o fenômeno particular objeto da investigação e o processo geral de que é parte inseparável.

Se, porém, a perspectiva em que nos colocamos leva-nos a estabelecer relações mais amplas a partir do objeto que temos em mira, não se torna menos necessária a delimitação precisa do tema e do campo propriamente de investigação empírica. Esta diz respeito especificamente à política ultramarina e mais particularmente à política econômica colonial da metrópole portuguesa, relativa ao Brasil, no período que medeia entre o consulado pombalino e a abertura dos portos (1777-1808). Situamo-nos, pois, na área da história da política econômica, e talvez não seja excessivo lembrar, com

[5] "[...] toda política econômica governamental, considerada tanto em nível ideológico como prático, pode ser encarada como manifestação particularmente privilegiada das relações entre Estado e Economia." Octavio Ianni, *Estado e planejamento econômico*, Rio de Janeiro, 1971, p. 3.

Heckscher,[6] que um estudo desta natureza não tem em vista o desenvolvimento econômico como tal, embora não possa deixar de reportar-se a ele a cada passo. Analiticamente, é legítimo destacar este segmento — a política econômica — do processo global, para focalizá-lo mais de perto; à condição, é claro, de não se perderem de vista as relações que o vinculam sempre aos demais elementos que compõem o conjunto da vida econômica em desenvolvimento.

É o que tentaremos neste trabalho, sendo contudo para encarar desde logo a dificuldade maior que se opõe ao nosso escopo: este postula, metodologicamente, a realização prévia de análises do processo econômico concreto do período, tão completas quanto possível, para fornecerem uma visão segura do pano de fundo sobre o qual atuava a política econômica. Não contamos com estes estudos; embora, setorialmente, alguns aspectos da vida econômica portuguesa do fim do século XVIII tenham sido examinados em profundidade pela historiografia mais recente (preços, desenvolvimento industrial),[7] para o quadro geral há que recorrer ainda a João Lúcio de Azevedo, visivelmente insuficiente e elaborado numa perspectiva definitivamente superada. Largos setores permanecem carentes de análises modernas. Poder-se-ia talvez objetar que isto impossibilita o nosso intento. Acreditamos, porém, que, se essa vicissitude limita o alcance de nossas conclusões, não torna ilegítimo o esforço; para tanto, será preciso que em nenhum momento percamos de vista essa contingência metodológica dentro da qual se realizam as nossas reflexões. A rigor, o progresso dos estudos históricos — como aliás nos outros domínios das ciências humanas — se desenrola em meio a dificuldades semelhantes: a investigação de um dado segmento coloca problemas, levanta hipóteses para os demais, cuja análise muitas vezes, quando sistematicamente encetada, pode corrigir formulações do estudo inicial. É, *mutatis mutandis*,

---

[6] Eli F. Heckscher, *La época mercantilista*, trad. esp., México, 1943, pp. 3 segs.

[7] Vitorino Magalhães Godinho, *Prix et monnaies au Portugal, 1750-1850*, Paris, 1955; Jorge de Macedo, *Problemas da história da indústria portuguesa no século XVIII*, Lisboa, 1963. Para a crítica de João Lúcio de Azevedo, ver Vitorino Magalhães Godinho, "A historiografia portuguesa: orientações, problemas, perspectivas", *Revista de História*, nº 21-22, 1955, pp. 3-21.

o que se dá semelhantemente com as relações entre os estudos monográficos especializados e os balanços gerais mais ambiciosos.[8]

Procuramos, contudo, nos trabalhos de pesquisa documental, contornar a dificuldade, ampliando, dentro das nossas possibilidades, a área da coleta de dados, sondando alguns setores das atividades econômicas para servirem de pontos de apoio ao nosso estudo. O levantamento específico de nosso tema diz respeito, como é evidente, aos dados sobre a política econômica colonial portuguesa, relativa ao Brasil, no fim do Antigo Regime, e a ideologia que a informa; estes os dois focos primordiais de interesses para os quais orientamos as nossas buscas nos arquivos e bibliotecas. Como a política colonial executada se expressa na legislação ultramarina da época, tratamos de inventariar o mais exaustivamente possível as coleções publicadas e as séries manuscritas de leis do reinado de D. Maria I e da regência de D. João. No outro polo de interesse, a ideologia econômica e colonial do fim do Antigo Regime, em Portugal — o núcleo fundamental são as *Memorias Economicas da Academia Real das Sciencias de Lisboa*, onde haurimos aliás a inspiração inicial para o trabalho. No curso da pesquisa, alargamos o quadro com a leitura das coleções manuscritas ainda inéditas de memórias, na biblioteca da veneranda instituição. Legislação, memórias econômicas: são os dois conjuntos básicos de dados para os dois níveis (política efetiva e ideologia) da realidade que importa compreender; entre eles e ao redor deles, procuramos alargar a investigação estudando instruções aos governadores e autoridades (particularmente aos vice-reis), regimentos e consultas do Conselho Ultramarino. Esta a documentação básica e diretamente relacionada com o tema; esforçamo-nos ainda, na medida do possível, por recolher também dados sobre aspectos da situação econômica, sobretudo no que diz respeito ao comércio ultramarino. É óbvio que investigar sistematicamente este assunto importaria numa pesquisa à parte, o que não podíamos realizar; centramos por isso nossos esforços nas tabelas das balanças de comércio, cujas séries contínuas só se iniciam infelizmente em 1796.[9] Tais sondagens não suprem evidentemente

---

[8] Vejam-se as observações metodológicas de Marc Bloch na introdução de *Les Caractères originaux de l'histoire rurale française*, Paris, 1952, 2ª ed., pp. VII-XVIII.

[9] As balanças de comércio do Reino de Portugal, relatórios anuais do comércio português com as nações estrangeiras e com os Domínios Ultramarinos, dispersaram-se no correr do tem-

as lacunas a que fizemos menção, e estamos conscientes de que estas circunstâncias imprimem um caráter provisório a muitas das nossas observações.

Ademais, como já ressaltamos acima, a natureza do tema e a perspectiva em que nos colocamos para abordá-lo, implicando conexões estruturais com o processo geral de superação do Antigo Regime e crise do Sistema Colonial, de que as relações Portugal-Brasil são uma manifestação específica, expandem enormemente a área das indagações, agora no campo da pesquisa bibliográfica. Praticamente, toda a literatura histórica da colonização europeia do período final do mercantilismo está aí pressuposta, e é evidente que os riscos de não conseguir abarcá-la toda são inevitáveis. Todas estas dificuldades, de que somos conscientes, não nos dissuadiram porém de tentar a empresa, convencidos de que estamos da relevância do assunto e da riqueza do período sobre o qual dirigimos o nosso esforço de interpretação.

Efetivamente, as datas com que balizamos o nosso estudo delimitam um momento sobremaneira fértil para a investigação e reflexão históricas. De um lado, 1777 marca o término da administração do Marquês de Pombal, com as mudanças de rumo consequentes do fim do "consulado"; no outro extremo, a abertura dos portos do Brasil (1808) que se seguiu imediatamente à vinda da corte para a América, e a ruptura do pacto colonial aí implícita. Entre um e outro marco, o reinado de D. Maria I e parte da regência do Príncipe D. João, período complexo e não muito estudado nas historiografias portuguesa e brasileira. De fato, as atenções dos estudiosos se têm voltado preferentemente, seja para a época pombalina, seja para o reinado americano de D. João VI.[10] Para marcar a persistência dessa orientação bastaria lembrar, em Portugal, os trabalhos mais recentes de Jorge de Macedo sobre a economia portuguesa no tempo de Pombal ou o belo livro de José Augusto França

po, encontrando-se hoje em vários arquivos e bibliotecas de Portugal e do Brasil. Cf. Fontes e bibliografia.

[10] Cedemos à tentação de aproximar o belo trecho de Paul Hazard: "[...] nous nous sommes engagés dans des terres mal connues. On étudiait beaucoup le dix-septième siècle, autrefois; on étudie beaucoup le dix-huitième siècle, aujourd'hui. A leurs confins s'étend une zone incertaine, malaiseé, où l'on peut espérer encore découvertes et aventures [...]". *La Crise de la conscience européenne (1680-1715)*, Paris, 1935, p. V.

sobre a Lisboa pombalina[11] e, entre nós, os trabalhos dos professores Laerte Ramos de Carvalho e Manuel Nunes Dias.[12] D. João VI sempre foi muito querido entre os brasileiros, como já notava Oliveira Lima na abertura do seu clássico *D. João VI no Brasil*,[13] e a nossa historiografia reflete bem essa atitude; esta etapa de nossa formação é destacada tanto nos trabalhos de história econômica (Roberto Simonsen, Caio Prado Jr., Celso Furtado), como no recente empreendimento coletivo de *História geral da civilização brasileira*.[14] O período que temos em mira, relativamente pouco estudado nos seus aspectos econômicos e sociais, situa-se portanto entre dois momentos assaz trabalhados pelo esforço de reconstrução e de interpretação histórica. Assim, contamos com amplo quadro de referências laterais, e talvez nos seja possível repensar problemas e rediscutir esquemas interpretativos correntes na historiografia luso-brasileira.

Mas não é apenas esse interesse, diríamos acadêmico, que torna significativo o momento escolhido e o tema focalizado. É nas suas características internas, no alcance de suas experiências nos vários campos de atividade, nos problemas enfrentados e nas soluções alvitradas ou tentadas que se encontra a relevância do período em questão. Na historiografia portuguesa, o reinado de D. Maria I se tem considerado muitas vezes como uma etapa tipicamente retrógrada, em que se anulam as conquistas econômicas, sociais e políticas de Pombal; é pois o caráter antipombalino do reinado que se destaca como sua marca essencial, e neste sentido parece que as cenas da "viradeira" impressionaram demais as gerações subsequentes e os historiadores não se conseguiram

---

[11] Jorge de Macedo, *A situação económica no tempo de Pombal*, Porto, 1951; José Augusto França, *Une ville des Lumières: la Lisbonne de Pombal*, Paris, 1965 (ed. portuguesa: *Lisboa pombalina e o Iluminismo*, Lisboa, 1965).

[12] Laerte Ramos de Carvalho, *As reformas pombalinas da instrução pública*, São Paulo, 1952; Manuel Nunes Dias, *A Companhia Geral do Grão-Pará e Maranhão (1755-1778)*, São Paulo, 1971.

[13] Manoel de Oliveira Lima, *D. João VI no Brasil (1808-1821)*, tomo I, Rio de Janeiro, 1945, 2ª ed., p. 17.

[14] Sérgio Buarque de Holanda (dir.), *História geral da civilização brasileira*, tomo II, vol. 1, São Paulo, 1962, pp. 9-135. Sobre a abertura dos portos: Manoel Pinto de Aguiar, *A abertura dos portos do Brasil*, Salvador, 1960; Wanderley Pinho, *A abertura dos portos*, Salvador, 1961.

libertar desses espectros. Esta perspectiva, que vem da historiografia liberal, tende a enfatizar o conteúdo "moderno" e ilustrado do governo pombalino, no sentido da centralização do poder e da modernização das estruturas portuguesas.[15] A corrente oposta, de uma historiografia que nesse sentido se poderia chamar conservadora, vê pelo contrário neste fim de século XVIII o período por excelência da restauração da antiga monarquia, na sua especificidade lusitana, com o respeito às leis fundamentais e tradicionais do Reino, recolocando a vida nacional nos seus verdadeiros trilhos, de onde a desviara o "despotismo" e o "absolutismo" do vigoroso marquês.[16] O que importa fixar dessas duas perspectivas antagônicas é que o conteúdo essencial do reinado é para ambas o mesmo, variando apenas a valoração positiva ou negativa que se empresta a esse mesmo conteúdo. Ora, precisamente a caracterização é que se nos afigura discutível; nem é difícil de perceber o caráter enviesado de ambas as posições acima referidas. Enviesamento desde logo não de todo destituído de vantagens, pois alguns desvãos mais recônditos da realidade somente assim se desvendam. Mas indiscutivelmente o que se impõe é uma superação dessas imagens até certo ponto distorcidas, numa tentativa de compreender este momento da vida histórica luso-brasileira.[17] Alguma contribuição para esta ultrapassagem de perspectivas já antiquadas pode talvez oferecer a análise da política colonial da época, pois nela se refletem substancialmente os problemas mais profundos da economia e da sociedade portuguesa.

---

[15] A matriz desta perspectiva é sem dúvida a luminosa *História de Portugal* de Oliveira Martins (cf. tomo II, Lisboa, 1951, pp. 229 segs.). Na mesma linha, José Maria Latino Coelho, *História política e militar de Portugal,* 3 vols., Lisboa, 1916, 2ª ed. O historiador por excelência do Constitucionalismo em Portugal — Luz Soriano — escreveu também a história do reinado de D. José I e da administração do Marquês de Pombal.

[16] Exemplo: Fortunato de Almeida, *História de Portugal* (Coimbra, 1922, 6 vols.), tomo IV, 1927. Cf. igualmente a *História breve de Portugal* (Lisboa, 1960) de Caetano Beirão. Já o livro de maior tomo desse mesmo autor (*D. Maria I, 1777-1792: subsídios para a história de seu reinado*, Lisboa, 1944, 4ª ed.), apesar de elaborado nesta mesma perspectiva, apresenta contribuições positivas que procuraremos destacar.

[17] Visão equilibrada, para além das limitações acima referidas, só deparamos nas rápidas considerações de António Sérgio sobre o período, na estimulante *Historia de Portugal,* Barcelona, 1929, pp. 159-161. Também na mais recente síntese em dois volumes de A. H. de Oliveira Marques, *História de Portugal,* vol. I, Lisboa, 1972, pp. 513 segs.

Nos domínios da historiografia brasileira, por sua vez, o reinado de D. Maria I é, via de regra, encarado, sob o impacto do alvará proibitório das manufaturas têxteis e de repressão da Inconfidência das Minas, de forma muito desfavorável. Mas às vezes não se levam em conta os demais atos da política colonial deste período, e quase sempre se deixam de procurar as relações com a situação efetiva de Portugal, sua posição no conjunto do sistema de exploração colonial da economia europeia, e ainda mais a ameaça de ruptura do Antigo Regime que ronda todo este período. O consulado pombalino, cremos, pode ser encarado como o mais sério esforço levado a efeito pela metrópole portuguesa para pôr em funcionamento a exploração econômica do Ultramar e o concomitante desenvolvimento da economia metropolitana, em moldes mercantilistas clássicos. No extremo oposto, a abertura dos portos do Brasil — por mais que circunstâncias momentâneas tenham pesado na determinação, a medida foi irreversível e é isso o que importa — marca, como já contemporaneamente assinalava José da Silva Lisboa, a suspensão do Sistema Colonial.[18] Do pleno funcionamento à ruptura inicial do sistema, tentam-se as soluções intermediárias inspiradas pelo reformismo ilustrado do fim do absolutismo. Sob este aspecto, o reinado de D. Maria I apresenta-se, pois, mais bafejado pelas Luzes do que o período anterior. É todo um difuso programa de reforma que se preconiza, um esforço mais ou menos dramático de reajustamento às tendências dominantes, com vistas à dinamização da economia e vitalização da sociedade, sem contudo atingir as suas estruturas fundamentais: reformismo típico e de resto ineficaz. Nem o projeto pôde com efeito amadurecer plenamente e objetivar-se em profundidade, alcançado o país pelas hostes napoleônicas, produtos elas próprias dos desdobramentos da revolução liberal em curso. Do consulado pombalino à vinda do Prín-

---

[18] José da Silva Lisboa, *Memória sobre os benefícios políticos do governo de El-Rey Nosso Senhor Dom João VI*, Rio de Janeiro, 1818, p. 66. No mesmo sentido, em Portugal, José Acúrsio das Neves: "[...] a abertura do commercio do Brasil às nações estrangeiras, e a repentina extinção do Sistema Colonial [...]", *Memória sobre os meios de melhorar a indústria portugueza*, Lisboa, 1820, pp. 5-6. Em 1839, Horace Segundo Say: "Ce décret si simple, si naturel, contenait à lui seul toute une révolution: c'était pour le Brésil la fin du régime colonial exclusif". *Histoire des relations commerciales entre la France et le Brésil*, Paris, 1839, p. 18.

cipe Regente para a América transita-se nas águas revoltas da crise geral do Antigo Regime e do sistema de colonização mercantilista.

Transição, já se disse com alguma propriedade, é tudo em história, a ponto de a própria história poder definir-se como o estudo da transição (J. Ortega y Gasset). Se, de fato, se quer indicar a inexistência de limites radicais, o inexorável entrelaçar-se dos acontecimentos no curso da história, a permanente coexistência de formas transatas com antecipações ainda não concretamente definidas, a afirmação ganha sentido e exprime um dos traços essenciais da realidade histórica. E, no entanto, para certas épocas mais do que para outras, a própria sensibilidade e a tradição do pensamento historiográfico vêm revelando não ser desapropriado falar em transição e crise. É que, não obstante aquela inextricável interpenetração acima referida, o desenrolar da história é periodizado por estruturas globais e profundas, geradas na inevitável relacionação dos homens entre si na prática de sua vida histórica, e que passam a configurar o quadro de possibilidades em que se desenvolve a própria história; tais estruturas não cedem lugar a novas formas de convivência senão através de um processo de ruptura de suas traves básicas, o que imprime inexoravelmente maior ou menor aceleração no ritmo do tempo histórico. Tais acelerações, como indicou Dobb, são as revoluções verdadeiramente significativas da história.[19] A esses momentos que medeiam entre as últimas manifestações das estruturas internas em seu pleno funcionamento e a precipitação das transformações que indica a substituição do quadro estrutural, quando é possível demarcá-los ainda que com a relatividade de toda periodização em história, parece nos legítimo chamar épocas de transição.[20]

[19] Maurice Dobb, *Studies in the Development of Capitalism*, Londres, 1954, 6ª ed., pp. 11 segs.

[20] Num sentido muito próximo, segundo Tocqueville: "Ce n'est pas en allant de mal en pis que l'on tombe en révolution. Il arrive le plus souvent qu'un peuple qui avait supporté sans se plaindre, et comme s'il ne les sentait pas, les lois les plus accablantes, les rejette violenment dès que le pois s'en allège. Le régime qu'une révolution détruit, vaut presque toujours mieux que celui qui l'avait immédiatement précédé, et l'experience apprend que le moment le plus dangereux pour um mauvais gouvernement est d'ordinaire celui où il commence à se réformer". *L'Ancien Régime et la Révolution*, in Jacob-Peter Mayer (ed.), *Oeuvres complètes de Alexis Tocqueville*, tomo II, Paris, 1952, p. 223.

Dessas é, tanto quanto fomos capazes de apreender seu sentido, a época que vamos estudar.

Não se passa, entretanto, da análise dos mecanismos estruturais à dos eventos — que é onde se acelera o tempo histórico — direta e imediatamente; isto importaria numa necessária deformação da realidade reconstruída. Torna-se imprescindível identificar e escalonar as múltiplas e variáveis mediações através das quais os movimentos de estrutura emergem na superfície dos acontecimentos.[21] Esta é precisamente a tarefa do historiador, naquilo que tem de mais fascinante e difícil. De fato, a comunicação entre os vários níveis da realidade se faz de maneira progressivamente complexa e ampliando as possibilidades de variações na medida que se aproxima da conduta efetiva dos homens na torrente dos acontecimentos; por outro lado, cada manifestação concreta estabelece novos elementos, redefinindo o conjunto. Assim, torna-se extremamente difícil acompanhar todos os movimentos e estabelecer todos os passos da análise. Tentaremos, contudo, nesta perspectiva, caracterizar o conjunto das medidas que configuram a política colonial do fim do século XVIII e início do XIX em Portugal, relativamente ao Brasil, como elemento de um contexto muito mais amplo; daí a necessidade de insistirmos nestes esclarecimentos introdutórios. Se, portanto, com o que levamos dito se vai caracterizando a transição inerente ao período em estudo, devemos acrescentar que o período propriamente revolucionário, em Portugal, se inicia com a convulsão das invasões francesas, mas só se manifesta plenamente na revolução liberal de 1820, prolongando-se até 1834; é na legislação de Mousinho da Silveira que se situa o seu passo decisivo.[22] O período de transição situa-se, pois, repetimos, na fase que antecede a etapa propriamente revolucionária; nele se tentam soluções até certo ponto novas, numa alternativa pouco consciente às rupturas violentas, abandonando a orientação integrada e ortodoxa das etapas anteriores em que o processo ainda não está sensivelmente afetado pela crise de estrutura. Daí o caráter hesitante e mesmo contraditório dos homens desse período e da história que eles fazem, contras-

---

[21] Jean-Paul Sartre, *Questão de método*, trad. port., São Paulo, 1966, pp. 34 segs.

[22] Alexandre Herculano, "Mousinho da Silveira ou la Révolution Portugaise" (1856), *Opúsculos*, tomo II, Rio de Janeiro, 1907, pp. 167-216; J. P. de O. Martins, *Portugal contemporâneo*, op. cit., tomo II, pp. 151-194.

tando com a coerência sistemática do período anterior. Reformismo ilustrado e rupturas revolucionárias, assim, encaradas em conjunto, aparecem como alternativas possíveis do processo mais geral de mudanças estruturais; historicamente, essas alternativas se manifestaram com extraordinária variedade no tempo e no espaço, aqui conseguindo o movimento de reformas maior persistência e mais êxito, ali nem sequer iniciando as transformações; reformas executadas são às vezes suprimidas, voltando-se à estaca zero, e assim por diante. Por isso, a própria possibilidade de delimitar uma etapa reformista de transição é maior ou menor segundo os países que se têm em vista. De qualquer forma, a todas essas numerosas e variáveis manifestações históricas dá sentido o persistente mecanismo básico de transformação da estrutura fundante do Antigo Regime e do capitalismo comercial, e a emancipação das colônias é parte desse todo.

Crise do sistema colonial é, portanto, aqui entendida como o conjunto de tendências políticas e econômicas que forcejavam no sentido de distender ou mesmo desatar os laços de subordinação que vinculavam as colônias ultramarinas às metrópoles europeias. Elas se manifestam no bojo da crise do Antigo Regime, variando e reajustando-se ao ritmo daquela transformação. Isto significa, desde logo, que tal crise pode perfeitamente coexistir com uma etapa de franca expansão da produção e do comércio colonial, como é o caso do sistema colonial português desta época. Na perspectiva mais geral, o Antigo Regime — mais rígido ou mais flexível de país para país — representava o quadro institucional que permitiu a formação e cristalização da etapa mercantil do capitalismo (capitalismo comercial); a dinâmica própria do desenvolvimento capitalista, por seu turno, ao ampliar as áreas de ação, intensificar o ritmo de crescimento econômico, tende a promover constantes reajustamentos. Antigo Regime, política mercantilista, sistema colonial monopolista são portanto elementos da mesma estrutura global típica da Época Moderna, dinâmica no seu funcionamento que se reajusta passo a passo. As revoluções inglesas do século XVII foram, como procuraremos indicar adiante, um momento decisivo desses reajustamentos, colocando bases para a Inglaterra se avantajar na competição com as demais potências; conquistando um corpo institucional mais flexível — mas, quanto a nós, ainda dentro dos quadros de possibilidades do Antigo Regime — a Grã-Bretanha se equipa nesta fase para acionar mais vigorosamente seu desenvolvimento, e gradualmente vencer as competidoras. Tal processo de desenvolvimento adquire, no entanto, um ritmo substancialmente mais rápido com as transformações da segunda metade do século XVIII inglês, que deram lugar à constituição do capitalismo industrial: a concorrência econômica e as relações internacionais passam a configurar um quadro de agudas tensões a exigir adaptações mais profundas.

É de extrema importância acentuar, neste passo, que Portugal não está de forma alguma no centro desse processo. Pelo contrário, apresenta-se grandemente defasado em relação aos demais núcleos da economia europeia. Isto, porém, não o exime de englobar-se no curso dos movimentos gerais que, dos centros de difusão, se expandem para as demais áreas; mas sem dúvida a crise, projetando-se de fora para dentro, assume aqui, nas suas manifestações, no seu encaminhamento e mesmo no desfecho final, forma peculiar que importa explicitar. Tanto no nível econômico quanto no plano das relações políticas internacionais, Portugal e o Ultramar português, interdependentes e inseridos, pelo comércio, nos mecanismos centrais do desenvolvimento econômico, e integrando o sistema político do equilíbrio europeu, não podem escapar a este movimento de longo curso e grande profundidade. Se a proclamação da independência dos Estados Unidos da América (julho 1776) pode considerar-se como o marco da abertura do longo processo de desintegração do Antigo Regime e de superação do Antigo Sistema Colonial,[23] em Portugal o início do reinado de D. Maria I (fevereiro 1777) e a subsequente queda do Marquês de Pombal assinalam por sua vez nova etapa, que se vai desenrolar em meio à conjuntura de crise geral do sistema. Em 1776 publica-se, também, significativamente, a *Riqueza das Nações* de Adam Smith, pedra angular da nova economia política. Na Espanha, 1778 é o ano da decretação da ordenança do comércio livre, reformulação da política comercial do sistema de colonização espanhola. Toda essa convergência marca a vinculação comum ao mesmo substrato de mudança de estruturas, e nossa tarefa fundamental será tentar esclarecer a maneira pela qual a metrópole portuguesa e o

[23] O Abade Raynal, comentando a emancipação: "Les colonies étaitent en droit de se séparer de leur métropole"; "Le nouvel hémisphère doit se détacher un jour de l'ancien [...]". *Histoire philosophique et politique des établissemens et du commerce des européens dans les deux Indes*, tomo IV, Genebra, 1780, pp. 390 e 433.

Brasil colônia são envolvidos nas malhas desse movimento geral de crise. Em suma: Portugal e Brasil na crise do Antigo Sistema Colonial.

Para situá-los neste contexto, nossa análise terá que se desenvolver em dois níveis — no universo mais geral dos mecanismos estruturais que afetam todo o sistema e no plano mais particular e concreto quando focalizarmos a política colonial praticada pela metrópole portuguesa na colônia brasileira. Nesta linha, procederemos inicialmente a uma caracterização da posição que Portugal, e com ele o Ultramar português, vai assumindo no quadro das relações internacionais do século XVIII, para configurarmos os caminhos de penetração dos movimentos de fundo no sistema de colonização portuguesa. Esforçar-nos-emos, em seguida, em empreender a análise do Antigo Sistema Colonial do mercantilismo, para desvendar os mecanismos de seu funcionamento básico, o sentido que lhe dá a sua posição funcional na tecitura do capitalismo mercantil em desenvolvimento na Europa, e as tensões que no seu conjunto imprime a eclosão do industrialismo moderno. O passo seguinte será acompanhar o movimento desse processo nas suas manifestações concretas: no nível da concorrência econômica colonial e da competição no jogo das relações internacionais; estabelecida essa base, cumprirá estudar a tomada de consciência desses problemas pela metrópole, o esforço de equacionamento que se expressa na política colonial concretizada nas normas positivas da legislação referente à colônia, para finalmente descrever e explicar o encaminhamento geral do processo. Situado Portugal fora dos centros propulsores dessas grandes transformações, a maior dificuldade estará sem dúvida na apresentação das metamorfoses que inevitavelmente sofrem esses processos ao atingir estas áreas-limite do sistema; por isso, como já indicamos, localizar a posição de Portugal no quadro das relações internacionais da época é necessariamente o nosso ponto de partida.

Capítulo I

Política de neutralidade

1. Portugal nas relações internacionais da Época Moderna

À primeira vista, afigura-se paradoxal que Portugal e Espanha tenham conseguido preservar seus extensos domínios ultramarinos depois da perda da hegemonia ibérica e ascensão das novas potências preponderantes no quadro europeu e do recrudescimento da competição colonial. Efetivamente, tendo realizado com precedência etapas decisivas da unificação nacional e da centradição política da monarquia absolutista, os países ibéricos — sobretudo Portugal — puderam marchar na vanguarda da expansão marítima que redefiniu a geografia econômica do mundo e marcou a abertura dos Tempos Modernos;[1] tal empreendimento permitiu-lhes situar-se vantajosamente no contexto internacional desta fase, abrindo caminho para a preponderância espanhola que se inaugura com a Paz de Cateau-Cambrésis (1559) e se consolida com a União peninsular de 1580. Supremacia, aliás, que é posta em xeque pela emergência das novas potências (Inglaterra, França), as quais, na medida em que se organizam internamente como monarquias unitárias, entram a competir na Europa e no Ultramar com o Império Espanhol; e sobre-

[1] "O descobrimento da América e das passagens para as Índias Orientais pelo Cabo da Boa Esperança são os dois maiores e mais importantes acontecimentos de que se recorda a história da humanidade", escreveu Adam Smith (*The Wealth of Nations*, ed. Cannan, Nova York, s.d., p. 590), que se inspirou em Raynal: "Não houve acontecimento tão interessante para a espécie humana em geral, e para os povos da Europa em particular, quanto o descobrimento do Novo Mundo e da passagem para as Índias pelo Cabo da Boa Esperança" (*Histoire philosophique et politique des établissemens et du commerce des européens dans les deux Indes*, tomo I, Genebra, 1780, pp. 1-2).

tudo pela insurreição dos Países Baixos que se constituem em potência concorrente ao mesmo tempo importando numa secessão territorial dos domínios habsburgos.[2] A posição hegemônica do Império Espanhol manteve-se, contudo, até os meados do século XVII (Tratado dos Pireneus, 1659), mas a desagregação interna, marcada pela constelação de revoluções que se desenrolaram por volta de 1640 (restauração portuguesa, guerra da Catalunha, rebelião de Nápoles, conjuração da Andaluzia), comprometeu definitivamente a supremacia política da Espanha.[3] A partir de então, se a influência da civilização hispânica ainda se prolonga, no que diz respeito à preponderância política e à vida econômica está aberta a rota da decadência. O equilíbrio das relações políticas internacionais se organizava em torno de outros centros, França e Inglaterra; as novas potências assumiam definitivamente a dianteira no desenvolvimento econômico e no movimento das ideias, passando as monarquias ibéricas a potências de segunda ordem. A decadência da Espanha na segunda metade do século XVII é melancólica e desemboca na Guerra de Sucessão.

E, não obstante, salvam-se os domínios coloniais, pelo menos na sua maior extensão. Para compreendê-lo, o próprio processo de desintegração política do Império Espanhol, na Europa, já nos indica o caminho: resultou da interação de pressões externas (o fortalecimento das outras potências) com as secessões endógenas. Destas insubordinações ao jugo de Castela, algumas se frustraram (Catalunha, Andaluzia), outras se concretizaram (independência dos Países Baixos, restauração portuguesa); daí rearticular-se o sistema de alianças na política internacional. Na medida em que se enfraquecia o poderio espanhol, Portugal restaurado encontrava apoio nas potências que disputavam a supremacia. A pouco e pouco, e na medida sobretudo em que as potências em ascensão (Holanda, França, Inglaterra) competiam também umas com as outras, ia se caracterizando o sistema que se consolidou no término da Guerra de Sucessão Espanhola (1713): Portugal cada vez mais se prende à aliança inglesa, a Espanha se apoia na proteção da França, selada com a instalação da dinastia bourbônica no trono espanhol. *É este sistema de alianças*

[2] Henri Hauser, *La Prépondérance espagnole (1559-1660)*, Paris, 1948, 5ª ed., pp. 114-182.

[3] Eduardo d'Oliveira França, *Portugal na época da Restauração*, São Paulo, 1951, p. 12.

que permite a Portugal e Espanha resguardarem os respectivos domínios no ultramar, marcos da antiga hegemonia, durante todo o século XVIII: apoiando-se nas duas maiores potências em permanente rivalidade e conflito ao longo de Setecentos, sobreviveram os impérios coloniais ibéricos. Tal equilíbrio pôde persistir enquanto durou o capitalismo comercial como forma dominante da vida econômica; só a Revolução Industrial exigiria reajustamentos políticos mais profundos.[4]

No que diz respeito mais particularmente a Portugal, nosso foco de interesse, releva notar que, nessa transição, desloca-se o eixo dinâmico de sua economia imperial, reorganizando-se o seu quadro geoeconômico, que, de base predominantemente oriental, passa a definitivamente atlântico.[5] E foi essa concentração de esforços num setor, com recuo no antigo centro de atividades, que permitiu à pequena metrópole manter e mesmo expandir a área de sua ação colonizadora. Por outro lado, a diplomacia portuguesa, diante das dificuldades sem conta com que se defrontava depois da Restauração, procurou constantemente ceder no terreno das concessões comerciais a fim de manter a integridade territorial das colônias ultramarinas, sobretudo dos domínios da América. Assim, as vantagens advindas da exploração colonial passam a se constituir em moeda no jogo das relações internacionais de Portugal. Destarte, pela sua inserção no sistema das alianças europeias, explorando frequentemente com muita habilidade os conflitos entre as grandes potências, através de cedência de privilégios comerciais, na metrópole e no ultramar, de um lado, e de outro, reorganizando o espaço de sua ação política e econômica, pôde Portugal superar uma fase particularmente difícil de sua história, mantendo a independência e preservando a maior e melhor porção de seus domínios ultramarinos — e é nessas condições que se abre o século XVIII para a nossa história. Em suma, persistência da aliança inglesa e economia atlântica são os elementos definidores da nova situação.

A aliança inglesa tinha raízes antigas em Portugal, remontando mesmo à primeira dinastia.[6] Com a ascensão dos Aviz, o Tratado de Windsor (1386)

---

[4] Caio Prado Jr., *História econômica do Brasil*, São Paulo, 1953, 3ª ed., pp. 125-128.

[5] Frédéric Mauro, *Le Portugal et l'Atlantique au XVIIe siècle*, Paris, 1960, pp. 1-8.

[6] José de Almada, *A aliança inglesa: subsídios para o seu estudo*, 2 vols., Lisboa, 1946; Arman-

consolidou as boas relações, prevendo favores comerciais recíprocos e dispondo sobre a mútua defesa.[7] Mas é sobretudo no quadro de tensões que se seguem à Restauração de 1640, com a prolongada guerra para manter a independência recobrada, que a presença inglesa assume a forma característica que domina no século seguinte: a troca de aliança e mesmo proteção política por vantagens comerciais crescentes. Em ambas as crises nacionais — 1383, 1640 —, em que a autonomia lusitana em face da Espanha periclitava, a aliança inglesa foi procurada para montar o dispositivo diplomático e militar de apoio externo. Porém, as diferenças entre os dois momentos críticos são mais significativas que as semelhanças. A crise de 1383 não se resolveu apenas pela ascensão de nova dinastia, antes implicou uma revolução social profunda, configurando um *point tournant* decisivo na história de Portugal;[8] é então que se criam os pré-requisitos sociais e políticos da expansão ultramarina. O movimento restaurador de 1640 não teve nem de longe o mesmo sentido social, nem repercussões tão fundamentais. Foi obra da nobreza desencantada da monarquia dual.[9] As condições interiores se juntam, pois, à situação internacional; e, nesse quadro, torna-se compreensível que a diplomacia de Portugal restaurado procurasse a todo custo alianças junto às novas potências que disputavam vitoriosamente à Espanha a posição de centro dominante da vida política europeia. As Províncias Unidas dos Países Baixos,

---

do Marques Guedes, *A aliança inglesa: notas de história diplomática*, Lisboa, 1938. Síntese mais recente do assunto, António Álvaro Dória, "As relações de Portugal com a Inglaterra", in Joel Serrão (dir.), *Dicionário de história de Portugal*, vol. II, Lisboa, 1963, pp. 544-549.

[7] Damião Peres (dir.), *História de Portugal*, tomo II, pp. 378 segs., e May McKisack, *The Fourteenth Century, 1307-1399*, vol. V de *The Oxford History of England*, Londres, 1959, p. 464; Harold V. Livermore, *A New History of Portugal*, Cambridge, 1966, p. 103; Edgar Prestage, "The Anglo-Portuguese Alliance", *Transactions of the Royal Historical Society*, série quarta, vol. XVII, 1934, pp. 69-100.

[8] A crise de 1383-1385 vem sendo discutida e rediscutida na historiografia portuguesa contemporânea. Os trabalhos fundamentais são os de António Sérgio, Jaime Cortesão, Joel Serrão, Salvador Dias Arnault e Antonio Borges Coelho.

[9] Cf. o já citado *Portugal na época da Restauração*, de Eduardo d'Oliveira França, em que se procura uma análise compreensiva do fenômeno. À p. 82: "O homem de 1640? É o fidalgo português".

a França e a Inglaterra são, assim, os alvos principais da diplomacia da Restauração, ao lado da Santa Sé.[10]

Laboriosas negociações são desde logo entabuladas, mas é com a antiga aliada que as vinculações se consolidam. O que, aliás, não deve causar estranheza, pois, com as outras duas potências inimigas de Espanha, intervinham circunstâncias desfavoráveis ao bom andamento das alianças. É sabido como a França, sob Richelieu e depois sob Mazarino, em meio à última fase da Guerra dos Trinta Anos contra os Habsburgos de Áustria e de Espanha, procurou e conseguiu tirar partido da crise interna do Império Espanhol:[11] nessas condições, a rebelião da Catalunha e a secessão portuguesa são estimuladas pela diplomacia de Paris. Os entendimentos franco-portugueses desenrolaram-se em meio a este jogo complexo de interesse, e caminhavam com dificuldade; a liga formal, desejada pelo governo da Restauração, não chegou a consolidar-se, e Portugal ficou à margem das conversações oficiais de Münster e Osnabrück, e pois, dos Tratados de Westfália.[12] Entre 1648 e 1659, isto é, entre o Congresso de Westfália e a Paz dos Pireneus, enquanto prosseguia a guerra da Restauração Portuguesa de um lado e, de outro, se consolidava a preponderância francesa na Europa, as relações entre Portugal e França não conseguiram alcançar nível superior ao do período antecedente; e destarte Portugal ficava mais uma vez alijado das negociações de paz.[13] Com as Províncias Unidas dos Países Baixos, tentou igualmente o governo da Restauração uma aliança antiespanhola; aqui, porém, as dificuldades eram ainda maiores, dada a ocupação holandesa do Nordeste brasileiro. Era o ônus da União Ibérica a pesar sobre o Portugal Restaurado, e o mais que se conseguiu no tratado de 1641 foi um decênio de tréguas no ultramar, além de promessas de ajuda na guerra europeia contra a Espanha, tudo isso acompanhado de concessões comerciais nas possessões ultramarinas portuguesas. Com extre-

---

[10] Edgar Prestage, *As relações diplomáticas de Portugal com a França, a Inglaterra e a Holanda de 1640 a 1668*, trad. port., Coimbra, 1928, passim.

[11] Gaston Zeller, *Les Temps modernes*, in Pierre Renouvin (dir.), *Histoire des relations internationales*, 1ª parte, tomo II, Paris, 1953, pp. 255 segs.

[12] Ângelo Ribeiro, "A atividade diplomática da Restauração" e "De Montijo à morte de D. João IV", in D. Peres (dir.), *História de Portugal*, tomo VI, op. cit., pp. 23-40, 60-76.

[13] Idem, ibidem, pp. 86-87.

mo oportunismo, valeram-se os holandeses dos prazos estipulados para ratificação e vigoramento do tratado para atacar e ocupar o Maranhão, Luanda e São Tomé.[14] Tão crítica se tornara a situação que, nas negociações sequentes, D. João IV, atendendo ao assessoramento do Padre Antônio Vieira que também serviu de negociador em Haia, chegou a propor a venda, às Províncias Unidas, dos territórios ocupados pela Companhia Holandesa das Índias Ocidentais.[15] Ao primeiro monarca Bragança, no juízo severo de Lúcio de Azevedo, "nenhum sacrifício era sobejo" para se manter no trono.[16] Mas não podia ser, por certo, esta precária aliança a que consolidaria a Restauração.

É pois para a Inglaterra que se voltam as esperanças de apoio e sustentação. Tal a necessidade desse apoio, que a monarquia portuguesa se viu obrigada a ajustar-se às vicissitudes políticas da Inglaterra nesse período. Ao primeiro tratado de aliança, firmado com Carlos I Stuart (1642), seguiu-se o de 1654 com o Lorde Protetor da República Inglesa, para enfim reafirmar-se com Carlos II, em 1661, a aliança política e os acordos comerciais, tudo selado com o casamento de Catarina de Bragança com o rei Stuart.[17] De qualquer forma, a aliança se consolidou. Já em 1642, amplas regalias foram concedidas aos comerciantes ingleses, inclusive no campo religioso, contrariando-se o parecer de uma comissão de religiosos consultada sobre o problema; concedeu-se mesmo, no que tange às possessões ultramarinas, à Inglaterra, a condição de "nação mais favorecida", com o que os mercadores ingleses passavam a ter acesso ao comércio colonial português, pois igual concessão já se tinha feito à Holanda. No tratado imposto por Cromwell, alarga-se a brecha

[14] Francisco A. de Varnhagen, *História geral do Brasil*, tomo II, São Paulo, s.d., 3ª ed., p. 363, e *História das lutas com os holandeses no Brasil*, Salvador, 1955, p. 254; Charles R. Boxer, *Os holandeses no Brasil, 1624-1654*, trad. port., São Paulo, 1961, pp. 149-153, 224-225.

[15] Padre Antônio Vieira, "Papel a favor da entrega de Pernambuco aos holandeses" (1648), in *Obras escolhidas*, ed. de António Sérgio e Hernani Cidade, vol. III, Lisboa, 1951, pp. 29-107; João Lúcio de Azevedo, *História de Antônio Vieira*, tomo I, Lisboa, 1931, 2ª ed., pp. 129-160; C. R. Boxer, *Os holandeses no Brasil, 1624-1654*, op. cit., pp. 248-249, 269-271.

[16] João Lúcio de Azevedo, *Épocas de Portugal económico*, Lisboa, 1947, 2ª ed., p. 385.

[17] H. V. Livermore, *A New History of Portugal*, op. cit., pp. 182-183; George M. Trevelyan, *História da Inglaterra*, vol. 2, trad. port., Lisboa, 1946, p. 64. Os textos dos tratados estão em J. de Almada, *A aliança inglesa: subsídios para o seu estudo*, vol. 1, op. cit.

explicitando-se a permissão aos ingleses de negociarem, por conta própria, de Portugal para o Brasil e vice-versa (exceção feita do azeite, vinho, farinha, bacalhau e pau-brasil); ampliavam-se as isenções dos ingleses, que passavam a gozar em Portugal de foro privativo, com seu juiz conservador: por tudo isso, pôde-se dizer mais tarde que o tratado de 1654 tinha sido a "Magna Carta" dos ingleses em Portugal. Bem é certo que D. João IV tergiversou quanto pôde antes de referendar o tratado, pretendendo curiosamente consultar a Santa Sé; mas não teve alternativa diante da esquadra inglesa. Em 1661, na regência de Luisa de Gusmão e já restaurados os Stuarts na Grã-Bretanha, tudo se confirmava e ampliava, acertando o enviado português, Conde da Ponte, o casamento da infanta Catarina, filha de D. João IV, com Carlos II; o rei da Inglaterra "traria no coração" as conveniências de Portugal, defendê-lo-ia com forças de terra e mar; em compensação, aceitava como dote da consorte a praça de Tanger, a ilha de Bombaim e mais dois milhões de cruzados. Tal o pesado custo da aliança inglesa e da mediação com a Espanha, pondo termo à longa guerra da Restauração.[18]

Assim, redefinia-se a aliança inglesa, configurando uma tutela de fato. No conjunto, percebe-se a permuta de enormes vantagens comerciais aos ingleses por proteção política. O alcance de tais concessões torna-se claro quando nos lembramos que entrementes se transita de uma situação de quase monopólio da exploração colonial pelos países ibéricos para um quadro de intensa concorrência na utilização econômica do ultramar. A instalação de economias competitivas, sobretudo nas Antilhas, a partir da segunda metade do século XVII, veio deprimir a economia portuguesa, obrigando os estadistas lusitanos a programarem ajustamentos extremamente difíceis a fim de enfrentar o novo quadro da economia internacional.[19] Com extrema habilidade e não menores riscos procurou, contudo, o governo português, contornar os tratados, tentando permanentemente dificultar para finalmente impedir o

---

[18] Alan K. Manchester, *British Preeminence in Brazil*, Chapel Hill, 1933, pp. 9 segs. O tratado de 1661 encontra-se reproduzido em *English Historical Documents*, vol. VIII, p. 857.

[19] Sandro Sideri, *Comércio e poder: colonialismo informal nas relações anglo-portuguesas*, trad. port., Lisboa, 1978, pp. 38-55; Vitorino Magalhães Godinho, "Portugal, as frotas do açúcar e as frotas do ouro", *Revista de História*, nº 15, 1953, pp. 69-88; Celso Furtado, *Formação econômica do Brasil*, Rio de Janeiro, 1959, pp. 25 segs.

comércio direto de estrangeiros com as suas colônias.[20] Daí compreender-se que a diplomacia portuguesa se tenha orientado, a partir de então, no sentido de manter a *neutralidade* nos conflitos europeus, preservar os domínios que sobreviviam à quadra tormentosa (e graças às alianças o maior quinhão — o Brasil — fora salvo), intensificando a sua exploração. Rompida a União Ibérica, que o comprometia necessariamente nas pendências internacionais, Portugal encontrava-se definitivamente voltado para o Atlântico. Agora conseguia *permanecer neutro* nas guerras europeias da segunda metade de Seiscentos, ligadas à ascensão e declínio da preponderância francesa, sob Luís XIV. Mas à última delas, já no início do século XVIII, não logrou escapar: é que os conflitos em torno da hegemonia da França generalizavam-se na Guerra de Sucessão da Espanha. A diplomacia portuguesa tentou, é certo, manter-se à margem; aproximou-se, depois, de uma aliança francesa, num esforço de libertar-se da dependência britânica, mas acabou por ceder aos imperativos da situação, apertando-se ainda mais os liames com a Inglaterra. Os Tratados de Methuen consolidaram afinal esta situação.[21]

Paralelamente, redefiniu-se a posição da Espanha no quadro das relações internacionais dessa mesma época. A trajetória espanhola da segunda metade do século XVII é a da decadência e perda da hegemonia. Já em 1622, aquele admirável balanço da situação internacional que é o *Peso politico de todo el Mundo* de Anthony Sherley[22] deixava transparecer o recuo do poderio ibérico.

Efetivamente, a primazia política espanhola fundava-se em dois pilares básicos: domínio do ultramar, isto é, exclusividade da exploração do mundo colonial, e a unidade da política dos Habsburgos de Áustria e Espanha. A

[20] J. L. de Azevedo, *Épocas de Portugal económico*, op. cit., pp. 389 segs.; Arthur Cézar Ferreira Reis, "O comércio colonial e as companhias privilegiadas", in Sérgio Buarque de Holanda (dir.), *História geral da civilização brasileira*, tomo I, vol. 2, São Paulo, 1960, pp. 313 segs. Ainda: Biblioteca Nacional de Lisboa, Reservados, Fundo Geral, códice 10.513, "Exposição dos fundamentos por que el-Rei de Portugal se acha hoje desobrigado [...]".

[21] J. L. de Azevedo, op. cit., pp. 396 segs.; A. K. Manchester, op. cit., pp. 18 segs.; V. M. Godinho, art. cit.; E. Prestage, art. cit.

[22] Xavier A. Flores, *Le "Peso politico de todo el Mundo" d'Anthony Sherley, ou Un aventurier anglais au service de l'Espagne*, Paris, 1963.

posse do Milanês, do Franco Condado e dos Países Baixos garantia a posição preponderante da Espanha. A partir de Cateau-Cambrésis — a Paz Católica — a supremacia se desenvolve, enquanto as Guerras de Religião na França chegam a ameaçar o poder absoluto da realeza. As vitórias no Mediterrâneo (Lepanto, 1571), contendo a expansão otomana, e a absorção de Portugal completando a União Ibérica (1580) marcaram o ponto mais alto da ascensão política da Espanha; o fracasso da Invencível Armada, em 1588, marca um primeiro recuo.[23] A separação e a independência das Províncias Unidas dos Países Baixos, que se vai consolidando para os fins do século XVI, obrigando a Espanha a fazer concessões na parte que consegue preservar, bem como o término das Guerras de Religião na França e o surto de reorganização política que se lhe segue sob Henrique IV, além do crescimento do poderio marítimo da Inglaterra elizabethana — tudo tendia a configurar um novo equilíbrio internacional, o que não escapou ao arguto aventureiro Sherley. A manutenção do *statu quo* de preponderância implicava assim o fortalecimento do poder Habsburgo na Europa Central; ora, o esforço neste sentido acabou por desaguar na Guerra dos Trinta Anos, em meio à qual a crise de 1640, já mencionada, se insere. Assim, por etapas, retrocedia a pouco e pouco a ascendência política do Império Espanhol. No continente europeu, vai despontando a nova potência hegemônica: a França, cuja política internacional, dirigida com maestria por Richelieu e depois por Mazarino, tem o definido escopo de abater o poder dos Áustrias. Na Paz de Westfália, em 1648, ficou definitivamente afastada a possibilidade de o Santo Império constituir-se numa monarquia centralizada, removendo-se destarte uma das bases da proponderância espanhola. A Espanha ainda resistiu, aproveitando a crise interna francesa (Frondas), mas foi finalmente batida, e o Tratado dos Pireneus (1659) abre de vez o caminho à preponderância francesa.[24]

Concomitantemente, o ataque ao mundo ultramarino, até então quase que totalmente dominado pela Ibéria, altera substancialmente as condições da exploração colonial. Na medida em que as novas potências (França, Ingla-

---

[23] Roger B. Merriman, *The Rise of Spanish Empire*, tomo VI, Nova York, 1936, pp. 123 segs., especialmente pp. 399-403, 671 segs.

[24] H. Hauser, *La Prépondérance espagnole (1559-1660)*, op. cit., p. 394; Philippe Sagnac e Alexandre de Saint-Léger, *La Prépondérance française (1661-1715)*, Paris, 1935, pp. 1 segs.

terra, Províncias Unidas dos Países Baixos) organizavam-se como estados de tipo moderno, lançavam-se às empresas coloniais de modo sistemático. No Oriente, as companhias de comércio inglesa e holandesa, desde o início do Seiscentos iniciam a competição com o monopólio lusitano, passando logo à dianteira. A Inglaterra dos Stuarts inicia a colonização na América do Norte. As Províncias Unidas dos Países Baixos, através da Companhia das Índias Ocidentais, ocupavam, a partir de 1630, o Nordeste açucareiro do Brasil; posteriormente, empreendiam a dominação de Angola. Mas é sobretudo nas Antilhas — as Índias Ocidentais por excelência — que a competição se intensifica. Em torno do meado do século XVII, Inglaterra, França e Províncias Unidas conseguem ali estabelecer uma economia de plantação concorrencial à produção açucareira do Brasil, ao mesmo tempo em que como novas potências firmavam-se numa posição estratégica para futuros avanços em direção à América espanhola.[25]

Por trás de toda essa reviravolta espetacular, que reequilibra a posição econômica e política das potências modernas europeias, operavam os mecanismos da "revolução dos preços" e seus efeitos sobre a economia espanhola: efeitos depressivos que estão na base da decadência da Espanha, problema amplo e complexo que entretanto não cabe aqui analisar.[26] Fixemos apenas que essa decadência acentuava-se gravemente na segunda metade do século XVII, durante sobretudo o reinado sombrio de Carlos II, o último Habsburgo de Espanha. A população espanhola regride, de oito milhões na época dos Reis Católicos, para seis milhões no fim do século XVII.[27] Pela mesma época, é praticamente com manufaturas francesas, holandesas e inglesas que a Espanha abastece suas colônias americanas.[28]

---

[25] René Sédillot, *Historia de las colonizaciones*, trad. esp., Barcelona, 1961, pp. 268 segs.; Jean Canu, "El Nuevo Mundo y oro español", in Jacques Lacour-Gayet (dir.), *Historia del comercio*, tomo III, trad. esp., pp. 99-141.

[26] Earl J. Hamilton, "The Decline of Spain", in Eleanora M. Carus-Wilson (org.), *Essays in Economic History*, Londres, 1958, pp. 215-226.

[27] Jaume Vicens-Vives, *Manual de historia económica de España*, Barcelona, 1964, 3ª ed., pp. 376 segs.

[28] Henri Sée, *As origens do capitalismo moderno*, trad. port., Rio de Janeiro, 1959, pp. 68-69.

Essa gravíssima crise econômica e política de Espanha desembocou finalmente na Guerra de Sucessão (1701-1713), quando o drama espanhol provocou um conflito europeu. Inglaterra e Províncias Unidas, as já chamadas "potências marítimas", aliaram-se à Áustria para garantir a sucessão habsburguesa no trono de Espanha e impedir que se consolidasse a candidatura do neto de Luís XIV. Portugal acabou por se alinhar desse lado. Terminada a longa e dura refrega, definem-se as posições: é reconhecido Filipe V Bourbon no trono espanhol — e dessa forma consolidada a aliança hispano-francesa, que havia de durar até a Revolução —, mas as vantagens comerciais pertencem à Inglaterra, que nos Tratados de Utrecht se reserva o *asiento* para abastecer em escravos as Índias de Castela:[29] Espanha, como Portugal, era pois obrigada a mercadejar com as vantagens da exploração de seu ultramar, para garantir a independência da metrópole e preservar o Império.

O século XVIII abre-se, portanto, com a situação internacional claramente definida. Duas grandes potências, Inglaterra e França, a primeira com vantagens no mundo ultramarino, a segunda preponderante ainda, mas já em declínio, no continente europeu; a rivalidade das duas, que atravessou todo o século, subjacente e amortecida pela *entente* até 1740, explícita e agressiva na segunda metade da centúria — é que permitiu a sobrevivência dos aliados menores (Portugal e Espanha, respectivamente), e o resguardo de seus impérios coloniais. A Holanda ajustava-se, também à condição de estrela de segunda grandeza.[30] No sistema de alianças assim consolidadas, a posição de Portugal se cristalizava na dependência do apoio inglês.

Efetivamente, os acordos anglo-portugueses do início do século XVIII, que tornariam célebre o nome de seu negociador britânico, John Methuen, reafirmaram a aliança política e aprofundaram as vinculações comerciais.[31] A crise dinástica que se avizinhava na Espanha no fim do Seiscentos, derivada da ausência de herdeiro da Coroa de Carlos II, e preparando-se as potências

---

[29] Georges Scelle, *La Traite négrière aux Indes de Castille*, tomo II, Paris, 1906, p. 523.

[30] Charles H. Wilson, "The Economic Decline of the Netherlands", in E. M. Carus-Wilson, *Essays in Economic History*, op. cit., pp. 254-270; H. N. Boon, "Decadencia y despertar", in Bartholomew Landheer, *La nación holandesa*, trad. esp., México, 1945, pp. 67-78.

[31] Alan D. Francis, *The Methuens and Portugal (1691-1708)*, Cambridge, 1966; S. Sideri, *Comércio e poder: colonialismo informal nas relações anglo-portuguesas*, op. cit., pp. 63-86.

para a contenda sucessória, levou a numerosas negociações diplomáticas, chegando-se mesmo a acordos sobre a partilha da outrora hegemônica monarquia hispânica pelas grandes potências europeias. Isto impedia Portugal de insistir numa política de neutralidade, levando-o a engolfar-se no torvelinho dos arranjos que beiravam o conflito armado. Sem recapitularmos o elenco das tortuosas negociações e projetos de partilha,[32] lembremos apenas que a diplomacia portuguesa, ao mesmo tempo que intentou tirar partido da situação obtendo vantagens territoriais, procurou uma certa equidistância entre os partidos, o que lhe valeria porventura escapar em parte da tutela inglesa. Na Espanha, porém, à medida que a situação se agravava de maneira alarmante, a preocupação de impedir a partilha acabou por dar primazia ao "partido francês": entendia-se que o Rei Sol tinha mais condições de preservar a unidade espanhola, e dessa forma o último testamento do infeliz Carlos II legou a Filipe de Anjou a totalidade dos domínios da Coroa de Espanha. Pouco depois, morria o último Habsburgo espanhol, e a sucessão se transformava num conflito europeu. Na expressão de D. Luís da Cunha, ficavam "as duas monarquias de França e Espanha confinantes e possuídas por um avô ambicioso e um neto resignado".[33] Em tais circunstâncias, a posição de Portugal se tornava crítica. O diplomata José da Cunha Brochado, ministro português em Paris, aconselhava a sua corte a manter a expectativa, armando-se para o pior. O equilíbrio era extremamente difícil, pois envolvia a mantença da ligação com a Inglaterra e, pois, uma aproximação com as potências marítimas, sem provocar desconfiança francesa...[34] A pressão francesa, porém, não se fez esperar, e o embaixador Rouillé conseguia aprovação de Lisboa a um projeto de aliança, comprometendo-se Portugal a fechar seus portos aos adversários de Luís XIV. Cunha Brochado discordava, apontando os perigos

---

[32] Damião Peres, *A diplomacia portuguesa e a sucessão de Espanha (1700-1704)*, Barcelos, 1931, passim.

[33] Apud idem, ibidem, p. 35.

[34] "Professar amizade com Inglaterra e Holanda, e ao mesmo tempo não dar à França a mínima desconfiança, nem aos Espanhóis o mais leve pretexto. De sorte que devemos ser amigos de todos, mas com grande política, de Inglaterra com sinceridade, e de França, com grande estudo." Carta de 29 de novembro de 1700, in *Cartas de José da Cunha Brochado*, seleção, prefácio e notas de Antônio Álvaro Dória, Lisboa, 1944, p. 113.

de semelhante posição; o ministro português em Haia, Francisco de Sousa Pacheco, por sua vez, lembrava explicitamente à secretaria de Estado lisboeta o enorme risco que corria o mundo colonial português em virtude de ação hostil à Inglaterra e à Holanda.[35] A situação definia-se, pois, com nitidez: dar cobertura à Inglaterra, garantindo-lhe cabeças de ponte na península, significava enfrentar a França e a Espanha, e, pois, colocar em risco Portugal metropolitano; aderir à causa francesa importava abandonar as colônias à ação das potências marítimas mais poderosas, Inglaterra e Províncias Unidas. Como se vê, não podia ser pior a situação portuguesa; dividiam-se as opiniões, formavam-se "partidos". D. Luís da Cunha, de Londres, preconizava a neutralidade, com o que, acreditava, havia de satisfazer-se a Inglaterra. Cunha Brochado, em Haia, conduzia-se com desenvoltura, insinuando que talvez Portugal não cumprisse os acordos com Luís XIV. O governo de D. Pedro II se debatia em contradições, enquanto os acontecimentos se precipitavam. Procurava garantias na França, tentava manter a neutralidade, mas acabou por ceder inevitavelmente à aliança inglesa. O tratado de aliança ofensiva e defensiva, negociado por John Methuen, e firmado em 16 de maio de 1703, estabelecendo o compromisso, renovava todos os tratados anteriores; Portugal aderia à causa do Arquiduque Carlos da Áustria na sua reivindicação do trono espanhol, e se concertavam as condições de cooperação militar na luta que se ia travar. Em 27 de dezembro do mesmo ano, assinava-se o tratado comercial luso-inglês, também negociado por Methuen, e que tanta controvérsia havia de provocar pelo tempo afora.[36]

Neste passo, o que nos importa é confrontar a situação de Portugal nesta crise do início do século XVIII e o encaminhamento da sua posição internacional com o que ocorre à época da crise do Antigo Regime, isto é, durante as guerras da Revolução e do Império. É deveras impressionante o *paralelismo* que ressalta da comparação. O mesmo dilema: Inglaterra ou França, salvaguardar os domínios ultramarinos pondo em risco a sobrevivência da

---

[35] D. Peres, *A diplomacia portuguesa e a sucessão de Espanha (1700-1704)*, op. cit., p. 46.

[36] A. D. Francis, *The Methuens and Portugal*, op. cit.; Nelson Werneck-Sodré, *O Tratado de Methuen*, Rio de Janeiro, 1957; S. Sideri, *Comércio e poder: colonialismo informal nas relações anglo-portuguesas*, op. cit.

metrópole europeia, ou abandonar as colônias, aderindo à aliança continental para preservar Portugal. A mesma hesitação, a procura da neutralidade; o mesmo desesperado esforço, ao cabo inútil, para contrabalançar as influências das grandes potências, anulando a tutela. A mesma solução final, refúgio no apoio britânico.[37] Guerra de Sucessão na Espanha, Guerra Peninsular, o mesmo drama português: mas a história não se repete... A identidade impressionante se esgota no nível das relações internacionais. Na crise do fim do século XVIII e início do XIX, não se trata apenas, como na Sucessão de Espanha, de simples disputa das potências pela hegemonia europeia e ocidental; sendo também isso, a grande crise de que a guerra peninsular é apenas uma parte, envolve todo um processo revolucionário que põe em causa a estrutura do Antigo Regime. Por isso, embora o encaminhamento diplomático tenha sido basicamente o mesmo, os resultados foram fundamentalmente diversos: não se salvaram as colônias, nem o absolutismo sobreviveu em Portugal.

Não obstante, convém refletir sobre o paralelismo acima apontado. Ele revela, em primeiro lugar, a persistência do sistema de alianças montado no início do século XVIII; evidencia o funcionamento do esquema que permitiu às nações ibéricas salvaguardar seus extensos domínios ultramarinos, apesar de reduzidas ao segundo plano enquanto potências europeias.

E, de fato, Portugal conseguiu atravessar incólume os conflitos do Setecentos. Somente por um momento, no meado do século, durante a Guerra dos Sete Anos, a crise originada pelo "pacto de família", e o confronto generalizado entre Inglaterra e França, envolveria de novo Portugal. A mesma diretriz salvou-o novamente: a pertinaz procura da neutralidade, a hesitação diante das opções, e finalmente a mantença da aliança inglesa. Evitando, pois, envolver-se nos conflitos europeus, mesmo quando as questões coloniais começavam a pesar cada vez mais no equilíbrio do Velho Mundo, voltando-se decididamente para o Atlântico, a metrópole do Brasil ia se apegan-

[37] Vejam-se, entre outros, André Fugier, *La Révolution française et l'Empire napoléonien*, in P. Renouvin (dir.), *Histoire des relations internationales*, tomo II, Paris, 1954, pp. 73-75, 209-210, 243 segs.; António Vianna, *Introdução aos apontamentos para a história diplomática contemporânea (1789-1815)*, Lisboa, 1907, passim; Manuel de Oliveira Lima, *D. João VI no Brasil*, tomo I, Rio de Janeiro, 1945, 2ª ed., pp. 53-89.

do cada vez mais à política de neutralidade. A Espanha foi menos feliz nesse desiderato, mas no fundamental preservou seu imenso império. É que a posição da Espanha diferia até certo ponto da de Portugal; aliada à França, ficou mais vinculada à política continental. Por outro lado, no equilíbrio estabelecido em Utrecht, a aliança francesa foi contrabalançada com favores comerciais à Inglaterra. É indispensável ter essas concessões em conta para se entender a vantagem crescente que a Inglaterra, ao longo do século XVIII, foi adquirindo na contenda com a França.

A posição portuguesa era mais nitidamente definida. Daí a aliança inglesa converter-se num quase axioma da diplomacia portuguesa do século XVIII. O mesmo Pombal, embora forcejando por reduzir as vantagens econômicas inglesas em Portugal, nunca perdeu de vista a necessidade incontornável de manter a proteção política da Inglaterra.[38]

Esta vinculação política à Inglaterra, que persistiu ao longo de todo o século, impunha-se em termos de necessidade; não significa que os mais ousados estadistas do Setecentos em Portugal não tentassem soluções de política externa que pusessem o país a salvo da tutela inglesa. Tal foi o caso de Alexandre de Gusmão, que na quarta década do século, em meio à crise platina, esboçou todo um plano — a chamada *Grande Instrução* — de reaproximação com a França.[39] A margem de manobra dentro da qual se movia a diploma-

---

[38] João Lúcio de Azevedo, *O Marquês de Pombal e sua época*, Rio de Janeiro, 1922, 2ª ed., pp. 215 segs. A ideia de uma diretriz de política internacional anti-inglesa de Pombal deriva da atribuição errônea, perfilada por tantos autores, da autoria do famoso *Discurso político sobre as vantagens que o reino de Portugal pode tirar da sua desgraça*, ao ministro de D. José I (Cf. *Cartas e outras obras selectas do Marquês de Pombal*, vol. II, Lisboa, 1861, pp. 97-187; Manuscritos: Academia Real das Ciências — Lisboa, manuscrito 1908a; Arquivo Histórico Ultramarino — Lisboa, códice 1227). Efetivamente, todo o discurso visa demonstrar que os males de Portugal (bem como o progresso da Inglaterra) advêm de entender-se inevitável a aliança inglesa (p. 108); ora, "quando Portugal sacudiu o jugo castelhano podia ter razões para se pôr debaixo da proteção da Inglaterra, mas estas razões não existem hoje" (p. 126). Porém, já em 1904, G. C. Wheeler demonstrara que o texto, editado primeiramente em francês, na Haia, em 1755, é de autoria do publicista Ange Goudar (Cf. G. C. Wheller, "The *Discours Politique* Attributed to Pombal", *The English Historical Review*, vol. XIX, 1904, pp. 128-131).

[39] Alexandre de Gusmão, "Grande Instrução..." (1736), in Jaime Cortesão, *Alexandre de Gusmão e o Tratado de Madri*, parte III, tomo I, Rio de Janeiro, 1951, pp. 420-454.

cia portuguesa era, porém, assaz estreita para que tais tentativas pudessem ser levadas adiante. Nos círculos oficiais, a aliança inglesa ia assumindo a feição de dogma, sendo encarada como a única tábua de salvação, a ponto de o mesmo arrojado Gusmão desabafar certa feita para D. Luís da Cunha: "Desencadernaram-se as Negociações, e se baralharam com a superstição, e a ignorância; fechando-se a Decisão com o ridículo adágio: — Guerra com todo o Mundo, e Paz com a Inglaterra".[40]

Pela mesma época, durante a Guerra de Sucessão da Áustria, dispomos de curioso testemunho sobre as relações internacionais e a posição de Portugal: trata-se do texto que sob a forma de carta a um amigo "assistente no Estado do Brasil", publicou Custódio Jasão Barata, ou antes, quem se escondia sob tal pseudônimo.[41] Defende a eleição do Grão-Duque Francisco Estevão na Dieta de Frankfurt, impugnando os argumentos do partido francês, e acrescenta que "a Coroa da Grã-Bretanha sempre traz nos seus manifestos o equilíbrio da Europa, estes são os empenhos que nos faz públicos". Não deixa porém de notar que a melhor posição é a "neutral", pelo menos enquanto possível de sustentar.

Nessa mesma linha, o próprio D. Luís da Cunha, que foi sem dúvida o mais lúcido observador da vida política europeia e dos problemas portugueses que Portugal produziu na primeira metade do século XVIII, chancela com a sua autoridade a linha tradicional da aliança inglesa. No seu notável *Testamento político*, dirigido ao príncipe herdeiro D. José às vésperas de tornar-se rei, lembrando a necessidade da permanente vigilância em face das inevitáveis pretensões castelhanas, preconiza a reafirmação da velha aliança.[42] Sem descurar, é claro, dos preparativos militares internos, da autodefesa, pois são estas forças que "nos darão tempo para resistirmos aos primeiros insultos dos inimigos, e para esperarmos os socorros que tivermos estipulado com os

---

[40] "Carta de 10/2/1748", in Alexandre de Gusmão, *Obras (cartas, poesias, teatro)*, São Paulo, 1945, 2ª ed., p. 64.

[41] Custódio Jasão Barata, *Carta de hum amigo assistente na corte de Lisboa a outro assistente no Estado do Brasil*, Lisboa, 1745. Segundo Inocêncio, trata-se de pseudônimo de João Batista de Castro.

[42] *Testamento político de D. Luís da Cunha* (*c.* 1749), prefácio e notas de Manuel Mendes, Lisboa, 1943, pp. 43-44.

nossos aliados". Daí ser necessário "reformar o tratado de perpétua aliança defensiva, que fizemos com a rainha Ana de Inglaterra". Jorge II, acresce, interessar-se-ia em vincular a Holanda, pois "a uma e outra potência convém a conservação de Portugal". E à mesma França, apesar dos seus liames com a Espanha, não conviria que esta anexasse Portugal, pois, "senhora da prata e do ouro, e mais produtos de Portugal e da América, daria a lei a todas as potências da Europa"; com o que, finalizando, conclui: "e esta razão de Estado é o nosso melhor garante, em que contudo não devemos pôr toda a nossa confiança".

Tal, na palavra do mais arguto diplomata português do Setecentos, a linha da política internacional lusitana; ela foi estritamente seguida até a época da crise do Antigo Regime e do Sistema Colonial.

A propósito dessa linha de conduta da diplomacia portuguesa no século XVIII e sobretudo da sua persistência, atestada no paralelismo acima ressaltado, nas duas crises, com que se abre e se encerra o século, convém ainda referir outras implicações. É que a insistência na diretriz deixa entrever uma certa opção política, qual seja a de salvar a integridade do Ultramar a todo custo; na atitude aparentemente desconcertante do regente D. João, emigrando para o Brasil, esta opção é levada ao limite. Para apreendermos o significado mais profundo dessa política necessitamos de elementos explicativos que só no decurso deste trabalho têm o seu lugar. De qualquer forma, esta constatação já nos conduz a examinar agora mais em particular o mundo ultramarino no quadro das relações internacionais do século XVIII.

2. Concorrência colonial e tensões internacionais

Efetivamente, na longa série de conflitos que caracterizam as relações internacionais da Época Moderna, a disputa pela exploração colonial — e, pois, a posição das colônias no quadro do equilíbrio das potências — vai adquirindo importância crescente, para assumir enfim no século XVIII o papel de elemento primordial deflagrador das hostilidades e consagrador das preponderâncias. Tal, na verdade, a função essencial que desempenha a exploração ultramarina na vida econômica das nações europeias do período mercantilista.

Ora, no conjunto, a exploração do Ultramar organizada nos quadros do Antigo Sistema Colonial permite distinguir nitidamente três elementos básicos: áreas já densamente povoadas quando do início da expansão marítima europeia, portadoras de civilizações tradicionais, onde a dominação política permitia o comércio vantajoso de alguns produtos de alto valor unitário no mercado europeu, como as famosas especiarias do mundo indiano; zonas de povoamento e colonização europeia, onde se estruturam economias complementares ao capitalismo mercantil europeu, fornecedoras sobretudo de produtos tropicais e metal nobre (a América é por excelência o teatro da ação colonizadora europeia durante o primeiro sistema colonial); e, finalmente, a África fornecedora da força de trabalho escravizada que permite pôr em funcionamento a produção colonial do segundo setor.[43] A primeira categoria configura o que os teóricos do colonialismo chamaram, um tanto impropriamente quanto a nós, "colônias comerciais" (as *Handelskolonien* de Roscher); na América, é possível discriminar as colônias propriamente de "exploração" das colônias de "povoamento".[44] A Europa, ou antes a economia capitalista mercantil europeia, é o centro dinâmico de todo o sistema, gerador da ação colonizadora e naturalmente beneficiário dela.[45]

A Europa, porém, não é uma unidade política, é uma unidade civilizacional. Se, pois, no conjunto e no essencial, a economia europeia funcionava como o centro do sistema de exploração ultramarina, para lá convergindo os influxos estimuladores do desenvolvimento econômico — na prática desse processo as várias nações da Europa moderna se disputavam agressivamente a preeminência do desfrute do sistema colonial. Assim, preponderância eu-

[43] "Portugal tem duas sortes de estabelecimentos nas duas Índias, e na Costa da África. Os das Índias Orientais e da costa da África só têm por objeto o comércio e os da América têm por objeto a cultura e o comércio juntamente [...]". José Joaquim da Cunha de Azeredo Coutinho, *Ensaio econômico sobre o comércio de Portugal e suas colônias* (1794), in *Obras econômicas de J. J. da Cunha Azeredo Coutinho*, São Paulo, 1966, p. 138.

[44] Sobre a tipologia das colônias: Fernando A. Novais, "Colonização e Sistema Colonial: discussão de conceitos e perspectiva histórica", in *Anais do IV Simpósio Nacional dos Professores Universitários de História*, São Paulo, 1969, pp. 243-268.

[45] Maurice Dobb, *Studies in the Development of Capitalism*, Londres, 1954, pp. 204 segs.

ropeia e hegemonia ultramarina vão se entrelaçando cada vez mais, e se condicionando reciprocamente.

A chamada preponderância espanhola, ou antes ibérica, correspondeu, de fato, ao período da montagem primeira do sistema de colonização, em que Portugal e Espanha foram, como se sabe, pioneiros. A comercialização dos valiosos produtos orientais, o tráfico negreiro, a produção colonial do açúcar, a mineração dos metais nobres organizaram-se ao longo dos séculos XV e XVI pelos colonizadores portugueses e espanhóis; nas primeiras décadas do século XVI, o sistema está praticamente constituído e o que se segue não é mais que desenvolvimento e desdobramento do mesmo. Nesta fase, que vai até meados do século XVII, *grosso modo*, as demais potências procuravam participar através do ataque direto ao sistema montado pelos países ibéricos: a pirataria e o corso[46] dão o tom a esta primeira fase da concorrência ultramarina. Os nomes de Hawkins, Drake, Frobisher, Gilbert, Raleigh, corsários ingleses da época de Elizabeth I, enchem este período com suas façanhas. A atividade francesa parece ter sido de não menor tomo: atividades de Binot Paumier de Gonneville, Ango etc.[47]

Numa segunda etapa e numa segunda frente de competição, a concorrência se torna propriamente comercial, e se orienta sobretudo para os entrepostos do Mundo Indiano e do Extremo Oriente. Tal movimento se liga, diretamente, à constituição, na Europa, das Províncias Unidas dos Países Baixos como unidade política independente, separada da Coroa espanhola; a luta político-religiosa da autonomização das Províncias Setentrionais dos Países Baixos, desdobrando-se em concorrência econômica, tornou, com o tempo, cada vez mais difícil àquelas regiões prosseguirem nas suas fainas de *carrying trade*, e as estimulou à procura de contatos com as fontes diretas do comércio oriental.[48] A constituição (1602) da Companhia Holandesa das Ín-

---

[46] Herman van der Linden e Charles de Lannoy, *L'Expansion coloniale des peuples européens*, tomo I, Bruxelas, 1907; J. Lacour-Gayet (dir.), *Historia del comercio*, tomo III, op. cit., pp. 99-141; Philip Gosse, *Histoire de la piraterie*, trad. fr., Paris, 1933, pp. 131-144, 177-217.

[47] S. B. de Holanda (dir.), *História geral da civilização brasileira*, tomo I, vol. 1, São Paulo, 1960, pp. 147 segs.

[48] Gino Luzzatto, *Storia economica dell'età moderna e contemporanea*, tomo I, Pádua, 1955, 4ª ed., pp. 225 segs.

dias Orientais foi um momento dos mais significativos nessa transição; tal empresa organizou-se com uma forma mais moderna e racional, apontando já para a sociedade de ações (sociedade anônima, em que muito cedo se transformaria), e esta modernidade foi certamente o fator preponderante do seu êxito na tarefa de substituir os ibéricos no comércio rendosíssimo das Índias. Menos de dez anos da sua incorporação, os holandeses já senhoreavam numerosos entrepostos, competiam vantajosamente, e ocupavam Java e Sumatra.[49] Em 1621, seguindo o modelo tão eficiente da primeira, fundava-se a Companhia Holandesa das Índias Ocidentais, que promoveu a tentativa frustrada de fixar-se na Bahia açucareira do Brasil em 1624, tendo êxito afinal em 1630, em Pernambuco.[50] Da primeira para a segunda companhia transitava-se para a concorrência propriamente colonial, isto é, procurando uma potência não ibérica, adversária da Espanha, apossar-se de uma região produtora de mercadorias tropicais, e fixar-se nela.

Mas não eram apenas as Províncias Unidas que promoviam a concorrência colonial. Neste mesmo período, Inglaterra e França entram sistematicamente na liça pelo ultramar. A Companhia Inglesa das Índias Orientais (1600) abriu à Inglaterra os caminhos do Oriente.[51] A princípio aliados dos holandeses na disputa com os portugueses, logo (a partir da década de vinte do século XVII) competidores entre si, tal não impediu a fixação britânica nos entrepostos orientais. Em 1621 já podia Thomas Mun, teórico do mercantilismo inglês, e aliás diretor da companhia, proclamar o êxito da empresa, comparando as vantagens do comércio direto, com o que outrora se fazia quando se traziam (as especiarias) da Turquia e de Lisboa.[52] Este primeiro

---

[49] Shepard B. Clough e Charles W. Cole, *Economic History of Europe*, Boston, 1952, 3ª ed., pp. 163 segs.; Bernard H. M. Vlekke, "Las Índias Orientales holandesas", in B. Landheer (dir.), *La nación holandesa*, op. cit., pp. 340 segs.

[50] Violet Barbour, *Capitalism in Amsterdam in the 17th Century*, Baltimore, 1950; Hermann Wätjen, *O domínio colonial holandês no Brasil*, trad. port., São Paulo, 1938; C. R. Boxer, *Os holandeses no Brasil*, op. cit., pp. 1-93.

[51] Ephraim Lipson, *Economic History of England*, Londres, 1948, 5ª ed., cap. 2, pp. 269 segs.

[52] Thomas Mun, *Discurso acerca del comercio de Inglaterra con las Indias Orientales* (1621), trad. esp., México, 1954, p. 197.

Discurso de Mun, aliás, entusiástica proclamação de êxitos e vitórias crescentes, faz curioso contraponto com os contemporâneos *Discursos sobre los comercios de las dos Indias* (1622) de Duarte Gomes Solis, que analisam os percalços do comércio português no mundo oriental.[53]

Desde 1608, por outro lado, iniciava-se a colonização inglesa na América do Norte com a fundação da Virgínia. A famosa viagem do *Mayflower* em 1620 dava início ao *settlement* na Nova Inglaterra, e a partir desses dois focos foi se desdobrando no decorrer do Seiscentos a ocupação inglesa ao longo da fachada atlântica da América Setentrional. Mais para o sul, na região já anteriormente ocupada pelos holandeses (Nova Amsterdã), defrontavam-se novamente, como no mundo indiano, os dois movimentos expansionistas; mas 1664, já no terceiro quartel do século, marcava a consolidação do domínio britânico nesta área (a Nova York dos ingleses).[54]

Foi na América do Norte, também, que tiveram seus primeiros êxitos duradouros os franceses em seus empreendimentos colonizadores. Antes de se fixar no Canadá, já tinham também tentado infrutiferamente no Brasil (França Antártica), donde os expulsaram os portugueses, e na Flórida, donde os espanhóis os desalojaram. Foi a partir do empreendimento de Samuel Champlain, em 1608, que, com a fundação de Quebec, a colonização francesa se desenvolveu de forma irreversível, apesar das inúmeras vicissitudes, no vale do São Lourenço (já visitado por Cartier em 1534).[55]

Mas foi sobretudo no mundo antilhano — esse "Mediterrâneo americano" — que a competição colonial se engajou mais fundo, ponto de encontro e de fricção que foi esta área dos vários movimentos colonizadores europeus, dadas as suas excepcionais condições geográficas e geopolíticas. Para aquele formidável arquipélago de pequenas e grandes ilhas, charneira das rotas das Índias de Castela por onde transitavam os galeões e as frotas abarrotadas de prata e ouro, convergiram desde cedo as ações da pirataria e do corso — *auri sacra fames*. A pouco e pouco, transitava-se, nessa região, da pira-

---

[53] Duarte Gomes Solis, *Discursos sobre los comercios de las dos Indias* (1622), ed. de Moses B. Amzalak, Lisboa, 1943.

[54] Samuel E. Morison e Henry S. Commager, *The Growth of the American Republic*, Nova York, 1960, 4ª ed., pp. 37-92.

[55] Georges Hardy, *Histoire de la colonisation française*, Paris, 1938, 3ª ed.

taria e do corso, isto é, do assalto e abordagem das naus ibéricas no mar, para uma atividade mais estável sob certo ponto, certamente mais aventureira também e, de qualquer forma, mais independente dos centros metropolitanos: a flibustaria e a bucanaria.[56] Fixando-se em ilhas de menor porte, agindo persistentemente nos desvãos daquele labirinto marítimo, toda uma malta de aventureiros de vária procedência se vai autonomamente estabelecendo nas Caraíbas. O sentimento de independência era forte naqueles homens desvinculados dos troncos europeus e lançados ao "inferno" tropical; chegaram mesmo a constituir uma curiosa sociedade com suas regras próprias de comportamento, aliás extremamente rigorosas. Acabaram porém por se transformar em cabeças de ponte para o ataque sistemático por parte das novas potências coloniais ao monopólio ibérico. A sua virulência decresceu na medida mesma em que se encetava a colonização sistemática das ilhas por parte de franceses, ingleses e holandeses. A época de seu maior florescimento foi a segunda metade do Seiscentos, coincidindo, como agudamente nota Jean Gagé, com uma época de consolidação de governos rígidos na França (absolutismo de Luís XIV) e na Inglaterra (restauração Stuart) e de crise política nas Províncias Unidas (conflito entre o Stathouderato e o Pensionário), situações políticas tendentes a expulsar os inconformados. No século XVIII vão rapidamente minguando os flibusteiros e bucaneiros; é propriamente a concorrência colonial que se instaura no mundo antilhano.[57]

Foi neste contexto que Inglaterra, França e Holanda estabeleceram suas colônias nas Antilhas. A partir dos estabelecimentos flibusteiros se processa a formação dos primeiros núcleos de povoamento, donde parte a conquista às ilhas espanholas. A pequena São Cristóvão (a St. Kitts dos ingleses) parece ter sido o núcleo inicial de fixação francesa e inglesa. Já em 1625 os ingleses se expandem para Nevis, Antigua, Barbados; os franceses para Guadalupe,

[56] Clarence H. Haring, *Los bucaneros de las Indias Orientales en el siglo XVII*, trad. esp., Paris/Bruges/Caracas, 1939.

[57] Jean Gagé, *L'Expansion coloniale britannique*, curso mimeografado, Departamento de História da FFLCH-USP, 1942. Um desses aventureiros — Alexandre Olivier Exquemelin — deixou uma notável narrativa desses acontecimentos; o livro, publicado em 1678, em Amsterdã, foi rapidamente traduzido em várias línguas, e teve notável difusão. Veja-se a edição moderna de *The Buccaneers of America* (Londres, 1951).

Martinica (1635), para depois, em 1640, empreenderem a ocupação de São Domingos, nas Grandes Antilhas. Os ingleses, por seu turno, em 1655, à época cromwelliana, apoderam-se da Jamaica. Desde 1634, os holandeses dominam Curaçao. Indicamos, como é natural, apenas os pontos mais salientes desse movimento expansionista. Tratava-se, nessa fase, de ocupação com fins políticos e comerciais indiretamente, isto é, visava-se à fixação em pontos estratégicos para organizar eficientemente a apreensão dos navios espanhóis, e quiçá preparar o futuro assalto ao Império Espanhol. Assim, fomentava-se o povoamento na base de pequenas propriedades para fixar colonos à terra, e esses domínios iam assumindo nesta curta fase inicial a forma de colônias de povoamento.[58]

A introdução da lavoura açucareira — a *plantation* inglesa — escravista alterou substancialmente esta situação. Tal fato se ligou à expulsão dos holandeses do Nordeste brasileiro; portadores de amplos recursos de capitais e senhores de um sistema de comercialização superiormente organizado, a estada dominadora na colônia açucareira portuguesa permitiu aos holandeses um contato direto com o setor produtivo dessa mercadoria de crescente mercado na Europa, assimilando assim as técnicas de produção: dispunham a partir de então de todos os elementos para a montagem de uma economia concorrencial à da área de onde tinham sido rechaçados pelas armas. Iniciou-se então a implantação sistemática da economia açucareira nas Antilhas, à base do trabalho escravo.[59]

Efetivamente, também este último setor da exploração ultramarina, o tráfico negreiro, outrora monopólio português, passava a ser objeto da concorrência internacional. Já em 1613 os holandeses se fixavam em entrepostos na Guiné.[60] Perfunctoriamente, os ingleses participam do tráfico desde o século XVI (expedição de John Hawkins em 1562), com grandes lucros.[61] Es-

[58] Celso Furtado, *Formação econômica do Brasil*, Rio de Janeiro, 1959, pp. 30 segs.

[59] Alice P. Canabrava, "A influência do Brasil nas técnicas do fabrico do açúcar nas Antilhas francesas e inglesas no meado do século XVII", in *Anuário da Faculdade de Ciências Econômicas e Administrativas da USP*, 1947.

[60] S. B. Clough e C. W. Cole, op. cit., p. 165.

[61] Eric Williams, *Capitalism & Slavery*, 2ª ed., Nova York, 1961, p. 30.

porádicas e assistemáticas foram também as primeiras tentativas francesas no setor.[62] Nesta primeira fase, o que se visava sobretudo era contrabandear escravos para a América espanhola, carente deles. Quando, porém, a concorrência se ampliou para o campo da produção colonial, com a ocupação de áreas ultramarinas pelas novas potências concorrentes, a situação alterou-se notavelmente. Durante o seu domínio no Nordeste brasileiro, os holandeses ocuparam Angola por algum tempo; foi, como se sabe, a estratégia de Salvador de Sá que coordenou a retomada do entreposto africano com a luta pela expulsão dos batavos da América portuguesa.[63] A fixação de holandeses, franceses e ingleses nas Antilhas alterou este quadro. O tráfico negreiro ganhou novo impulso;[64] instaurou-se, assim, conforme assinalou Celso Furtado, a concorrência de uma economia exportadora com base na grande propriedade escravista — a *plantation* —, que se organizava primeiramente na Virgínia para o cultivo em larga escala do tabaco, e a produção mais restrita das colônias de povoamento antilhanas. O confronto em termos de interesse econômico para as metrópoles resultou naturalmente desfavorável às segundas.[65] A expulsão dos holandeses do Brasil abriu, pois, o caminho, como vimos, para a montagem da economia açucareira escravista nas ilhas do Caribe. Assim, se transformaram as primitivas colônias em colônias de exploração, produtoras de açúcar para o mercado europeu em grandes empresas à base do trabalho escravo. O tráfico negreiro passava, assim, a ser o nervo da concorrência colonial. Na Inglaterra, organizava-se a Royal African Company, em 1663, reorganizada em 1672.[66]

Desta forma, acompanhando o recuo da preponderância espanhola, os três setores fundamentais da exploração ultramarina, que indicamos no iní-

---

[62] Gaston-Martin, *Histoire de l'esclavage dans les colonies françaises*, Paris, 1948, pp. 3-10.

[63] Charles R. Boxer, *Salvador de Sá and the Struggle for Brazil and Angola (1602-1686)*, Londres, 1952.

[64] No capítulo seguinte, discutiremos mais a fundo a natureza da escravidão colonial e do tráfico negreiro; aqui só estamos preocupados em acompanhar as etapas da instauração da concorrência colonial.

[65] C. Furtado, op. cit., pp. 36 segs.

[66] E. Williams, op. cit., p. 31; Kenneth G. Davies, *The Royal African Company*, Londres, 1956.

cio do capítulo, passaram para uma etapa de intensa concorrência entre as potências europeias. Comércio dos produtos orientais, produção colonial, tráfico negreiro — são de aí por diante objeto de afanosa competição por parte dos ingleses, franceses, holandeses, além dos precursores ibéricos. A concorrência colonial se entrelaçava com as questões europeias e esse entrelaçamento foi se acentuando no correr da segunda metade do século XVII, engendrando tensões que se generalizaram nos conflitos da Guerra de Sucessão da Espanha. À associação hispano-francesa, opunha a Inglaterra a aliança com as Províncias Unidas e a casa austríaca de Habsburgo. Portugal, já o vimos, acabou por aderir à causa inglesa — de que lhe resultou a incursão das armadas francesas de Du Clerc (1710) e Duguay-Trouin (1711) no Rio de Janeiro, sem maiores consequências.[67] O conflito, originariamente uma questão dinástica espanhola, deu lugar, portanto, a um confronto global entre as potências. Ademais, o engajamento da França na pugna contra a Inglaterra enfraquecia na Europa de nordeste a posição da Suécia, aliada da França, permitindo a vitória russa de Pedro, o Grande, sobre Carlos XII.[68] No quadro europeu, a questão propriamente dinástica alterou-se substancialmente com a morte de José I da Áustria (1711); o Arquiduque Carlos, pretendente ao trono espanhol apoiado pelos aliados (Inglaterra, Holanda, Portugal) era também o herdeiro do Santo Império, e sua ascensão ao trono de Espanha reconstituiria praticamente o Império de Carlos V. Isto, evidentemente, fez recuarem as potências marítimas no seu apoio à causa austríaca, propiciando as negociações.

Os Tratados de Utrecht, ultimados em Rastadt e Baden, constituíram-se numa definição do novo equilíbrio de forças.[69] Reconhecia-se a ascensão da dinastia bourbônica ao trono espanhol, e dessa forma se consolidava a aliança hispano-francesa, mas Filipe V (Filipe de Anjou, neto de Luís XIV) renunciava a seus direitos à Coroa de França. O objetivo do Rei Sol era alcançado, mas na realidade a Espanha pagava as compensações aos aliados. Do ponto

---

[67] Sobre os eventos dos ataques franceses ao Rio de Janeiro, ver Pedro Calmon, *História do Brasil*, tomo III, Rio de Janeiro, 1963, 2ª ed., pp. 986-1002.

[68] P. Sagnac e A. Saint-Léger, op. cit.

[69] J. Cortesão, *Alexandre de Gusmão e o Tratado de Madri*, parte I, tomo I, op. cit., pp. 19 segs.

de vista da política exterior tradicional da França, de que Richelieu tinha sido o formulador mais explícito, esta solução significava o ponto terminal da luta contra a Casa d'Áustria, desalojada agora do trono espanhol.[70] Mas a Guerra de Sucessão da Espanha fora bem mais do que isso, uma confrontação pela hegemonia europeia e ocidental; e a Inglaterra, que liderou a aliança antifrancesa e enfim dirigiu as negociações de paz, visava na contenda, antes de tudo, as possessões mediterrâneas espanholas e as colônias ultramarinas. Assim, na própria regulamentação dinástica já iam prevalecendo os princípios ingleses vitoriosos desde a gloriosa Revolução de 1688, e alterando-se o direito público; as renúncias impostas implicitamente estabeleciam que as sucessões dinásticas não dependiam mais apenas de direitos hereditários mas eram limitadas por convenções internacionais. Bem o sentiria Carlos VI de Áustria, exatamente o antigo pretendente ao trono espanhol, que para sua própria sucessão viu-se na contingência de submeter à aquiescência das potências a "Pragmática Sanção".[71]

A integridade territorial da França era mantida, mas os Países Baixos de Espanha passavam à Áustria — chamando-se a partir de então Países Baixos Austríacos —; ficavam na realidade sob a tutela da Holanda, erigindo-se destarte em autêntica barreira. Na Alemanha recuava o poder imperial, criando-se mais um eleitorado (Hannover), enquanto a Casa de Brandenburgo dava mais um passo decisivo na sua ascensão: o eleitor passava a chamar-se "rei na Prússia". Bem o compreendeu Luís XIV que viu nos acordos de Utrecht o fim da velha inimizade com os Habsburgos, e recomendou no fim de seu reinado uma mudança na linha política exterior francesa, aproximando-se da Áustria para enfrentar a Inglaterra ascendente.

A Casa d'Áustria ficava enfim recompensada com Nápoles, o Milanês, a Sardenha (que passou depois à Casa de Saboia), os "presídios" da Toscana e os já mencionados Países Baixos. O Duque de Saboia, além do condado de Nice e outras compensações menores, recebeu a Sicília (que posteriormente, em 1720, passaria à Áustria em troca da Sardenha).

---

[70] G. Zeller, *Les Temps modernes*, in P. Renouvin (dir.), *Histoire des relations internationales*, tomo III, Paris, 1963, pp. 96 segs.

[71] Pierre Muret, *La Prépondérance anglaise (1715-1763)*, Paris, 1949, 3ª ed., pp. 8-10, 145-150.

Portugal colhia as vantagens da aliança inglesa. Na região platina recobrava a Colônia do Sacramento; no Norte do Brasil, fixava-se o Oiapoque como limite com a Guiana francesa, abandonando a França suas pretensões de navegação no Amazonas.[72] Os tratados de Portugal com a França e com a Espanha se fizeram sob a égide da Inglaterra, e receberam sua garantia. Efetivamente, preferia a Grã-Bretanha que Portugal retivesse a Amazônia, impedindo assim que a ainda poderosa rival, a França, viesse a expandir nesta área a sua colonização. Igualmente, era o Prata a entrada ideal para o contrabando para o Império Espanhol. Como observa Jaime Cortesão, os hábeis diplomatas negociadores dos tratados (o Conde de Tarouca e D. Luís da Cunha) "tiveram a ajudá-los no seu jogo a carta decisiva das ambições britânicas".[73]

A Inglaterra, naturalmente, levava a parte do leão. Nas Antilhas, recebeu da França a ilha de São Cristóvão, ponto estratégico; na América do Norte, a baía de Hudson, base do comércio de peles, a Acádia e a Terra Nova, zonas de pesca; no tratado de comércio redefiniu as tarifas alfandegárias dos dois países. Da Espanha, além da mantença da ocupação de Gibraltar, recebeu o *asiento*, isto é, a concessão exclusiva do tráfico negreiro para as Índias de Castela, por trinta anos, e o "navio de permissão", ou seja, um navio de trezentas toneladas que podia comerciar em Porto Belo por ocasião das feiras.[74]

Em síntese, no início do século XVIII redefinia-se o equilíbrio europeu e colonial sob a égide da Inglaterra. Se a França conseguiu enfim a presença da família Bourbon no trono espanhol, foi à custa de pesados sacrifícios coloniais e comerciais em favor da Inglaterra. No continente, por outro lado, a hegemonia francesa saía comprometida; ficava excluída, pelos tratados, a hipótese de uma união efetiva de Espanha e França sob o mesmo monarca, enquanto Inglaterra e Holanda garantiam a "barreira" dos Países Baixos. Na Alemanha, liberta definitivamente da tutela austríaca, começava a despontar a potência prussiana, futuro núcleo da unificação no século XIX; e na Itália, igualmente, iniciava a Casa de Saboia a carreira que a conduziria à posição de polo da unidade italiana. No Oriente europeu, contemporaneamente, co-

---

[72] J. Cortesão, *Alexandre de Gusmão e o Tratado de Madri*, parte I, tomo I, op. cit., p. 21.

[73] Idem, ibidem, p. 22.

[74] G. Scelle, op. cit., pp. 523-581.

meçava a levantar-se, com o abatimento de Carlos XII, o estado moscovita como potência europeia.[75]

Era pois toda uma nova configuração que se despontava no quadro das relações internacionais, e nesse contexto é que se consolidam as alianças de Portugal com a Inglaterra e da Espanha com a França. Em troca de vantagens comerciais ultramarinas, os reinos ibéricos conseguiam conservar a posse de seus domínios coloniais. Enquanto, porém, a França conseguia colocar no trono espanhol um príncipe francês, a Inglaterra levava vantagens nítidas no plano econômico. Os tratados comerciais com a Espanha, ao lhe assegurarem o *asiento* e o navio de permissão, garantiam-lhe outrossim a condição de "nação mais favorecida", pelo que a Inglaterra se resguardava de uma competição francesa no mercado espanhol e principalmente no hispano-americano. Por outro lado, o segundo Tratado de Methuen, abrindo o mercado português aos tecidos ingleses, criava também a possibilidade de a indústria inglesa, através de Portugal, alcançar o mercado da América portuguesa.[76]

Desta forma, no novo equilíbrio assentado em Utrecht, o mundo colonial ultramarino pesava significativamente como elemento essencial do equilíbrio das forças europeias; os problemas dinásticos ou territoriais europeus ligavam-se assim inextricavelmente com as tensões do ultramar. Utrecht, como todo acordo internacional, representava um ponto de parada, uma etapa no jogo das potências. As flutuações do desenvolvimento político e econômico interno das nações na etapa subsequente haviam de acrescentar novos lances na luta pela hegemonia, mas a posição de Portugal e de seu mundo colonial, contudo, estava definida: a aliança inglesa era uma garantia de sobrevivência do pequeno reino ibérico como nação colonizadora. Esta a posição com a qual atravessou, basicamente, ileso, a rivalidade colonial anglo-francesa, que dominou todo o século XVIII.

---

[75] G. Zeller, op. cit., pp. 132-135; P. Muret, op. cit., p. 277.

[76] E. Lipson, op. cit., vol. III, p. 112.

3. Tensões e crise

Examinemos, pois, ainda que sucintamente, as tensões geradas pela competição colonial entre a Paz de Utrecht e a eclosão da Revolução Francesa, com vistas a marcarmos mais nitidamente a posição de Portugal e Brasil neste contexto.

O período que vai da Paz de Utrecht até o meado do século foi de relativa paz, marcada pela *entente* anglo-francesa; Dubois e depois o cardeal Fleury, de um lado, do outro Stanhope e depois Walpole e o partido *whig* comandavam essa orientação, no fundo, um compasso de espera para novos confrontos.[77] A sucessão da Áustria em 1740 reabriu a crise europeia e, por conexão, a colonial. Durante o período de paz, intensificara-se a concorrência colonial. Em termos de extensão dos domínios ultramarinos, os países ibéricos mantinham ainda os maiores quinhões. Portugal possuía o Brasil, ilhas oceânicas, entrepostos numerosos na África e residuais no Oriente. A Espanha conservava a maior parte da América do Sul, a América Central e várias das Grandes Antilhas, como Cuba e Porto Rico; México e a Flórida, na América do Norte; as Canárias no Atlântico, as Filipinas no Pacífico. A Holanda contava, sobretudo no Oriente, com as ilhas de Sonda, Ceilão e a colônia do Cabo; na América, a Guiana e Curaçao. Na costa leste da América do Norte, estendiam-se as treze colônias inglesas; mais ao norte, Terra Nova e as terras da baía de Hudson; no Caribe, Jamaica e várias Pequenas Antilhas; no Oriente, os entrepostos da Companhia das Índias Orientais. A França colonizava o Canadá, atingia o Mississippi abrindo caminho para a Luisiânia, na América Setentrional; nas Antilhas, possuía São Domingos e outras ilhas menores; no continente negro, entrepostos no Senegal; e no mundo indiano as ilhas Bourbon e Ilha de França, além de entrepostos.

No quadro da concorrência, que então se intensificava, apresentavam-se três zonas principais de tensões: na América do Norte, onde a colonização era predominantemente de povoamento, a competição anglo-francesa se orientava em termos de ocupação de maiores áreas. A interligação, pelo Mississippi, do Canadá com a Luisiânia, praticamente barrava a expansão inglesa para o oeste americano, ficando a colonização britânica limitada pelos Alleghanys.

---

[77] P. Muret, op. cit., pp. 65-213.

Por outro lado, a posse de Terra Nova pelos ingleses envolvia um tampão na embocadura do São Lourenço. A fricção tendia a se exasperar neste período, sobretudo a propósito da posse do vale do Ohio: a partir de 1753 abriam-se as hostilidades, que provocaram, na Europa, a generalização dos conflitos, na Guerra dos Sete Anos (1756-1763).

No mundo indiano, inicialmente, a concorrência se definia em termos de domínio das principais rotas comerciais, que punham essa imensa região em contato com o mercado europeu. Dos entrepostos de Madras e Calcutá, os ingleses, das feitorias de Pondichéry e Chandernagor, os franceses — os dois grandes rivais procuravam açambarcar o rico veio do comércio oriental. A decadência do poderio político do Grão-Mogol, a progressiva autonomização dos pequenos estados indianos, as lutas constantes entre estas pequenas entidades políticas, propiciavam, naturalmente, aos europeus oportunidades de se imiscuírem em tais contendas, a fim de garantir seus estabelecimentos e mesmo alargar suas posições, reservando-se áreas de influência; o passo era pequeno para que se projetasse enfim uma autêntica dominação política, e Dupleix, ao tempo dirigente supremo da companhia francesa, não hesitou em ultrapassar esse limite. A reação inglesa não se fez esperar, agravando os antagonismos. A demissão de Dupleix e o tratado que seu sucessor Godeheu assinou com os ingleses (1754) não impediram que o confronto se tornasse inevitável.[78]

Nas Antilhas, finalmente, a competição se propunha em torno da produção açucareira e do tráfico africano. Nesta área, contudo, o jogo de interesses complicava-se sobremaneira: a proximidade das colônias da fachada atlântica da América do Norte, sobretudo da Nova Inglaterra, levava inevitavelmente à relacionação comercial entre as plantações escravistas antilhanas, de produção especializada, e aquelas colônias de povoamento do hemisfério norte. Assim, os interesses dos colonos da Nova Inglaterra se ligavam ao mercado do Caribe, fosse das ilhas inglesas, francesas, espanholas ou holandesas. Igualmente, os interesses do tráfico, no qual a Inglaterra se ia situando vantajosamente, vinculavam-se aos mercados consumidores de escravos, qualquer que fosse a nacionalidade dos compradores. Como, porém, as metrópo-

[78] P. Muret, op. cit., p. 488; C. C. Davies, "Rivalries in India", in G. N. Clark (dir.), *The New Cambridge Modern History*, Cambridge, 1957, vol. VII, p. 562.

les competiam na produção e comercialização do açúcar, o conflito de interesses se complicava de forma inextricável, e as várias fórmulas do comércio triangular agravavam estas contradições no bojo do sistema colonial.[79]

As guerras do meado do Setecentos (Sucessão da Áustria, 1740-1748; Sete Anos, 1756-1763), implicaram, como dissemos, um novo confronto de hegemonias entre as potências rivais. A historiografia política europeia pôs sempre em relevo, nessas guerras, a chamada "inversão do sistema de alianças", isto é, o fato de a França, no primeiro conflito, ter combatido a Áustria, aliando-se a ela no segundo confronto.[80] O que porém importa destacar é que, em ambas as guerras, França e Inglaterra colocaram-se em campos opostos, e isso devido essencialmente à concorrência colonial. De fato, a política francesa, durante a regência de Filipe de Orleans não dá sequência às últimas orientações de Luís XIV, que preconizavam aproximação com a Áustria e entreviam na Inglaterra o grande adversário.[81] A política regencial, pelo contrário, conduzida por Dubois, levou a uma aliança com a Inglaterra, que persistiu até 1740. É que problemas dinásticos permaneciam pendentes depois de Utrecht. Na França, o regente entrevia a possibilidade de cingir a Coroa, pois era delicada a saúde do herdeiro, o futuro Luís XV; isso levava a um esfriamento das relações com a Espanha, pois Filipe V de Bourbon certamente reivindicaria o trono francês, apesar da renúncia que lhe tinha sido imposta. Na Grã-Bretanha, George, o primeiro Hannover, enfrentava a oposição do partido jacobita. Ao rei da Inglaterra e ao regente da França interessava, portanto, a consolidação dos acordos de Utrecht e, pois, das renúncias que eles estipulavam. A Filipe V de Espanha, pelo contrário, interessava sua alteração, pois não se conformara com a perda pela Espanha das possessões italianas, passadas em Utrecht às casas de Áustria e de Saboia. Enquanto a Espanha, cuja política era dirigida por Alberoni, tendia a apoiar o partido jacobita, a França encaminhava-se, sob a regência, para a aliança inglesa.[82] A interven-

---

[79] C. Furtado, op. cit., p. 41; E. Williams, op. cit., pp. 51 segs.

[80] G. Zeller, op. cit., pp. 222 segs.

[81] P. Sagnac e A. Saint-Léger, op. cit., p. 513.

[82] J. O. Lindsay, "International Relations", in G. N. Clark (dir.), *The New Cambridge Modern History*, vol. VII, p. 194; P. Muret, op. cit., pp. 65 segs.

ção armada espanhola na Sicília em julho 1718, induziu o imperador Carlos VI, que se não conformava com a perda da Coroa espanhola, a aproximar-se da aliança franco-inglesa, à qual a Holanda também aderira; a frota inglesa aniquilou as forças espanholas no Mediterrâneo, o que levou à queda de Alberoni. A Sicília passava para o Império, recebendo o Duque de Saboia, em consolação, a Sardenha (1720), e a sucessão de Parma e Toscana recairia sobre o filho do segundo casamento de Filipe V com Elisabeth Farnésio. O rei de Espanha entabulou, então, negociações diretas com Viena, que chegaram a bom termo em 1725: em troca do reconhecimento da "Pragmática Sanção", a Áustria entregaria os domínios do sul da Itália a D. Carlos — filho de Filipe V da Espanha e Elisabeth Farnésio, o futuro Carlos III —, o qual abandonaria, então, a Toscana. A pouco e pouco, por meio de negociações laboriosas que envolveriam problemas de equilíbrio em várias partes da Europa, as potências acabaram por sancionar este ajuste nos Tratados de Viena (1738).[83]

Entrementes, com o término da regência na França, o cardeal Fleury passava a comandar a governação. Habilmente, sem romper a política de aliança com a Inglaterra — conservada, também, por Walpole, que contemporaneamente sucedera a Stanhope —, a diplomacia francesa consolidava a aliança bourbônica com a Espanha, estimulando então o desenvolvimento militar e político desta última para enfrentar a penetração inglesa no seu mundo ultramarino.

A abertura da crise da sucessão austríaca, em 1740, pôs em xeque a política de Fleury; o partido antiaustríaco, que revivia a política tradicional francesa, superava as resistências do velho cardeal, e a França, aliando-se à Prússia de Frederico II, encabeçava a coligação contra Maria Teresa. Sabe-se como esta resistiu tenazmente, apoiada pela Inglaterra. O conflito se generalizou, atingindo o mundo colonial: na América, os ingleses tomaram Louisbourg, posto avançado francês na embocadura do São Lourenço; na Índia, Dupleix levava a melhor em Madras. Na Paz de Aix-la-Chapelle (1748) porém, França e Inglaterra devolveram mutuamente as conquistas coloniais e a

[83] G. Zeller, op. cit., pp. 170 segs.

situação voltou ao *statu quo ante.*[84] A Paz de Aix-la-Chapelle, na realidade, não foi mais que uma trégua, e o período de 1748 a 1756, quando se abriu a Guerra dos Sete Anos, foi uma autêntica paz armada e as competições coloniais foram então levadas ao clímax.

Na nova guerra, a França aliava-se à Áustria contra a Prússia; era a famosa "inversão de alianças", urdida pelo chanceler austríaco Kaunitz. A Inglaterra, naturalmente, colocava-se no campo oposto, e o confronto no mundo colonial, gênese aliás do conflito — atritos no vale do Ohio, ponto de fricção entre as colonizações francesa e inglesa na América do Norte —, atingia proporções decisivas. Para enfrentar a superioridade naval inglesa, o ministro francês Choiseul conseguiu a aliança espanhola, estabelecendo-se, em decorrência, o Pacto de Família em agosto de 1761.

Só então Portugal foi envolvido no conflito. Efetivamente, a política exterior de D. João V vinha conseguindo manter a neutralidade ao longo de todas as crises da primeira metade do Setecentos. Em 1719, resistiu à pressão britânica eximindo-se de entrar para a Quádrupla Aliança (Inglaterra, França, Holanda e Império) contra as pretensões de Filipe V na Itália; em 1733, igualmente, ficava à margem dos debates e conflitos em torno da sucessão polonesa; finalmente, conseguira manter a neutralidade em face da Guerra de Sucessão da Áustria, que já era um conflito europeu e envolvia mais de perto os problemas coloniais.[85] No reinado de D. José I, o consulado pombalino prosseguiu na mesma linha política, conseguindo eximir-se do confronto generalizado que foi a Guerra dos Sete Anos, até a formação do Pacto de Família. Contando continuar a política de neutralidade, não se acautelou militarmente o Marquês de Pombal diante do agravamento do conflito que acabaria por envolver Portugal — e nisso não seguiu os ditames do testamento de D. Luís da Cunha.[86] De fato, comprometendo-se a Espanha a guerrear o Reino Unido, não tardou a intimação franco-espanhola, exigindo permis-

---

[84] G. Zeller, op. cit., p. 221; Mark A. Thomson, "The War of Austrian Succesion", in G. N. Clark, *The New Cambridge Modern History*, vol. VII, p. 437.

[85] G. Zeller, op. cit., pp. 229 segs.; John H. Parry e Frank Thistlewaite, "Rivalries in America", in G. N. Clark, *The New Cambridge Modern History*, vol. VII, pp. 514 segs.

[86] J. L. de Azevedo, *O Marquês de Pombal e sua época*, p. 236. Manter forças armadas em preparo, que "nos darão tempo para resistirmos aos primeiros insultos dos inimigos, e para espe-

são para que tropas dos Bourbons pudessem instalar-se nos portos lusitanos a fim de obstar um possível desembarque inglês. Os preparativos portugueses se fizeram à pressa para a defesa diante da invasão espanhola, iminente, contratando-se os serviços militares do príncipe de Lippe, e contando com um auxílio britânico: armas e sete regimentos. Tal a gravidade da situação que se cogitou, chegando-se mesmo a preparar, a mudança da corte para o Brasil.[87]

Na península, as hostilidades iniciadas em abril de 1762 não passaram, na realidade, de escaramuças que duraram até novembro, quando as negociações de paz entre a Inglaterra e as nações do Pacto de Família chegaram a um armistício. Em fevereiro de 1763 firmava-se em Paris o tratado que pôs fim à Guerra dos Sete Anos. A pacificação consagrava a vitória inglesa em toda linha e Portugal, aliado à potência vencedora, saía indene do conflito, logrando preservar ilesas suas colônias.

Efetivamente os britânicos recebiam o Canadá, o vale do Ohio e a margem esquerda do Mississippi, na América do Norte; na Índia, a França renunciava a toda e qualquer pretensão política — abrindo-se, então, o caminho à expansão inglesa — guardando apenas cinco entrepostos. Tendo a Espanha perdido para a Inglaterra, no curso da luta, a sua colônia na Flórida, recebia como compensação a Luisiânia francesa, última colônia da França na América Setentrional. A preponderância inglesa consolidava-se de forma irreversível.[88]

Tinha êxito, pois, ainda uma vez a linha adotada por Portugal desde a Restauração e consolidada na crise da sucessão espanhola. A permanente ameaça espanhola, com vistas à recomposição da unidade ibérica, agravada na medida em que se solidificava a aliança hispano-francesa, tinha, como contrapartida, por parte de Portugal, a aliança inglesa. Tal aliança envolvia favores de natureza sobretudo comercial em troca de proteção política nas relações internacionais e a preservação dos domínios ultramarinos. A diplomacia portuguesa procurou constantemente minimizar o ônus que a aliança en-

---

rarmos os socorros que tivermos estipulado com os nossos aliados" é o que recomendava D. Luís da Cunha no famoso *Testamento político* (op. cit., p. 43).

[87] P. Calmon, op. cit., tomo IV, p. 1185.

[88] Philippe Sagnac, *La Fin de l'Ancien Régime et la Révolution Americaine (1763-1789)*, Paris, 1952, 3ª ed., pp. 4 segs.

volvia; para tanto, jogou por várias vezes com a alternativa de uma aproximação francesa para comedir a tutela britânica,[89] mas nos momentos críticos reforçava com habilidade os laços com a Inglaterra. O imperativo da preservação do ultramar, por seu turno, inspirava a nação por uma política de neutralidade, observada em todo o período e só abandonada *in extremis*; assim, dependia-se menos da Inglaterra, e esta menos podia exigir pela proteção. Nos confrontos globais, porém, era pela solução inglesa que se optava, pois só esta — dada a crescente superioridade marítima da Inglaterra[90] — podia garantir a preservação das colônias.

Assim a pequena monarquia peninsular atravessou, sem perder os seus domínios ultramarinos, a fase de mais aguda tensão da época moderna até a crise final do Antigo Regime. No Oriente, depois do naufrágio da dominação portuguesa devido à competição das novas potências durante o período filipino, foi possível pelo menos manter os últimos entrepostos — Goa, Diu, Macau etc. — ao longo do século XVIII.

No Brasil, em compensação, ampliava-se a área de dominação efetiva; já durante a União Ibérica o movimento de devassamento continental ultrapassava de muito o meridiano fixado *de jure* em Tordesilhas. A expansão prosseguiu após a restauração de 1640 em todas as direções.[91] Enquanto a expulsão dos holandeses de Angola (1648) e de Pernambuco (1654) restaurava a posição portuguesa no Atlântico Sul, a expansão territorial levava, em 1680, ao estabelecimento da Colônia do Sacramento em frente a Buenos Aires, na embocadura do Prata, entrada para a América espanhola, ponto inicial de uma rota de acesso ao metal nobre das regiões andinas.[92] O contrabando português no Rio da Prata vinha de longa data e durante a União Ibérica tivera o seu ponto alto. O estabelecimento da Colônia reabria a questão.[93]

---

[89] Cf. nota 39, as sugestões de Alexandre de Gusmão.

[90] John H. Rose, Arthur P. Newton e Edward A. Benians (dir.), *The Cambridge History of the British Empire*, vol. I, Cambridge, 1960, pp. 507 segs.

[91] Basilio de Magalhães, *Expansão geográfica do Brasil colonial*, Rio de Janeiro, 1944, 3ª ed., passim.

[92] Sérgio Buarque de Holanda, "A Colônia do Sacramento e a expansão no extremo sul", in S. B. de Holanda (dir.), *História geral da civilização brasileira*, tomo I, vol. 1, op. cit., pp. 322-364.

[93] Alice P. Canabrava, *O comércio português no Rio da Prata*, São Paulo, 1944; Jaime Corte-

Assim, o século XVIII foi o momento decisivo para a definição das fronteiras entre a América portuguesa e as Índias de Castela.[94] O grande movimento de penetração impulsionado no século anterior vai assumindo ao longo do Setecentos as feições de uma política definida de arredondamento territorial: o domínio do vale amazônico, a margem setentrional do Prata, a posse dos planaltos centrais. Nos Tratados de Utrecht, grande vitória diplomática de D. Luís da Cunha e do Conde de Tarouca, ao se fixar o *statu quo ante bellum*, já se ia engendrando o princípio da posse definitiva;[95] ao norte, cedendo a França às reivindicações portuguesas, fixava-se o limite no Oiapoque, e no sul se impunha a devolução da Colônia do Sacramento, bastião português isolado nas margens do Prata, em frente a Buenos Aires. Ao longo do século, acompanhando as vicissitudes da política portuguesa de neutralidade e dos confrontos entre França e Inglaterra, os ajustes vão se realizando no norte, no oeste e no sul do Brasil; à medida que os problemas coloniais crescem em importância, esses pontos de encontro vão se transformando em *zonas de tensão*. Sobretudo na fronteira sul, a rigor a única fronteira "viva", os conflitos se complicaram e se agravaram por todo este período, arrastando-se para a época de crise do Sistema Colonial, prolongando-se mesmo para depois da Independência.[96] De qualquer forma, já desde 1737 a ação do brigadeiro José da Silva Pais — ocupação e colonização do "continente" do Rio

---

são, "O território da Colônia do Sacramento e a formação dos estados platinos", *Revista de História*, nº 17, 1954, pp. 135-165.

[94] Não cabe aqui, naturalmente, um estudo exaustivo da fixação das fronteiras e da formação territorial do Brasil colônia. Vejam-se para tanto: F. A. Varnhagen, *História geral do Brasil*, op. cit., tomo IV, passim; Capistrano de Abreu, *Capítulos de história colonial*, Rio de Janeiro, 1954, 4ª ed., pp. 283-304; Jaime Cortesão, "A integração territorial do Brasil", in Damião Peres (dir.), *História de Portugal*, tomo VI, op. cit., pp. 673-741; Jaime Cortesão, *Alexandre de Gusmão e o Tratado de Madri*, 9 vols., Rio de Janeiro, 1952; P. Calmon, op. cit., tomo IV; A. C. Ferreira Reis, "Os tratados de limites", in S. B. de Holanda, op. cit., tomo I, vol. 1, pp. 365-379; José Carlos de Macedo Soares, *Fronteiras do Brasil no regime colonial*, Rio de Janeiro, 1939.

[95] P. Calmon, op. cit., p. 1134.

[96] Para a história atribulada da Colônia do Sacramento vide Jônathas da Costa Rêgo Monteiro, *A Colônia do Sacramento (1688-1777)*, 2 vols., Porto Alegre, 1937; Dauril Alden, *Royal Government in Colonial Brazil*, Berkeley, 1968, pp. 59 segs.

Grande[97] — já esboçava a perspectiva que havia de ser clara e brilhantemente formulada por Alexandre de Gusmão e concretizada no Tratado de Madri:[98] a cessão da colônia em troca das missões jesuíticas, arredondando o território, impedindo as soluções de contiguidade. A competição colonial era porém de tal ordem que uma tal solução, que hoje se nos afigura tão obviamente a mais racional, não teve condições de ser implementada efetivamente, e os problemas se arrastaram, permanecendo a zona de tensão.

Assim, ao lado das zonas de tensão entre as potências dominantes em luta pela hegemonia, França e Inglaterra (nas Antilhas, na América do Norte, no Oriente), entre os países coloniais ibéricos se vão formando ao mesmo tempo outras zonas de tensão, sobretudo a região platina. Os dois tipos de conflitos correm paralelos e se inter-relacionam continuamente até a crise do Sistema Colonial.

O período que se segue ao Tratado de Paris (1763) até a Revolução Francesa e a crise do Antigo Regime, em todos os seus aspectos, marca o apogeu da preponderância inglesa na Época Moderna. Efetivamente, o término da Guerra dos Sete Anos, consagrando a supremacia marítima e comercial da Grã-Bretanha, com o esvaziamento do mundo colonial francês, colocava o Reino Unido numa posição de ascendência nas relações internacionais.[99] Tal situação era o término de um processo ascendente que remontava ao século XVII e ao período cromwelliano. Com o declínio da preponderância espanhola, o centro hegemônico passara, na Europa, para a França de Luís XIV, enquanto no Ultramar o poderio holandês atingia o seu ápice. Ora, no quadro das guerras de Luís XIV, a Inglaterra conseguiu desalojar a posição das Províncias Unidas; hostilizando-as de início (Guerra Anglo-Holandesa), defendendo-as depois em face do expansionismo francês na Europa, a Inglaterra conseguiu rebaixar a Holanda a potência de segunda grandeza, que pas-

---

97 P. Calmon, op. cit., p. 1133.

98 J. Cortesão, *Alexandre de Gusmão e o Tratado de Madri*, parte I, tomo II, op. cit., pp. 83-179.

99 Matthew S. Anderson, "European Diplomatic Relations 1763-1790", *The New Cambridge Modern History*, vol. VIII, pp. 252-277; P. Sagnac, *La Fin de l'Ancien Régime et la Révolution Américaine*, op. cit., pp. 4 segs.

sava desde então a girar na sua órbita de influência. O grande conflito da sucessão de Espanha veio a consolidar também esta situação.

Ao longo do século XVIII, excluída a Holanda, a pugna pela hegemonia política e comercial desenrolou-se entre a Inglaterra e a França; os Tratados de Utrecht já configuravam uma posição vantajosa para os ingleses, e os confrontos do meado do século consolidaram sua hegemonia. Através dos tratados com Portugal (Methuen), da obtenção do *asiento* espanhol, e sobretudo através do intenso contrabando — o comércio *interlope* como era então chamado — a Inglaterra penetrou fundo nos mercados coloniais ibéricos.[100] Completava-se, assim, a tutela britânica.

É de notar-se que nessa longa competição das potências europeias pela hegemonia mundial, o controle do mundo ultramarino representou papel fundamental. O controle, sobretudo, dos mercados coloniais americanos, estava no cerne do equilíbrio que se ia alterando; assim, é possível estabelecer o paralelismo entre preponderâncias e domínio do tráfico negreiro, nervo das economias coloniais americanas. O *asiento* espanhol, controlado pelos cristãos-novos portugueses durante a União Ibérica, passou à órbita do capitalismo holandês em seguida, para ser, por um período, dominado pela companhia francesa da Guiné; finalmente, são os ingleses que o controlam até 1750, mas o término do conflito não diminuiu o surto do tráfico inglês. Assim, a competição colonial estava no próprio centro da luta pela hegemonia, e refletiu a sucessão das preponderâncias europeias.[101]

Na posição de hegemonia, a Inglaterra pôde levar ao limite a exploração do mercado ultramarino, o que levou a um enrijecimento de seu sistema colonial.[102] A França, vencida, depois de 1763, passou a desenvolver uma política de isolacionismo nos problemas da Europa continental, com vistas a um reforçamento interno, na espreita de uma ocasião para a *revanche*; tal po-

---

[100] Olga Pantaleão, *A penetração comercial da Inglaterra na América espanhola de 1713 a 1783*, São Paulo, 1946; A. K. Manchester, op. cit.

[101] G. Scelle, op. cit., tomo I, pp. 317 segs.; Rozendo Sampaio Garcia, *Contribuição ao estudo do aprovisionamento de escravos negros na América espanhola*, São Paulo, 1962.

[102] Hugh E. Egerton, *A Short History of the British Colonial Policy*, Londres, 1950, pp. 147 segs.; Harold U. Faulkner, *American Economic History*, Nova York, 1960, 8ª ed., pp. 107 segs.

lítica, conduzida sobretudo por Vergennes, levou a uma agudização das tensões na Europa Oriental, com o recuo do Império Otomano e enfraquecimento da Polônia, antigos aliados da França; em contrapartida, crescia o poderio da Prússia, da Rússia e da Áustria, aliadas depois da crise do meado do século. Isto permitiu a primeira partilha da Polônia, agravando-se as tensões num crescendo até a eclosão da Revolução Francesa.[103]

No Ultramar, contemporaneamente, a posição dominadora da Inglaterra começava a esbarrar na resistência de suas próprias colônias americanas, que resistiam à pressão metropolitana para enquadrá-las nos limites estreitos do Pacto Colonial.[104] Isto agravava ainda mais a tensão nas Antilhas, dado que o esquema inglês importava numa contenção do comércio triangular.[105] A tensão antilhana era também estimulada pela França, que nesta área ainda oferecia resistência ao domínio inglês; é a época de máximo desenvolvimento de São Domingos. No clímax desse processo, a resistência das colônias inglesas da América do Norte rompeu enfim as amarras do sistema, e fez eclodir a guerra de Independência (1776). Era o momento aguardado pela França, que apoiou os insurretos, carreando a Espanha na mesma aliança anti-inglesa; o reconhecimento dos Estados Unidos independentes e os Tratados de Versalhes (1783) apresentaram-se, assim, como *revanche* aos tratados humilhantes de 1763.

A realidade, porém, transcendia essas aparências manifestas no nível das relações internacionais. Nem a independência dos Estados Unidos era um simples episódio na longa pugna pela hegemonia entre as potências europeias, nem a Inglaterra fora barrada no seu desenvolvimento ascendente pela separação da Nova Inglaterra. De fato, a secular ascensão inglesa no domínio do comércio ultramarino, associada a processos socioeconômicos internos no Reino Unido, abriam enfim a rota irreversível da economia inglesa para o industrialismo. Na década de sessenta do século XVIII, quando atingia o ápice a preponderância britânica, a mecanização da produção industrial inglesa da-

---

[103] M. S. Anderson, op. cit.; P. Sagnac, op. cit.

[104] H. U. Faulkner, op. cit.; S. E. Morison e H. S. Commager, op. cit., tomo I, pp. 128 segs.

[105] E. Williams, op. cit., pp. 98 segs.

va seus primeiros e decisivos passos.[106] Era a Revolução Industrial em marcha. Por outro lado, a independência dos Estados Unidos — uma colônia que se separa da metrópole não por ter sido capturada por outra potência, mas para constituir uma nova nação soberana — transcendia os limites do Antigo Sistema Colonial, abrindo assim o caminho para a crise do Antigo Regime. É pois neste quadro de hegemonia da Inglaterra industrial e de crise em processo do Antigo Regime que devemos situar a posição do Brasil e de Portugal; pequena metrópole aliada à Inglaterra para preservar seus extensos domínios ultramarinos, extensa colônia valiosa na sustentação das posições da mãe-pátria.

Retomemos, agora, as principais considerações deste capítulo, para fixarmos melhor aqueles elementos conclusivos que importam para a análise de nosso tema. A sucessão de preponderâncias — espanhola, francesa, inglesa — que caracteriza as relações internacionais entre o Renascimento e a Revolução Francesa, dimana do próprio processo de formação dos estados modernos que foi a metamorfose política básica desse período. Profundamente vinculada à formação dos estados modernos europeus, a expansão ultramarina e colonial insere-se como elemento decisivo no jogo político das hegemonias.

Os países ibéricos, perdida a posição de vanguarda e mesmo de preponderância, reduzidos a estrelas de segunda grandeza e em determinados momentos envolvidos em perigosas depressões, conseguem não obstante preservar sua autonomia europeia e manter seus extensos domínios ultramarinos — ainda os mais extensos até o final do século XVIII — exatamente por causa da competição entre as potências que ascendiam econômica e politicamente, Inglaterra e França. Vinculado à Inglaterra, que enfim sai vencedora da longa disputa, Portugal pôde mais que Espanha, aliada da França, atravessar a longa sucessão de tensões preservando seus domínios, entre os quais o Brasil é o núcleo essencial. Firmado nesta posição, sua *política* era, natural-

[106] Eric Hobsbawm, *En torno a los orígenes de la Revolución Industrial*, trad. esp., Buenos Aires, 1972, 2ª ed., pp. 89-114, especialmente pp. 104 segs.

mente, a da *neutralidade*; a proteção política da Inglaterra era paga com vantagens comerciais que alcançavam o mercado ultramarino, e de quanto menos proteção necessitasse menor o custo da tutela. Assim, no plano político internacional, a preservação do Ultramar português se torna condição mesma da existência metropolitana; é sua moeda de garantia. Por isso, nas crises mais graves de que se não pode eximir, a metrópole lusitana optou sempre, ao fim e ao cabo, pela aliança inglesa que lhe defendia as colônias, inclusive para explorá-las em seguida — tal o círculo vicioso infernal da competição das potências. Naquelas crises em que Espanha se envolveu em razão de sua aliança francesa nos problemas europeus, tornando-se um perigo iminente pela tendência de refazer a união peninsular, Portugal é obrigado a apoiar-se no poderio inglês. Assim na luta de sucessão da Espanha, assim na Guerra dos Sete Anos quando já se cogita e mesmo se prepara a mudança da Corte para o Brasil, assim na crise final do Antigo Regime que se manifesta, no nível das relações internacionais, nas guerras da Revolução Francesa e do Império napoleônico, quando esta solução extrema é enfim levada à prática.

No plano das relações internacionais, que é o de que tratamos aqui, a explicitação da posição dos países ibéricos, e mais particularmente de Portugal e seu Ultramar, no curso de alianças, é já *um primeiro elemento da crise do Antigo Sistema Colonial*: a defasagem entre a posição política e econômica das metrópoles ibéricas no quadro do equilíbrio europeu e a extensão e importância comercial de seus domínios ultramarinos só se pode manter até o fim do século XVIII graças à rivalidade entre as potências ascendentes, Inglaterra e França. Tal situação, até certo ponto artificial, foi possível enquanto os *conflitos* se desenvolveram dentro dos quadros de possibilidades do Antigo Regime e do Sistema Colonial mercantilista; quando, a partir da independência das colônias inglesas, é *o próprio sistema que entra em crise*, a situação não mais se sustenta. De qualquer forma, a simples preservação daquela defasagem até o final do século XVIII, implica evidentemente um fator de desajuste e desequilíbrio, e pois num elemento de crise.

Esta observação é tanto mais importante quanto nos leva a considerar que é este primeiro elemento — a situação de Portugal e seus domínios ultramarinos no contexto das relações de forças econômicas e políticas do fim de Setecentos — que nos permitirá compreender a maneira peculiar e específica de manifestar-se aí a crise final do primeiro colonialismo europeu. Temos pois que fixar este ponto de partida de nosso estudo; mas é apenas o ponto de partida, e se quisermos compreender a última etapa do Antigo Regime e do Sistema Colonial Mercantilista, para estudar lucidamente a política ultramarina portuguesa na sua colônia americana nesta quadra crítica, devemos agora transcender o nível agitado das relações internacionais para nos aprofundarmos nos fenômenos estruturais de longa duração.

Capítulo II

A crise do Antigo Sistema Colonial

Se, na realidade, a posição relativa de Portugal e do Brasil no quadro das relações internacionais do fim do século XVIII permite-nos começar a perceber o modo específico por meio do qual são envolvidos pela crise do Sistema Colonial e do Antigo Regime, é claro que precisamos agora explicitar a natureza e os mecanismos dessa crise em si mesma. É do estudo do próprio sistema de colonização que temos de partir, pois a *crise*, que então se manifesta, expressa *mecanismos* profundos, que só se apreendem nessa análise global e generalizadora. Do contrário, ficaríamos na constatação de *manifestações* da crise em vários setores da vida política e econômica da época, sem entretanto compreender as relações que as vinculam umas às outras e lhes dão sentido. Sistema colonial, efetivamente, constitui-se no componente básico da colonização da época mercantilista, o elo que permite estabelecer as mediações essenciais entre os diversos níveis da realidade histórica. Importa, portanto, distinguir os mecanismos de seu funcionamento, para apreender as contradições que lhe eram imanentes, e enfim explicitar a crise em que afinal desaguou. É o que tentaremos nesse capítulo.

1. Estrutura e dinâmica do sistema

a) A colonização como sistema

Numa primeira aproximação, o sistema colonial apresenta-se-nos como o conjunto das relações entre as metrópoles e suas respectivas colônias, num dado período da história da colonização; na Época Moderna, entre o Renascimento e a Revolução Francesa, parece-nos conveniente chamar essas relações, seguindo a tradição de vários historiadores (Beer, Schuyler, Lipson), *Antigo Sistema Colonial* da era mercantilista. E já esta primeira abordagem, ainda puramente descritiva, permite-nos estabelecer para logo uma primeira distinção de não somenos importância. Nem toda colonização se processa, efetivamente, dentro dos quadros do sistema colonial; fenômeno mais geral, de alargamento da área de expansão humana no globo, pela ocupação, povoamento e valorização de novas regiões — em suma, a organização do ecúmeno, no dizer do geógrafo Maximilien Sorre[1] —, a colonização se dá nas mais diversas situações históricas. Nos Tempos Modernos, contudo, tal movimento se processa travejado por um sistema específico de relações, assumindo assim a *forma mercantilista de colonização*, e esta dimensão torna-se para logo essencial no conjunto da expansão colonizadora europeia. Noutras palavras, é o *sistema colonial do mercantilismo* que dá sentido à colonização europeia entre os Descobrimentos Marítimos e a Revolução Industrial.[2]

Tanto isso é exato que não é impossível distinguir, na extrema variedade que assumem as relações metrópole-colônia ao longo dos séculos XVI, XVII e XVIII, variando ainda de metrópole para metrópole e de uma colônia para outra, certos denominadores comuns que acabam por prevalecer, persistências do essencial a se preservarem na complexa variedade das circunstâncias históricas. As relações coloniais podem, na realidade, ser apreendidas em dois níveis: primeiro, na extensa legislação ultramarina das várias potências colonizadoras (Portugal, Espanha, Holanda, França, Inglaterra); segundo, no movimento concreto de circulação de umas para outras, isto é, no comércio que faziam entre si, e nas vinculações político-administrativas que envolviam. A legislação colonial, na realidade, procura disciplinar as relações concretas, políticas e sobretudo econômicas. Para o que temos em vista, contudo, neste momento de nossa análise, que é o primeiro passo para definir o sentido da colonização europeia no Antigo Regime, sobreleva a importância das normas legais, pois nelas se cristalizam os objetivos da empresa colonizadora, aquilo a que se visava com a colonização. Assim, os Atos de Navegação

---

[1] Maximilien Sorre, *Les Migrations des peuples*, Paris, 1955, pp. 11-16 segs.

[2] Fernando A. Novais, "Colonização e sistema colonial: discussão de conceitos e perspectiva histórica", *Anais do IV Simpósio Nacional dos Professores Universitários de História*, São Paulo, 1969, pp. 243-269.

da Inglaterra,[3] as "leis que proibem os navios estrangeiros nos portos do Brasil",[4] a legislação colonial colbertiana,[5] os regulamentos das companhias de comércio[6] etc., são exemplos significativos no imenso corpo da legislação ultramarina da Europa dos Tempos Modernos, para se apreenderem os denominadores comuns a que nos referimos. Paralela e contemporaneamente, enquanto se desenrola o processo concreto da colonização, os corifeus da economia mercantilista teorizam a posição e função das colônias no quadro da vida econômica dos Estados europeus; fixam, assim, num plano mais abstrato, os fins e objetivos visados nos empreendimentos coloniais, e a legislação não faz na realidade mais que tentar levar à prática os princípios formulados pela teoria mercantilista.

Se quisermos, portanto, orientarmo-nos seguramente no quadro enorme da história colonial europeia, nesta tentativa inicial de caracterização, parece conveniente partir do modelo típico das relações e do funcionamento do pacto colonial da política econômica dos Estados colonizadores, tal como o formularam os teóricos da política mercantilista. Formulou-o, entre tantos outros, antes e depois, com meridiana clareza, Postlethwayt em 1747: "As colônias [...] devem: primeiro, dar à metrópole um maior mercado para seus produtos; segundo, dar ocupação a um maior número dos seus (da metrópole) manufatureiros, artesãos, e marinheiros; terceiro, fornecer-lhe uma maior quantidade dos artigos de que precisa".[7] Noutros termos, e em linguagem

---

[3] Charles M. Andrews, "The Act of Trade", in John H. Rose, Arthur P. Newton e Ernest A. Benians (dir.), *The Cambridge History of the British Empire*, vol. I, Cambridge, 1960, pp. 268-299.

[4] *Collecção das leys, e ordens, que prohibem os navios estrangeiros, assim os de guerra, como os mercantes, nos portos do Brazil*, Arquivo Histórico Ultramarino — Lisboa, códice 1193; Biblioteca Nacional — Rio de Janeiro, Divisão de Manuscritos, 7, 1, 6.

[5] Hubert Deschamps, *Les Méthodes et les doctrines coloniales de la France (du XVIe siècle à nos jours)*, Paris, 1953, pp. 34-44.

[6] Émile L. J. Coornaert, "The Chartered Companies", in Edwin E. Rich (dir.), *The Cambridge Economic History of Europe*, vol. IV, Cambridge, 1967, pp. 223-275.

[7] *Britain's Commercial Interest Explained* (1747), apud Henri Sée, *As origens do capitalismo moderno*, trad. port., Rio de Janeiro, 1959, p. 136. Expressivo exemplo da concepção mercantilista na pena do Marquês de Pombal (dirigindo-se, em 1776, ao embaixador francês): "as colônias ultramarinas, havendo sido estabelecidas *com o preciso objeto da utilidade da metrópole a que eram*

moderna, as colônias se deviam constituir em fator essencial do desenvolvimento econômico da metrópole. Isto, em teoria. A história real porém se desenrola mais no plano do atípico e do peculiar do que no quadro dos modelos; e a colonização europeia na época moderna oferece toda uma gama de situações, que se afastam ou se aproximam daquele esquema, variando no tempo e no espaço, complicando inexoravelmente a realidade. Seria, contudo, desconhecer os mecanismos profundos do processo, e ficar na superfície dos eventos, ignorar aquele *projeto* básico, que por vários séculos informou a política ultramarina das nações europeias, e que faz portanto parte dessa mesma e complexa realidade. Encarada em conjunto, e polarizando de um lado as economias centrais europeias, e as colônias periféricas de outro, é inegável que a história da colonização moderna se processou segundo aquele desiderato fundamental. Daí, seu interesse para a análise.

Mais ainda, tal concepção não era um elemento isolado no panorama da mentalidade política e econômica dos teóricos e dos estadistas dos Tempos Modernos; pelo contrário, articulava-se organicamente com o corpo da doutrina de economia e política econômica que se desenvolvia e predominava na Europa entre os Descobrimentos e a Revolução Industrial: o *Mercantilismo*.[8] Tentemos fixar-lhe os lineamentos essenciais. O ponto de partida é, como se sabe, a ideia metalista, ou seja, a identificação de nível de riqueza com o montante de metal nobre existente dentro de cada nação. É importante destacar, desde já, e a partir dessa formulação básica, que a doutrina mercantilista tem o imediato objetivo de formular normas da política econômica, par-

---

pertencentes, daí se derivavam leis infalíveis e universalmente observadas na prática de todas as Nações [...]" (grifo nosso). Cf. nota apensa ao bilhete do Marquês de Pombal, de 31 de janeiro de 1776, para o Marquês de Blosset, in Visconde de Santarém, *Quadro elementar das relações políticas e diplomáticas de Portugal*, vol. VIII, Paris, 1842, pp. 151-155.

[8] Sobre Mercantilismo: John W. Horrocks, *A Short History of Mercantilism*, Nova York, 1925; Jean Morini-Comby, *Mercantilisme et protectionnisme: essai sur les doctrines interventionnistes en politique commerciale du XVe au XIXe siècle*, Paris, 1930; Eli F. Heckscher, *La época mercantilista*, trad. esp., México, 1943; Pierre Deyon, *Le Mercantilisme*, Paris, 1969; Donald C. Coleman, *Revisions in Mercantilism*, Londres, 1969. Entre as histórias das doutrinas ou do pensamento econômico, dão destaque ao mercantilismo, entre outras, as obras de Gonnard, Hugon, Denis, Heiman, Stark, Roll, Schumpeter. Fundamental é a de Philip W. Buck (*The Politics of Mercantilism*, Nova York, 1942).

te dessa problemática, e só para justificar o seu receituário é que se alça à formulação duma teoria explicativa da vida econômica como tal. Não parte de conceitos puros e de uma sistemática explicação da economia para deduzir normas de intervenção nesta realidade, senão que percorre quase o caminho inverso; paralelamente, as preocupações de seus doutrinadores não ultrapassam as fronteiras das suas respectivas nações. É com a "riqueza da Inglaterra" que se preocupava Thomas Mun; será com a "riqueza das nações" que se preocupará Adam Smith: esse alargamento do horizonte intelectual, que marca etapa decisiva na constituição científica da teoria econômica, numa crescente generalização dos conceitos, corresponde expressivamente a momentos diversos da evolução política e econômica do Ocidente europeu.

Aqui nos interessa, contudo, marcar apenas as linhas mestras da doutrina, para situar nela o papel do colonialismo mercantilista. Assim, a concepção de riqueza identificada com os metais amoedáveis, posto que no desenvolvimento da teoria tenha sido matizada pelos pensadores que aperfeiçoaram o mercantilismo, nada obstante permaneceu a ideia básica metalista como orientadora da política econômica. Ela envolvia uma conceituação primária da natureza dos bens econômicos, e a suposição de que os lucros se geram no processo de circulação das mercadorias, isto é, configuram vantagens em detrimento do parceiro. Assim, o receituário mercantilista encaminha-se diretamente para a formulação da doutrina da balança favorável; balança dos contratos na formulação mais tosca, no nível dos mercadores particulares, balança do comércio no plano do intercâmbio internacional. Era a maneira de promover a entrada líquida do *bullión*, termômetro da riqueza nacional. Daí, a política protecionista: tarifária em primeiro lugar; ligada a esta, fomentista da produção nacional daqueles produtos que concorram vantajosamente no mercado entre as nações. Defesa da saída das matérias-primas, estímulo às exportações de manufaturas; inversamente, estímulo à entrada dos produtos primários, dificuldade ou mesmo proibição da importação de manufaturados. Para tanto, a produção interna deve ter baixo custo, ainda que para isto se restrinja o consumo interno — a fim de concorrer no exterior. O mercantilismo não é, efetivamente, uma política econômica que vise ao bem-estar social, como se diria hoje; visa ao desenvolvimento nacional a todo custo. Toda forma de estímulos é legitimada, a intervenção do Estado deve criar todas as condições de lucratividade para as empresas poderem exportar excedentes ao máximo. Daí se propugnar uma política de fomento demográfico, meio de ampliar a força de trabalho nacional, e impedir a elevação dos salários, por exemplo.

Neste contexto, vê-se bem o significado e a posição das colônias. Elas se devem constituir em retaguarda econômica da metrópole. Pois que a política mercantilista ia sendo praticada pelos vários estados modernos em desenfreada competição, necessário se fazia a reserva de certas áreas onde se pudessem por definição aplicar as normas mercantilistas; as colônias garantiriam a autossuficiência metropolitana, meta fundamental da política mercantilista, permitindo assim ao Estado colonizador vantajosamente competir com os demais concorrentes.[9]

O projeto colonizador tinha, portanto, sólida urdidura com a mentalidade da época absolutista. Tal objetivo, porém, se constituiu ao mesmo tempo em que se processava concretamente a colonização do Ultramar, onde nem tudo se operava de acordo com as normas em elaboração. A política colonial das potências visava por isso enquadrar a expansão colonizadora nos trilhos da política mercantilista; fazer com que as relações entre os dois *polos do sistema* (metrópole-colônia) se comportassem consoante o esquema tido como desejável. Podemos, pois, particularizando esta primeira descrição do *sistema colonial* dizer que ele se apresenta como um tipo particular de relações políticas, com dois elementos: um centro de decisão (*metrópole*) e outro (*colônia*) subordinado, relações através das quais se estabelece o quadro institucional para que a vida econômica da metrópole seja dinamizada pelas atividades coloniais.[10]

Esta primeira aproximação entretanto é ainda insuficiente para compreendermos a natureza e o funcionamento do Antigo Sistema Colonial. Se quisermos penetrar mais a fundo neste fenômeno de longa duração, havemos de procurar suas conexões com o processo mesmo da colonização moderna, e com os demais componentes que dão a conformação característica da Época Moderna. Tais conexões, contudo, precisam estabelecer-se não só como e

---

[9] P. W. Buck, op. cit., pp. 58-63, 117-119.

[10] J. F. Rees, "Colonial System", in Edwin R. A. Seligman e Alvin S. Johnson, *Encyclopedia of Social Sciences*, Londres, Macmillan, 1937, vol. III, pp. 651-653.

enquanto relações funcionais com as outras partes do todo, mas há que tentar apreendê-la *in fieri*, isto é, de modo a apreender-se não apenas a posição no conjunto senão ainda como se constituiu historicamente esta totalidade, e nela o sistema colonial.

A expansão ultramarina e a colonização do Novo Mundo constituem de fato um dos traços marcantes da história dos séculos XVI a XVIII. Contemporaneamente, assiste-se ao predomínio das formas políticas do absolutismo, no plano político, e, no social, a persistência da sociedade estamental, fundada nos privilégios jurídicos, como elemento diferenciador. No universo da vida econômica, entre a dissolução paulatina da estrutura feudal e a eclosão da produção capitalista, com persistências da primeira e elementos peculiares da segunda, configura-se a etapa intermediária que já se vai tornando usual chamar-se *capitalismo mercantil*, pois é o capital comercial, gerado mais diretamente na circulação das mercadorias, que anima toda a vida econômica. Estado absolutista, com extrema centralização do poder real, que de certa forma unifica e disciplina uma sociedade organizada em "ordens", e executa uma política mercantilista de fomento do desenvolvimento da economia de mercado, interna e externamente — no plano externo pela exploração ultramarina, tais são as peças do todo, que convém articular. O seu simples enunciado já nos abre caminho neste sentido. De fato, entre a monarquia unitária e centralizada, ou antes entre o processo de centralização e unificação, e a política mercantilista, são claras as relações, pois, segundo a formulação definitiva de Heckscher,[11] o mercantilismo foi um instrumento de unificação, ao mesmo tempo, aliás, que pressupunha um certo grau de integração do Estado nacional para que se pudesse executar. Suas relações são, pois, reversivas, o que nos conduz a considerar que ambos promanam de um mesmo processo, qual seja, a fase crítica de ultrapassagem da estrutura feudal. Da mesma forma, a expansão ultramarina permite romper os limites estreitos em que se movia a economia mercantil até o fim da Idade Média.[12]

---

[11] E. F. Heckscher, op. cit., pp. 17-29.

[12] Charles Verlinden, *Les Origines de la civilisation atlantique*, Neuchâtel, 1966, especialmente pp. 129 segs.; Gino Luzzatto, *Storia economica dell'età moderna e contemporanea*, tomo II, Pádua, 1955, pp. 37-47; Jacques Lacour-Gayet (dir.), *Historia del comercio*, tomo III, trad. esp., Barcelona, 1958, pp. 16 segs.

Seria impraticável, nos limites que nos propomos, tentar aqui uma análise da crise do feudalismo. Digamos apenas, acompanhando as análises de Maurice Dobb, que, no conjunto, ela deriva não propriamente do renascimento do comércio em si mesmo, mas da maneira pela qual a estrutura feudal reage ao impacto da economia de mercado.[13] O revivescimento do comércio — isto é, a instauração de um setor mercantil na economia e o desenvolvimento de um setor urbano na sociedade — pode promover, de um lado, a lenta dissolução dos laços servis, e de outro lado, o enrijecimento da servidão. Nas áreas próximas às grandes rotas comerciais, onde a presença do mercador é mais constante, é o primeiro processo que se faz notar; nas outras áreas, onde o contato com o mercado se dá apenas nas camadas superiores da ordem feudal, é o segundo (reforço da servidão) que se processa. Assim, o desenvolvimento da economia mercantil (com os processos correlatos de divisão social do trabalho e especialização da produção), na medida em que se expande, agrava as condições da servidão — e no limite promove as insurreições camponesas. Por outra parte, o próprio alargamento do mercado, a longa distância, estimula a diferenciação dentro da sociedade urbana; o produtor direto, perdendo o domínio do mercado, tende a se proletarizar — o que leva às insurreições urbanas.[14] Nos dois setores abre-se pois a crise social.

A longa e persistente recorrência dessas crises sociais tendeu, por seu turno, na medida em que se desorganizava a produção, a restringir o ritmo de desenvolvimento do próprio comércio.[15] Isto, aliás, era ainda agravado pela depressão monetária,[16] pois a economia europeia tinha de contar com linhas externas de abastecimento do metal nobre. Tal situação levou a um en-

[13] Maurice Dobb, *Studies in the Development of Capitalism*, Londres, 1954, pp. 37 segs

[14] Henri Pirenne, *Les Anciennes démocraties des Pays-Bas*, Paris, 1910, passim; idem, *História econômica e social da Idade Média*, trad. port., São Paulo, 1963, pp. 208-214.

[15] Michael M. Postan, "Trade in Medieval Europe: The North", in M. M. Postan e E. E. Rich (dir.), *The Cambridge Economic History of Europe*, vol. II, 1952, pp. 191 segs. e Robert S. Lopez, "Trade in Medieval Europe: The South", op. cit., pp. 338 segs.

[16] Marc Bloch, "Le Problème de l'or au Moyen-Âge", *Annales d'Histoire Économique et Sociale*, vol. 5, nº 19, 1933, pp. 1-34; Fernand Braudel, "Moedas e civilizações: do ouro do Sudão à prata da América", *Revista de História*, nº 13, 1953, pp. 67-83; Pierre Vilar, *Oro y moneda en la historia (1450-1920)*, trad. esp., Barcelona, 1969, pp. 33-42, 73-80.

durecimento da competição entre os vários centros de comércio, com a tendência a se fecharem e dominar as principais rotas. O principal setor comercial, o comércio de produtos orientais, fica dominado pelos mercadores italianos (sobretudo de Veneza e Gênova); os demais centros mercantis (flamengos, ingleses, franceses, ibéricos) esforçam-se, assim, cada vez mais, pela abertura de novas rotas.[17]

No quadro geral dessas tensões, e em função delas, é que se processou a formação dos Estados nacionais. A formação das monarquias absolutistas (unificação territorial, centralização política) foi de fato uma resposta à crise; ou melhor, foi o encaminhamento político das tensões de toda ordem. Efetivamente, o Estado centralizado, de um lado, promove a estabilização da ordem social interna (num novo equilíbrio das forças sociais, agora subordinadas ao rei), de outro, estimula a expansão ultramarina encaminhando a superação da crise nos vários setores.

A abertura de novas frentes de exploração mercantil, de fato, significava o estabelecimento de novas rotas pelo oceano desconhecido, envolvendo insuportável margem de risco, e exigindo sobretudo uma acumulação prévia de capital que as formas de organização empresarial da Idade Média estavam longe de prover. O montante de recursos a serem mobilizados, a problemática lucratividade, a longa maturação da empresa — tudo isso tornava inviável às formas de associações mercantis medievais acometer o empreendimento. Só o Estado centralizado pode funcionar como centro organizador da superação da crise ou das crises, catalisando recursos em escala nacional e internacional, avalizando os resultados. Nem é por outro motivo que um pequeno Estado do Ocidente europeu, precocemente centralizado — Portugal — pôde iniciar a arrancada pelas novas rotas, abrindo caminho para a superação da crise da economia e sociedade europeias. Assim se compreende também a forma que assume o capitalismo mercantil em Portugal nesta sua primeira fase moderna, empresa do Estado monárquico absolutista.[18] Torna-se ou-

---

[17] Vitorino Magalhães Godinho, "Création et dynamisme économique du monde atlantique", *Annales. Économies, Sociétés, Civilisations*, ano V, nº 1, 1950, pp. 32 segs.; idem, *L'Économie de l'Empire Portugais aux XVe et XVIe siècles*, Paris, 1969, Introdução; idem, *A expansão quatrocentista portuguesa*, Lisboa, 1945, pp. 19-51.

[18] Manuel Nunes Dias, *O capitalismo monárquico português*, 2 vols., Coimbra, 1963.

trossim explícita a concordância que já indicamos no capítulo anterior, entre formação dos Estados nacionais e expansão ultramarina. Portugal, Espanha, Províncias Unidas, Inglaterra e França lançam-se na concorrência comercial e colonial na medida mesma em que se organizam internamente como Estados unitários e centralizados.

Foi um processo assincrônico nos vários países a formação do Estado centralizado e unitário; variou no tempo e no espaço a fórmula encontrada, e cada nova forma se constituía em uma nova peça no jogo das relações internacionais. No conjunto e no essencial, porém, esse processo político emergia das tensões do feudalismo que acima indicamos; a nivelação de todos como súditos ao poder real, que centralizava o poder e o delegava, permitiu disciplinar as tensões e os conflitos sociais, ao mesmo tempo em que a política econômica mercantilista executada atacava simultaneamente todas as frentes de retenção do desenvolvimento da economia de mercado. A retomada da expansão econômica, por sua vez, aliviava as tensões sociais.

E de fato, o Estado moderno pôs em execução com maior ou menor intensidade, variando no tempo e no espaço, com êxitos ou frustrações ao longo de sua existência, a política econômica mercantilista, que preconizava simultaneamente a abolição das aduanas internas e consequente integração do mercado nacional, tarifas externas rigidamente protecionistas para promover uma balança favorável do comércio e consequente ingresso do *bullión*, colônias para complementar e autonomizar a economia metropolitana. A consonância dessa política econômica com a fase do capitalismo comercial que lhe é subjacente era, pois, perfeita; igualmente, o Estado absolutista, ao praticá-la, se fortalecia pela aplicação do fiscalismo régio, completando a rede das inter-relações. Tal consonância, destacada por Stark,[19] reduz em grande parte a validez das críticas que a teoria econômica lhe formulou a partir dos clássicos, apoiada numa sistemática conceitual a que escapava em grande parte o sentido histórico da doutrina.[20]

---

[19] Werner Stark, *Historia de la economía en su relación con el desarrollo social*, trad. esp., México, 1961, pp. 20-26.

[20] Mesmo a um Heckscher terão porventura passado despercebidas certas conexões que não escaparam a Lord Keynes, quando fez notar que, numa época em que eram mínimas as possibilidades de manipulação governamental da taxa de juros, a abundância do numerário era o ex-

Absolutismo, sociedade estamental, capitalismo comercial, política mercantilista, expansão ultramarina e colonial são, portanto, partes de um todo, interagem reversivamente neste complexo que se poderia chamar, mantendo um termo da tradição, *Antigo Regime*.[21] São no conjunto processos correlatos e interdependentes, produtos todos das tensões sociais geradas na desintegração do feudalismo em curso, para a constituição do modo de produção capitalista. Nesta fase intermediária, em que a expansão das relações mercantis promovia a superação da economia dominial e a transição do regime servil para o assalariado, o capital comercial comandou as transformações econômicas mas a burguesia mercantil encontrava obstáculos de toda ordem para manter o ritmo de expansão das atividades e ascensão social; daí, no plano econômico, a necessidade de apoios externos — as economias coloniais — para *fomentar a acumulação*, e no nível político a centralização do poder para unificar o mercado nacional e mobilizar recursos para o desenvolvimento.[22] Neste sentido, o Antigo Regime Político — essa estranha e aparente projeção do poder para fora da sociedade — representou a fórmula de a burguesia mercantil assegurar-se das condições para garantir sua própria ascensão e criar o quadro institucional do desenvolvimento do capitalismo comercial. Tratava-se, em última instância, de subordinar todos ao rei, e orientar a política da realeza no sentido do progresso burguês, até que, a partir da Revolução Francesa e pelo século XIX afora, a burguesia pudesse tornar-se, como diria Charles Mozaré, "conquistadora", e modelar a sociedade à sua imagem, de acordo com os seus interesses e segundo os seus valores. Estratégia nem sempre explícita no nível da consciência individual, e sempre inçada de dificuldades sem conta; a história concreta desse processo é sobremaneira tor-

---

pediente mais acertado de mantê-la baixa e, pois, incentivar os investimentos produtivos. Cf. *Teoria geral do emprego, do juro e do dinheiro*, trad. port., Rio de Janeiro, 1964, pp. 319-350.

[21] Sem entrar na análise exaustiva do problema da transição feudal-capitalista, que extravasaria as dimensões do capítulo, indicamos contudo no texto as articulações mais importantes entre os vários níveis e setores da realidade histórica da Época Moderna. No atual estágio da questão, esta parece-nos deva ser a preocupação principal. Neste sentido, são altamente sugestivas as formulações de Immanuel Wallerstein, *The Modern World System*, Nova York, 1974.

[22] M. Dobb, op. cit., pp. 176-220, especialmente pp. 202-209.

tuosa, e Fernand Braudel pode falar nas "traições" da burguesia.[23] Em meio às contradições em que se desenvolve a expansão capitalista e a ascensão burguesa, perpassa aquele mecanismo de fundo, subjacente a todo o processo.

É neste contexto, e inseparavelmente dele, que se pode focalizar a expansão ultramarina europeia e a criação das colônias do Novo Mundo. A *colonização* europeia moderna aparece, assim, em primeiro lugar como *um desdobramento da expansão puramente comercial*. Foi no curso da abertura de novos mercados para o capitalismo mercantil europeu que se descobriram as terras americanas, e a primeira atividade aqui desenvolvida importou no escambo, com os aborígenes, dos produtos naturais; o povoamento decorreu inicialmente da necessidade de garantir a posse em face da disputa pela partilha do novo continente; complementar a produção para o mercado europeu foi a forma de tornar rentáveis esses novos domínios. Transitava-se assim como que imperceptivelmente do comércio para a colonização, mas esse desdobramento envolvia de fato uma nova forma de atividade. Não escapou isto aos mais atilados observadores coevos.[24]

Efetivamente, ao se transitar do comércio para a colonização, passava-se da comercialização de bens produzidos por sociedades já estabelecidas para a produção de mercadorias e montagem de uma sociedade nova. Engajava-se, assim, a ocupação, povoamento e valorização de novas áreas, e sua integração nas linhas da economia europeia. A exploração ultrapassava dessa forma o âmbito da circulação de mercadorias, para promover a implantação de economias complementares extraeuropeias, isto é, atingia propriamente a órbita da produção. E não obstante tais diferenças fundamentais, e as dimensões

---

[23] Fernand Braudel, *La Méditerranée et le monde méditerranéen à l'époque de Philippe II*, Paris, 1949, p. 619.

[24] Exemplo: "Isso é maior indício de sua riqueza [do Brasil], porque os homens das Índias, quando de lá vêm para o Reino, trazem consigo todas quanta fazenda tinham, porque não há nenhum que tenha lá bens de raiz, e se os têm são de pouca consideração, e como todo o seu cabedal está empregado em cousas manuais embarcam-nos consigo, e do preço porque os vendem no Reino compram essas rendas e fazem essas casas. Mas os moradores do Brasil toda a sua fazenda têm metidas em bens de raiz, que não é possível serem levados para o Reino, e quando algum para lá vai os deixa na própria terra [...]". *Diálogos das grandezas do Brasil* (1618), ed. de José Antônio Gonsalves de Melo, Recife, 1966, p. 79.

novas que assumia a atividade colonizadora ao transcender a exploração do comércio ultramarino, a colonização guardou na sua essência o sentido de empreendimento comercial donde proveio; a não existência de produtos comercializáveis levou à sua produção, e disto resultou a ação colonizadora. Assim se ajustavam as novas áreas aos quadros das necessidades de crescimento da economia europeia. A *colonização moderna* portanto, como o indicou incisivamente Caio Prado Jr., tem uma natureza essencialmente *comercial*: produzir para o mercado externo, fornecer produtos tropicais e metais nobres à economia europeia — eis, no fundo, o "sentido da colonização".[25]

Se combinarmos, agora, esta formulação — o caráter comercial dos empreendimentos coloniais da Época Moderna — com as considerações anteriormente feitas sobre o Antigo Regime — etapa intermediária entre a desintegração do feudalismo e a constituição do capitalismo industrial —, a ideia de um "sentido" da colonização atingirá seu pleno desenvolvimento.

Efetivamente, a expansão da economia de mercado, com os processos correlatos de divisão social do trabalho e especialização da produção e consequente elevação do nível geral de produtividade, somente a partir da mecanização da produção industrial adquiriu uma força de autodesenvolvimento. Processo que se inicia pela mercantilização ocasional de excedentes da produção regional pré-mercantil. Na medida em que a comercialização se torna permanente, destaca-se um setor da sociedade que passa a dedicar-se exclusivamente à circulação dos bens econômicos, acumulando capital nesta atividade. Logo, em função desse processo, pouco a pouco se vai produzindo para a troca e, pois, a produção se vai especializando. Portanto, acumulação de capital comercial, divisão do trabalho, mercantilização dos bens econômicos, especialização da produção são processos correlatos, que envolvem um desenvolvimento do nível econômico geral. Acumulação de capital comercial e formação da burguesia mercantil são pois os dois lados do mesmo processo. Teoricamente, a transformação se autoestimula sem limites.

Historicamente, porém, tal processo se instaura a partir de uma realidade concreta — o sistema dominial feudal. Daí as tensões sociais que se desencadeiam a partir da formação e expansão de um setor mercantil no qua-

---

[25] Caio Prado Jr., *Formação do Brasil contemporâneo*, São Paulo, 1953, 4ª ed., pp. 5-26, 113-123.

dro da economia feudal; daí também os contínuos reajustamentos políticos que encaminham aquelas tensões. O final da Idade Média é um momento crítico dessas tensões e ajustamentos. Já vimos os processos desencadeados na superação dessa crise: Estado unitário centralizado executor da política mercantilista, expansão ultramarina e colonial, criação em suma de alavancas para acelerar o desenvolvimento da economia de mercado, incentivando a acumulação capitalista.

Paralelamente, a pouco e pouco, o capital penetra na produção. Do artesanato para a manufatura — onde já estão dissociados capital e trabalho, e desta para o sistema fabril, desenrola-se o processo de formação do capitalismo, que cobre todo o período do fim da Idade Média até a Revolução Industrial, quando se completa.

Enquanto, porém, o último passo não era alcançado, a economia capitalista comercial, e pois a burguesia mercantil ascendente não possuía ainda suficiente capacidade de crescimento endógeno, a capitalização resultante do puro e simples jogo do mercado não permitia a ultrapassagem do componente decisivo — a mecanização da produção. Daí a necessidade de pontos de apoio fora do sistema, induzindo uma *acumulação* que, por se gerar fora do sistema, Marx chamou de originária ou *primitiva*.[26] Daí as tensões sociais e políticas provocadas pela montagem de todo um complexo sistema de estímulos. O mercantilismo foi, na essência, a montagem de tal sistema,[27] e o sistema colonial mercantilista sua peça fundamental, a principal alavanca na gestação do capitalismo moderno. Ao contrário do que pensava Max Weber, a exploração colonial foi elemento decisivo na criação dos pré-requisitos do capitalismo industrial.[28]

De fato, a ultrapassagem do último e decisivo passo na instauração da ordem capitalista pressupunha, de um lado, ampla acumulação de capital por parte da camada empresária, e de outro, expansão crescente do mercado consumidor de produtos manufaturados. Ambos estes pré-requisitos geram-se

---

[26] Karl Marx, *El Capital*, vol. I, trad. esp., México, 1946, p. 801, especialmente pp. 840-851. Não cabe nos limites deste capítulo uma discussão aprofundada sobre a acumulação primitiva, a ser retomada à base das "formações econômicas pré-capitalistas".

[27] M. Dobb, op. cit., pp. 200-210.

[28] Max Weber, *Wirtschaftsgeschichte*, Berlim, 1958, 3ª ed., pp. 256-259.

no processo mesmo de desenvolvimento da economia de mercado, pois a dissolução das antigas formas de organização econômica, ao envolver e acentuar a divisão social do trabalho e especialização da produção, cria ao mesmo tempo mercado e acumula capital; já vimos porém que este mecanismo na sua pureza esbarra em obstáculos intransponíveis, em cuja superação se mobilizam a política mercantilista e o sistema colonial.

Examinada, pois, nesse contexto, a *colonização* do Novo Mundo na Época Moderna apresenta-se como peça de um sistema, *instrumento da acumulação primitiva* da época do capitalismo mercantil. Aquilo que, no início dessas reflexões, afigurava-se como um simples projeto, apresenta-se agora consoante com o processo histórico concreto de constituição do capitalismo e da sociedade burguesa. Completa-se, entrementes, a conotação do sentido profundo da colonização: *comercial* e *capitalista*, isto é, *elemento constitutivo no processo de formação do capitalismo moderno.*

Podemos, enfim, compreender, nas suas múltiplas conexões, o *sistema colonial*, esse conjunto de mecanismos — normas de política econômica e relações econômicas efetivas — que integra e articula a colonização com as economias centrais europeias, realidade subjacente e imanente no processo concreto da colonização; que a ajusta continuamente ao seu "sentido". Não se trata pois de simples denominador comum presente em todas as manifestações concretas do processo histórico, mas do determinante estrutural, componente a partir do qual é possível compreender o conjunto das manifestações, tornando-as inteligíveis, o elemento enfim que explicita e define os demais, e não se define por eles.[29]

Na realidade, nem toda colonização se desenrola dentro das travas do sistema colonial. Os sistemas nunca se apresentam, historicamente, em estado puro. Apesar de coeva, a colonização da Nova Inglaterra se deu fora dos mecanismos definidores do sistema colonial mercantilista,[30] e já indicamos, noutro passo, os fatores específicos — as crises político-religiosas da Inglaterra, no processo de formação do Estado moderno inglês — que deram origem

[29] F. A. Novais, op. cit.

[30] "O nível de desenvolvimento alcançado por algumas regiões extra-europeias se deveu a que, nelas, justamente, a estrutura do subdesenvolvimento não pode implantar-se". Bruno Passarelli, *Colonialismo y acumulación capitalista en la Europa moderna*, Buenos Aires, 1973, p. 28.

a essa forma de expansão ultramarina: *colônias de povoamento*, na terminologia consagrada por Leroy-Beaulieu, cuja produção se processa mais em função do próprio consumo interno da colônia, e onde predomina a pequena propriedade. A categoria de colônias que se lhe contrapõe, as *colônias de exploração*,[31] têm uma economia toda voltada para o mercado externo, metropolitano, e a produção se organiza na grande propriedade escravista, como no Brasil, por exemplo. No andamento de nossa exposição, essas categorias assumem nova dimensão, como é fácil perceber: de exploração são as colônias mais ajustadas aos quadros do *sistema colonial*, de povoamento as que ficam relativamente à margem do sistema. Mas, a ser verdadeiro o esquema explicativo que vamos construindo, e gerando-se ambos os tipos de colônias no bojo do mesmo processo colonizador, é a partir do sistema e portanto da exploração colonial que se pode entender o conjunto e, pois, também as colônias de povoamento, e não o contrário.

Da mesma forma, se o *Brasil colônia* se enquadra como colônia de exploração nas grandes linhas do Antigo Sistema Colonial, não quer isso dizer que todas as manifestações da colonização da América portuguesa expressem diretamente aquele mecanismo; mas, mais uma vez, os mecanismos do sistema colonial mercantilista constituem o elemento básico do conjunto, a partir do qual deve pois ser analisado. Neste momento de nossa análise estamos tentando explicitar a categoria básica (sistema colonial) para compreendermos em seguida seus mecanismos e sua crise no nível estrutural; teremos, naturalmente, que retomar mais adiante alguns elementos já aqui adiantados, para recompormos a posição de Portugal metropolitano e da colônia Brasil no conjunto do sistema e, pois, a maneira como a crise geral afeta as relações Portugal-Brasil. Assim, pensamos, nossa análise irá se concretizando cada vez mais.

[31] Pierre P. Leroy-Beaulieu, *De la colonisation chez les peuples modernes*, Paris, 1874, pp. 533 segs. Na 5ª ed. (tomo II, Paris, 1902, pp. 563 segs.), Leroy-Beaulieu baseou-se na classificação de Roscher; Wilhelm Roscher e Robert Jannasch, *Kolonien, Kolonialpolitik und Auswanderung* (1848), Leipzig, 1885, 3ª ed., pp. 2-32; Melvin Knight, "Colonies", *Encyclopedia of Social Sciences*, vol. II, op. cit., pp. 653-663; F. A. Novais, op. cit.

b) O "exclusivo" metropolitano

Examinemos, pois, os mecanismos de funcionamento do Antigo Sistema Colonial do mercantilismo. É no *regime do comércio* entre metrópoles e colônias que se situa o elemento essencial desse mecanismo.[32] Reservando-se a exclusividade do comércio com o Ultramar, as metrópoles europeias na realidade organizavam um quadro institucional de relações tendentes a promover necessariamente um estímulo à acumulação primitiva de capital na economia metropolitana a expensas das economias periféricas coloniais. O chamado "monopólio colonial", ou mais corretamente e usando um termo da própria época, o regime do *"exclusivo" metropolitano* constituía-se pois no mecanismo por excelência do sistema, através do qual se processava o ajustamento da expansão colonizadora aos processos da economia e da sociedade europeias em transição para o capitalismo integral.

O comércio foi de fato o nervo da colonização do Antigo Regime, isto é, para incrementar as atividades mercantis processava-se a ocupação, povoamento e valorização das novas áreas. E aqui ressalta de novo o sentido que indicamos antes da colonização da Época Moderna; indo em curso na Europa a expansão da economia de mercado, com a mercantilização crescente dos vários setores produtivos antes à margem da circulação de mercadorias — a produção colonial, isto é, a produção dos núcleos criados na periferia dos centros dinâmicos europeus, para estimulá-los, era uma produção mercantil, ligada às grandes linhas do tráfico internacional. Só isso já indicaria o sentido da colonização como peça estimuladora do capitalismo mercantil, mas o comércio colonial era para mais o comércio exclusivo da metrópole, gerador de superlucros, o que completa aquela caracterização. E, de fato, como procuraremos indicar sinteticamente agora, apesar de todas as variações que sofreram ao longo dos séculos XVI, XVII e XVIII as relações comerciais das metrópoles com suas respectivas colônias, aquele regime foi a matriz básica dessas relações, entendendo-se as situações que se afastam desse procedimento típico como variações decorrentes de fatores especiais ou circunstanciais.

---

[32] Earl J. Hamilton, "The Role of Monopoly in the Overseas Expansion and Colonial Trade of Europe before 1800", *The American Economic Review*, vol. 38, 1948, pp. 33-53.

Desdobramento da expansão comercial e marítima dos Tempos Modernos, a colonização, como já indicamos, significava a produção de mercadorias para a Europa, naquelas áreas descobertas em que as atividades econômicas dos povos "primitivos" não ofereciam a possibilidade de se engajarem relações mercantis vantajosas aos caminhos do desenvolvimento capitalista europeu. Assim, passava-se, da simples comercialização de produtos já encontrados em produção organizada para a produção de mercadorias para o comércio; a vinculação com o processo mais simples — a pura comercialização — contudo já inseria a comercialização dos produtos coloniais no regime monopolista característico da fase anterior. Foi efetivamente exclusivista o comércio que se montou com a abertura das novas rotas oceânicas no início da Época Moderna. Durante toda a expansão quatrocentista portuguesa, a exploração do comércio da costa atlântica africana foi apanágio do rei, isto é, do Estado monárquico absolutista;[33] este podia delegá-lo a outros órgãos, à Ordem de Cristo na pessoa de seu Grão-Mestre o Infante D. Henrique, arrendá-lo a empresários particulares, mesmo estrangeiros,[34] que o princípio básico do regime não se alterava, nem os mecanismos fundamentais deixavam de funcionar.

Realizado em 1497 o périplo africano, descortinava-se aos portugueses a possibilidade de explorar o comércio das costas africana e asiática do Índico. Montou-se então todo um arcabouço político-militar, o vice-reino português da Índia, para excluir os muçulmanos e, através deles, os italianos de participarem nas atividades mercantis; noutras palavras, organizou-se um aparelho de força para garantir o exclusivo e, pois, a alta lucratividade da ro-

---

[33] "À peine née, le commerce colonial forme au Portugal l'objet d'un monopole". Herman van der Linden e Charles de Lannoy, *L'Expansion coloniale des peuples européens*, Bruxelas, 1907, p. 136. Logo após a ultrapassagem do cabo Bojador — marco decisivo na história da expansão — já o rei proíbe embarcações navegarem para as terras descobertas sem autorização do Infante D. Henrique. Cf. Carta régia de 22 de outubro de 1443, in *Documentos sôbre a expansão portuguesa*, organização e notas de Vitorino Magalhães Godinho, vol. I, Lisboa, 1943, p. 142.

[34] Para o estudo global dos mecanismos do comércio na expansão portuguesa, cf. M. N. Dias, op. cit., tomo I, pp. 345 segs.; Vicente Almeida Eça, *Normas económicas da colonização portuguesa*, Coimbra, 1931, pp. 56 segs.

ta do Cabo.[35] Procurava-se, efetivamente, bloquear as entradas do Mar Vermelho e do Golfo Pérsico. O comércio se organizava, pois, como monopólio régio; o rei de Portugal era como que o único empresário. Através da empresa estatal, mobilizavam-se os recursos para a comercialização dos produtos do Oriente; a debilidade, porém, da acumulação capitalista prévia em Portugal, como rapidamente indicamos noutro passo, levou a Coroa portuguesa a recorrer aos capitais estrangeiros, sobretudo da Flandres, e a transferir para a praça de Antuérpia a comercialização dos produtos orientais nos mercados europeus. Isto dava a esses grupos empresariais o controle mais direto dos preços europeus, e a manipulação dos preços colocava-os cada vez mais na posição de financiadores e credores do empreendimento régio, que acabava por assumir apenas os riscos não pequenos do transporte. Acresça-se que os rendimentos que ficavam de posse da Coroa, ao integrarem com as demais fontes o erário régio, não eram necessariamente reinvestidos nos negócios do Oriente, passando muitas vezes a atender outros canais de dispêndio do Estado português. Assim, o esquema montado do "capitalismo monárquico" acabava por frustrar a racionalidade da empresa de comercialização dos produtos orientais, enfraquecendo sobremaneira a posição portuguesa no conjunto, terminando por provocar quebras e falências.[36]

Observe-se, porém, que tais distorções se deram no nível da distribuição dos lucros gerados no comércio monopolista. O essencial era que não houvesse uma concorrência de compradores no Oriente, o que reduziria os lucros à sua expressão normal nas transações comerciais; o monopólio régio português garantia, assim, condições favoráveis à economia europeia em geral, promovendo a aceleração da acumulação de capitais mercantis: na engrenagem do sistema, contudo, as maiores vantagens se transferiram para fora do Reino. Com isto, entretanto, acabou por enfraquecer-se a dominação lusitana no Índico, recuando o volume das atividades comerciais.[37]

---

[35] V. M. Godinho, *L'Économie de l'Empire Portugais aux XVe et XVIe siècles*, op. cit., pp. 565-574.

[36] M. N. Dias, op. cit., vol. II, pp. 355 segs.; V. M. Godinho, *L'Économie de l'Empire Portugais aux XVe et XVIe siècles*, op. cit., pp. 829 segs.

[37] Recuo português no Oriente: João Lúcio de Azevedo, *Épocas de Portugal económico*, Lisboa, 1944, 2ª ed., pp. 136 segs.; Vitorino Magalhães Godinho, "A evolução dos complexos histó-

O recuo português facilitou a penetração holandesa no início do século XVII. Apesar da guerra de independência (1579, união de Utrecht) e da União Ibérica (1580), continuou ainda a participação decisiva da Flandres no comércio oriental através de Lisboa. Em 1585, porém, ano da tomada de Antuérpia pelos espanhóis, navios holandeses são apreendidos na capital portuguesa.[38] Sob Filipe II, contudo, procurou-se ainda evitar a ruptura das relações comerciais, tal era o grau de vinculação e a importância dos entrepostos da Flandres para a comercialização dos produtos do Oriente. Em 1598, enfim, todo o comércio com a Holanda é proibido decretando-se os sequestros — "edito bárbaro", como o chamou Grotius.[39] Nessa conjuntura, ia-se articulando na Holanda o projeto de relações comerciais diretas com o Oriente. Mobilizaram-se recursos, e em abril de 1595 realizou-se a primeira viagem de resultados pouco compensadores: a rota da Índia porém, para os holandeses, estava aberta.[40]

Ora, a posição dos Países Baixos no contexto da economia europeia era muito peculiar. Desde a Idade Média, essa região se vinha destacando como

---

rico-geográficos", *Ensaios*, vol. II, Lisboa, 1968, pp. 20-21; idem, "A viagem mundial de 1517-1524 e o império português", op. cit., pp. 152-153; idem, "Flutuações econômicas e devir estrutural do século XV ao século XVII", op. cit., pp. 177 segs.; Fréderic Mauro, *Le Portugal et l'Atlantique au XVIIe siècle*, Paris, 1960, pp. 6-7; Charles R. Boxer, *The Portuguese Seaborne Empire*, Nova York, 1969, pp. 128 segs. O recuo português em função da penetração das novas potências não foi brusco, mas lento e paulatino, como mostrou Joel Serrão no artigo "Em torno das condições econômicas de 1640" (separata de *Vértice*, Coimbra, 1952).

[38] G. Luzzatto, op. cit., tomo I, pp. 225-226; Herman A. E. van Gelder, *Histoire des Pays-Bas*, Paris, 1936, p. 34; Hermann Wätjen, *O domínio colonial holandês no Brasil*, trad. port., São Paulo, 1938, pp. 65-66.

[39] Sérgio Buarque de Holanda e Olga Pantaleão, "Franceses, holandeses e ingleses no Brasil quinhentista", in Sérgio Buarque de Holanda (dir.), *História geral da civilização brasileira*, tomo I, vol. 1, São Paulo, 1960, pp. 165-166; H. A. E. van Gelder, op. cit., p. 34; C. R. Boxer, op. cit., pp. 108-109.

[40] G. Luzzatto, op. cit., tomo I, p. 226; Valentín Vásquez de Prada, *Historia económica mundial*, vol. I, Madri, 1961, p. 315; Bernard. M. Vlekke, "Las Índias Orientales holandesas", in Bartholomew Landheer (dir.), *La nación holandesa*, trad. esp., México, 1945, p. 340; George Masselman, "Dutch Colonial Policy in the XVIIth Century", *The Journal of Economic History*, nº 21, 1961, pp. 455-456.

um dos mais ativos centros de desenvolvimento da economia de mercado na Europa: Bruges, na Baixa Idade Média, Antuérpia a partir do século XVI,[41] eram centros de circulação econômico-financeira a rivalizar com as cidades italianas. A riqueza flamenga advinha pois de sua posição de entreposto, centro de transferência dos produtos e redistribuição das várias áreas econômicas europeias,[42] em suma o *carrying trade*. Daí a sua política econômica pautada sempre num grande liberalismo, exatamente para atrair as mercadorias de todas as áreas, redistribuindo-as em seguida. Destarte, e fundados nessa tradição, os holandeses, a partir do fim do século XVI, organizaram várias empresas autônomas para tentar o comércio direto com o Oriente: entre 1595 (primeira viagem) a 1602 formaram-se cerca de uma dezena de companhias, armando 65 navios. Poucas tiveram êxito. Para a maioria os resultados foram desastrosos. É que elas acabavam por competir na compra dos produtos orientais, o que para mais era agravado pelas condições desse comércio a longa distância e, no Índico, dependente das monções.

Neste quadro é que se começava a tomar consciência da necessidade de alterar a orientação da política econômica relativa ao Oriente. A companhia de Amsterdã, que conseguia manter-se em boas condições, solicitou aos Estados Gerais que se lhe concedesse monopólio neste setor do comércio holandês. A petição foi denegada, o que deflagrou discussões e polêmicas, impondo-se enfim a orientação monopolista com a constituição da Companhia das Índias Orientais (Carta de 20 de março de 1602), à qual se garantia a exclusividade das operações mercantis no Oriente (entre o cabo da Boa Espe-

---

[41] "O progresso mais notável que fez esta cidade [Antuérpia] tão rica e tão famosa começou por volta do ano de 1503 e 1504, quando os portugueses, tendo pouco antes, com uma navegação maravilhosa e estupenda ocupado Calicut e feito acordo com o rei do país, começaram a conduzir especiarias e drogas das Índias para Portugal, e de lá às feiras desta cidade [...]", escreveu Ludovico Guicciardini nas *Descrittione di tutti Paesi Bassi* (1567). Apud Henri Hauser e Augustin Renaudet, *Les Débuts de l'Âge Moderne*, Paris, 1956, 4ª ed., pp. 61-62; Gino Luzzatto, op. cit., pp. 42-43; Shepard B. Clough e Charles W. Cole, *Economic History of England*, Boston, 1952, p. 159.

[42] Henri Sée, *As origens do capitalismo moderno*, trad. port., Rio de Janeiro, 1959, p. 87; Roland Mousnier, *Os séculos XVI e XVII*, in Maurice Crouzet, *História geral das civilizações*, tomo IV, trad. port., São Paulo, 1957, p. 260; Charles Verlinden, *Introduction à l'histoire économique générale*, Coimbra, 1948, pp. 95-99; Clive Day, *Historia del comercio*, trad. esp., México, 1941, p. 99; S. B. Clough e C. Cole, op. cit., p. 164.

rança e o estreito de Magalhães), com direitos de firmar tratados, nomear funcionários etc.[43]

É, pois, essa experiência holandesa altamente significativa para a explicitação do mecanismo que estamos analisando. Oferece, efetivamente, como que a sua contraprova: tentado, o comércio livre ultramarino revela-se ineficaz para as necessidades do capitalismo mercantil europeu carente de estímulos externos; o fracasso da tentativa leva, na prática, à adoção do esquema monopolista.

Foi, portanto, nesse contexto de exploração ultramarina monopolista que se iniciou a produção colonial, e a comercialização dos produtos gerados nas economias montadas no Novo Mundo inseria-se como que naturalmente neste regime. O primeiro ensaio de colonização propriamente foi, como se sabe, o das ilhas atlânticas, e particularmente a da Madeira. A introdução do cultivo da cana e a produção do açúcar nessas ilhas, numa fase em que os recursos do pequeno reino empreendedor se concentravam no alargamento do périplo africano, contou desde cedo com a participação de estrangeiros com seus recursos e capitais; sobretudo os genoveses, parece, estiveram ligados à montagem dessa economia, através da qual se rompia o monopólio da oferta do produto até então dominada pelos venezianos. Assim, destruindo o monopólio veneziano, expandia-se o consumo do produto, em cuja comercialização entravam os flamengos; no último quartel do século chegava-se nitidamente a uma situação de superprodução, acarretando medidas restritivas por parte de D. Manuel I, que fixou em 1498 a produção em 120 mil arrobas anuais, das quais 40 mil iam para a Flandres.[44] Já em 1482, porém, nas cortes de Évora, em meio a numerosas reclamações contra as atividades econômicas de "estantes estrangeiros, assim como ingleses, florentinos, castelhanos e genoveses" no Reino, que fazem "grande dano aos povos de vossos reinos [del rei]", o que "traz muito prejuízo a vossos direitos", criticava-se seriamente a situação das Ilhas. Lembrando que o Infante D. Henrique, "inventor" delas, não consentia a presença dos estrangeiros, com o que as mercadorias

---

[43] G. Masselman, op. cit., pp. 455-468; Jacob J. van Klaveren, *The Dutch Colonial System in the East Indies*, Rotterdam, 1953, pp. 37-45.

[44] J. L. de Azevedo, *Épocas de Portugal económico*, op. cit., pp. 221-222; C. Furtado, op. cit., p. 19.

vinham para o Reino, pagavam os direitos e davam fretes aos navios nacionais, sendo depois embarcadas para fora, incriminavam as concessões posteriores que, permitindo a residência de estrangeiros nas ilhas atlânticas, resultavam em que as mercadorias eram diretamente levadas para fora do Reino (no ano de 1480, vinte navios castelhanos e quarenta ou cinquenta de outras nações), com perda dos reais direitos "assim de trazida e entrada como de levada" e grande dano dos povos; pelo que se solicitava "determine Vossa Senhoria e defenda que estrangeiros não sejam consentidos por estantes nas ditas Ilhas nem carreguem navios lá para fora do Reino e todos os açúcares e outras mercadorias venham a Lisboa ou a outros portos de vossos Reinos onde façam escápula e daí as carreguem quem lhes aprouver e para onde quiser pagando da levada", o que "será grande acrescentamento de vossas rendas e grande proveito do bem comum", do contrário as "perde a carregação" de Lisboa e "outros lugares de Portugal".[45] Não pode ser mais clara, nestes reclamos, a formulação dos interesses da burguesia mercantil do Reino; o que se propõe, de fato, é o enquadramento da colonização das ilhas atlânticas nos mecanismos da exploração ultramarina monopolista.

Proibiu-se, em consequência dessas reivindicações, a estada dos estrangeiros nas ilhas colonizadas, dando-se prazo de um ano para sair os que lá estivessem. Percebe-se pois a política seguida astutamente pela Coroa portuguesa: liberdade de comércio na fase inicial, para estimular a vinda de recursos e capitais para a instalação da produção colonial; enquadramento no sistema exclusivista quando a economia periférica entrava em funcionamento.

Na implantação da economia açucareira na América portuguesa repetiu-se de certo modo o processo. No primeiro contato econômico, puramente predatório, não se ia além da comercialização dos produtos naturais: o escambo do pau-brasil com os aborígenes. Tal comércio foi desde logo considerado "estanco" da Coroa, que o arrendou ao empresário cristão-novo Fernando de Loronha ou Noronha.[46] É pois um simples desdobramento para a América do regime já aplicado no comércio africano e indiano. Na transi-

---

[45] Visconde de Santarém, *Memórias e alguns documentos para a história e teoria das Cortes Gerais que em Portugal se celebraram pelos três Estados do Reino* (1824), Lisboa, 1924, pp. 65-66, 222-224.

[46] Alexander Marchant, *From Barter to Slavery*, Baltimore, 1942, p. 69.

ção para a colonização, isto é, na implantação do cultivo da cana e preparo do açúcar, recorreu-se aos recursos particulares, através das concessões das capitanias, em cujos forais, aliás, se preservavam os estancos régios.[47] Sabe-se que poucos donatários lograram, como Duarte Coelho em Pernambuco, êxito na difícil empresa de montar a custosa agroindústria na América portuguesa; nem é de desprezar a hipótese de Celso Furtado de que nessa fase árdua se tivesse que recorrer ao capital externo, sobretudo flamengo, já francamente envolvido nos negócios do açúcar na Europa, embora os estudos monográficos ainda não tenham comprovado essa afirmação.[48] É contudo certo que nessa primeira fase o comércio do produto foi relativamente livre; há notícias de licenças concedidas para o comércio direto a portos estrangeiros.[49] Expande-se, assim, a economia açucareira, que entre 1560 e 1570 já contava, segundo Roberto Simonsen, com 60 engenhos produzindo cerca de 180 mil arrobas, isto é, 3 mil arrobas anuais por engenho, o que marca elevada produtividade das novas terras.[50] A fase, porém, do grande surto foi o último quartel do século e o primeiro decênio do Seiscentos.[51] Em 1610, calcula-se já existirem cerca de 250 engenhos, correspondendo, nesta quadra, o surto da produção com acentuado movimento ascendente dos preços.[52] A

---

[47] Carlos Malheiros Dias (dir.), *História da colonização portuguesa do Brasil*, vol. III, Porto, 1924, pp. 259 segs.

[48] C. Furtado, op. cit., p. 20. Em sentido contrário, J. L. de Azevedo, *Épocas de Portugal económico*, op. cit., pp. 243-245.

[49] Arthur Cezar Ferreira Reis, "O comércio colonial e as companhias privilegiadas", in S. B. de Holanda (dir.), *História geral da civilização brasileira*, tomo I, vol. 2, São Paulo, 1960, pp. 311 segs.

[50] Roberto Simonsen, *História econômica do Brasil*, São Paulo, 1957, 3ª ed., pp. 114-115 (tabela).

[51] "A expansão foi particularmente intensa no último quartel do século, durante o qual decuplicou [a produção de açúcar]." C. Furtado, op. cit., 1959, p. 57; "O ciclo do açúcar foi particularmente forte entre 1570 e 1650." Mircea Buescu e Vicente Tapajós, *História do desenvolvimento econômico do Brasil*, Rio de Janeiro, 1969, p. 33.

[52] Para um tratamento quantitativo do crescimento da agroindústria açucareira no período, vejam-se: J. L. de Azevedo, *Épocas de Portugal económico*, op. cit., p. 244; R. Simonsen, *História econômica do Brasil*, op. cit., pp. 114-115; Mircea Buescu, *História econômica do Brasil: pesquisa e*

curva dos preços do açúcar em Lisboa apresenta notável elevação, mas, como nota Frédéric Mauro, no Brasil os preços permanecem quase estáveis.[53] É que, já em 1571, isto é, na abertura da fase de grande prosperidade, decretava D. Sebastião (3 de fevereiro de 1571) a exclusividade dos navios portugueses no comércio da florescente colônia.[54] Note-se a coincidência entre o decreto e a fase ascencional da economia açucareira no Brasil; era, na essência, o enquadramento da nova economia periférica nas linhas estruturais do sistema colonial.[55] Note-se também que neste fim de século recrudesce a repressão ao comércio estrangeiro, multiplicando-se as apreensões.[56] É bem verdade que aumentou também contemporaneamente a pressão externa e que a monarquia ibérica se debatia em dificuldades financeiras enormes, o que levou o rei de Espanha e Portugal, apesar das novas proibições (por exemplo, em 9 de fevereiro de 1591)[57] à concessão de licenças especiais, o

---

análises, Rio de Janeiro, 1970, pp. 65-67; F. Mauro, op. cit., pp. 233-257; Pierre Chaunu, "Place et rôle du Brésil dans les systèmes de communications et dans les mécanismes de croissance de l'économie du XVIe siècle", *Revue d'Histoire Économique et Sociale*, vol. XLVIII, 1970, pp. 460-482. A afirmação geral, acima enunciada, não se afeta pelas pequenas divergências de avaliações quantitativas destes vários autores.

[53] Como se pode ver na tabela geral elaborada por Frédéric Mauro (op. cit., p. 256) o preço do açúcar no Brasil, entre 1570 e 1610 se mantém em 800 réis a arroba, em Lisboa flutua, no mesmo período, de 1400 a 2020 réis. Em 1614 ambos os preços se aproximam (1000 réis) para novamente se afastarem; em 1650 é de 700 réis no Brasil e 3800 em Lisboa.

[54] Lei de 1571: cf. Vicente de Almeida Eça, *Normas económicas da colonização portuguesa até 1808*, Coimbra, 1921, p. 127; A. C. F. Reis, op. cit., p. 312.

[55] "Começava a esboçar-se o Sistema Colonial, que atingiu a perfeição no século XVIII", diz Almeida Eça, op. cit., p. 127.

[56] Em 1579, por exemplo, segundo Varnhagen, foram apreendidos e incendiados em nossos portos onze navios de Dieppe e do Havre (Cf. *História geral do Brasil*, tomo I, São Paulo, s.d., 3ª ed., p. 436). Referências a naus inglesas na Bahia e em Santos, no governo interino de Cosme Rangel (idem, ibidem, p. 439). Em 1584, seis naus francesas apreendidas na Paraíba (idem, ibidem, p. 454). Pouco depois, em 1587, os ingleses Withrington e Lister tentam uma sortida na Bahia (F. A. Varnhagen, tomo II, op. cit., p. 78). Em 1591, Cavendish vem tentar fortuna nos nossos portos. Lancaster, em 1595, saqueia Recife. Na Paraíba, em 1597, treze navios franceses (idem, ibidem, pp. 50-51).

[57] A. C. F. Reis, op. cit., p. 312.

que chegou a ponto de permitir um tráfico regular direto com Hamburgo, movimentando 19 navios entre 1590 e 1602; nessa data, segundo todas as probabilidades, parece que cessaram as viagens diretas.[58]

Frisemos para logo, entretanto, que essas licenças em nada alteram o mecanismo fundamental que vamos explicitando. Efetivamente, como já frisamos noutro passo, referindo-nos ao comércio português na África, tais concessões não implicavam o estabelecimento de uma competição entre compradores. O que é legítimo afirmar, comprovado pela documentação dos preços, é que com a fase de grande crescimento da economia açucareira assistimos ao seu enquadramento nas linhas de força do sistema colonial; os preços sobem pouco na colônia, a elevação é acentuada na metrópole, isto é, geram-se lucros excedentes — lucros monopolistas — que se acumulam entre os empresários metropolitanos.

E claro que o agravamento dos embates da guerra da Espanha com a Holanda repercutiram no comércio com o Brasil, então integrado na União Ibérica. As proibições se sucedem a atestar a crescente pressão do contrabando. Assim, em janeiro de 1605 restringiram-se novamente as licenças para a vinda de estrangeiros ao Brasil, ou antes, o envio de urcas ou navios, obrigando os solicitadores a submeterem suas pretensões ao Conselho da Índia, cujo presidente assinaria passaporte no caso de concessão.[59] Já a 18 de março do mesmo ano, novas restrições: nenhum navio estrangeiro, qualquer que fosse a nacionalidade, poderia ir ao Brasil, Índia, Guiné e ilhas, nem a quaisquer outras terras descobertas ou por descobrir, abrindo-se exceções apenas para Madeira e Açores; os estrangeiros no Ultramar português deviam mudar-se para Portugal no prazo de um ano, com penas severas de morte e confisco das propriedades para os transgressores.[60] Se esta legislação por si só era naturalmente impotente para manter o exclusivo português, que dependia na reali-

---

[58] Sérgio Buarque de Holanda e Olga Pantaleão, "Franceses, holandeses e ingleses no Brasil quinhentista", in S. B. de Holanda (dir.), *História geral da civilização brasileira*, tomo I, vol. 1, op. cit., p. 164.

[59] A. C. F. Reis, op. cit., p. 312.

[60] Lei de 18 de março de 1605. Cf. José Justino de Andrade e Silva, *Collecção chronologica da legislação portuguesa*, Lisboa, 1854-59, vol. I, pp. 108-109.

dade de condições militares para enfrentar a pressão holandesa, nem por isso fica menos patente a montagem do regime comercial exclusivista. Tais princípios incorporam-se às *Ordenações filipinas*, livro V, títulos CVII e CVIII.[61] O contrabando certamente não cessou, mas a própria decisão dos Países Baixos de montarem uma companhia especial para as Índias Ocidentais[62] e organizarem a ocupação militar do Nordeste açucareiro mostra que o contrabando não era suficiente para atender as forças de expansão da economia neerlandesa.

A Restauração (1640) marca uma fase de recuo do exclusivismo português no Ultramar.[63] As condições políticas do governo restaurador, a posição de Portugal no quadro das relações internacionais, explicam as concessões feitas à Holanda e à Inglaterra em troca de aliança na luta contra a Espanha. Exatamente porque a colonização portuguesa no Brasil está já a esta altura montada dentro das linhas de funcionamento do sistema colonial, porque o comércio colonial se desenvolve segundo os mecanismos do sistema, é que as concessões de participação a estrangeiros se podem tornar a moeda forte com que Portugal metropolitano joga no seu esquema de alianças antiespanholas. O que se concede nos tratados com Inglaterra (1654, 1661) e Holanda (1641) é no fundo a participação desses países no usufruto da exploração do sistema colonial em funcionamento.

Por outro lado, paralelamente, o governo lusitano procurou organizar mais eficientemente seu sistema de exploração ultramarina, através sobretudo da criação do Conselho Ultramarino,[64] que passava a superintender toda a atividade colonial. Assim, procurava-se ao mesmo tempo controlar ao máximo as concessões feitas. Na mesma linha, a instituição da Companhia Geral

---

[61] *Codigo Philipino, ou Ordenações e Leis do Reino de Portugal* (1603), ed. de Cândido Mendes de Almeida, Rio de Janeiro, 1870, pp. 1253-1259.

[62] Eleazar Córdova-Bello, *Compañias holandesas de navegación, agentes de la colonización neerlandesa*, Sevilla, 1964; H. Wätjen, op. cit., pp. 72 segs.; S. B. Clough e C. W. Cole, op. cit., p. 164.

[63] A. C. F. Reis, op. cit., pp. 312-313.

[64] Marcello Caetano, *O Conselho Ultramarino: esboço da sua história*, Rio de Janeiro, 1969, pp. 39 segs.

do Comércio para o Brasil, em 1649.[65] A partir de então, em meio à concorrência colonial que se acentuava entre as potências, forcejou tenazmente a Coroa portuguesa para minimizar as brechas abertas ao seu exclusivo colonial. Numa representação de 1672,[66] os mercadores portugueses reclamavam providências, pois já encontravam os mercados brasileiros abastecidos quando lá chegavam seus navios; o alvará de 27 de novembro de 1684 proibia aos navios partidos das costas brasileiras encaminharem-se para quaisquer portos que não os portugueses.[67] A ordem régia de 8 de fevereiro de 1711, na mesma linha, estabelecia que os navios estrangeiros (permitidos nos tratados) só pudessem vir nas frotas oficiais ou em caso de arribada forçada, prescrevendo rigorosas penas aos infratores.[68] As medidas se sucedem, anulando paulatinamente as concessões, reduzindo a presença legal de estrangeiros aos casos de arribada forçada;[69] culminando nos alvarás de 19 de junho de 1772 e 12 de dezembro de 1772 que, derrogando concessões de 1765 e 1766, proíbem o comércio intercolonial, por ser "huma maxima geralmente recebida e constantemente praticada entre todas as nações, que da Capital, ou Metrópole Dominante, he que se deve fazer o Commercio, e Navegação para as colonias, e não as colonias entre si [...]".

Se examinarmos, agora, ainda que sucintamente, o regime das relações econômicas que se estabeleceu no processo da colonização espanhola na América, defrontamo-nos com os mesmos princípios e os mesmos mecanismos. A empresa indiana de Castela apresentava-se inicialmente como negó-

---

[65] Gustavo de Freitas, *A Companhia Geral do Comércio do Brasil (1649-1720)*, São Paulo, 1951.

[66] A. C. F. Reis, op. cit., p. 313.

[67] "Alvará de 27/11/1684", J. J. de A. e Silva, op. cit., vol. X, pp. 25-26.

[68] *Collecção chronologica de leis extravagantes, posteriores à nova compilação das Ordenações do Reino*, tomo II, Coimbra, 1819, pp. 376-378.

[69] *Collecção das leys, e ordens, que prohibem os navios estrangeiros, assim os de guerra, como os mercantes, nos portos do Brazil*, Arquivo Histórico Ultramarino — Lisboa, códice 1193; Biblioteca Nacional — Rio de Janeiro, Divisão de Manuscritos, 7, 1, 6. Sucedem-se os alvarás, cartas régias, leis, ordens, provisões de 8/2/1711, 7/2/1714, 29/7/1715, 5/10/1715, 27/1/1717, 8/2/1717, 8/4/1718, 14/1/1719, 16/2/1719, 20/2/1719, 16/4/1719, 26/4/1719, 12/1/1724, 20/5/1736, 16/2/1740, 4/5/1757, 30/6/1757, 19/4/1761 e 14/10/1761.

cio exclusivo da Coroa, associada a Cristovão Colombo.[70] O alargamento da empresa reduz necessariamente a posição do descobridor audaz para uma posição insignificante, consolida o monopólio régio, que naturalmente abarca os súditos (castelhanos). Na realidade, a partir de 1503, com a instituição da Casa de Contratação de Sevilha, todo o comércio com a América hispânica passa a fazer-se legalmente pelo porto andaluz: é o regime de porto único, só alterado no fim do século XVIII sob o despotismo ilustrado dos ministros de Carlos III.[71] O importante órgão sevilhano, apesar de subordinado a partir de 1524 ao Conselho Real e Supremo das Índias, superintende todo o tráfico colonial espanhol, velando pelo monopólio. A pressão externa, a ação intensa da pirataria e do corso desencadeada pelas potências rivais que já na primeira metade do século XVI despontavam e se aparelhavam para a concorrência ultramarina, determinou o enrijecimento do regime: a navegação espanhola, em 1543, passou a ter periodicidade obrigatória, e entre 1564 e 1566 consolidou-se, enfim, o regime de frotas e galeões. A navegação se faz em comboios — *flotas* ou *galeones* — em épocas precisas, com rotas predeterminadas, e visando apenas portos privilegiados do mundo americano, de onde se procedia à redistribuição dos produtos vindos da metrópole. Vera Cruz, na Nova Espanha, Cartagena, na Tierra Firme, Panamá e Porto Bello no Istmo, eram os centros privilegiados.[72] Resultava, por exemplo, que o abastecimento de Buenos Aires e da região platina se tinha de fazer exclusivamente pela via do Pacífico.[73] O resultado do monopólio dos mercadores de Sevilha ou de seus associados foi, na formulação sintética do professor Céspedes del Castillo, "um regime de grandes lucros, que determinara nas Índias o aparecimento de um regime de altos preços".[74]

---

[70] São as famosas "Capitulaciones de Santa Fé". Cf. Demetrio Ramos Pérez, *Historia de la colonización española en América*, Madri, 1947, pp. 34 segs.

[71] Clarence Haring, *Comercio y navegación entre España y las Índias*, trad. esp., México, 1939, passim; Eduardo Arcila Farías, *El Siglo Ilustrado en América*, Caracas, 1955; Manuel Nunes Dias, *O comércio livre entre Havana e os portos de Espanha (1778-1789)*, São Paulo, 1965.

[72] C. Haring, op. cit., pp. 251 segs.

[73] Alice P. Canabrava, *O comércio português no Rio da Prata (1580-1640)*, São Paulo, 1944, pp. 26 segs.

[74] Guillermo Céspedes del Castillo, "La sociedad colonial americana en los siglos XVI y

É claro que tal regime de uma inflexibilidade única provocava de imediato o desafio das potências rivais, que desde logo incentivaram o contrabando para a América espanhola. A partir do próprio Brasil colônia se desenvolvia enormemente o comércio ilegal para a região platina, sobretudo no período da União Ibérica.[75] Ingleses, franceses e holandeses não deram tréguas ao exclusivo castelhano, até que no século XVII fixaram-se nas Antilhas, montando economias concorrentes, e ao mesmo tempo firmando entrepostos para incentivar o tráfico de contrabando para as Índias de Castela. O sistema espanhol oferecia de fato flancos consideráveis; o mais importante certamente foi o tráfico negreiro para as colônias hispano-americanas. As dificuldades em fixar-se em entrepostos africanos levaram a Coroa espanhola a contratar com mercadores estrangeiros o aprovisionamento de suas colônias.[76] Foi particularmente violenta a concorrência neste setor altamente lucrativo do tráfico ultramarino. Portugueses, holandeses, franceses controlaram sucessivamente o *asiento*, enfim negociado para a Inglaterra no Tratado de Utrecht.[77]

De qualquer forma, não pode haver dúvida de que a colonização espanhola se organizou, também ela, nas linhas do sistema colonial mercantilista, tendente a criar mecanismos aceleradores da primitiva acumulação capitalista. Que a Espanha não tenha conseguido assimilar essas vantagens, que elas ao fim e ao cabo se transferissem para as potências rivais, decorre de condições particulares da situação metropolitana. Por outro lado, convém lembrar que o contrabando não exclui a realidade do sistema de exploração colonial: o que os empresários rivais, das outras potências, visavam era exatamente do usufruto das vantagens desse sistema. Tanto é assim, que a política colonial dessas mesmas potências (Holanda, França, Inglaterra) não diverge, na sua ausência, daquela que se cristalizara na primeira fase da expansão ultramarina.

XVII", in Jaume Vicens-Vives (dir.), *Historia social y económica de España y América*, tomo III, Barcelona, 1957, p. 479.

[75] A. P. Canabrava, op. cit., passim.

[76] Georges Scelle, *La Traite negrière aux Indes de Castille*, tomo I, Paris, 1906, pp. 97 segs.

[77] Idem, ibidem, tomo I, p. 481, e tomo II, pp. 455 segs.

De fato, a competição ultramarina, iniciada desde cedo no nível puramente comercial, desdobrou-se, como vimos, em concorrência propriamente colonial a partir da instalação das colônias inglesas, francesas e holandesas. Já tratamos, posto que sumariamente, da experiência neerlandesa: no empenho de estabelecer linhas diretas de comércio com o Oriente, a experiência desse esforço levou à organização de uma companhia monopolista de comércio. A dominação holandesa no Oriente não tardou a transcender a ação puramente mercantil; a ocupação de grandes ilhas, como Java e Sumatra, deu lugar a uma ação colonizadora, passando-se à produção de especiarias. Tudo se processou, entretanto, nos quadros do monopólio da poderosa Companhia das Índias Orientais.[78] O esquema expansionista para o Ocidente — para as Índias Ocidentais — não foi diverso; processou-se através da Companhia das Índias Ocidentais, símile da primeira. Sob seu impulso e controle, além da dominação temporária no Nordeste brasileiro, promoveu-se a ocupação e exploração de Suriname e Curaçao.[79]

A expansão marítima da Inglaterra, por seu lado, corre paralela com a formulação dos princípios mercantilistas. Já mencionamos Thomas Mun, defensor da Companhia Inglesa das Índias Orientais; com ele se abre toda a constelação de teóricos (Josiah Child, Gee, Postlethwayt, para indicar apenas os mais representativos), que levaram a doutrina mercantilista ao mais alto grau de refinamento, e, no corpo do mercantilismo, à teorização do sistema colonial.[80] A colonização inglesa, de fato, apresentou os mais variados matizes, assumindo formas às vezes discrepantes; não obstante, foi a Grã-Bretanha que levou de vencida a concorrência colonial durante o Antigo Regime, para se tornar, no século XIX, a potência imperial por excelência. Na primei-

---

[78] É. Coornaert, op. cit., pp. 223-275; E. Córdova-Bello, op. cit., pp. 24 segs.; G. Masselman, op. cit., pp. 445-468.

[79] H. Wätjen, op. cit., pp. 78 segs.; Mário Neme, "A Holanda e a Companhia das Índias Ocidentais no tempo do domínio holandês no Brasil", São Paulo, 1968, pp. 121 segs., separata de *Anais do Museu Paulista*, tomo XXII.

[80] E. Lipson, *Economic History of England*, tomo III, Londres, 1955, 5ª ed., pp. 13 segs.; J. E. Rees, "Mercantilism in the Colonies", in John H. Rose, Arthur P. Newton e Ernest A. Benians (dir.), *The Cambridge History of the British Empire*, vol. I, 1960, pp. 561 segs.; Charles M. Andrews, *The Colonial Period of American History*, tomo IV, New Haven, 1948, pp. 50 segs.

ra fase, como Holanda e França, lançou-se, no século XVI, a uma atividade parasitária: o corso sobre o comércio colonial espanhol. O início do século XVII marcou a expansão propriamente colonial em várias direções: para o Índico, através de uma companhia monopolista (a East India Company); para a América Setentrional procurou-se canalizar os grupos dissidentes que se formaram ao longo das crises políticas e religiosas em meio às quais se processou a formação do Estado moderno inglês. Deu isto origem a uma colonização peculiar nos quadros da expansão europeia, as colônias de povoamento.[81] Finalmente, no meado do século XVII, instalaram-se as *plantations* antilhanas.[82]

É com os famosos Atos de Navegação que se articula, na Inglaterra, o sistema colonial, o *Old Colonial System*. O de 1651, sob Cromwell, já estabelecia que os produtos da América, Ásia e África só poderiam ser levados para a Inglaterra em navios ingleses ou das colônias inglesas; os produtos europeus, em navios ingleses ou do país de origem dos produtos, com o que se excluía o intermediário — *carrying trade* holandês; estabeleciam-se algumas exceções, como as sedas italianas que poderiam ser recebidas a partir dos portos flamengos, ou os produtos das colônias espanholas e portuguesas que poderiam ser importados a partir dos portos ibéricos. Note-se que a exceção está a indicar as vinculações de interesses com Portugal e Espanha; efetivamente, tinha a Inglaterra interesse nessas importações, que permitiam em contrapartida as manufaturas britânicas atingirem os mercados da América Latina, através das metrópoles. A outra via de penetração era o contrabando. Digno ainda de nota no ato cromwelliano é a integração num mesmo contexto de

[81] Arthur P. Newton, "The Great Emigration, 1618-1648", in John H. Rose, Arthur P. Newton e Ernest A. Benians, *The Cambridge History of British Empire*, vol. I, pp. 136-182; Samuel E. Morison e Henry S. Commager, *The Growth of American Republic*, Nova York, 1960, tomo I, pp. 57-91; Harold U. Faulkner, *American Economic History*, Nova York, 8ª ed., 1954, pp. 48-54; C. Furtado, op. cit., 1959, pp. 31-35.

[82] James A. Williamson, "The Beginnings of an Imperial Policy", in John H. Rose, Arthur P. Newton e Ernest A. Benians, *The Cambridge History of British Empire*, vol. I, pp. 207-238; René Sédillot, *Historia de las colonizaciones*, trad. esp., Barcelona, 1961, pp. 278 segs.; C. Furtado, op. cit., pp. 36-44.

medidas visando ao mundo colonial ultramarino (produtos da América, Ásia e África) e determinações sobre o comércio da Inglaterra com as outras potências europeias; indicativo sem dúvida da coerência da política mercantilista, de que o sistema colonial é parte.[83]

O ato de 1660, já sob a Restauração, indica a persistência da política mercantilista inglesa depois da queda de Cromwell. Definia navio inglês como aquele cujo mestre e três quartos da tripulação eram ingleses; particularizava que os produtos das colônias inglesas só podiam ser transportados nesses navios, reafirmando a anterior determinação. Estabelecia, enfim, os "artigos enumerados" que das colônias britânicas só podiam sair para a Inglaterra ou outras colônias inglesas — e eram os produtos fundamentais do comércio ultramarino: açúcar, índigo, tabaco, algodão, madeira. Dois anos depois, o Staple Act (1663) proibia às colônias importarem por meio de navios que não tocassem em portos ingleses, abrindo exceção para o vinho insulano, sal francês, cavalos da Escócia e Irlanda. Novo ato, em 1673, taxava os artigos enumerados que circulassem de uma para outra colônia. O sistema foi reafirmado em 1696, no ato destinado a "prevenir fraudes e regular abusos no comércio colonial" (*plantation trade*).[84]

Também na França, a primeira fase da expansão marítima se caracterizou, como na Inglaterra e Províncias Unidas, pela pirataria e pelo corso. Entrementes, realizaram-se algumas tentativas malsucedidas de fixação e povoamento no Ultramar.[85] Com Richelieu (1624-1642) a expansão adquiriu novo impulso e deu os primeiros frutos. Para o comércio e colonização ultramarinos, incorporavam-se companhias monopolistas: tais as companhias da Nova França (1627), das Ilhas da América (1635), da Senegâmbia (1641),

---

[83] C. M. Andrews, "The Acts of Trade", in John H. Rose, Arthur P. Newton e Ernest A. Benians, *The Cambridge History of British Empire*, Cambridge, vol. I, pp. 268-299; E. Lipson, *Economic History of England*, op. cit., tomo III, pp. 121-140; H. U. Faulkner, op. cit., pp. 108-112; Ross Robertson, *História da economia americana*, tomo I, trad. port., Rio de Janeiro, 1967, pp. 70-71.

[84] S. B. Clough e C. W. Cole, op. cit., p. 347; C. M. Andrews, op. cit., p. 285.

[85] R. Sédillot, op. cit., pp. 258 segs.; Georges Hardy, *Histoire de la colonisation française*, Paris, 1938, pp. 21 segs.; C. Furtado, op. cit., pp. 30-35.

do Oriente (1642);[86] os resultados não foram brilhantes, mas ficavam lançadas as primeiras bases. Com Colbert o mercantilismo francês — colbertismo, como ficou chamado — estruturou-se em amplo plano, onde eram simultaneamente atacados todos os setores da economia nacional; o colbertismo foi, efetivamente, o exemplo mais completo de aplicação simultânea da política mercantilista.[87] A expansão ultramarina e colonial organizou-se, pois, enquadrada no esquema monopolista: Colbert retomou a política de Richelieu, reorganizando as companhias privilegiadas, dando-lhes novo e decisivo impulso. Assim, as companhias das Índias Orientais, das Índias Ocidentais, do Senegal, da Guiné, detinham o exclusivo das várias áreas do comércio ultramarino francês (comércio dos produtos orientais, dos produtos coloniais, tráfico negreiro etc.), e é nesse contexto que se firma a colonização francesa.[88]

Quando atingimos, pois, a segunda metade do século XVII, isto é, quando se cristaliza e define a situação da concorrência colonial entre as potências europeias, está por seu turno organizada a exploração ultramarina num regime comercial que, apesar de variações e flutuações menores, apresentava no fundo o mesmo mecanismo fundamental. As tensões da concorrência, a luta das potências, o contrabando eram processos que operavam dentro do mesmo sistema básico, não negavam o sistema. Se visualizarmos em conjunto, de um lado o capitalismo mercantil europeu em fase de grande expansão, de outro as economias coloniais periféricas, constatamos na essência o sistema de exploração destas por aquele; os conflitos se davam exatamente em torno do usufruto de suas vantagens, na redistribuição dos lucros comerciais e coloniais, ultramarinos em suma, entre as várias nações do Velho Mundo.

---

[86] Henri Hauser, *La Pensée et l'action économique du Cardinal Richelieu*, Paris, 1944, pp. 120-142; G. Hardy, op. cit., p. 39; J. Lacour-Gayet, op. cit., tomo III, pp. 242-251.

[87] S. B. Clough e C. W. Cole, op. cit., pp. 318-343; Jean Morini-Comby, *Mercantilisme et protectionnisme*, Paris, 1930, pp. 60 segs.

[88] G. Hardy, op. cit., pp. 48-70; H. Deschamps, op. cit., pp. 34-72; Gaston-Martin, *Histoire de l'esclavage dans les colonies françaises*, Paris, 1948, pp. 10-24.

Fixemos portanto, o mais nitidamente possível, o mecanismo básico do regime comercial, eixo do sistema da colonização da época mercantilista.[89] *O "exclusivo" metropolitano do comércio colonial* consiste em suma na *reserva do mercado das colônias para a metrópole*, isto é, para a burguesia comercial metropolitana. Este o mecanismo fundamental, gerador de lucros excedentes, lucros coloniais; através dele, a economia central metropolitana incorporava o sobreproduto das economias coloniais ancilares. Efetivamente, detendo a exclusividade da compra dos produtos coloniais, os mercadores da mãe-pátria podiam deprimir, na colônia, seus preços até ao nível abaixo do qual seria impossível a continuação do processo produtivo, isto é, tendencialmente no nível dos custos de produção; a revendiam na metrópole, onde dispunham da exclusividade da oferta, garantia-lhes sobrelucros por dois lados — na compra e na venda. Promovia-se, assim, de um lado, uma transferência de renda real da colônia para a metrópole, bem como a concentração desses capitais na camada empresária ligada ao comércio ultramarino. Reversivamente, detentores da exclusividade da oferta dos produtos europeus nos mercados coloniais, os mercadores metropolitanos, adquirindo-os a preço de mercado na Europa, podiam revendê-los nas colônias no mais alto preço acima do qual o consumo se tornaria impraticável; repetia-se pois aqui o mesmo mecanismo de incentivo da acumulação primitiva de capital pelos empresários da mãe-pátria. Para compreendermos em todas as suas dimensões esse processo de acumulação originária, precisamos ainda de elementos que serão analisados adiante, no seu devido lugar: adiantemos porém, desde já, que é a estrutura socioeconômica que se organiza nas colônias, a produção escravista e a decorrente concentração da renda nas camadas dominantes, que possibilita o funcionamento do sistema.

Particularizemos ainda o mecanismo cuja essência definimos acima. O exclusivo metropolitano, bem como a subordinação da colônia, pode ter várias gradações, complicando-se o esquema de diversas maneiras. De fato, o "exclusivo" da transação ultramarina, no seu limite, pode pertencer a um empresário único; é o caso, por exemplo, dos monopólios régios, os estancos, ou a situação da Coroa portuguesa na primeira fase do comércio oriental. Neste caso, o empresário único detém a exclusividade da compra dos produtos ex-

[89] E. J. Hamilton, op. cit., pp. 33-53.

ternos, isto é, da procura desses produtos no mercado externo (trata-se aí, em termos técnicos, de um "monopsônio"); detém, também, naturalmente, a exclusividade da oferta dos produtos no mercado da economia central ("monopólio", tecnicamente falando). O mais comum é a exclusividade do comércio colonial pertencer à classe empresária mercantil da metrópole. Neste caso, trata-se do privilégio de um grupo de empresários, os mercadores da metrópole. Na colônia, esse grupo detém então a exclusividade da compra dos produtos coloniais (isto é, "oligopsônio"), bem como da venda dos produtos europeus no mercado colonial (quer dizer, "oligopólio"): a situação típica do sistema colonial, se quiséssemos classificá-la tecnicamente, seria pois a do "oligopsônio-oligopólio" ou "oligopólio bilateral".[90] Intermediariamente, entre o agente único e o "exclusivo" simples, isto é, de toda a classe dos mercadores metropolitanos, pode a "exclusividade" ficar restrita a um determinado grupo de empresários metropolitanos, como no caso do sistema espanhol de porto único, que privilegiava os mercadores ligados ao comércio sevilhano. As companhias de comércio colonial situam-se também nesta posição intermediária: na realidade, privilegiavam uma fração dos mercadores metropolitanos. Nos mercados metropolitanos, por sua vez, a situação podia variar: se o grupo ligado ao comércio ultramarino vendia os produtos coloniais em condições de monopólio ou oligopólio, a preços naturalmente altos, promovia-se uma transferência de renda da população global da mãe-pátria para os empresários ligados ao comércio colonial; se revendiam os produtos noutra nação nas mesmas condições, a transferência se fazia de fora das fronteiras nacionais para dentro, concentrando-se sempre na mesma camada empresária privilegiada; se, porém, tem de fazê-lo em condições de concorrência com outras nações, esse canal da acumulação declina ou pode transferir-se para outras nações. Igualmente, a compra dos produtos europeus para aprovisionamento da colônia se podia fazer em condições mais ou menos favoráveis; é para notar-se, porém, que se os produtos de abastecimento da colônia eram adquiridos fora da metrópole, ou em outros termos, quando a metrópole não produz o abastecimento das colônias, este canal da acumulação naturalmente tende a se bloquear.

---

[90] Sobre regimes de mercado, cf. Jean Marchal, *Le Mécanisme des prix*, Paris, 1961, 2ª ed., pp. 257 segs; George Stigler, *La teoría de los precios*, trad. esp., Madri, 1953, pp. 235 segs.

Algumas objeções, entretanto, se podem fazer a esta linha de interpretação. Elas se ligam a mecanismos operantes ao longo de toda a Época Moderna, e que, segundo alguns autores,[91] contrariariam o funcionamento do sistema: tratados concedendo vantagens comerciais no Ultramar a outras potências, licenças a mercadores estrangeiros e, enfim, o contrabando. A nosso ver, contudo, tais ocorrências não desmentem, antes confirmam, nossa análise.

De fato, tais licenças e concessões pressupõem o mecanismo de exploração colonial gerador de superlucros. Do contrário, o que se estaria na realidade concedendo? Se um monarca, carente de recursos financeiros, vende eventualmente licenças a mercadores estrangeiros, ou se um Estado metropolitano, por injunções políticas (como Portugal, logo após a Restauração), permite, através de tratados, a mercadores de outras nações comerciarem nas suas colônias — na realidade, está ocorrendo uma *transferência* das vantagens, dos estímulos econômicos, do sistema colonial. Não se estabelece, assim, uma autêntica concorrência. É, aliás, a possibilidade de um comércio mais altamente lucrativo que tornavam tais licenças e concessões tão amplamente desejáveis, a ponto de se moverem guerras pela sua obtenção.

O contrabando envolve uma situação efetivamente mais complexa, mas, quanto a nós, confirmadora ainda assim da análise que apresentamos. É de todo óbvio que o contrabando envolvia sempre sérios riscos: prisão, confisco das mercadorias e navios etc. Ora, o que podia não obstante mover os mercadores a correr tais riscos e se empenharem no comércio ilegal — senão a perspectiva dos superlucros coloniais? O contrabando, portanto, também pressupõe o mecanismo básico em vez de negá-lo. É certo que o contrabandista devia, para encontrar campo para suas atividades, oferecer preços um tanto melhores pelos produtos coloniais, bem como oferecer produtos europeus a preços mais baixos do que os mercadores metropolitanos. Mas nunca num nível que significasse uma perfeita concorrência comercial pois, do contrário, o que os compensaria dos altos riscos? Os capitais se canalizariam para outros setores de igual lucratividade e menor risco. Assim, parece certo que o contrabando envolvesse um abrandamento do sistema, mas não sua

[91] Por exemplo, o já citado Frédéric Mauro, *Nova História e Novo Mundo*, São Paulo, 1969, pp. 61-64.

supressão. O mecanismo básico persiste sempre como o elemento explicativo de todo esse movimento.

Em suma, licenças, concessões, contrabando, parecem-nos fenômenos que se situam mais na área da disputa entre as várias metrópoles europeias para se apropriarem das vantagens da exploração colonial — que funciona no conjunto do sistema, isto é, nas relações da economia central europeia com as economias coloniais periféricas. Não atingem, portanto, a essência do sistema de exploração colonial.

São variações em torno do elemento fundamental do sistema: em última instância, o regime do comércio colonial — isto é, o exclusivismo metropolitano do comércio colonial — constituiu-se, ao longo dos séculos XVI, XVII e XVIII, no mecanismo através do qual se processava a apropriação, por parte dos mercadores das metrópoles, dos lucros excedentes gerados nas economias coloniais; assim, pois, o sistema colonial em funcionamento, configurava uma *peça da acumulação primitiva* de capitais nos quadros do desenvolvimento do capitalismo mercantil europeu. Com tal mecanismo, o sistema colonial ajustava, pois, a colonização ao seu sentido na história da economia e da sociedade modernas.

c) Escravidão e tráfico negreiro

A análise que vimos esboçando do Antigo Sistema Colonial não se completa sem o estudo, sumário embora, do tipo de economia que se organiza nas colônias. Já vimos que a indicação das grandes linhas da estrutura socioeconômica colonial é indispensável para que sejam compreendidos inclusive os mecanismos da exploração ultramarina; veremos adiante que somente depois dessa análise poderemos tentar caracterizar globalmente a dinâmica do sistema colonial.

O ponto de partida para a caracterização da *economia colonial* é o sentido mais profundo da colonização e o mecanismo de base das relações metrópole-colônia. Efetivamente, é em função daquele sentido básico que se processa a expansão europeia e se organizam as atividades produtivas no Novo Mundo. Ocupação, povoamento e valorização econômica das novas áreas se desenvolvem nos quadros do capitalismo comercial do Antigo Regime, em função dos mecanismos e ajustamentos dessa fase da formação do capitalismo moderno; no fundo e no essencial, a expansão europeia, mercantil e colonial, processava-se segundo um impulso fundamental, gerado nas tensões oriundas na transição para o capitalismo industrial: acelerar a primitiva acumulação capitalista é pois o sentido do movimento, não presente em todas as suas manifestações, mas imanente em todo o processo.

Neste sentido, a *produção* colonial orienta-se necessariamente para aqueles produtos que possam preencher a função do sistema de colonização no contexto do capitalismo mercantil; mercadorias comercializáveis na economia central, com procura manifesta ou latente na sociedade europeia. São, sobretudo, os produtos tropicais: açúcar, tabaco, algodão, cacau, anil; matérias-primas, como peles para as vestimentas de luxo, madeiras tintoriais etc. Para além, naturalmente, metais nobres, para que a expansão da economia de mercado se não travasse por escassez de numerário.

O primeiro ensaio colonizador, nas ilhas atlânticas, começou muito cedo,[92] sob o estímulo direto do Infante D. Henrique, que para lá enviou os primeiros povoadores. A ideia inicial parece ter sido a de povoar para manter a posse das estratégicas ilhas, ao mesmo tempo em que se procurava guardar segredo das rotas e dos descobrimentos. Organizava-se assim uma economia mais voltada para o consumo dos pioneiros, posto que com pequena exportação de cereais para a metrópole, já carente deles. Não tardou porém que a economia insulana se voltasse para o mercado externo, visando Portugal e logo a seguir o mercado europeu em geral; a introdução da agroindústria do açúcar nas ilhas, especialmente na Madeira, sua rápida difusão,[93] ajustaram a pouco e pouco as atividades produtivas às linhas comerciais da economia europeia em expansão. Com o desenvolvimento da economia açucareira no Brasil, foi a viticultura que, a partir do fim do século XVI, passou a dominar a produção da Madeira.

No Brasil, igualmente, a colonização propriamente dita (ocupação, povoamento, valorização) obedeceu de início a preocupações antes de tudo po-

[92] Joel Serrão, "Na alvorada do mundo atlântico", in *O século dos descobrimentos*, São Paulo, 1961, pp. 141-157.

[93] Vitorino Magalhães Godinho, *A economia dos descobrimentos henriquinos*, Lisboa, 1962, pp. 165-176.

líticas: visava-se, através do povoamento, preservar a posse já então disputada pelos corsários holandeses, ingleses e franceses.[94] As sugestões nesse sentido feitas a el-Rei D. João III (entre outros, por Diogo de Gouveia) já apontam contudo para o exemplo das Ilhas Atlânticas.[95] Quando enfim se enceta a colonização, é a agricultura que visivelmente se tem em mira nas cartas de doação das capitanias, onde o donatário recebe privilégio de fabricar e possuir engenhos d'água e moendas.[96] Destarte, a colonização da América portuguesa organizava-se desde o início em função da produção açucareira, para o mercado europeu, e assim desenvolveu-se ao longo do século XVI.

Quando as nações ibéricas perdem sua posição privilegiada no Ultramar e a concorrência colonial se generaliza, assistimos ao mesmo ajustamento da expansão colonial às linhas de funcionamento do sistema. O assalto holandês, inglês e francês às Antilhas de Castela, já o vimos, visou de início ao estabelecimento de cabeças de ponte para melhor atuar sobre o sistema colonial de Espanha. O meado do século, porém, marca ali também a mudança de rumo; com a introdução da economia açucareira, as ilhas do "mediterrâneo americano" organizavam-se em produtoras dos mercados europeus.[97]

Os espanhóis, por seu turno, defrontaram, nas áreas do Novo Mundo, que lhes ficaram reservadas pelas prioridades dos descobrimentos e pelos ajustes pontifícios, com populações mais densamente concentradas e de nível cultural mais elevado. A acumulação prévia de riqueza, bem como as dificuldades de entabular-se uma exploração puramente comercial, levou ali a uma terceira alternativa: a conquista, isto é, o saque das riquezas acumuladas e a dominação dos aborígenes, com desmantelamento direto de suas estruturas políticas tradicionais. A conquista espanhola põe a nu as linhas de força da colonização moderna. Passada esta fase, a colonização se organizava em torno da mineração da prata e do ouro, que é o seu eixo central, em torno do qual

[94] C. Furtado, op. cit., pp. 14-15.

[95] J. L. de Azevedo, *Épocas de Portugal económico*, op. cit., pp. 233-235. Cf. a carta de João de Melo Câmara, in C. M. Dias, *História da colonização portuguesa do Brasil*, tomo III, op. cit., pp. 83-91.

[96] J. L. de Azevedo, *Épocas de Portugal económico*, op. cit., p. 240; R. Simonsen, op. cit., p. 83.

[97] C. Furtado, op. cit., pp. 37-44.

tudo o mais girava;[98] também neste caso, portanto, é a produção para o mercado europeu que domina o processo colonizador.

Na América Setentrional, finalmente, assistimos ainda uma vez ao mesmo movimento. Colonizadas a partir de 1607 (*settlement* da Virgínia), a emigração para essas áreas tem conotação diferente. Embora estejam presentes os impulsos mais fundamentais da expansão europeia, na sua versão inglesa, outros componentes interferiam, matizando os resultados. A emigração para várias colônias americanas organizou-se mediante companhias, que engajavam trabalhadores para a exploração da América norte-atlântica, visando a lucros coloniais; outras vezes, tratava-se da emigração espontânea de grupos perseguidos pelas reviravoltas políticas e religiosas da Inglaterra, na fase de organização do Estado moderno. O sistema das companhias funcionou via de regra mal; financeiramente, quase todas fracassaram. As dificuldades de organizar uma produção complementar à metropolitana foi um dos fatores; outros serão examinados adiante, no devido lugar. No fim do século, porém, a expansão do consumo europeu do tabaco abriu para as colônias inglesas ao sul do Delaware a possibilidade de se entrosarem nas linhas do comércio europeu; sobretudo na Virgínia, processou-se rapidamente a transformação de uma colônia de povoamento, organizada à base da pequena e média propriedade com uma produção diversificada, para uma colônia de exploração organizada em grandes propriedades escravistas produzindo para o mercado externo.[99] Somente naquelas áreas mais setentrionais, especialmente na Nova Inglaterra, situadas em zona geográfica de clima temperado, onde a possibilidade de montagem de uma economia complementar ficava muito reduzida pelo quadro natural ou mesmo impossibilitada, persistiam as antigas estruturas das colônias de povoamento. A constituição ao sul, no continente e nas ilhas antilhanas, de plantações especializadas em produtos de exportação e, pois, carentes de produtos alimentares e manufaturados, abria para essas co-

---

[98] Guillermo Céspedes del Castillo, "La sociedad colonial americana en los siglos XVI y XVII", in Jaume Vicens-Vives (dir.), *Historia social y económica de España y América*, tomo III, Barcelona, 1957, p. 470.

[99] Edward C. Kirkland, *Historia económica de los Estados Unidos*, trad. esp., México, 1947, pp. 70 segs.

lônias setentrionais a possibilidade de um mercado externo para madeiras, cereais, manufaturas etc. A proximidade dos dois tipos de colônias, estruturalmente divergentes, criava pois uma situação inteiramente nova, particularmente favorável às colônias de povoamento do hemisfério norte. Por estas interessava-se menos a metrópole, pois elas não podiam fornecer senão produtos similares aos europeus e, portanto, não se podiam configurar em economias ancilares. A economia diversificada de subsistência, voltada para o consumo interno, que caracterizava essas colônias, tinha poucas condições de desenvolver um alto nível de produtividade e de renda, até que se lhes abrissem mercados externos; o que é fundamental destacar, porém, é que esses mercados, quando se abrem, são de natureza essencialmente diversa do mercado externo comum às demais colônias. O mercado externo das colônias, no sistema colonial, é o mercado metropolitano; a vinculação se dá através do regime do "exclusivo" que promove uma exploração da colônia pela metrópole. Aqui, no caso da Nova Inglaterra, o mercado externo eram outras colônias, inglesas, francesas, holandesas, espanholas. Quer dizer, a relação que se estabeleceu não se firmava nos mecanismos do sistema; assim, as rendas geradas nessa relação não se carreavam (como era regra na relação metrópole-colônia) para fora mas concentravam-se na economia exportadora. Este o ponto fundamental para se entender o desenvolvimento posterior dessas colônias, de todo em todo surpreendente nos quadros do sistema colonial.[100] Formam uma exceção, são "colônias" apenas no estatuto político nominal, não são a rigor, estruturalmente, colônias. Mas, veja-se bem, é a partir do sistema colonial que se podem entender, inclusive na sua atipicidade.

No conjunto, portanto, é possível divisar o movimento geral que caracteriza a montagem da colonização moderna dentro dos mecanismos do sistema colonial: povoamento inicial, com produção para o consumo local; em seguida, entrosamento nas linhas do comércio europeu e, pois, nos mecanismos da economia reprodutiva europeia. Ao passarem a produzir para o mercado externo, articulavam-se no sistema pois o regime desse comércio é, como já vimos, o nervo do sistema. Destarte, ajusta-se a colonização ao sentido do sistema colonial do capitalismo mercantil: através da exploração das áreas

[100] C. Furtado, op. cit., pp. 37-44.

ultramarinas promovia-se a originária acumulação capitalista na economia europeia.

E não só a produção, mas o *ritmo* dela teve também de ajustar-se ao sistema; é em última instância o mercado europeu, a flutuação da procura europeia dos produtos ultramarinos (*Kolonialwaren*) que define a maior ou menor extensão da produção colonial. E claro que, ao lado dessa produção essencial para o mercado europeu, organizava-se nas colônias todo um setor, dependente do primeiro, da produção que visava a suprir a subsistência interna, daquilo que não podia ser aprovisionado pela metrópole.[101] Mas, ainda aqui, são os mecanismos do sistema colonial que definem o conjunto e imprimem o ritmo em que se movimenta a produção. Nos períodos em que a procura externa se retraía, isto é, quando baixavam os preços europeus dos produtos coloniais, as unidades produtoras na colônia tendiam a deslocar fatores para a produção de subsistência, pois diminuía sua capacidade de importar; quando, ao contrário, ampliava-se a procura externa, as unidades produtivas coloniais tendiam a mobilizar todos os fatores na produção exportadora; abria-se, então, à economia colonial de subsistência a possibilidade de desenvolver-se autonomamente. Era, pois, o setor de exportação que comandava o processo produtivo no seu conjunto.

Vistas pois em conjunto, as economias coloniais periféricas configuram setores especializados na produção de determinadas mercadorias para o mercado europeu. *Produção mercantil*, portanto, e aqui reaparece o elo profundo que liga a expansão colonial com o desenvolvimento econômico europeu na fase do capitalismo comercial: a expansão ultramarina resultou, como antes procuramos explicar, do esforço de superação dos obstáculos que a economia mercantil europeia encontrava para manter seu ritmo de crescimento. As economias coloniais, em que resulta afinal a expansão ultramarina, acabam por configurar, encaradas globalmente no contexto da economia mundial, setores produtivos especializados, enquadrados nas grandes rotas comerciais e, pois, mercados consumidores em expansão. Neste sentido, significa *ampliação da economia de mercado*, respondendo assim às necessidades do capitalismo em formação.

---

[101] C. Prado Jr., op. cit., pp. 13-26, 114-123, 151-153.

Mais ainda, toda a estruturação das atividades econômicas coloniais, bem como a formação social a que servem de base, definem-se nas linhas de força do sistema colonial mercantilista, isto é, nas suas conexões com o capitalismo comercial. E, de fato, não só a concentração dos fatores produtivos no fabrico das mercadorias-chave, nem apenas o volume e o ritmo em que eram produzidas, mas também o próprio *modo* de sua *produção* define-se nos mecanismos do sistema colonial. E aqui tocamos no ponto nevrálgico; a colonização, segundo a análise que estamos tentando, organiza-se no sentido de promover a primitiva acumulação capitalista nos quadros da economia europeia ou, noutros termos, estimular o progresso burguês nos quadros da sociedade ocidental. É esse sentido profundo que articula todas as peças do sistema: assim, em primeiro lugar, o regime do comércio se desenvolve nos quadros do exclusivo metropolitano; daí a produção colonial orientar-se para aqueles produtos indispensáveis ou complementares às economias centrais; enfim, a produção se organiza de molde a permitir o funcionamento global do sistema. Em outras palavras: não bastava produzir os produtos com procura crescente nos mercados europeus, era indispensável produzi-los de modo a que a sua comercialização promovesse estímulos à acumulação burguesa nas economias europeias. Não se tratava apenas de produzir para o comércio, mas para uma forma especial de comércio — o comércio colonial; é, mais uma vez, o sentido último (aceleração da acumulação primitiva de capital), que comanda todo o processo da colonização. Ora, isto obrigava as economias coloniais a se organizarem de molde a permitir o funcionamento do sistema de exploração colonial, o que impunha a adoção de *formas de trabalho compulsório* ou, na sua forma-limite, o *escravismo*.

E, assim, a Europa pôde contemplar o espetáculo deveras edificante do renascimento da escravidão, quando a civilização ocidental dava exatamente os passos decisivos para a supressão do trabalho compulsório, e para a difusão do trabalho "livre", isto é, assalariado. Assim, enquanto *na Europa* dos séculos XVI, XVII e XVIII transitava-se da servidão feudal para o trabalho assalariado, que passou a dominar as relações de produção a partir da Revolução Industrial, *no ultramar*, isto é, no cenário da europeização do mundo, o monstro da escravidão mais crua reaparecia com uma intensidade e desenvolvimento inéditos. Bem é certo que a perplexidade criada por tal situação na consciência cristã deu lugar, de um lado, a uma vigorosa linhagem de publicistas que sem contemplação denunciaram os horrores do escravismo moderno, e de outro, a notáveis contorções mentais para racionalizar a escravidão, compaginando-a à moral cristã.[102] Bem é verdade, também, que Marx dizia que as colônias acabam por revelar o segredo da sociedade capitalista...

Vejamos pois de mais perto esse ponto, fundamental para a compreensão do conjunto do sistema que vimos analisando. A *escravidão* foi o regime de trabalho preponderante na colonização do Novo Mundo; o *tráfico negreiro* que a alimentou, um dos setores mais rentáveis do comércio colonial. Se à escravidão africana acrescermos as várias formas de trabalho compulsório, servil e semiservil — *encomienda, mita, indentured* etc. —, resulta que estreitíssima era a faixa que restava, no conjunto do mundo colonial, ao trabalho livre. A colonização do Antigo Regime foi, pois, o universo paradisíaco do trabalho não livre, o Eldorado enriquecedor da Europa. A explicação desse fato tem tocado a revezes o pitoresco. Assim, argumentava-se, por exemplo, que os europeus haviam "recorrido" ao trabalho africano porque escasseava população na mãe-pátria com que povoar o Novo Mundo. A afirmação refere-se naturalmente a situações como a que se configurava entre o Brasil e Portugal; se invertermos as situações, por exemplo, a metrópole francesa em face das ilhas antilhanas, o argumento não faz sentido, aliás iniciou-se uma colonização de povoamento, que depois deu lugar ao escravismo. Por outro lado, em determinadas áreas prevaleceu o povoamento. Ademais, isso só provaria que os europeus ou que as metrópoles europeias não dispunham de contingentes demográficos para povoar a América, e que "apelaram" então para a África... Nada explica, nesse argumento, que o tal "apelo" envolvesse nada menos que a escravização dos negros: o que se tem de explicar, de fato, é o regime escravista de trabalho.

Tratava-se, porém, essencialmente, de povoar? Nos quadros do sistema colonial, tratava-se, na essência, de explorar as novas áreas de modo a promover a primitiva acumulação capitalista nas metrópoles; isto envolvia naturalmente montagem de um aparato produtivo e, pois, ocupação e povoamento, mas o essencial era a exploração. Daí a ocupação, isto é, a expansão geográfica visar a certas áreas (o Intertrópico) preferentemente, e o povoamento se

[102] David Brion Davis, *The Problem of Slavery in Western Culture*, Nova York, 1970, especialmente pp. 108-111.

organizar através do engajamento de trabalhadores (europeus, aborígenes ou africanos, conforme o caso) por parte dos colonos dirigentes da empresa colonial. O regime de trabalho — as várias formas de trabalho compulsório —, entretanto, fica ainda por explicar.

Ora, a produção colonial era, basicamente, como já vimos, produção para o mercado metropolitano, isto é, produção mercantil. Na economia de mercado, contudo, é o salariato o regime mais rentável; as formas de trabalho compulsório, por seu lado, vinculam-se (escravismo antigo e, sobretudo, a servidão feudal) a economias pré-mercantis (a economia dominial fechada da Idade Média): exatamente, a emergência da economia mercantil (o desenvolvimento do comércio) tende a promover o desatamento dos laços servis, criando lentamente condições para a expansão do trabalho "livre" — era o processo em curso na Europa da Época Moderna. Neste sentido, o regime de trabalho prevalecente no mundo ultramarino do Antigo Regime se apresenta como um contrassenso. E de fato, como já procuramos indicar, a mercantilização da produção só pode generalizar-se, dominando as relações sociais, quando a força produtiva do trabalho se torna ela própria mercadoria, isto é, quando a economia mercantil se integra em capitalista. Nessa estrutura, o processo produtivo se inicia com uma inversão de capital (esse *quantum* de valor) na sua original forma-dinheiro que, investindo-se, se transforma em fatores de produção (capital produtivo); a interação dos fatores elabora mercadorias, nova forma do capital (capital-mercadorias), as quais, realizadas (vendidas) no mercado, restituem ao capital sua forma dinheiro original, acrescida da valorização (mais-valia), que por sua vez remunera assim os fatores (juros, lucros, rendas, salários) e permite a reinversão num nível mais elevado. Assim se amplia a produção capitalista, autoestimulando-se. Cada vez que o capital volta a sua primitiva forma, permitindo a reinversão alargada, completa-se uma rotação. Ora, é evidente que só o trabalho assalariado permite tal funcionamento; se escravista o regime, trava-se a rotação, pois o pagamento do fator trabalho se tem de adiantar em parte (compra do escravo) enquanto no assalariado só depois de consumida a mercadoria trabalho ela é remunerada no próprio processo produtivo, e noutra parte a manutenção da mercadoria-escravo distende a rotação (o tempo de vida do escravo), emperrando o sistema. Ademais, toda a extraordinária flexibilidade da economia capitalista fica bloqueada: a produção não se pode ajustar às flutuações da procura, pois é impossível dispensar o fator trabalho engajado de uma vez por todas.[103] E, pois, menos rentável o trabalho escravo para a produção mercantil, trabalho oneroso, e, como tal, absurda instituição foi o escravismo considerado por Adam Smith,[104] fruto do orgulho e do amor à dominação dos senhores de escravos.

E no entanto o *escravismo* (ou as outras formas de trabalho compulsório) é que dominou o panorama da economia colonial do mercantilismo. Não terá naturalmente isto ocorrido por estupidez dos empresários coloniais, nem por suas taras dominadoras. É que a análise do problema não se pode limitar àquele plano lógico-formal. Examinado em si mesmo, o funcionamento da produção mercantil torna naturalmente impossível o emprego de escravos na produção para o mercado. Karl Marx, porém, que analisou a sociedade burguesa numa perspectiva ao mesmo tempo lógica e histórica, isto é, explicando simultaneamente a mecânica do seu funcionamento e as condições de sua instauração, não perde de vista que a formação do capitalismo se fez desintegrando a estrutura feudal servil e artesanal (de produtores independentes) preexistente; e, pois, o desenvolvimento das relações mercantis, ao desorganizar a antiga estrutura, aprofundando a divisão social do trabalho e a especialização da produção, ia criando mercado e portanto permitindo o impulsionamento do processo. No passo mais decisivo, de constituição do capitalismo propriamente dito, a dissolução dos laços sociais tradicionais promove a expansão da forma assalariada do regime de trabalho: processo que pressupõe, de um lado, a libertação do trabalhador de todas as prestações servis, mas de outro lado, ao mesmo tempo, dissociação entre o produtor e seus instrumentos produtivos, ficando privado de quaisquer fatores de produção que não a força de seu trabalho.[105] No seu processo histórico, portanto, o desenvolvimento do trabalho "livre", isto é, assalariado, envolveu de uma parte a superação dos laços servis (prestações, banalidades etc.), de ou-

---

[103] Sobre as contradições da produção escravista para o mercado, cf. Fernando Henrique Cardoso, *Capitalismo e escravidão no Brasil meridional*, São Paulo, 1962, pp. 186 segs.; Octávio Ianni, *As metamorfoses do escravo*, São Paulo, 1962, pp. 80 segs.; Eugene D. Genovese, *The Political Economy of Slavery*, Nova York, 1967, pp. 41-106.

[104] Adam Smith, *The Wealth of Nations*, ed. Cannan, Nova York, s.d., pp. 364-366.

[105] K. Marx, *El Capital*, vol. I, op. cit., pp. 184-188, 801 segs.

tra, a separação entre os produtores diretos e todos os demais fatores de produção (direitos que os camponeses-servos tinham sobre as terras, instrumentos com que produziam sua subsistência, ou a dissolução da produção artesanal de produtores independentes). Não cabe aqui, naturalmente, estudar esse longo processo histórico de formação do regime assalariado de trabalho.[106] Através dele, contudo, é que a força do trabalho emerge na sua pureza, compelida a trocar-se no mercado; se ligada a outros meios de produção, ao invés de alugar seu trabalho, o produtor utilizaria esses fatores, vendendo mercadorias como produtor autônomo, e o capitalista não teria lugar ao sol: isolada dos demais componentes do processo produtivo, a força de trabalho transforma-se em mercadoria, com o que se integra o modo capitalista de produção. Como se sabe, é somente a partir da Revolução Industrial que esse processo de constituição do capitalismo adquire uma irreversível força de autopromoção. Na consciência burguesa, é claro, o que se viu nesse longo processo histórico de formação do assalariado foi a "libertação" do trabalho das injunções servis, barbarismo antigo, exatamente porque na economia capitalista as relações mercantis do regime de trabalho velavam a nova forma de exploração (valorização através da gestação da mais-valia). O mesmo Marx, porém, implacável analista do mundo burguês, precisamente por ter levado sua análise para além de todas mistificações da realidade, pôde constatar com nitidez que nas colônias eram desfavoráveis as condições de constituição do regime de trabalho "livre", sempre havendo a possibilidade de o produtor direto assalariado, apropriando-se de uma gleba de terra despovoada, transformar-se em produtor independente. Assim, enquanto na Europa moderna o desenvolvimento capitalista "libertava" os produtores diretos da servidão medieval e integrava-os como assalariados na nova estrutura de produção, que destarte camuflava a exploração do trabalho, as economias coloniais periféricas, montadas exatamente como alavancas do crescimento do capitalismo e integradas nas suas linhas de força, punham a nu essa mesma exploração na sua mais hedionda crueza. As colônias timbravam em revelar as entranhas da Europa.

[106] Idem, ibidem, pp. 801 segs.

Eric Williams,[107] que retoma as análises marxistas para estudar a gênese do moderno escravismo, nota com muita razão que a implantação do escravismo colonial, longe de ter sido uma opção (salariato, escravismo), foi uma imposição das condições histórico-econômicas. E aqui nos reencontramos com o sentido profundo da colonização e os mecanismos do Antigo Sistema Colonial, tocando agora no ponto essencial de sua compreensão. Efetivamente, nas condições históricas em que se processa a colonização da América, a implantação de *formas compulsórias de trabalho* decorria fundamentalmente da *necessária adequação da empresa colonizadora aos mecanismos do Antigo Sistema Colonial*, tendente a promover a primitiva acumulação capitalista na economia europeia; do contrário, dada a abundância de um fator de produção (a terra), o resultado seria a constituição no Ultramar de núcleos europeus de povoamento, desenvolvendo uma economia de subsistência voltada para o seu próprio consumo, sem vinculação econômica efetiva com os centros dinâmicos metropolitanos. Isto, entretanto, ficava fora dos impulsos expansionistas do capitalismo mercantil europeu, não respondia às suas necessidades. Em tese, pois, não ficaria vedada a possibilidade de uma colonização no seu sentido mais lato de ocupação, povoamento e valorização de novas regiões. Tratava-se, porém, naquele momento da história do Ocidente, de *colonizar para o capitalismo*, isto é, segundo os mecanismos do sistema colonial, e isto impunha o trabalho compulsório. A colonização da época mercantilista conforma-se ao sentido profundo inscrito nos impulsos da expansão, ou seja, é o elemento "mercantilista" — quer dizer, mercantil-escravista — que comanda todo o movimento colonizador. Produzir para o mercado europeu nos quadros do comércio colonial, tendentes a promover a acumulação primitiva de capital nas economias europeias, exigia formas compulsórias de trabalho pois, do contrário, ou não se produziria para o mercado europeu (os colonos povoadores desenvolveriam uma economia voltada para o próprio consumo), ou, se se imaginasse uma produção exportadora organizada por empresários que assalariassem trabalho, os custos da produção seriam tais que impediriam a exploração colonial e, pois, a função da colonização no desenvolvimento do capitalismo europeu (os salários dos produtores diretos tinham de ser de tal nível que compensassem a alternativa pela qual

[107] Eric Williams, *Capitalism & Slavery*, Nova York, 1961, 2ª ed., pp. 3-7.

eles se tornariam produtores autônomos de sua subsistência, evadindo-se do salariato: como poderiam, então, funcionar os mecanismos do "exclusivo" comercial?).

Por outro lado, a produção colonial exportadora, no volume e no ritmo definido pelos mercados europeus, atendendo pois às necessidades do desenvolvimento capitalista, só se podia ajustar ao sistema colonial organizando-se como produção em larga escala, o que pressupunha amplos investimentos iniciais; com isto ficava também excluída a possibilidade de uma produção organizada à base de pequenos proprietários autônomos, que produzissem sua subsistência, exportando o pequeno excedente. Se podemos, contudo, examinar analiticamente a impossibilidade dessas alternativas, aos homens do início dos Tempos Modernos, que montaram a colonização capitalista, a produção escravista (ou paraescravista) devia apresentar-se, como observou Eric Williams, quase como "natural", tal o condicionalismo histórico-econômico em que se movia a expansão europeia.

Assim, desenvolveu-se a colonização do Novo Mundo centrada na produção de mercadorias-chave destinadas ao mercado europeu, produção assente sobre formas várias de compulsão do trabalho — no limite, o escravismo; e a exploração colonial significava, em sua última instância, exploração do trabalho escravo. Assim também os colonos metamorfosearam-se em senhores de escravos, assumindo a personagem que lhes destinara o grande teatro do mundo; nem é para admirar que desenvolvessem aquela volúpia pela dominação de outros homens — era apenas a miséria da condição humana presa às malhas do sistema.

Efetivamente, a escravização do negro remonta ao início mesmo da expansão ultramarina; e Zurara descreveu em página notável a chegada dos primeiros escravos à Europa cristã.[108] As primeiras levas da mercadoria-escravo destinavam-se ao "consumo" na própria Europa, numa fase de expansão comercial, pré-colonizadora. Não teve grande extensão essa inserção do trabalho escravo em meio a uma economia capitalista-mercantil em expansão; é no mundo colonial ultramarino que encontrará, pelos condicionamentos já apontados, o seu campo de desenvolvimento. Nas ilhas atlânticas, primeiro

---

[108] Gomes Eanes de Zurara, *Crônica dos feitos da Guiné*, cap. 24, ed. Antonio J. Dias Dinis, Lisboa, 1949, pp. 122-123.

ensaio colonizador moderno, na medida mesma em que o povoamento inicial de economia diversificada mais consuntiva se transformava em produção especializada para o mercado metropolitano, enrijecia o regime de trabalho; no passo seguinte, introduziu-se a escravidão africana: "estendeu-se a cultura a um mundo novo; prosperou, e entretanto era a África despojada de seus filhos selvagens, para que tivessem os civilizados um barato jantar".[109]

Transplantada a agroindústria para o Brasil, numa fase em que o consumo se disseminava em ampla escala e os preços voltavam a subir,[110] na fase da implantação compeliu-se o indígena ao árduo trabalho do cultivo da cana e fabrico do açúcar. A expansão da produção, consumindo cada vez mais a força de trabalho escravizada, deu lugar ao tráfico negreiro para o Novo Mundo. "É indubitável", diz João Lúcio de Azevedo, "que ao açúcar se deve o desenvolvimento da escravatura no seio da civilização moderna"[111] — o que é talvez um modo exageradamente sintético de dizer as coisas; toda a complexa urdidura do sistema colonial fica conotada na palavra "açúcar". Sobre essa base escravista desenvolveu-se, pois, a colonização da América portuguesa, e a sociedade colonial foi sendo moldada sobre essa base.[112] Já o padre Manuel da Nóbrega notava, nos primórdios da colonização,[113] que "os homens que para aqui vêm não acham outro modo senão viver do trabalho dos escravos". A introdução do escravo africano tem sido explicada de um lado, curiosamente, pela "inadaptação" do índio à lavoura, de outro, pela oposição jesuítica à escravização do aborígene. Não resta dúvida de que a pregação inaciana terá pesado na defesa dos indígenas, embora seja de notar, de passagem, que não conseguiu salvaguardá-los de todo: sempre que escasseavam os africanos (dificuldade de navegação no Atlântico, pela concorrência colonial, por exemplo) recorreu-se inapelavelmente à compulsão dos naturais;[114] tam-

[109] J. L. de Azevedo, *Épocas de Portugal económico*, op. cit., p. 228.

[110] C. Furtado, op. cit., pp. 18-21.

[111] J. L. de Azevedo, *Épocas de Portugal económico*, op. cit., p. 228.

[112] Eugene D. Genovese, *The World the Slaveholders Made*, Nova York, 1969, sobretudo pp. 118 segs.

[113] *Cartas jesuíticas*, vol. I, Rio de Janeiro, 1931, p. 110.

[114] R. Simonsen, op. cit., pp. 209-222.

bém é verdade que os negros não contaram com a mesma defesa, e os argumentos justificadores de tal discrepância eram deveras edificantes, mas não nos cabe aqui entrar em questões teológicas. O que nos parece porém indiscutível é que os indígenas foram também utilizados em determinados momentos, e sobretudo na fase inicial; nem se podia colocar problema nenhum de maior ou melhor "aptidão" ao trabalho escravo, que disso é que se tratava. O que talvez tenha importado é a rarefação demográfica dos aborígenes, e as dificuldades de seu apresamento, transporte etc. Mas na "preferência" pelo africano[115] revela-se, cremos, mais uma vez, a engrenagem do sistema mercantilista de colonização; esta se processa, repitamo-lo tantas vezes quantas necessário, num sistema de relações tendentes a promover a acumulação primitiva na metrópole; ora, o *tráfico negreiro*, isto é, o abastecimento das colônias com escravos, abria um novo e importante *setor do comércio colonial*, enquanto o apresamento dos indígenas era um negócio interno da colônia. Assim, os ganhos comerciais resultantes da preação dos aborígenes mantinham-se na colônia, com os colonos empenhados nesse "gênero de vida"; a acumulação gerada no comércio de africanos, entretanto, fluía para a metrópole, realizavam-na os mercadores metropolitanos, engajados no abastecimento dessa "mercadoria". Esse talvez seja o segredo da melhor "adaptação" do negro à lavoura... escravista. Paradoxalmente, é a partir do *tráfico negreiro* que se pode entender a *escravidão africana colonial*, e não o contrário.

Nas Índias de Castela, nas colônias inglesas, francesas ou holandesas, variam regionalmente as incidências do fenômeno (não cabe aqui uma análise pormenorizada de todas as suas manifestações,[116] mas o pano de fundo

---

[115] Segundo as estimativas de Maurício Goulart, teriam sido introduzidos no Brasil, até o fim do século XVIII, cerca de 2.200.000 africanos. Cf. *A escravidão africana no Brasil*, São Paulo, 1950, p. 217.

[116] Cf. para a América espanhola: G. C. del Castillo, "Las Índias en el Reinado de los Reyes Católicos", in J. Vicens-Vives (dir.), *História social y económica de España y América*, tomo II, pp. 549-547, e "La sociedad colonial americana en los siglos XVI y XVII", op. cit., tomo III; Jose Maria Ots Capdéqui, *El Estado español en las Índias*, 2ª ed., México, 1946, pp. 34-47. Para a América inglesa: H. U. Faulkner, op. cit., 1960, pp. 70-78; Fred A. Shannon, *America's Economic Growth*, Nova York, 1958, pp. 14-20; E. Kirkland, op. cit., pp. 35-39, 70-78; R. Robertson, op. cit., pp. 65-68. Para a América francesa: Gaston-Martin, *Histoire de l'esclavage dans les colonies françaises*,

se mantém: formas várias de trabalho compulsório, servis ou semiservis, escravismo em sua maior extensão, dominam a produção ultramarina da época mercantilista, e articulam a estrutura da sociedade colonial.

2. A crise do colonialismo mercantilista

Tais as peças do sistema e os mecanismos de seu funcionamento; dispomos agora dos elementos com que podemos analisar a sua crise. Pois que se pensamos em crise *do* sistema, é do seu próprio funcionamento que ela tem que provir, e não de fatores exógenos. Noutros termos, ao se desenvolver, o sistema colonial do Antigo Regime promove ao mesmo tempo os fatores de sua superação.[117]

E, de fato, nos quadros do Antigo Sistema Colonial, a colonização da época mercantilista se desenvolveu nas suas grandes linhas promovendo a acumulação primitiva de capitais nas economias centrais europeias; para tanto, porém, isto é, para que a exploração colonial se possa processar, ia se engendrando no mundo ultramarino o universo da sociedade senhorial escravista,[118] cujas inter-relações e valores se antepõem cada vez mais aos da sociedade burguesa em ascensão na Europa. Detenhamo-nos, portanto, ainda por um momento, nas implicações do escravismo para a economia e sociedade coloniais.

Em primeiro lugar, no plano da *produção*, distinguem-se imediatamente dois setores básicos:[119] um, de exportação organizado em grandes unidades funcionando à base do trabalho escravo, centrado na produção de mer-

op. cit., e *L'Ère des négriers*, Paris, 1931. Para o conjunto: E. Williams, op. cit., 1961, e Douglas A. Farnie, "The Commercial Empires of the Atlantic, 1607-1783", *The Economic History Review*, vol. XV, 1962, pp. 205-218.

[117] O desenvolvimento contraditório parece inerente às várias etapas de exploração colonial do capitalismo. Vejam-se, para o século XIX, as análises de Marx sobre a dominação britânica na Índia. Cf. Karl Marx e Friedrich Engels, *Sobre el colonialismo*, trad. esp., série Cuadernos de Pasado y Presente, nº 37, Córdoba, 1973.

[118] Cf. a análise de E. D. Genovese, *The World the Slaverholders Made*, op. cit., pp. 118 segs.

[119] C. Prado Jr, op. cit., pp. 13-26, 113-123, 151-153.

cadorias para o consumo europeu, é o setor primordial, que responde à razão mesma da colonização capitalista; outro, subordinado e dependente do primeiro, de subsistência, para atender ao consumo local naquilo que se não importa da metrópole, no qual cabe a pequena propriedade e o trabalho independente, que se organiza para permitir o funcionamento do primeiro. A dinâmica do conjunto da economia colonial é definida pelo setor exportador; em certas circunstâncias e áreas determinadas, o setor de subsistência pode adquirir certo vulto, como no caso da pecuária, e então se organiza em grandes propriedades, ou noutros casos, incorpora o regime escravista. Mas a dinâmica global depende sempre do influxo externo, o centro dinâmico último é o capitalismo europeu: trata-se de uma *economia*, em todo o sentido do termo, *dependente*. O setor principal depende diretamente, o secundário, indiretamente.

Em segundo lugar, no nível das *relações socioeconômicas*, a estrutura escravista determina um alto grau de concentração da renda nas mãos dos senhores de escravos, que são ao mesmo tempo proprietários das empresas produtoras de mercadorias para o comércio colonial. O produtor direto reduzido a condição de simples instrumento de trabalho — *instrumentum vocale* — isto é, o homem coisificado em escravo, não possui, por definição, renda própria; a renda concentra-se, pois, na camada senhorial.[120] E aqui reencontramos o elemento que nos faltava para compreender os mecanismos do sistema: é exatamente essa *concentração da renda* necessária na sociedade colonial que permite seu funcionamento, articulando enfim as várias peças da engrenagem. Atente-se bem: a renda global gerada nas economias periféricas só se realiza em última instância nos mercados da economia central, europeia; assim, a sua maior parte se transfere, através dos mecanismos do comércio colonial já analisados antes, para as metrópoles, ou antes, para os grupos burgueses ligados às transações ultramarinas; mas é o fato de a parcela (menor) que permanece na colônia se concentrar na pequena camada senhorial que permite o contínuo funcionamento da exploração colonial. De fato, é essa concentração de renda que faz com que, apesar de os mecanismos do regime de comércio transferirem o maior quinhão para a burguesia europeia, os colonos-senhores possam manter a continuidade do processo produtivo, e

---

[120] C. Furtado, op. cit., p. 58.

mesmo levar uma vida faustosa; da mesma forma, e ainda dentro da mecânica do sistema, têm os mesmos colonos recursos para importar os produtos da economia europeia. A renda na sua parte mais significativa cria-se nas exportações e se consome nas importações, transações que se fazem no regime colonial de comércio, o qual transfere para a metrópole os lucros do exclusivo. Assim, a produção colonial promove a acumulação primitiva na economia europeia. Encarada em conjunto, a sociedade colonial é expoliada pela burguesia metropolitana, mas nessa mesma sociedade colonial a camada de colonos-senhores situa-se numa posição privilegiada, o que permite a articulação das várias peças do sistema. E o escravismo, que é o reverso da medalha, reaparece como seu elemento essencial: mais uma vez, agora sob novo ângulo, *exploração colonial* significava exploração do trabalho escravo.

Não terminam porém aqui as implicações do *modo* que assume a *produção colonial*.[121] Produção para o mercado europeu à base do trabalho escravo, produção a um tempo *mercantil-escravista*,[122] ela se processa em meio a condições de escassez de capital (ligada à exploração da Colônia pela Metrópole) e abundância do fator terra (já vimos as conexões estruturais entre disponibilidade de terras e instauração da escravidão). Por outro lado, a própria estrutura escravista bloquearia a possibilidade de inversões tecnológicas; o escravo, por isso mesmo que escravo, há que manter-se em níveis culturais infra-humanos, para que não se desperte a sua condição humana — isto é parte indispensável da dominação escravista. Logo, não é apto a assimilar processos tecnológicos mais adiantados. Em certas situações os colonos-senhores

---

[121] Para o encaminhamento da análise da crise do sistema colonial, escopo deste capítulo, não nos parece indispensável entrar a fundo nas discussões sobre o "modo de produção colonial", embora fique implícita uma posição diante do tema. Os trabalhos de Ciro F. S. Cardoso são claramente aqueles que mais longe levaram esta conceituação (Cf. "Severo Martínez Peláez y el caracter del régimen colonial", "Sobre los modos de producción coloniales de América" e "El modo de producción esclavista colonial en América", in *Modos de producción en América Latina*, introdução de Juan Carlos Garavaglia, Cuadernos de Pasado y Presente, nº 40, Córdoba, 1973: os dois últimos estudos também publicados em Théo A. Santiago (org.), *América colonial: ensaios*, Rio de Janeiro, 1975. Como é natural, dada a complexidade do problema, não coincidimos inteiramente com as suas formulações.

[122] E. D. Genovese, *The Political Economy of Slavery*, op. cit., pp. 43 segs.

chegaram à maravilha de opor-se à catequese dos negros (que enfim era o argumento com o qual se justificava a sua vinda da África) pois já isto era perigoso: aprendiam uma língua comum, podiam comunicar-se os vários grupos africanos. Lembre-se de passagem que é uma ilusão supor-se, como às vezes se faz, estável a sociedade escravista; muito ao contrário, foram frequentes as fugas e rebeliões, e os troncos não eram nem de longe objetos decorativos. Não nos afastemos porém em demasia de nossas reflexões: nem havia capitais disponíveis, nem a estrutura escravista era favorável ao progresso técnico. Resultado: a economia colonial é de baixa produtividade. Decorrência: ela cresce, como o notou Celso Furtado,[123] extensivamente, isto é, por agregação de novas unidades com a mesma composição dos fatores. Mais ainda, como não reinveste em escala crescente, mas apenas repõe e agrega, dilapida a natureza. A economia colonial, escravista-mercantil, é uma economia predatória. E reencontramos de novo o sentido primário da colonização: desdobramento da expansão comercial europeia, a colonização do Novo Mundo começou por uma atividade de pura exploração dos produtos naturais (pau-brasil, peles); ao se instaurar a produção colonial, o sistema adquire extraordinária complexidade mas mantém o sentido originário de depredação da paisagem natural. Neste sentido, pois, a expansão colonial tinha limites naturais: o esgotamento dos recursos dilapidados pelo modo colonial de produção. Como, entretanto, esse processo se desenvolve num contexto mais amplo, e não só puramente econômico em sentido estrito, muito antes de atingidos aqueles limites já se desencadeiam tensões de toda ordem. Com isso, entretanto, começamos a penetrar nas *contradições do sistema*.

E, efetivamente, a estrutura escravista da economia e da sociedade colonial implicava ainda, de modo indireto, uma *limitação ao crescimento da economia de mercado*. A contradição reponta, pois, na natureza mesma da produção colonial: mercantil e escravista a um tempo, isto é, produção de mercadorias para o capitalismo europeu através do trabalho escravo, esses dois componentes definidores da economia colonial convivem dificilmente no mesmo contexto, provocando tensões. De um lado, o escravismo determina um baixo grau de produtividade e, pois, de rentabilidade na produção das colônias, como já vimos. Ora, como não houvesse condições para minimizar

---

[123] C. Furtado, op. cit., pp. 66-69.

os custos através do progresso técnico, a camada senhorial-empresária tinha necessariamente que procurar reduzir ao mínimo o custo da manutenção da força de trabalho escravizada. Para tanto, procurava fazer com que os escravos produzissem pelo menos uma parcela substancial de sua subsistência dentro da própria unidade produtora para exportação. E assim se inseria, no bojo de uma economia basicamente mercantil, toda uma faixa de produção de subsistência cujo processo se desenrola à margem do mercado. Mais ainda: esta era a única forma de defender-se a economia colonial das flutuações do mercado consumidor europeu sobre o qual quase nenhuma ação poderia ter. Nas épocas de expansão da procura, mobilizavam-se todos os fatores dentro das unidades produtivas de exportação para produzir para o mercado externo; abria-se, então, uma faixa para a produção colonial de subsistência autônoma (quer dizer, fora dos domínios da lavoura de exportação) vender ao setor exportador os seus excedentes. Em condições porém de estabilidade, ou depressão, nas grandes unidades produtivas exportadoras se deslocavam fatores da produção mercantil para a de subsistência; assim se preservava a estrutura, num nível baixíssimo de produtividade.

Acresça-se, por outro lado, que, *no contexto do sistema colonial e da economia mercantil-escravista*, parte do pagamento do fator trabalho no processo produtivo era feito fora do parque produtor (referimo-nos ao pagamento do preço dos escravos aos seus mercadores); a outra parte (ou seja, manutenção do escravo) processava-se através da produção de subsistência, não dando pois lugar a operações mercantis, pelo menos em larga escala. Logo, nenhuma das duas parcelas em que, na economia colonial, era dividida a remuneração do trabalho se constituía em procura interna, que estimulasse autonomamente o desenvolvimento econômico. Em suma: a economia colonial mercantil escravista tem necessariamente um mercado interno reduzidíssimo.

Isto significava, no conjunto do sistema, que a economia colonial ficava ainda mais dependente da economia metropolitana. Dada a estreiteza do mercado interno, não tinha condições de autoestimular-se, ficando ao sabor dos impulsos do centro dinâmico dominante, isto é, do capitalismo comercial europeu. Neste sentido, o fenômeno se ajustava ao sistema e não havia contradições... Porém, examinemo-lo sob outro ângulo. Já sabemos que na base de todo o processo de expansão moderna estão, em última instância, as tensões geradas no desenvolvimento do capitalismo comercial; a expansão europeia significou, no fundo, uma expansão comercial, abertura de novos mercados vantajosos, colonização. A colonização significava, como já vimos, também uma extensão da economia de mercado. Ora, bem *encaradas as economias coloniais periféricas em conjunto e as suas relações com a economia europeia*, como apêndice dela, a expansão colonial apresentava-se como expansão da economia de mercado; quer dizer, montavam-se núcleos que produziam para os mercados europeus. A colonização foi de fato um desdobramento da expansão comercial. *Examinadas internamente, entretanto*, na sua estrutura, as economias coloniais configuram um modo de produção escravista-mercantil, o que limita a constituição de seu mercado interno; há toda uma substancial camada da população (os produtores diretos) cujo consumo em grande parte se desenrola à margem das transações mercantis. Expansão da economia de mercado, sim, mas trazendo no seu bojo limitações estruturais.

As decorrências disso eram de suma importância. Na economia colonial típica (escravista-mercantil), ou mais precisamente, na sociedade colonial,[124] o universo das relações mercantis atingiu apenas a camada social superior dos colonos senhores de escravos; eles importavam das economias centrais mercadorias de vária espécie para o seu consumo próprio: produtos alimentares ou manufaturados para seu consumo pessoal, implementos para consumo produtivo. É claro que a realidade é um tanto mais complexa, pois a colonização envolve outras atividades (administrativas, militares, religiosas), o que amplia de certo modo a faixa da sociedade colonial ligada à economia mercantil; por outro lado, o próprio funcionamento da produção colonial exigia outras categorias sociais além do binômio senhor-escravo. Na agroindústria do açúcar, por exemplo, toda uma gama de operadores, funcionários etc.;[125] o comércio impunha intermediários, instalações. Tudo resultava, na colônia, na formação dos primeiros aglomerados urbanos, e mais uma vez ampliava-

[124] À extraordinária complexidade da "economia colonial" engendrada nas determinações do Antigo Sistema Colonial liga-se a peculiaridade da formação social a que serve de suporte. Vejam-se as reflexões de Florestan Fernandes para uma caracterização da formação social brasileira. Cf. *Sociedade de classes e subdesenvolvimento*, Rio de Janeiro, 1972, 2ª ed., pp. 9-90.

[125] Veja-se o estudo de Stuart Schwartz sobre os lavradores de cana na Bahia: "Free Labor in a Slave Economy: The *Lavradores de Cana* of Colonial Bahia", in Dauril Alden (org.), *Colonial Roots of Modern Brazil*, Berkeley, 1973, pp. 147-197.

-se a faixa da economia de mercado, complicando o esquema. Atente-se porém que todos estes componentes da sociedade colonial que estamos agora apontando (funcionários, administradores, clérigos, militares) são no fundo categorias secundárias da sociedade colonial, na medida em que a sua presença no mundo ultramarino decorria da economia escravista e da produção para o capitalismo europeu — era para produzir para a metrópole que se colonizava, mas a colonização acabava por envolver outros ingredientes. Logo, as outras categorias sociais dependem do binômio matriz, senhor-escravo, da mesma maneira que o setor de subsistência da produção colonial depende do setor exportador. No fundo, portanto, e em última análise, no âmbito da colônia tudo depende da camada senhorial e a economia mercantil se expande em função dela.

O mecanismo fundamental, portanto, mantém-se. O universo das relações mercantis é função dos senhores e, digamos, agregados. A massa de produtores diretos (escravos) vive fora das relações mercantis e isso trava a constituição de um mercado interno. No conjunto, tal configuração do mundo colonial responde ao funcionamento do sistema, enquanto as economias centrais se desenvolvem apenas no nível da acumulação primitiva de capitais, e a produção se expande no nível artesanal ou mesmo manufatureiro. Quando porém essa etapa é ultrapassada e a mecanização da produção com a Revolução Industrial, potenciando a produtividade de uma forma rápida e intensa, leva a um crescimento da produção capitalista num volume e ritmo que passam a exigir no Ultramar mais amplas faixas de consumo, consumo não só de camadas superiores da sociedade, mas agora da sociedade como um todo, o que se torna imprescindível é a generalização das relações mercantis. Então o *sistema* se compromete e entra *em crise*.

Ora, promovendo a primitiva acumulação capitalista nas economias centrais europeias, o funcionamento do *sistema colonial* se comporta, como já vimos, como um instrumento fundamental (embora não o único, evidentemente: há que considerar fatores internos do desenvolvimento capitalista na Europa) a promover a ultrapassagem para o *capitalismo industrial*.

De fato, organizando-se nos quadros do sistema colonial, as economias periféricas desenvolviam a sua produção numa linha tendente a complementar a economia central, fornecendo aqueles produtos de que ela carecia e provendo matérias-primas para sua produção industrial *manu* e depois *maqui-*

nofatureira configuram-se assim em autênticas *economias complementares*, tendentes a dar às metrópoles condições de autonomização econômica ante as demais potências mercantilistas. E note-se a importância deste mecanismo, numa época em que as práticas da política mercantilista se generalizavam entre os vários estados europeus. Os mercados coloniais eram exatamente aqueles onde, por definição, as normas do mercantilismo se podiam exercitar: daí as disputas verdadeiramente furiosas pela conquista desses mercados excepcionais.

Nesta linha, desenvolveu-se a política colonial das metrópoles no sentido de impedir a produção manufatureira nas colônias. Visava-se, assim, a preservar o mercado colonial para as manufaturas da mãe-pátria. Aliás, dada a estrutura social e econômica que se organizava nas colônias típicas, isto é, naquelas perfeitamente integradas no sistema, as possibilidades de um desenvolvimento manufatureiro eram substancialmente reduzidas; nas colônias de povoamento, ao contrário, como a Nova Inglaterra, tais condições eram favoráveis: mas a Nova Inglaterra, no pensamento mercantilista, era considerada "*the most prejudicial plantation of this kingdom*" (Josiah Child).[126] Desta forma, também, o êxito da política proibitória teve mais ou menos sucesso conforme incidiu sobre colônias mais ou menos ajustadas ao sistema. As colônias de povoamento constituíram-se exatamente na zona temperada do Novo Mundo, regiões não visadas pela colonização europeia moderna na sua primeira fase, exatamente por não se poder organizar ali uma produção que satisfizesse aos reclamos do mercado europeu. Assim, no século XVII, é para essas regiões que se encaminham os emigrantes ingleses fugitivos de tensões políticas e religiosas da mãe-pátria, na tentativa de refazerem seu modo de vida no Novo Mundo. Formam-se, pois, as colônias de povoamento à margem do sistema, e é exatamente o esforço por enquadrá-las nele que deflagra no fim do século XVIII a luta de independência e a constituição dos Estados Unidos, com o que se abre a crise no Antigo Regime.

De qualquer forma, no conjunto, predomina a situação em que a política proibitória encontra fraca resistência, dada a falta de condições econômicas para um surto manufatureiro no mundo colonial; destarte, a expansão da

[126] *A New Discourse of Trade*, 1669, apud Victor Clark, *History of Manufactures in the United States*, vol. I, Nova York, 1949, p. 4.

empresa colonizadora ultramarina envolveu efetivamente um alargamento crescente do *mercado consumidor de produtos manufaturados*.

Assim, em vários sentidos, as colônias do Antigo Regime complementam as economias nacionais europeias na fase de formação do capitalismo. Na medida em que preenchem as lacunas da economia metropolitana, dão-lhe maior grau de autonomização e, pois, melhor posição competitiva nos mercados internacionais; assim, indiretamente, favorecem mais uma vez o desenvolvimento econômico que nessa fase do capitalismo mercantil tem por elemento essencial a acumulação originária indispensável à transição para o capitalismo industrial.

Em suma, os elementos até aqui analisados, isto é, os mecanismos de funcionamento do *sistema colonial*, permitem-nos explicitar agora sua posição no quadro do desenvolvimento ou antes da *formação do capitalismo*. A colonização do Novo Mundo na Época Moderna ou, antes, a exploração colonial ultramarina organizada nas linhas do Antigo Sistema Colonial, configura um poderoso instrumento de *aceleração da acumulação primitiva* no contexto do capitalismo mercantil europeu; envolve, efetivamente, um processo de transferência de renda das colônias para as metrópoles ou, mais exatamente, das economias periféricas para os centros dinâmicos da economia europeia, renda que tende a se concentrar na camada empresarial ligada ao comércio colonial. Num plano mais geral, constituindo-se em economias complementares, respaldo econômico das metrópoles, a colonização do Antigo Sistema Colonial contribuiu poderosamente para o desenvolvimento das economias nacionais europeias, desenvolvimento nessa época que consiste em expansão do capitalismo mercantil e, pois, envolve também uma acentuação da acumulação capitalista.

Se recordarmos, agora, o que indicamos antes a propósito do capitalismo comercial como fase intermediária entre a desintegração do feudalismo e a Revolução Industrial, o *sistema colonial* mercantilista apresenta-se-nos atuando sobre os dois pré-requisitos básicos da *passagem para o capitalismo industrial*[127] — efetivamente, a exploração colonial ultramarina promove,

[127] Bruno A. Passarelli, *Colonialismo y acumulación capitalista en la Europa moderna*, Buenos Aires, 1973, pp. 33-57.

por um lado, a primitiva acumulação capitalista por parte da camada empresarial; por outro lado, amplia o mercado consumidor de produtos manufaturados. Atua, pois, simultaneamente, de um lado, criando a possibilidade do surto maquinofatureiro (acumulação capitalista), por outro lado, a sua necessidade (expansão da procura dos produtos manufaturados). Criam-se, assim, os pré-requisitos para a Revolução Industrial — processo histórico de emergência do capitalismo.[128] Assim, pois, chegamos ao núcleo da *dinâmica do sistema: ao funcionar plenamente, vai criando ao mesmo tempo as condições de sua crise e superação.*

Este o mecanismo básico da crise, na sua dimensão estrutural. Antes, porém, que se esgotassem as possibilidades do sistema, isto é, antes que se atingissem os limites da exploração colonial, já as tensões geradas por esses mecanismos de fundo impõem reacomodações, alterações, mudanças que vão comprometendo o sistema colonial. Noutras palavras, não foi preciso que o capitalismo industrial atingisse seus mais altos graus de desenvolvimento e expansão para que o sistema colonial — colonialismo-escravista — entrasse em crise; bastou o primeiro arranque. Foram suficientes os primeiros passos da Revolução Industrial.

Assim, era da própria lógica do sistema de exploração colonial do Antigo Regime que as potências mercantilistas competissem furiosamente na órbita do Ultramar; tal competição só se resolvia, enfim, com a hegemonia de uma delas. Nem é pura coincidência que a *Inglaterra* seja ao mesmo tempo a potência que levava de vencida a concorrência colonial e a nação que dá os primeiros passos no industrialismo moderno: sem se desprezar os fatores internos de seu crescimento econômico na rota da industrialização, a supremacia colonial permitiu-lhe carrear para dentro de suas fronteiras, mais que as outras potências, os estímulos advindos do sistema colonial. Em torno da década de sessenta do Setecentos convergem a consolidação da preponderância inglesa e a abertura da Revolução Industrial.

[128] É extensíssima a bibliografia sobre a Revolução Industrial desde o clássico Paul Mantoux (*The Industrial Revolution in the Eighteenth Century*, trad. ingl., nova edição, Londres, 1961; ed. francesa original, 1905) até Phyllis Deane (*A Revolução Industrial*, trad. port., Rio de Janeiro, 1969); passando pelas obras de Ashton, Beales, Heaton, Clapham, David Landes, Castronuovo, C. Fohlen, entre os mais significativos.

Mas já então os problemas se colocam agudamente, neste período crítico que medeia entre 1763 (término da Guerra dos Sete Anos) e 1776 (independência do Estados Unidos). Superada a rivalidade com a França, pode a Grã-Bretanha, de um lado, reforçar seu próprio exclusivo metropolitano (tentativa de enquadramento das colônias da Nova Inglaterra nas linhas da política mercantilista), doutra parte, acentuar a penetração comercial nas colônias ibéricas, seja via metrópoles, seja pelo contrabando. Tudo isso era decorrência da supremacia política e do desenvolvimento industrial. Ao funcionar plenamente, portanto, o sistema engendra tensões de toda ordem. Quanto mais se avançava neste processo, menos a potência hegemônica podia suportar o comércio "independente" de suas colônias americanas; e cada vez mais o contrabando com as colônias ibéricas vai se tornando insuficiente para o escoamento de sua produção fabril. Ainda mais, as prerrogativas que as *plantations* inglesas das Antilhas detinham no mercado metropolitano inglês (era a outra face do Pacto) vão se tornando mais e mais onerosas para a metrópole: era como que a inversão do pacto colonial.[129]

Neste quadro de agudas tensões, neste complexo emaranhado de múltiplos interesses, o equilíbrio se torna evidentemente precário e se rompe com a independência dos Estados Unidos. A constituição da nova república tinha com efeito implicações que de muito transcendiam o simples evento político. Era a primeira vez que uma colônia se tornava independente. Crises, tensões, competição, supremacia de uma potência que se apropria de colônias de outras metrópoles haviam sido ajustamentos dentro do sistema. O que este evidentemente não comportava era a *ruptura do pacto*. Na medida mesma em que as tensões estruturais se agravavam, que os interesses divergentes vinham à tona, o mundo colonial passava a viver em tensão; a crítica do Antigo Regime atingia as colônias, onde encontrava ambiente altamente receptivo. Com a independência dos Estados Unidos, porém, o que era uma possibilidade passou a ser uma realidade. As inovações políticas envolvidas na forma republicana que assumia o novo Estado ainda mais acentuavam o seu significado, marcando o início da *crise* não só do *sistema colonial* mas *de todo*

[129] E. Williams, op. cit., p. 126. Também, E. J. Hobsbawm, *Industry and Empire*, Londres, 1972, passim.

o Antigo Regime. É pois um período de crise que se abre a partir de 1776; e temos agora de indicar a posição de Portugal e Brasil nesse processo, isto é, como esses mecanismos mais profundos atingiram o sistema colonial, no segmento luso-brasileiro, para analisarmos a política metropolitana que intentou enfrentar esses problemas.

Capítulo III

Os problemas da colonização portuguesa

1. Manifestações da crise

Procuremos agora situar Portugal e Brasil no contexto dessa crise geral que afeta o Antigo Regime como um todo. Para os estadistas do final do século XVIII português, a crise apresenta-se primariamente como um conjunto de *problemas* que a monarquia absolutista tinha de enfrentar e resolver, alguns antigos que se agravavam na nova conjuntura, outros novos que emergem em face das recentes condições internacionais. Assim os via D. Rodrigo de Sousa Coutinho,[1] o mais notável dentre aqueles estadistas; ministro da Marinha e Ultramar a partir de 1796, reuniu logo no ano seguinte uma junta de ministros e "pessoas conspícuas pelos seus empregos e talentos" à qual fez presente uma *Memória sobre o melhoramento dos domínios na América*;[2] no conjunto, vasto e articulado plano de fomento da exploração econômica

---

[1] Sobre D. Rodrigo de Sousa Coutinho, cf. Marquês de Funchal, *O Conde de Linhares*, Lisboa, 1908.

[2] Manuscritos: Arquivo Histórico Ultramarino — Lisboa, Documentos Avulsos — Rio de Janeiro, caixa de 1797 (com o título "Memórias de D. Rodrigo de Sousa Coutinho sobre os melhoramentos dos domínios de Sua Majestade na América"); e Biblioteca Nacional — Rio de Janeiro, Divisão de Manuscritos, Coleção Linhares, 1-29-13-16 (com o título "Discurso pronunciado perante a junta de ministros e outras pessoas").

Publicações: *Brasília*, vol. IV, Coimbra, 1949, pp. 332-422, com introdução de Américo Pires de Lima (texto do Arquivo Histórico Ultramarino — Lisboa); Marcos Carneiro de Mendonça, *O intendente Câmara*, São Paulo, 1938, pp. 277-299 (texto da Biblioteca Nacional — Rio de Janeiro).

do Brasil, "sem dúvida, a primeira possessão de quantas os Europeus estabeleceram fora do seu continente, não pelo que é, atualmente, mas pelo que pode ser, tirando da sua extensão, situação e fertilidade todos os partidos que a natureza nos oferece [...]".[3] Tratava-se, em suma, de remover os obstáculos ao pleno funcionamento do sistema colonial, na nova conjuntura; tanto assim que o trabalho visa desde logo definir um "sistema" de relações entre Portugal e domínios com mútuas vantagens, tornando o "enlace dos domínios ultramarinos portugueses com a sua Métropole [...] tão natural quanto pouco o era o de outras colônias que se separaram da sua mãe-pátria".[4] Teremos naturalmente de voltar com mais detença à análise desse "enlace tão natural", desse "nexo feliz" que unia metrópole europeia e colônia americana; agora só nos importa assinalar a presença da nova situação, ainda que de modo um tanto indireto, na pena do futuro Conde de Linhares.

Tal enfoque dos problemas coloniais já vinha aliás na linha de pensamento expressa pouco antes (1794) no famoso *Ensaio econômico sobre o comércio de Portugal e suas colônias*, de D. José Joaquim da Cunha de Azeredo Coutinho; também o bispo ilustrado o que visa é mostrar como "Portugal, pela situação dos seus estabelecimentos nas três partes do mundo, pode fazer relativamente o comércio mais ativo e mais vantajoso de todas as nações da Europa".[5] Contemporaneamente (1789), na Espanha publicava-se o livro em que, desde 1743, D. José del Campillo y Cosio esforçava-se por definir "un nuevo sistema de gobierno económico para la América", criticando "los males y danos que le causa el que hoy tiene de los que participa copiosamente España" e intentando indicar "remedios universales para que la primera tenga considérables ventajas, y la segunda mayores intereses".[6] De 1797 são as

[3] Rodrigo de Sousa Coutinho, *Memórias sobre os melhoramentos*, ed. Américo Pires de Lima, p. 406; M. C. de Mendonça, op. cit., p. 279 [há discrepância em relação à bibliografia].

[4] R. S. Coutinho, op. cit., p. 406.

[5] José Joaquim da Cunha de Azeredo Coutinho, *Ensaio econômico sobre o comércio de Portugal e suas colônias* (1794), in *Obras econômicas de J. J. da Cunha de Azeredo Coutinho*, São Paulo, 1966, p. 138.

[6] D. Joseph del Campillo y Cosio, *Nuevo sistema de gobierno económico para la América* [...], Madri, 1789. Cf. Marcelo Bitar Letayf, *Economistas españoles del siglo XVIII, sus ideas sobre la libertad del comercio con Indias*, Madri, 1968, pp. 114-118.

Memorias históricas sobre la legislación y gobierno de los españoles con sus colonias en las Indias, de Antunes y Acevedo. Multiplicam-se as "sociedades econômicas de amigos" do país, com suas coleções de "memórias".[7] A publicação desses trabalhos aliás insere-se no quadro da política de desenvolvimento econômico da brilhante equipe (Aranda, Floridablanca, Campomanes, Gálvez) que orienta em Espanha o reinado de Carlos III.[8]

São esses exemplos marcos de uma preocupação geral nos países ibéricos por reorganizar sua exploração ultramarina. Tal tendência, outrossim, poderia igualmente ser documentada nas demais potências colonizadoras europeias. Na França, por exemplo, segundo Georges Hardy,[9] o reinado de Luís XVI marca nitidamente uma nova orientação, informada por um novo espírito; um dos membros desse governo, e dos mais proeminentes, Turgot, já abordara em suas obras o problema colonial, e com grande audácia.[10]

É que, na medida mesma em que os mecanismos estruturais que analisamos no capítulo anterior, operando na base do sistema do Antigo Regime como um todo, desencadeavam tensões provocadoras de desequilíbrios que por sua vez iam exigindo constantes reajustamentos, a exploração colonial europeia no mundo ultramarino ia se constituindo cada vez mais em tema de indagações para o pensamento da época das Luzes. Essa tendência da vida

---

[7] Jean Sarrailh, *L'Espagne éclairée de la seconde moitié du XVIIIe siècle*, Paris, 1954, pp. 247-287.

[8] Fernando Soldevilla, *Historia de España*, trad. esp., Barcelona, 1964, tomo VI, pp. 10-14 e pp. 60 segs.; Juan Mercader Riba, "La época del despotismo ilustrado", in Jaume Vícens-Vives (dir.), *Historia social y económica de España y America*, Barcelona, 1958, tomo IV, vol. 1, pp. 162 segs.; Luis Sánchez Agesta, *El pensamiento económico del despotismo ilustrado*, Madri, 1953; Manuel Nunes Dias, *O comércio livre entre Havana e os portos de Espanha (1778-1789)*, São Paulo, 1965.

[9] Georges Hardy, *Histoire de la colonisation française*, Paris, 1938, 3ª ed., pp. 96 segs.

[10] Hubert Deschamps, *Méthodes et doctrines coloniales de la France*, Paris, 1953, p. 81; Andrée Gobert, "Hacia el liberalismo", in Jacques Lacour-Gayet (dir.), *Historia del comercio*, tomo III, Barcelona, 1958, pp. 305 segs.; Jean Tarrade, "L'Administration coloniale en France à la fin de l'Ancien Régime: projects de réforme", *Revue Historique*, vol. CCXXIX, 1963, pp. 103-122; Pierre Legendre, "Réactionnaires et politiques devant la crise coloniale", *Revue Historique*, vol. CCXXXI, 1964, pp. 357-376; David Lowenthal, "Colonial experiments in French Guiana, 1760-1800", *The Hispanic American Historical Review*, vol. XXXII, nº 1, 1952, pp. 22-43.

espiritual do Setecentos atinge seu ponto máximo na obra entre todas famosa do abade Raynal, a *Histoire philosophique et politique des établissements et du commerce des européens dans les deux Indes*; nela, efetivamente, se cristaliza todo o esforço do pensamento ilustrado respeitante ao sistema colonial, passando-se em revista, e julgando-se ao mesmo tempo pelo crivo da Razão, toda a atividade ultramarina dos europeus.[11] Publicada anonimamente em 1770 em Amsterdã, até a morte do autor (1796), a obra, posto que de enormes proporções, teve três edições, cerca de trinta reimpressões e algumas contrafacções.[12] Isto sem contar as inúmeras adaptações, *abregés*,[13] traduções. A omissão do nome do autor na primeira edição era um segredo de polichinelo; assim, a terceira edição (Genebra, 1780) traz o nome e mesmo um retrato de Raynal, o que lhe custou um exílio de quatro anos,[14] fato aliás indicativo do profundo interesse político do tema tratado e da audácia das ideias expendidas.

Se, porém, no plano das ideias, a *Histoire des deux Indes* marca este ponto de inflexão da história colonial, é que ela se situa e elabora contemporaneamente ao evento que realiza na prática a abertura da crise do sistema: a revolução que independizou a Nova Inglaterra da velha metrópole, levando à prática política o que até então era apenas uma das possibilidades de ruptura do Antigo Regime. Bem o viu o próprio Raynal, a quem a insurreição americana daria oportunidade a sérias reflexões sobre o destino das colônias: "o novo hemisfério deve um dia separar-se do antigo [...] tudo se enca-

---

[11] Michèle Duchet, *Anthropologie et histoire au Siècle des Lumières*, Paris, 1971, pp. 125-136, 170-177; Jean-Marie Goulemot e Michel Launay, *Le Siècle des Lumières*, Paris, 1968, pp. 199-206; Fritz Valjavec, *Historia de la Ilustración en Occidente*, trad. esp., Madri, 1964, pp. 282 segs.; Reinhart Koselleck, *Critica illuminista e crisi della società borghese*, trad. ital., Bolonha, 1972, pp. 219 segs.

[12] Hans Wolpe, *Raynal et sa machine de guerre: l'Histoire des deux Indes et ses perfectionnements*, Stanford, 1957; *L'Anticolonialisme au XVIIIe siècle: l'Histoire philosophique et politique des établissements et du commerce des européens dans les deux Indes par l'Abbé Raynal*, introdução, escolha de textos e notas por Gabriel Esquer, Paris, 1951.

[13] Exemplo: *Esprit de Guillaume-Thomas Raynal: recueil également nécessaire à ceux qui commandent et à ceux qui obéissent*, Londres, 1782, 2 vols.

[14] G. Esquer, op. cit., Introdução, p. 6.

minha para essa cisão, os progressos do mal num mundo e os progressos do bem no outro".[15]

De fato, não é apenas pelas suas "enormes consequências" a curto ou longo prazo,[16] isto é, pelas suas repercussões e "influências", que se deve aquilatar a importância e o sentido da independência dos Estados Unidos da América; é que, como incisivamente mostra Eric Williams, a Revolução Americana fez explodir as falácias do sistema colonial.[17] Este se baseava na ideia de que o desenvolvimento das manufaturas da metrópole (no caso, a Inglaterra) dependia do exclusivo do mercado das colônias, que por sua vez tinham prioridade no mercado metropolitano. A nova situação engendrada entre 1776 e 1783 (Tratado de Versalhes) impunha porém reajustamentos globais. Efetivamente, ao longo do século XVIII, o desenvolvimento da indústria inglesa e da hegemonia política e econômica da Grã-Bretanha firmaram-se na exploração de suas próprias colônias e na penetração dos sistemas coloniais de Portugal e Espanha.[18] A ascendência de uma potência europeia sobre as demais metrópoles do Velho Mundo já ia exigindo alterações no funcionamento do sistema colonial; cristalizava-se, contudo, num novo equilíbrio, ainda compatível com o sistema: a supremacia inglesa se insinua atra-

---

[15] Abade Raynal, *Histoire philosophique et politique des établissements et du commerce des européens dans les deux Indes*, tomo IV, Genebra, 1780, p. 453. Servimo-nos preferentemente desta terceira edição da famosa obra de Raynal, considerada a melhor. Cf. G. Esquer, op. cit., p. 42. Às vezes aproveitaremos variantes de outras edições.

[16] Philippe Sagnac, *La Fin de l'Ancien Régime et la Révolution Américaine (1763-1789)*, Paris, 1952, 3ª ed., p. 379.

[17] Eric Williams, *Capitalism & Slavery*, Nova York, 1961, 2ª ed., pp. 120-125.

[18] John H. Rose, Arthur P. Newton e Ernest A. Benians (dir.), *The Cambridge History of the British Empire*, vol. I, Cambridge, 1960, pp. 207-237 ("Beginnings of an Imperial Policy", por James A. Williamson), e pp. 300-329 ("Rivalry for Colonial Power, 1660-1713", por William F. Reddaway); Ephraim Lipson, *Economic History of England*, tomo III, Londres, 1948, 5ª ed., pp. 111-112; Alan Manchester, *British Preeminence in Brazil: Its Rise and Decline*, Chapel Hill, 1933, pp. 4-25; Olga Pantaleão, *A penetração comercial da Inglaterra na América espanhola de 1713 a 1783*, São Paulo, 1946, passim; Pierre Muret, *La Prépondérance anglaise (1715-1763)*, Paris, 1949, 3ª ed., especialmente pp. 298-403.

vés de Cádiz e Lisboa,[19] preservando-se destarte as relações metrópole-colônia dos países ibéricos. É bem verdade que o comércio ilícito extravasa esta situação, sem entretanto negá-la, antes mesmo confirmando-a. Como já indicamos, é o próprio estatuto colonial que tornava tão atrativo o comércio de contrabando. Quando, porém, apoiado nessas poderosas alavancas, o ritmo de desenvolvimento manufatureiro atinge na Inglaterra o nível da mecanização do processo produtivo, inaugurando-se a era da maquinofatura, as tensões encaminham-se lenta mas seguramente para a situação-limite. Os acréscimos de produtividade eram agora de uma ordem inteiramente nova, e ao mesmo tempo em que promoviam na Inglaterra o declínio ou mesmo a supressão das antigas formas de organização da produção industrial, iriam impor profundos reajustes no comércio internacional.[20] Agudizam-se, de um lado, as oposições dentro da própria economia imperial inglesa; os novos interesses industrialistas conflitam com os dos grupos ligados à exploração monopolista do ultramar.[21] Para as novas forças sociais propulsoras do industrialismo nascente, as relações econômicas do Antigo Sistema Colonial eram antes um entrave: a força excepcional da nova produção maquinofatureira prescindia do monopólio para dominar os mercados ultramarinos; e as prioridades que as colônias detinham no mercado metropolitano passavam a se constituir num ônus. Instaurava-se, assim, uma autêntica e paradoxal inversão do sistema: as colônias eram pela primeira vez desvantajosas à metrópole.[22] A transformação profunda que envolvia a nova conjuntura econômica tinha porém necessariamente de passar pelo nível do poder, isto é, na esfera da vida política, e aí a resistência dos interesses tradicionais — os chamados

---

[19] Allan Christelow, "Great Britain and the Trade from Cadiz and Lisbon to Spanish America and Brazil, 1759-1783)", *The Hispanic American Historical Review*, vol. XXVII, nº 1, fev. 1947, pp. 1-29.

[20] Clive Day, *Historia del comercio*, tomo I, trad. esp., México, 1941, pp. 273 segs.

[21] E. Williams, op. cit., pp. 126-169, à pág. 142: "The colonial system was the spinal cord of the commercial capitalism of the mercantile epoch. In the era of the free trade the industrial capitalists wanted no colonies at all". Ver também: Ephraim Lipson, *The Growth of English Society*, Londres, 1959, 4ª ed., pp. 171 e 306.

[22] E. Williams, op. cit., pp. 126 segs.

interesses "antilhanos" —, encastelados no parlamento, foi tenaz, e mesmo prevaleceu até 1783. Nesta linha é que se mantém o antigo sistema, e mesmo enrijece; a partir de 1763 (término da Guerra dos Sete Anos), afastada definitivamente a competição francesa à hegemonia, a política colonial inglesa intenta a imposição (*enforcement*) do exclusivo às treze colônias da América do Norte, até então toleradas como um caso mais ou menos à parte.[23] A reação dessas colônias de povoamento, cuja estrutura socioeconômica (exceção das do sul) de fato as diferenciava das demais enquadradas no sistema colonial, e cujo florescimento assentava no comércio triangular, é que iria desencadear a crise geral.

Por outro lado, e contemporaneamente, nos países ibéricos desenvolve-se na segunda metade do século XVIII todo um esforço de recuperação econômica (Pombal, os ministros ilustrados de Carlos III), que necessariamente envolvia um recuo da presença dominante dos interesses ingleses. Como muito bem mostrou Allan Christelow,[24] o esquema que se cristalizara na primeira metade do Setecentos, isto é, como já indicamos acima, a supremacia inglesa via metrópole, entra em retrocesso com a política desenvolvimentista (fomento industrial) de recuperação econômica posta em andamento vigorosamente pelo Marquês de Pombal e pelos ministros de Carlos III; na medida em que os efeitos dessa nova política iam paulatinamente se fazendo sentir, desorganizava-se o esquema anteriormente montado. Nesta linha é que se insere a criação das companhias monopolistas ibéricas para o comércio ultramarino; as fricções crescentes dos governos ilustrados de Portugal e Espanha com a diplomacia inglesa,[25] as constantes reclamações do governo

---

[23] Charles M. Andrews, *The Colonial Background of the American Revolution*, New Haven, 1963, pp. 124 segs.; Samuel E. Morison e Henry S. Commager, *The Growth of the American Republic*, tomo I, Nova York, 1960, 4ª ed., pp. 128 segs.

[24] Allan Christelow, op. cit., pp. 9-13; Kenneth Maxwell, "Pombal and the Nationalization of the Luso-Brazilian Economy", separata de *The Hispanic American Historical Review*, vol. XLVIII, nº 4, nov. 1968, pp. 608-631.

[25] João Lúcio de Azevedo, *O Marquês de Pombal e sua época*, Rio de Janeiro, 1922, 2ª ed., p. 215; Olga Pantaleão, op. cit., pp. 211-267. Ver também: Biblioteca Nacional — Lisboa, Coleção Pombalina, Reservados, códice 638, "Reclamações da Inglaterra".

britânico e a pertinaz defesa da nova linha de política dos dirigentes portugueses e espanhóis, estão a atestar o sentido da nova conjuntura. Isto levou, naturalmente, a que a pressão da economia inglesa sobre os mercados ultramarinos portugueses e castelhanos se voltasse cada vez mais para o contrabando.

Assim, na segunda metade do século XVIII, convergem duas tendências no comércio internacional e colonial, e essa convergência era de molde a pôr cada vez mais em xeque o sistema colonial como um todo. De um lado, o desenvolvimento irreversível da Revolução Industrial inglesa exigia cada vez mais a abertura dos mercados ultramarinos consumidores de produtos manufaturados; por outro lado, a política de autonomização e desenvolvimento econômico dos países ibéricos ia cada vez mais dificultando a penetração dos produtos ingleses nos mercados do Ultramar pelas vias metropolitanas. O resultado dessa coincidência de tendências divergentes tinha necessariamente de fazer com que os interesses do industrialismo inglês se orientassem no sentido da ruptura do pacto colonial, removendo-se o intermediário das metrópoles. E note-se, retomando agora o que acima deixamos exposto, que no interior mesmo do sistema colonial no seu conjunto, as tensões desencadeadas pelo surto industrialista abalavam o próprio pacto da Inglaterra com suas colônias.[26] É neste contexto que se gera, como demonstrou Eric Williams, a campanha inglesa contra o tráfico negreiro, que era a forma indireta de atacar o Antigo Sistema Colonial no seu cerne; o que entra em crise é, pois, o próprio sistema colonial como um todo.

Esta a crise real no seu sentido mais profundo, e que se manifesta no nível dos eventos como problemas que a administração metropolitana tinha que enfrentar e resolver, ou pelo menos encaminhar soluções, para manter o funcionamento do sistema colonial. Cumpre-nos analisar como esses problemas se manifestavam no sistema de relações Portugal-Brasil, para estudarmos em seguida a política colonial que os enfrentou, as soluções que se puseram em andamento. Para tanto, detenhamo-nos ainda por um momento na posição da metrópole portuguesa no concerto econômico do Ocidente.

---

[26] E. Williams, op. cit., pp. 135 segs.

Portugal participa, é certo, do surto de crescimento populacional que caracteriza o século XVIII europeu, e que a moderna demografia histórica denomina a "revolução vital".[27] Segundo as estimativas de Gino Luzzatto,[28] a população europeia evolui de 95 milhões de almas em 1600 para 120 milhões em 1700, enquanto em 1800 já ascende a 187 ou 188 milhões; tais cálculos globais, previne o historiador italiano, são necessariamente precários, quando muito hipóteses sugestivas. Mas indicam uma ordem de grandeza, e como tais devemos utilizá-los para comparações. Assim, esses dados, ainda que imprecisos, bastam para evidenciar que o ritmo de crescimento populacional acelerou-se extraordinariamente ao longo do século XVIII; realmente, a taxa de crescimento, de 26% no século XVII, ascende a 54% no século seguinte. A taxa média anual, por sua vez, sobe de 0,23% no século XVII para 0,43% no século seguinte. Na época da revolução vital, portanto, tomando como base as estimativas globais de Luzzatto, a população europeia cresceu com um incremento médio anual de 0,43%. Ora, os dados disponíveis sobre a população nestes mesmos séculos permitem mostrar como Portugal acompanhou o movimento demográfico europeu: de 2.143.368 em 1732, a população lusitana evolui para 2.321.447 em 1767, e em 1801 atinge 2.931.393.[29] Em 69 anos, de 1732 a 1801, portanto, cresceu 37%, com

[27] Karl F. Helleiner, "The Population of Europe from the Black Death to the Vital Revolution", *The Cambridge Economic History of Europe*, vol. IV ("The Economy of Expanding Europe in the 16th and 17th Century"), Cambridge, 1967, pp. 1-94.

[28] Gino Luzzatto, *Storia economica dell'età moderna e contemporanea*, tomo II, Pádua, 1955, 3ª ed., p. 23.

[29] Combinamos aqui os dados e considerações de Adrien Balbi (*Essai statistique sur le Royaume de Portugal et d'Algarve*, tomo I, Paris, 1822, pp. 184 segs.), de José Joaquim Soares de Barros ("Memória sobre as causas da diferente população de Portugal em diversos tempos da Monarquia", in *Memorias Economicas da Academia Real das Sciencias de Lisboa*, vol. I, 1789, pp. 123 segs.) e das *Taboas topográficas e estatísticas de todas as comarcas de Portugal* (1801), de que o Instituto Nacional de Estatística de Lisboa fez edição fac-símile, formando o volume II dos *Subsídios para a história da estatística em Portugal* (Lisboa, 1948). Os estudos mais recentes são: José Gentil da Silva, "Au Portugal: structure démographique et development économique", separata de *Studi in Onore di Amintore Fanfani*, vol. II, Milão, 1962, e Maria de Lourdes Akola Neto, "Demografia", in Joel Serrão (dir.), *Dicionário de história de Portugal*, vol. I, Lisboa, 1963, pp. 795

uma taxa média anual de 0,45%, praticamente idêntica à média geral europeia. Na tabela e no gráfico anexos[30] pode-se confrontar a posição de Portugal em face do movimento geral da população europeia, e com vários outros países em particular, tomados como exemplos.[31]

Otimista, o autor das estatísticas demográficas portuguesas de 1801 lembrava, na introdução de seu precioso trabalho, que a "povoação se deve olhar como prova da prosperidade e força de uma nação quando ela tem por causas a agricultura e a indústria", fórmula um tanto ambígua de enfocar o problema; mas acrescentava ainda a proposição do inglês Clarke para quem "agricultura e povoação de qualquer país são sempre recíprocas causas e efeitos uma da outra" para concluir que a "prosperidade e riqueza de Portugal vão em aumento".[32] No que não errava, aliás, o judicioso funcionário;[33] apenas cumpre observar que o importante no caso não é o progresso em termos absolutos, mas em confronto com o ritmo do mesmo fenômeno — crescimento econômico — das demais potências à mesma época. Nem é exata, já se vê, a relação automática do inglês Clarke entre população e agricultura.

---

segs. Veja-se também: Albert Silbert, *Le Portugal méditerranéen à la fin de l'Ancien Régime*, tomo I, Paris, 1966, pp. 105 segs.; Joel Serrão, *Fontes da demografia portuguesa*, Lisboa, 1973, pp. 67-90. Há divergências quanto a essas cifras, dado que as fontes são muitas vezes imprecisas. Sobretudo em relação a 1732: um cálculo coevo estimou em 1.743.000 a população portuguesa de então; e em nossos dias, Helleiner (op. cit.) acolheu esse dado. Entretanto, já Soares de Barros e Balbi haviam-no criticado convincentemente.

[30] Ver tabela e gráfico "População europeia no século XVIII", pp. 147-148.

[31] Também no Brasil a população crescia significativamente na segunda metade do século XVIII; mas é claro que em função da imigração metropolitana e do tráfico negreiro, além do crescimento vegetativo. Vide Dauril Alden, "The Population of Brazil in the Eighteenth Century: A Preliminary Survey", *The Hispanic American Historical Review*, vol. XLIII, nº 2, maio 1963, pp. 173-206.

[32] Introdução, in *Taboas topográficas e estatísticas de todas as comarcas de Portugal* (1801).

[33] Trata-se de Manuel Travaços da Costa Araújo, oficial-maior da Secretaria de Estado dos Negócios da Fazenda. Cf. *Subsídios para a história da estatística em Portugal*, anexo II, p. 3.

Tabela
POPULAÇÃO EUROPEIA NO SÉCULO XVIII

	Ano	População	Taxa de crescimento	Taxa média anual
Europa				
	1600	95.000.000	1600-1700 — 26%	0,23%
	1700	120.000.000	1700-1800 — 54%	0,43%
	1800	187.000.000	(100 anos)	
Portugal				
	1732	2.143.000	1732-1801 — 37%	0,45%
	1801	2.931.000	(69 anos)	
Suécia				
	1721	(1.462.000)	1750-1800 — 32%	0,55%
	1735	(1.703.000)	(50 anos)	
	1750	1.781.000		
	1775	2.021.000		
	1800	2.347.000		
Espanha				
	1723	(6.100.000)	1723-1787 — 70%	0,84%
	1747	7.380.000	(64 anos)	
	1756	8.000.000		
	1768	9.310.000		
	1787	10.410.000		
França				
	1715	18.000.000	1713-1789 — 44%	0,50%
	1770	24.000.000	(74 anos)	
	1789	26.000.000		
Inglaterra				
	1700	5.200.000	1700-1800 — 85%	0,61%
	1750	6.500.000	(100 anos)	
	1800	9.600.000		
Estados do Papa				
	1701	1.969.000	1701-1782 — 19%	0,24%
	1736	2.064.000	(81 anos)	
	1769	2.204.000		
	1782	2.400.000		

Gráfico

POPULAÇÃO EUROPEIA NO SÉCULO XVIII

(em milhões de pessoas)

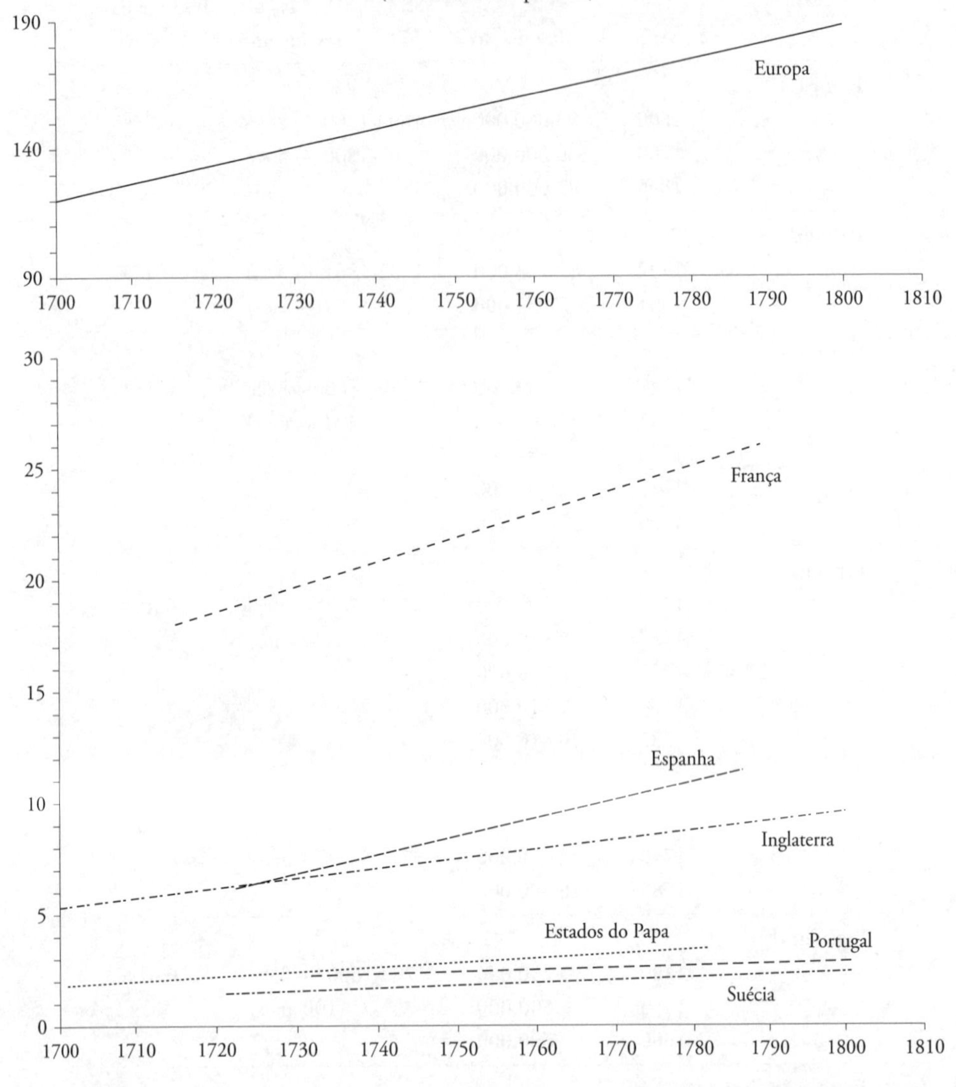

Fontes — Europa: Gino Luzzatto.

Portugal: José Gentil da Silva.

Suécia, Espanha, França, Inglaterra e Estados do Papa: Karl F. Helleiner.

Na coluna "População" da tabela, os números entre parênteses são estimativos.

Ora, nesta perspectiva, ressalta para logo o retraso dos países ibéricos em relação às grandes potências econômicas europeias da segunda fase da Época Moderna, isto é, quando se começaram efetivamente a criar as precondições da Revolução Industrial. A análise definitiva desse fenômeno, em termos quantitativos, só poderia ser feita através de estudos comparativos de crescimento da renda nacional; não dispomos de tais trabalhos, e mesmo talvez eles sejam impraticáveis para o período em questão.[34] Contudo, por outras vias se pode constatar a disparidade econômica de Portugal (aliás também da Espanha) na Época Moderna — a começar pelo fato de que o país atinge o meado do século XX com índices econômicos que o enquadram entre os países subdesenvolvidos do nosso tempo.[35] Efetivamente, o confronto é de certa maneira feito, ainda que em linhas mais amplas, nas histórias gerais da economia europeia, ao traçarem a geografia do primeiro surto de industrialização que marginaliza os países ibéricos.[36] Os estudos comparativos de Koulischer[37] mostram como, nos países da Europa continental, a política protecionista posta em prática com maior ou menor ênfase em determinados momentos (Colbert, Pedro, o Grande, Frederico II) foram efetivamente criando núcleos que se transformavam em outros tantos polos de crescimento industrial autônomo. Em Portugal, tal processo não chega a se engajar solidamente, a não ser com muito retraso já no fim da Época Mo-

---

[34] José Gentil da Silva, "Calculs rétrospectifs du produit", separata de *Revue Suisse d'Histoire*, vol. XV, 1965. O autor dá um balanço crítico dos progressos feitos nesse campo de estudos, e mostra as dificuldades talvez insuperáveis para esses cálculos no período pré-industrial, sejam de ordem empírica (ausência de dados em série), sejam de natureza conceitual (impossibilidade de contabilizar a renda de amplos setores de economia de subsistência, cuja produção não entra nas relações de mercado). Vide também as considerações de Ernest Labrousse, in *Histoire économique et sociale de la France*, tomo II, Paris, 1970, pp. 325-329.

[35] Yves Lacoste, *Geografia do subdesenvolvimento*, trad. port., São Paulo, 1966, p. 20.

[36] Veja-se, por exemplo, Henri Sée, *As origens do capitalismo moderno*, trad. port., Rio de Janeiro, 1959, pp. 173 segs., especialmente p. 183; Arthur Birnie, *Historia económica de Europa, 1760-1833*, trad. esp., México, 1944, pp. 15-16; Herbert Heaton, "Industrial Revolution", in *Encyclopaedia of the Social Sciences*, vol. VIII, Nova York, 1942, pp. 3-13.

[37] Joseph Koulischer, "La Grande industrie aux XVIIe et XVIIIe siècles: France, Alemagne, Russie", *Annales d'Histoire Économique et Sociale*, vol. III, 1931, pp. 11 segs.

derna.[38] Ao contrário, como indicam as mais recentes pesquisas nesse campo,[39] o que caracteriza a indústria portuguesa ainda no século XVIII de maneira impressionante é a pequena unidade artesanal pré-capitalista, de produtor independente que visa o mercado local. Basta comparar os estudos citados de Jorge de Macedo com os trabalhos de John U. Nef sobre a Inglaterra e a França[40] para notar a diferença fundamental: nada há em Portugal que se compare ao surto das manufaturas organizadas em moldes já capitalistas, característico das grandes potências. Também não se assiste, o que talvez seja ainda mais importante, ao florescimento daquelas importantíssimas formas de transição — *putting-out system* — que Mantoux analisou magistralmente para a Inglaterra.[41] Não se formaram, efetivamente, em Portugal, no período intermediário, isto é, precisamente na época mercantilista, os pré-requisitos da industrialização moderna.

Constatar a disparidade, no momento, é quanto nos importa; discutir e tentar explicar o fenômeno extravasaria nosso objetivo, pelo menos nesse passo. Cumpre, entretanto, lembrar, porque é de suma importância, que ele não passou despercebido aos observadores coevos. Os doutrinadores mercantilistas portugueses do século XVII, e entre eles sobretudo Duarte Ribeiro de

---

[38] As vicissitudes da política industrialista em Portugal, na Época Moderna, equacionadas em função das crises e flutuações dos mercados ultramarinos, formam o tema de Vitorino Magalhães Godinho, "Portugal, as frotas do açúcar e as frotas do ouro, 1670-1770", *Revista de História*, nº 15, 1953, pp. 69-88.

[39] Jorge de Macedo, *Problemas da história da indústria portuguesa no século XVIII*, Lisboa, 1963.

[40] John U. Nef, "The Progress of Technology and the Growth of Large Scale Industry in Great Britain, 1540-1640" e "Prices and Industrial Capitalism in France and England, 1540-1640", in Eleanora M. Carus-Wilson (dir.), *Essays in Economic History*, Londres, 1958, pp. 88-135; E. Lipson, *Economic History of England*, op. cit., tomo II, 1948, Introdução, pp. I-LX; H. Sée, *Histoire économique de la France*, tomo I, Paris, 1948, pp. 263 segs. Do mesmo J. U. Nef. "Comparación del desarrollo industrial en Francia e Inglaterra desde 1540 hasta 1640", in *La conquista del mundo material*, trad. esp., Buenos Aires, 1969, pp. 153-216.

[41] Paul Mantoux, *The Industrial Revolution in the Eighteenth Century*, trad. ingl., Londres, 1961, pp. 47-91.

Macedo,[42] com a insistência de reformadores ousados, clamaram contra o atraso que a ausência de manufaturas manifestava. No seu famoso discurso de 1675, inquietava-se Ribeiro de Macedo de tal modo com o déficit da balança comercial, que escrevia: "Mal é este que pede remédio pronto, porque, se continua, se perderão as Conquistas e o Reino".[43] Razões: "não temos drogas, frutos nem fazendas com que comutar esta prodigiosa consumpção que fazemos no Reino e nas conquistas",[44] isto é, não se produziam manufaturas que dispensassem as importações, ou que, exportadas, equilibrassem a balança. Remédio: "o único meio que há para evitar este dano, e impedir que o dinheiro saia do Reino, é introduzir nele as artes".[45] "Introduzir", atente-se, dá a impressão de que se devia partir do marco zero; o que evidentemente era um exagero, não obstante significativo do estado de espírito de então. Em tudo isto — diagnóstico, terapêutica —, aliás, seguia na esteira de Sancho de Moncada, o grande mercantilista espanhol.[46]

Já desde 1621, o espetáculo do recuo português no Oriente e o atraso metropolitano levavam Duarte Gomes Solis a pôr sua experiência de mercador ultramarino a serviço ou à disposição de El-Rei: os resultados foram a *Memória* de 1621, os *Discursos* de 1622 e a *Alegación* de 1628,[47] todos de

---

[42] Vejam-se os textos fundamentais de Luís Mendes de Vasconcelos (1608), Manuel Severim de Faria (1655) e Duarte Ribeiro de Macedo (1675), in António Sérgio (seleção, prefácio e notas), *Antologia dos economistas portugueses*, Lisboa, 1924.

[43] Duarte Ribeiro de Macedo, *Discurso sobre a introdução das artes no Reino* (1675), in A. Sérgio, op. cit., p. 243.

[44] Idem, ibidem, p. 256.

[45] Idem, ibidem, p. 270.

[46] "Achei um tratado espanhol intitulado *Restauración política de España*, composto por D. Sancho de Moncada, catedrático de Escritura em Toledo, oferecido no ano de 1619, a Filipe III [...]", Duarte Ribeiro de Macedo, *Obras inéditas*, Lisboa, 1817, p. 20. Sobre Sancho de Moncada, cf. José Larraz, *La época del mercantilismo en Castilla (1580-1700)*, Madri, 1943, 2ª ed., pp. 166 segs; Manuel Colmeiro, *Historia de la economía política en España*, vol. II, Madri, 1965, 2ª ed., pp. 623 segs.

[47] Reeditados por Moses Amzalak: *Discursos sobre los comercios de las dos Índias*, Lisboa, 1943, e a "Alegación en favor de la Compañia de la Índia Oriental" em *Anais do Instituto Superior de Ciências Econômicas e Financeiras*, vol. XXIII, tomos I e II, 1955. A *Memória* de 1621 perma-

indigesto estilo e grande interesse para a história do mercantilismo ibérico. Impressionava-o a "pobreza y falta en que veo este Reyno por yrse perdiendo la contratación", e para ver "brevemente restaurada e rica esta gran Monarquia"[48] propunha o receituário mercantilista de política monetária; não se esquecendo de preconizar a vinda de artífices estrangeiros para fomentar as manufaturas.[49]

De Gomes Solis a Ribeiro de Macedo se forma a escola do pensamento mercantilista português:[50] o ponto de partida de suas indagações era sempre o retraso de Portugal ou mesmo da Ibéria em relação aos centros mais dinâmicos da economia europeia. Na primeira metade do século XVIII, entre outros, Alexandre de Gusmão[51] e o famoso D. Luís da Cunha[52] voltaram ao tema, e com grande penetração; e o mesmo Cardeal da Mota no seu parecer de 1734[53] assinalava que "só entre nós parece ser mais do que mero descuido e negligência, máxima assentada o não haver no Reino fábricas", o que era sobremaneira grave, pois, já antes fizera notar que os estados são ricos ou pobres segundo têm ou não manufaturas.

E, todavia, se não se pode dizer que essas vozes tenham clamado no deserto (até porque algumas delas eram de estadistas nas mais altas funções go-

---

neceu inédita e foi publicada por Léon Bourdon em *Anais do ISCEF*, vol. XXIII, tomo I; cf. José Calvet de Magalhães, *História do pensamento económico em Portugal*, Coimbra, 1967, pp. 196-197.

[48] Duarte Gomes, *Discursos sobre los comercios de las dos Indias* (1622), edição de M. Amzalak, Lisboa, 1943, p. 3.

[49] Idem, ibidem, p. 130.

[50] Moses Amzalak, *Do estudo e das doutrinas económicas em Portugal*, Lisboa, 1928, pp. 25 segs.; René Gonnard, *La Conquête portugaise: découvreurs et économistes*, Paris, 1947, pp. 83 segs.; J. C. Magalhães, op. cit., pp. 153 segs.

[51] Alexandre de Gusmão, "Cálculo sobre a perda do dinheiro do Reino" (1749), in Jaime Cortesão, *Obras várias de Alexandre de Gusmão*, parte II, tomo I, Rio de Janeiro, 1950, pp. 194-199.

[52] D. Luís da Cunha, "Instruções a Marco Antonio de Azevedo Coutinho" (*c.* 1738), com introdução de António Baião, Coimbra, 1930, e *Testamento político* (*c.* 1748), com prefácio e notas de Manuel Mendes, Lisboa, 1943.

[53] Jorge de Macedo, "O pensamento econômico do Cardeal da Mota: contribuição para o seu estudo", *Revista da Faculdade de Letras de Lisboa*, 3ª série, nº 4, 1960.

vernamentais), o fato é que uma política verdadeiramente protecionista e industrialista não se articula em caráter persistente antes de 1769-1770, isto é, na "terceira fase" da governação pombalina.[54] É que a política de desenvolvimento manufatureiro em Portugal na Época Moderna foi descontínua, elaborando-se antes como expediente para enfrentar ou contornar crises dos mercados coloniais e destarte reequilibrar a balança comercial, atenuando-se ou mesmo anulando-se uma vez superadas as dificuldades.[55] Assim à época do Conde de Ericeira, vedor da fazenda no fim do século XVII; assim, ainda uma vez, à época do Marquês de Pombal, ou pelo menos até a fase industrialista. Efetivamente, os estudos de Jorge de Macedo mostraram, em primeiro lugar, a necessidade de periodizar o consulado pombalino que não deve ser visto como um todo homogêneo, o industrialismo caracterizando apenas a sua última fase;[56] em segundo lugar, que a política de incentivo às manufaturas se elabora como resposta à crise dos mercados coloniais que se acentua depois da Guerra dos Sete Anos; era pois, segundo este modo de ver, circunstancial, nem pretendia uma renovação na estrutura industrial do país,[57] no que é mais difícil de acompanhar o historiador português. De fato, encarada em articulação com outros aspectos do "consulado" (montagem das companhias, extinção da discriminação entre cristão-novo e cristão-velho, supressão da escravatura etc.) a política manufatureira de Pombal revelou-se, a nosso ver, coerente e sistemática. Sua permanência e seus desdobramentos no período posterior parecem indicar no mesmo sentido. Encarado deste outro ângulo, isto é, pelos seus efeitos, o surto manufatureiro significava efetivamente um esforço em prol da "nacionalização da economia luso-brasileira", como mais recentemente demonstrou Kenneth Maxwell[58] que para tanto

---

[54] Jorge de Macedo, *A situação económica no tempo de Pombal: alguns aspectos*, Porto, 1951, pp. 242 segs.

[55] V. M. Godinho, op. cit., pp. 69-89.

[56] Jorge de Macedo, "Portugal e a economia pombalina: temas e hipóteses", *Revista de História*, nº 19, 1954, pp. 84-89.

[57] J. de Macedo, *A situação económica no tempo de Pombal*, op. cit., pp. 210 segs.

[58] Kenneth Maxwell, "Pombal and the Nationalization of the Luso-Brazilian Economy", *The Hispanic American Historical Review*, vol. XLVIII, nº 4, nov. 1968.

relaciona a política industrialista com todo o esforço de modernização, isto é, de racionalização administrativa em busca da eficiência da ação governamental e consolidação imperial — "para manter sua influência num mundo competitivo".[59]

Mais ainda, o fomento posto em andamento pelo ministro de D. José, ao contrário das tentativas anteriores, teve persistência e desdobramentos para além da administração do Marquês de Pombal, prosseguindo em atuação até a crise final do Antigo Regime. Bem o observou José Acúrsio das Neves, que, como se sabe, participou de todo esse processo: "As nossas fábricas ainda não tiveram senão duas épocas, a do senhor Rei D. Pedro II, e a do senhor Rei D. José I; mas a primeira foi de tão curta duração, que o mesmo Soberano, e o mesmo Ministro, que a começaram, a virão acabar; a segunda, como fundada em alicerces mais sólidos, duraria ainda, a não serem as desgraças, que tiveram princípio na invasão dos franceses, e pode dizer-se que dura, porque ainda temos muitos restos, para reparar o edifício".[60]

De qualquer modo, fosse uma política empiricamente conduzida, ou um esforço planejado de recuperação,[61] como nos parece mais correto, o fato é que o fomento industrialista é sobremaneira tardio em Portugal na Época Moderna. Destarte, a metrópole do Brasil atingia o último quartel do século XVIII com uma enorme defasagem em relação aos países na vanguarda do desenvolvimento econômico. Assim é que, ainda nesta última, tumultuosa, e sob tantos aspectos brilhante, etapa do Antigo Regime, o pensamen-

---

[59] K. Maxwell, op. cit., p. 609; Francisco C. Falcon e Fernando A. Novais, "A extinção da escravatura africana em Portugal no quadro da política econômica pombalina", separata de *Anais do VI Simpósio Nacional dos Professores Universitários de História*, vol. I, São Paulo, 1973, pp. 406-431.

[60] José Acúrsio das Neves, *Memória sobre os meios de melhorar a indústria portugueza*, Lisboa, 1820, p. 43.

[61] Há, efetivamente, divergência de pontos de vista entre Jorge de Macedo que vê no fomento industrial pombalino um esforço empírico, não planejado, quase que apenas um expediente circunstancial, e os historiadores anglo-saxônicos A. Christelow e K. Maxwell, que nesse caso nos parecem mais convincentes. Cf. F. C. Falcon e F. A. Novais, op. cit.; Sandro Sideri, *Comércio e poder: colonialismo informal nas relações anglo-portuguesas*, trad. port., Lisboa, 1978.

to econômico português, apesar de informado já por outras linhas de ideias e bafejado pelo otimismo tão característico da Ilustração,[62] mantém muito vivo no centro de suas reflexões o problema herdado dos mercantilistas: o atraso, a decadência. Exemplo típico, o *Discurso político sobre as causas da pobreza de Portugal*, que pelos fins do século XVIII José Manuel Ribeiro enviava à Academia Real das Ciências, e que entretanto ficou inédito.[63] Ali se afirma que apesar "das vistas políticas do governo" o país se mantém no "mesmo errado sistema": pois apesar dos "preciosos frutos", dos "excelentes portos", "faltam-nos as Artes, e a Agricultura, em que as nações bem entendidas da Europa têm estabelecido o seu sistema, como também nos faltam as estradas, pontes e vaus, para o mesmo comércio interior ser mais fácil aos nacionais".

Não menos explícito, Francisco Antônio Ribeiro de Paiva, na sua memória acadêmica da mesma época,[64] caracteriza com notável precisão o caráter do comércio externo português: "Nós lhes estamos vendendo algumas matérias primeiras, de que temos abundância, por exemplo as lãs, e depois de trabalhadas pelo fabricante estrangeiro, lhe compramos os panos, e as baetas"; e o transporte feito na maior parte em navios estrangeiros: "se as mercadorias, que nos vêm de fora, se trouxessem em navios mercantes da nossa Nação, e os gêneros se trabalhassem nas nossas fábricas e pelas mãos dos naturais, ficaria o lucro da indústria aos nossos obreiros, e não sairiam tantas

---

[62] Paul Hazard: "la lumière de leur raison dissiperait les grandes masses d'ombre dont la terre était couverte, ils retrouveraient le plan de la nature et n'auraient qu'a le suivre pour retrouver le bonheur perdu. Alors le ciel descendrait sur la terre", *La Pensée européene au XVIIIe siècle*, Paris, 1963, p. 8.

[63] Academia das Ciências de Lisboa, manuscrito 186, série V. O "discurso" não está datado, mas refere, a certa altura, que "Portugal he Reino soberano na Europa ha seculos e meio", o que permite situá-lo nos fins do século XVIII.

[64] Francisco Antônio Ribeiro de Paiva, *Memória sobre a necessidade de fomentar a agricultura, e as artes, cauzas da sua decadencia, e os meios de as fazer florecer em Portugal*, Academia Real de Ciências — Lisboa, manuscrito 143, série V. Embora o texto não esteja datado, refere-se à "Rússia, com quem nossa Augusta Soberana acaba há pouco de concluir um tratado de comércio". O "tratado de amizade, navegação e comércio" entre Maria I de Portugal e Catarina II da Rússia é de 1787 e foi renovado em 1798.

somas fora do país". Como isso não era feito na escala necessária, resultava "a necessidade perpétua de pagar um tributo oneroso a todas as nações industriosas". Não ignorava o memorialista os progressos feitos nos últimos tempos, nem desconhecia ser superavitária à época a balança comercial; considerava porém insuficientes esses avanços: "Esta mesma falta de indústria é a causa da decadência do nosso comércio, cuja balança em geral nos não é tão vantajosa como podia ser". Exemplos a seguir são a Inglaterra, que é, "sem contradição, na nossa Europa, a que tem feito maiores progressos na agricultura", e que é "nos nossos tempos cinco vezes mais rica do que no princípio do século passado", e a Holanda que "nos prova ainda que só a indústria e a opulência de uma nação a pode fazer respeitável, e não a vasta extensão das suas províncias".

Esses excertos dão-nos uma amostra do calibre dos teóricos do pensar ilustrado em Portugal ao mesmo tempo em que atestam a persistência do tema da decadência e do atraso nas suas investigações. Aliás, no próprio discurso de abertura das famosas *Memorias Economicas*, por entre as manifestações de crença irrestrita no poder da Razão e das Luzes promoverem a prosperidade nacional, o abade Correia da Serra lembrava que "a triste experiência do passado assaz nos mostra a necessidade de a estudarmos, porque a substância da Nação, e sua riqueza vimos por largo tempo passar aos estranhos em troco de gêneros que ou de si cresciam em nossas terras, ou pouca indústria se precisava para naturalizá-los".[65] E foi, segundo Sérgio Buarque de Holanda, para conhecer "de que modo chegar à opulência e, no caso particular de Portugal, de que modo reconquistar a situação privilegiada, que os erros dos antigos tinham posto a perder"[66] que Azeredo Coutinho escreveu o famoso *Ensaio econômico* de 1794.

Em meio a tais vicissitudes, Portugal chegava, portanto, à época da crise do sistema colonial, isto é, ao último quartel do século XVIII, com uma larga margem de atraso econômico em relação às potências mais desenvolvi-

---

[65] "Discurso preliminar", in *Memorias Economicas da Academia Real das Sciencias de Lisboa*, vol. I, Lisboa, 1789, p. VIII.

[66] Sérgio Buarque de Holanda, Introdução, *Obras econômicas de J. J. da Cunha de Azeredo Coutinho*, São Paulo, 1966, p. 32.

das do Ocidente europeu. Tal constatação permite-nos visualizar, agora, com alguma clareza, sua posição e, pois, a posição do Brasil colônia, no quadro das tensões de toda ordem geradas pela emergência paulatina mas segura do capitalismo industrial: competição política e concorrência comercial exacerbadas, pressionando sobre o exclusivo colonial; crise geral de mentalidade, que na sua crítica não deixava escapar o próprio sistema de colonização mercantilista; afloramento, nas colônias, de inquietações — contágio talvez daquele "exemplo tão pernicioso", que devia "interessar até os Príncipes mais indiferentes".[67]

Pequena metrópole de extensos domínios ultramarinos, Portugal não acompanhara, na época da acumulação originária, o ritmo do desenvolvimento econômico das grandes potências colonizadoras europeias. Enorme colônia dessa peculiar mãe-pátria, o Brasil ainda mantém, nas suas estruturas básicas, no arcabouço de sua economia exportadora e nas feições de sua sociedade escravista, os traços fundamentais de vasta zona periférica de exploração das economias dinâmicas do Velho Mundo. Essas as posições interdependentes, esse o contexto, em que um e outro alcançam a encruzilhada decisiva da época de crise, quando os mecanismos de estrutura profunda amadurecem para transformações essenciais, agudizando suas contradições e trazendo à tona tensões em todos os níveis. É a partir desse quadro que poderemos delinear os *problemas* propostos, seu equacionamento, as *soluções tentadas*, enfim o *encaminhamento do processo*.

2. Defesa do patrimônio

Dentro dessas coordenadas, o primeiro problema que naturalmente se apresentava era o que podemos denominar *defesa do patrimônio* (pois que como "patrimônio" eram vistos os domínios coloniais), isto é, a simples preservação das colônias. De expansão não se podia evidentemente cogitar, a não

---

[67] "Edital proibindo a entrada nos portos do Reino e seus domínios das embarcações das colônias inglesas" (5/7/1776), in Antônio Delgado da Silva, *Collecção da legislação portugueza*, vol. de 1775-1790, Lisboa, 1828, p. 99.

ser em casos excepcionais (exigências de estratégia militar), que o Portugal metropolitano não tinha com que conservar tão extensos domínios, ou, como às vezes eram chamados, "conquistas".[68]

A defesa do patrimônio, isto é, a preservação das colônias, é, evidentemente, na ordem lógica, a primeira tarefa que enfrenta sempre uma metrópole colonizadora. O que, no caso português, e em especial em relação ao Brasil, tornava essa manutenção territorial um problema, era, de um lado, a defasagem que acima assinalamos no ritmo de desenvolvimento econômico da metrópole em relação às principais potências europeias; de outro lado, a desproporção entre a imensidão dos domínios e a pequenez da metrópole. Assim, durante o consulado pombalino, que é quando se estrutura de forma mais sistemática a política mercantilista lusitana,[69] ao mesmo tempo que todo um esquema de ação política de índole ilustrada, lançaram-se as grandes linhas de definição territorial e preservação das fronteiras. Neste sentido, como muito bem observou Lourival Gomes Machado,[70] é que se deve entender a transferência da capital do Estado do Brasil para o Rio de Janeiro e a da sede do governo do Estado do Maranhão para Belém do Pará: tratava-se de uma "ubicação racional da sede do poder". Com vistas a uma presença mais ativa do poder do estado, definiam-se dois eixos, um "horizontal e acompanhando o grande rio, no Estado do Maranhão"; outro "oblíquo e seguindo a costa marítima, no Estado do Brasil". Ao mesmo tempo que se intensifica-

[68] "As exigências da expansão marítima excediam, porém, as nossas possibilidades nesta matéria", lembra Armando Gonçalves Pereira, referindo-se ao fim do século XVI, e a situação não se alterara, antes se agravara, ao longo da Época Moderna. Cf. do autor "As consequências econômicas dos descobrimentos e das conquistas", in Antonio Baião e outros (orgs.), *História da expansão portuguesa no mundo*, tomo III, Lisboa, 1940, p. 71. "Assim, pelos meados do século XVIII, o Brasil tinha atingido o máximo de sua expansão territorial, apresentando, até certo ponto, a sua linha de fronteiras, consolidada mais tarde pela diplomacia". Demósthenes de Oliveira Dias, *Formação territorial do Brasil*, Rio de Janeiro, 1956, p. 33.

[69] F. C. Falcon e F. A. Novais, op. cit., pp. 406-431.

[70] Lourival Gomes Machado, "Política e administração sob os últimos vice-reis", in Sérgio Buarque de Holanda (dir.), *História geral da civilização brasileira*, tomo I, vol. 2, São Paulo, 1960, pp. 356-358.

vam as campanhas em defesa do extremo Sul,[71] no Norte, através da ação da Companhia Geral do Grão-Pará e Maranhão,[72] empreendeu-se a instalação de toda uma ousada linha de fortificações.

A intensificação da competição colonial, que como vimos se inscreve nas próprias linhas de funcionamento do sistema global da colonização europeia da era mercantilista, tendia naturalmente a ampliar as dificuldades; na época da crise, no último quartel do século XVIII e início do XIX, a questão se agrava de forma definitiva. É pois sob a forma de um agravamento de tensões que, sob esse ângulo, manifesta-se a crise colonial no plano da colonização portuguesa do Brasil. Isto transparece na persistente preocupação militar que acompanha as instruções de vice-reis e governadores. Aliás, já no *Regimento* do Governo Geral, que data, como se sabe, de 1677,[73] depois das formalidades da posse do cargo, ordenava-se peremptoriamente: "logo que lhe for entregue o Governo irá pessoalmente ver as Fortalezas da Cidade, armazéns, e Tercenas, ordenando que se faça inventário pelo Escrivão da minha Fazenda de todas as coisas que a ela pertencem, Navios, Artilharia que houver, o calibre dela, para se poder enviar deste Reino a bateria necessária conforme ao dito calibre, e plantas das ditas Fortalezas, de tudo o dito Governador me enviará cópia remetida ao meu Conselho Ultramarino, para me ser presente tudo o que há naquela Praça; e o mesmo mandará fazer em todas as do seu Governo, com a distinção, e clareza necessária".[74] Este longo e minucioso regimento permaneceu em vigor praticamente até o fim da época colonial; só em 1796 uma provisão do Conselho Ultramarino solicitava ao vice-rei observações atualizadoras, medida a nosso ver significativa do agravamento das tensões, na quadra da crise do sistema colonial. A recomendação foi reforçada em 1804, e conhecemos, em cumprimento dessas ordens, as

[71] Capistrano de Abreu, *Capítulos de história colonial*, Rio de Janeiro, 1954, 4ª ed., pp. 295 segs.

[72] Manuel Nunes Dias, *A Companhia Geral do Grão-Pará e Maranhão*, São Paulo, 1971, pp. 439 segs. À p. 463, mapa das fortificações.

[73] "Regimento dos Governadores Gerais do Estado do Brasil" (1677), *Documentos Históricos*, vols. VI (1928) e VII (1929).

[74] Idem, ibidem, vol. VI, p. 315.

anotações de D. Fernando José de Portugal e Castro, Marquês de Aguiar.[75] Dos sessenta capítulos do diploma, nada menos que dezesseis tratam de assuntos atinentes à defesa.[76] Isto mostra aliás o caráter fundamentalmente militar do cargo de governador ou vice-rei, apontado pelos estudiosos que mais em profundidade analisaram a administração da colônia.[77]

Anotando o antigo *Regimento*, e no mesmo espírito, acrescentava em 1805 o vice-rei Marquês de Aguiar que, de fato, "o Governador logo que tomar posse do Governo deve visitar pessoalmente as Fortalezas da cidade, armazéns e tercenas pertencentes a Sua Alteza, *por ser o objeto mais importante a defesa da capitania*";[78] lembrando apenas, para se alterar no novo regimento, que por aí se vê que se projetavam alterações de caráter burocrático. A defesa do patrimônio ia pois assumindo importância crescente.

Assim, no *Relatório* (1779) do Marquês de Lavradio, documento sob tantos aspectos notável[79] dirigido ao seu sucessor no vice-reinado, logo após a indicação dos limites da capitania, passa-se imediatamente a descrever a situação das tropas e as condições de defesa:[80] "o estado militar com que se devia defender esta capital, e igualmente socorrer outras províncias dependentes deste Governo". Descrita a situação com que se deparara, passa Lavradio a dissertar longamente sobre qual o "sistema" que adotou para "por na possível defesa esta capital", e depois minuciosamente a capitania e as fronteiras do Sul. Tais indicações do grande vice-rei iam aliás na linha das *Instruções*[81] que Luís de Vasconcelos e Sousa, seu sucessor, trazia de Lisboa; ali se

---

[75] Idem, p. 312.

[76] São os capítulos 3º, 11º a 19º, 22º, 23º, 31º, 40º, 41º e 51º.

[77] Caio Prado Jr., *Formação do Brasil contemporâneo*, São Paulo, 1953, 4ª ed., p. 304; Dauril Alden, *Royal Government in Colonial Brazil*, Berkeley, 1968, passim, especialmente pp. 43 segs.

[78] Cf. as observações de D. Fernando José de Portugal ao Regimento de Roque da Costa Barreto. *Documentos Históricos.*, vol. VI, p. 315.

[79] C. Prado Jr., op. cit., p. 323; D. Alden, op. cit., pp. 474 segs.

[80] "Relatório do Marquês do Lavradio" (1779), *Revista do Instituto Histórico e Geográfico Brasileiro*, tomo IV, 1863, 2ª ed., pp. 415-417.

[81] "Instruções de Martinho de Melo e Castro a Luís de Vasconcelos e Sousa acerca do governo do Brasil" (1779), *Revista do Instituto Histótico e Geográfico Brasileiro*, tomo XXV, 1862, pp. 479-483.

estabelecia enfaticamente a necessidade de se atentar para a "conservação das tropas na América, particularmente no Rio de Janeiro", pois que "é demonstrativamente certo que, sem Brasil, Portugal é uma insignificante potência; e que o Brasil sem forças, é um preciosíssimo tesouro abandonado a quem o quiser ocupar".[82] Mais adiante, insistiam ainda neste ponto as instruções metropolitanas de 1779, assinadas por Martinho de Melo e Castro, secretário da Marinha e Ultramar: o que tornava essencial essa diretriz é "que o pequeno continente de Portugal, tendo braços muito extensos, muito distantes, e muito separados uns dos outros, quais são os seus domínios ultramarinos nas quatro partes do mundo, não pode ter meios, nem forças, com que se defenda a si próprio, e com que acuda ao mesmo tempo com grande socorro à preservação, e segurança dos mesmos domínios". O aproveitamento dos colonos na defesa do patrimônio metropolitano parecia aliás ao ministro português algo de inerente ao próprio sistema de exploração colonial: "nenhuma potência, por mais formidável que seja, pode, nem intentou até o presente, defender as suas colônias com as únicas forças do país dominante ou do seu próprio continente". Tanto era assim que "o mais, que até agora se tem descoberto, e praticado para ocorrer a esta impossibilidade, foi de fazer servir as mesmas colônias para a própria e natural defesa delas". Com o que se concluía que "nesta certeza, as principais forças, que hão de defender o Brasil, são as do mesmo Brasil". Lembrava, finalmente, que "com elas foram os holandeses lançados fora de Pernambuco, com elas se defendeu a Bahia dos mesmos holandeses; com elas foram os franceses obrigados a sair precipitadamente do Rio de Janeiro, e com elas enfim, em tempos mais felizes que os nossos, destruiram os paulistas as missões do Uruguai e Paraguai".[83]

Se atentarmos para estas normas fixadas nas instruções do vice-rei Luís de Vasconcelos, tornam-se visíveis as várias dimensões da defesa do patrimônio na última fase do Antigo Sistema Colonial, tal como se manifestavam na relação Portugal-Brasil, e que indicamos na primeira parte deste capítulo. Em primeiro lugar, o problema da defesa era inerente ao próprio sistema colonial do mercantilismo, essencialmente competitivo; o que transparece na referên-

[82] Idem, p. 480.

[83] Idem, p. 481.

cia à ação das outras metrópoles. Num segundo plano, a relação Portugal--Brasil era específica, agravando as dificuldades: à pequenez da mãe-pátria se contrapunha a extensão da colônia, o que estimulava a ação concorrente das potências. E note-se a ênfase com que este aspecto é discriminado nas diretrizes metropolitanas; não apenas se assinala a defasagem, mas se define uma efetiva interdependência. Finalmente, a época era peculiar, pois se faz referência a períodos menos difíceis. Tanto assim que, como vimos, se promovia um pouco mais adiante a reformulação do próprio regimento do governo colonial. O que indica que se ia tomando consciência dos problemas emergentes com a crise geral do sistema.

De Luís de Vasconcelos ao Marquês de Aguiar, portanto, a preocupação com a segurança do patrimônio permanece ponto básico da política ultramarina; nas instruções a este último,[84] aliás, insistia-se no "estabelecimento de um bom, e bem discutido sistema para a defesa externa" e a "criação de Junta militar para formar, e discernir os Planos para a defesa da mesma capitania, e para a ereção e conservação das Fortalezas". A correspondência oficial dos vice-reis reflete, como era de esperar, essas mesmas preocupações; boa parte dela é ocupada com assuntos atinentes à organização militar, para a defesa do patrimônio.[85]

E não somente às capitanias litorâneas, ou às que confinavam com os domínios das Índias de Castela, impunham-se essas determinações; de tal maneira a defesa do patrimônio emergia como um problema fundamental da colonização na fase de crise do sistema, que as próprias capitanias centrais se deviam enquadrar no esquema defensivo. Assim, já em 1775, nas instruções de Martinho de Melo e Castro a D. Antonio de Noronha, governador das Minas Gerais,[86] lembrando-se que "todas as colônias portuguesas são de Sua

---

[84] Instruções para D. Fernando José de Portugal, nomeado Vice Rei e Capitão Geral de Mar e Terra do Estado do Brasil (1800), Arquivo Histórico Ultramarino, códice 575, ff. 94-111, especialmente ff. 98-99.

[85] *Ofícios dos Vice-reis do Brasil.* "Índice da Correspondência dirigida à Corte de Portugal de 1763 a 1808", *Publicações do Arquivo Nacional do Rio de Janeiro*, vol. 2, Rio de Janeiro, 1971, 2ª ed., pp. 75 segs.

[86] Instrução a D. Antônio de Noronha, governador e capitão general de Minas Gerais, 24/1/1775, Biblioteca Nacional — Lisboa, Coleção Pombalina, códice 643, f. 125.

Majestade, e todos os que as governam são vassalos seus", salientava-se que "entre as muitas, e muito úteis disposições que El-Rei Nosso Senhor tem mandado estabelecer nos seus domínios ultramarinos, uma das mais importantes é a que tem por objeto a defensa, conservação e segurança de todos, e cada um deles". Em 1788, às vésperas da Inconfidência, instruindo o Visconde de Barbacena para o governo da mesma capitania central, mais explícito se tornava o governo metropolitano: "Acha-se a dita capitania no centro daqueles domínios; e confinando ao mesmo tempo com as capitanias de Pernambuco, Bahia, Rio de Janeiro e São Paulo, podem estas receber dela, particularmente a do Rio de Janeiro, os socorros e assistências que lhes são indispensavelmente necessários nos diversos acidentes a que se acham expostas todas as colônias que têm portos de mar; principalmente em tempo de guerra".[87]

Mas não eram apenas os perigos exteriores, a ameaça das outras potências que importava precaver. Assim, já numa consulta do Conselho Ultramarino, de 1732, depois de se chamar a atenção para a cobiça que a América portuguesa suscitava nas outras nações pelas suas riquezas, acrescentava-se que "a dois gêneros de perigos estão sujeitos todos os estados, uns externos, outros internos: os externos são os da força e violência que poderão fazer as outras nações; os internos são os que poderão causar os naturais do país, e os mesmos vassalos". Aduzindo-se enfim que o pior era "quando a força externa se une com a vontade, e força interna dos mesmos vassalos e naturais".[88]

Este documento, de uma transparência notável, nos conduz portanto ao outro aspecto do mesmo problema da *defesa do patrimônio*, por assim di-

---

[87] "Instrução para o Visconde de Barbacena Luís Antônio Furtado de Mendonça, governador e capitão general da capitania de Minas Gerais", 29/1/1788, *Revista do Instituto Histórico e Geográfico Brasileiro*, tomo VI, 1865, 2ª ed., p. 3. Cf. também *Anuário do Museu da Inconfidência*, ano II, 1953, pp. 115 segs. No mesmo sentido a "Instrução militar para Martin Lopes Lobo de Saldanha" (14/1/1775) ordenava que se organizassem forças na capitania de São Paulo, para auxiliar na defesa da fronteira meridional. *Revista do Instituto Histórico e Geográfico Brasileiro*, tomo IV, 1863, 2ª ed., pp. 350-362.

[88] "Consulta do Conselho Ultramarino a S.M., no ano de 1732, feita pelo Conselheiro Antônio Rodrigues da Costa", *Revista do Instituto Histórico e Geográfico Brasileiro*, tomo VII, 1866, 2ª ed., p. 498.

zer à sua *face interna*; qual seja, a emergência de tendências inconformistas ou mesmo autonomistas, de qualquer forma revolucionárias, que começavam a forcejar dentro da própria colônia.[89] É aqui que a crise se manifestava de forma decisiva e profunda, pois atingia o próprio núcleo do sistema colonial mercantilista. Embora repontassem esporadicamente já em fases anteriores, como a própria consulta citada está a indicar, é no último quartel do século XVIII que as tendências emancipacionistas se manifestam de forma recorrente e significativa.

Também aqui, nos aspectos internos da defesa do patrimônio, é possível discernir os vários níveis que o problema comportava. Não era possível explorar a colônia sem, de certo modo, desenvolvê-la; ainda que esse "desenvolvimento" se fizesse nas linhas de uma economia dependente, não podia deixar de envolver um aumento necessário de população na colônia, e uma complexidade crescente da sociedade colonial — o que começava a abrir a possibilidade de a pouco e pouco se manifestar oposição de interesses entre os colonos e a metrópole. Neste sentido, o perigo secessionista é inerente ao processo de colonização, e com ele se defrontaram todas as metrópoles. Mas, num segundo plano, e dadas as peculiaridades de relação colônia-metrópole, no caso Brasil-Portugal, o simples crescimento demográfico da colônia já se apresentava como algo ameaçador: quando a descoberta dos metais nobres e o início da mineração provocaram um forte movimento populacional para as Minas Gerais, atemorizam-se os dirigentes metropolitanos. Já em 1711 Antonil notava que "a sede insaciável do ouro estimulou a tantos a deixarem suas terras, e a meterem-se por caminhos tão ásperos, como são os das Minas, que dificultosamente se poderá dar conta do número de pessoas que atualmente lá estão",[90] avaliando-as não obstante em cerca de trinta mil almas. Mas a tendência era para crescer o movimento migratório: "cada ano vem nas frotas quantidade de portugueses e estrangeiros, para passarem às minas".[91]

---

[89] A organização da força armada, na colônia, tinha que se adaptar à nova situação. Cf. Heloisa R. Fernandes, *Política e segurança*, São Paulo, 1974, pp. 35-57.

[90] Antonil, *Cultura e opulência do Brasil por suas drogas e minas* (1711), ed. Andrée Mansuy, Paris, 1965, 3ª parte, cap. 5, p. 366.

[91] Idem, ibidem.

Assim sendo, de uma política de incentivo ao povoamento, passou o governo português rapidamente para uma política de restrições ao deslocamento de populações para a colônia.[92] E na consulta de 1732, já acima citada, explicitam-se claramente os motivos: "Estas mesmas riquezas, que naturalmente fazem aqueles homens soberbos, inquietos, mal sofridos e desobedientes, e este damno é inevitável. A fama d'estas mesmas riquezas convida os vassallos do Reino a se passarem para o Brasil a procurá-las; e ainda que por uma lei se quiz dar providência a esta deserção, por mil modos se vê frustrado o effeito d'ella, e passam para aquelle Estado muitas pessoas, assim do Reino como das ilhas, fazendo esta passagem, ou occultamente negociando este transito com os mandantes dos navios e seus officiais, assim nos de guerra, como nos mercantes, além das fraudes que se fazem à lei, procurando passaportes com pretextos e carregações falsas e por este modo se despovoará o Reino, e em poucos annos virá a ter o Brasil tantos vassallos brancos como tem o mesmo Reino; e bem se deixa ver que posto em uma balança o Brasil, e na outra o Reino, há de pesar com grande excesso mais aquella que esta; e asim, a maior parte e a mais rica não soffrerá ser dominada pela menor, mais pobre; nem a este inconveniente se lhe poderá achar fácil remedio".[93] O texto é de clareza tão meridiana que dispensa comentários: de um lado, a metrópole pequena e pobre; de outro, a colônia, grande e cheia de riquezas: se a balança demográfica pendesse para o domínio ultramarino, romper-se-ia o equilíbrio, e desorganizar-se-ia o sistema.

Do início para o fim do século XVIII, entretanto, acentuam-se e se aprofundam as contradições, agora induzidas por mecanismos estruturais que acabam por configurar a *crise*, os colonos começam a tomar consciência das oposições de interesse, a assimilar ideias revolucionárias que conduzem a atitudes não só de "inovação" mas até abertamente de contestação.[94] Era

---

[92] Mafalda Zemella, *O abastecimento da capitania das Minas Gerais no século XVIII*, São Paulo, 1951, pp. 37-48.

[93] "Consulta do Conselho Ultramarino" (1732), *Revista do Instituto Histórico e Geográfico Brasileiro*, tomo VII, p. 506. Segundo Raynal, Portugal "abarcou uma extensão de terras que nenhuma nação da Europa poderia conservar sem se enfraquecer". Cf. *Histoire des deux Indes*, tomo I, Genebra, 1780, p. 147.

[94] Carlos Guilherme Mota, *Atitudes de inovação no Brasil, 1789-1801*, Lisboa, 1970.

aquele "enlace tão natural", aquele "feliz nexo", em que acreditava D. Rodrigo de Sousa Coutinho,[95] que se ia inapelavelmente rompendo. Então, esta face interna da defesa do patrimônio se apresentava na sua terceira dimensão, característica da fase crítica do final do Antigo Regime.

Efetivamente, os mecanismos de fundo, através dos quais funcionava o Antigo Sistema Colonial, desencadearam, pelo seu próprio desenvolvimento, a crise do colonialismo mercantilista: como analisamos no capítulo anterior, ao funcionar plenamente, o sistema de colonização da época mercantilista promove a acumulação originária que, aliada a outras linhas de acumulação, desencadeiam a passagem para o capitalismo industrial. É este o processo básico de mudança que passa a imprimir, uma vez engajado, ainda que apenas em uma das metrópoles, tensões de toda ordem no conjunto do Antigo Regime. O Antigo Sistema Colonial, na realidade, como já indicamos, era parte de um todo, e se explica nas suas correlações com esse todo: o Antigo Regime (absolutismo, sociedade estamental, capitalismo comercial). Os mecanismos de base atuam no conjunto, e uma vez rompido o primeiro elo — a independência das colônias inglesas da América Setentrional — todo o arcabouço do Antigo Regime entra em crise. É neste sentido que os movimentos sediciosos ou mesmo de emancipação das colônias participam do mesmo quadro das revoluções "atlânticas", como formulou Godechot.[96] Por isso, e

---

[95] D. Rodrigo de Sousa Coutinho, "Memória sobre o melhoramento dos domínios na América", com introdução de Américo Pires de Lima, in *Brasília*, vol. IV, p. 406.

[96] Jacques Godechot, *Les Révolutions*, Paris, 1963, e *L'Europe et l'Amérique à l'époque napoléonienne*, Paris, 1967. A partir do enfoque esboçado no texto, parecem-nos mal equacionadas as discussões em torno do caráter, revolucionário ou não, da independência dos Estados Unidos (Cf. J. Godechot, *Les Révolutions*, op. cit., pp. 98 segs.). O debate se tem voltado para indagações a respeito do caráter mais ou menos "social" do movimento, sobre a ocorrência de transferência de propriedade etc., ou se a manutenção do escravismo não anula o caráter revolucionário da emancipação. Estas questões não são evidentemente irrelevantes, pelo contrário, são decisivas para se compreender o desenvolvimento norte-americano depois da independência. Encarado porém o Antigo Regime como um todo interdependente, e o sistema colonial como parte inserida e interdependente desse todo — o caráter revolucionário do movimento de independência se manifesta porque, ao envolver a ruptura de uma peça do sistema mais amplo, compromete o conjunto. Em suma: a independência dos Estados Unidos foi revolucionária na medida mesma em que significou

do ângulo que estamos examinando o problema, a defesa do patrimônio colonial significava, também, a sustentação do Absolutismo na metrópole.

A tomada de consciência desse processo estrutural manifesta-se concomitantemente na filosofia crítica da Ilustração, que, na medida em que se formula e se desenvolve, passa a se constituir em parte integrante e atuante do próprio processo de mudança. As "Luzes" da razão e da crítica, a partir da "crise de consciência", tão bem caracterizada por Paul Hazard,[97] se difundem, ao longo do Setecentos, em duas linhas: uma reformista, mais acadêmica, clara, e direta (Montesquieu, Voltaire etc.), outra propriamente revolucionária, libertária (Rousseau, Mably).[98] As linhas de divisão, é evidente, nem sempre são nítidas, e as duas correntes às vezes convergem no mesmo autor, se não na mesma obra.[99] Igualmente, neste último período do Antigo Regime, desenrolam-se simultaneamente as Reformas Ilustradas (o chamado "despotismo esclarecido") e o movimento revolucionário (a constelação das revoluções liberais). E na medida em que o processo revolucionário ganha força e se aprofunda, sobretudo a partir da Revolução Francesa, vai se configurando uma outra linha de pensamento político, este já não ilustrado — o pensamento contrarrevolucionário.[100]

---

a primeira ruptura nos quadros estruturais do Antigo Regime. Cf. também William H. Nelson, "The Revolutionary Character of American Revolution", *The American Historical Review*, vol. LXX, 1965, pp. 998-1015; Edmund S. Morgan (org.), *The American Revolution: Two Centuries of Interpretation*, Nova York, 1965.

[97] Paul Hazard, *La Crise de la conscience européenne*, Paris, 1935.

[98] Para uma visão geral da Ilustração europeia, cf. F. Valjavec, op. cit.; J. M. Goulemot e M. Launay, op. cit.; Leo Gershoy, *From Despotism to Revolution* (1763-1789), Nova York, 1944; Luis Sánchez Agesta, op. cit.; Eduardo Arcila Farias, *El Siglo Ilustrado en América*, Caracas, 1955.

[99] Sobre reformismo e ruptura revolucionária no pensamento das Luzes, cf. Eric J. Hobsbawm, *The Age of Revolution*, Londres, 1964, pp. 234-252; Roland Desné, *Os materialistas franceses de 1750 a 1800*, trad. port., Lisboa, 1969, pp. 9-57; R. Koselleck, op. cit., pp. 171 segs.; Albert Soboul, "Classes populaires et rousseaunisme" e "Jean-Jacques Rousseau et le jacobinisme", in *Paysans, sans-culottes et jacobins*, Paris, 1966, pp. 203-222, 256-279. Soboul acentua as metamorfoses das teorias, ao impacto da luta política.

[100] Jacques Godechot, *La Contre-Révolution: doctrine et action (1789-1804)*, Paris, 1961.

Ora, no quadro da vida espiritual da Ilustração europeia, como muito bem indicou recentemente Yves Benot,[101] o *anticolonialismo* configurou uma das dimensões mais acentuadamente revolucionárias. Em meio às difíceis "condições históricas da batalha das Luzes",[102] isto é, ante a repressão do Antigo Regime, vai pouco a pouco se elaborando a crítica contundente do Antigo Sistema Colonial montado pela política mercantilista. A elaboração é lenta e penosa, dadas as dificuldades de expressão do pensamento crítico; assim, o anticolonialismo se expressa muitas vezes de forma ambígua e contraditória. Na *Encyclopédie*,[103] por exemplo, o verbete sobre "colônias" é ainda tipicamente mercantilista: "tendo se estabelecido para a utilidade da metrópole, segue-se que, 1º devem estar sob sua dependência imediata e por consequência sob sua proteção; 2º que o comércio deve ser exclusivo dos fundadores". E mais: "uma colônia preenche melhor seu objetivo à medida que faz aumentar o produto das terras da metrópole, que faz subsistir um maior número de seus homens, e contribui ao ganho de comércio com as outras nações". Para isso, "os produtos da colônia não devem jamais ser de natureza a entrar em concorrência com os da metrópole". Finalmente, o comércio que a colônia fizer com estrangeiros será "um roubo feito à metrópole".[104] Dificilmente a ortodoxia mercantilista encontraria melhor defensor. Porém, o verbete sobre "escravidão"[105] configura uma autêntica denúncia do escravismo: "vamos provar que ela (a escravidão) fere a liberdade do homem, que é contrária ao direito natural e civil, que choca as melhores formas de governo, e enfim é inútil". Ora, sendo o escravismo uma das peças essenciais do sistema colonial, a sua condenação significava a impossibilidade do funciona-

---

[101] Yves Benot, *Diderot, de l'athéisme à l'anticolonialisme*, Paris, 1970, passim.

[102] Idem, ibidem, pp. 51-66. É um dos mais sugestivos trechos do livro, este em que o autor estuda as condições político-sociais por onde se exprimia o pensamento revolucionário, definindo o caráter militante da filosofia iluminista.

[103] *Encyclopédie, ou Dictionnaire Raisonné des Sciences, des Arts et des Métiers* [...], Paris, 1751-1772. Doravante citada como *Encyclopédie*.

[104] *Encyclopédie*, tomo III, pp. 648-651. O verbete parece inspirado em Montesquieu, *Espírito das leis*, trad. port., São Paulo, 1962, livro XXI, cap. 21.

[105] Idem, tomo V, pp. 934-943.

mento da exploração das colônias. No verbete "negros",[106] o enciclopedista precisou tomar mais cuidado: "tenta-se justificar ('on tache de justifier') o que este comércio tem de odioso e de contrário ao direito natural [...]", e seguem os argumentos conhecidos. "Monopólio"[107] é o "tráfico ilícito e odioso que faz o que se torna único dono de um tipo de mercadoria, para ser o único vendedor [...]", que era a situação dos mercadores metropolitanos nas colônias. Assim, por entre hesitações e às vezes por via indireta, o pensamento crítico e revolucionário se ia expressando.[108] Os próprios pensadores e escritores tiveram enfim que optar entre reforma e revolução.[109]

No conjunto, porém, o movimento ilustrado promoveu uma crítica contundente do colonialismo mercantilista.[110] A começar pela condenação dos abusos: Voltaire, Montesquieu, Marmontel põem novamente em pauta as descrições das violências contra os indígenas. "Tendo os povos da Europa exterminado os da América, tiveram que escravizar os da África, a fim de utilizá-los no desbravamento de tantas terras", diz Montesquieu,[111] que entretanto se mostra extremamente preconceituoso em relação aos negros. Se, de um lado, procura empiricamente explicar a existência da escravidão, em

---

[106] Idem, tomo XI, pp. 79-83.

[107] Idem, tomo X, p. 668.

[108] Nas condições do "combate das Luzes", os enciclopedistas se viam na contingência de combinar audácia com precaução; às vezes, as proposições mais audaciosas aparecem nos verbetes menos esperados. Sobre as dificuldades, as lutas, e a "tática" dos enciclopedistas, veja-se Albert Soboul, "L'*Encyclopédie* et le mouvement encyclopédiste", in *Textes choisis de l'Encyclopédie*, introdução e notas por A. Soboul, Paris, 1962, 2ª ed., pp. 7-24.

[109] Frank A. Kafker, "Les Encyclopédistes et la Terreur", *Revue d'Histoire Moderne et Contemporaine*, vol. XIV, 1967, pp. 284-295. Sobre a posição de Raynal no curso da Revolução, cf. Gabriel Esquer, "Introdução" a *L'Anticolonialisme au XVIIIe siècle: l'Histoire philosophique et politique...*, Paris, 1951, pp. 7-9. Sobre Naigeon, Grimm, Meister, vide Benot, op. cit., pp. 261 segs. Vejam-se também os estudos de Jean Hyppolite, "La Signification de la Révolution Française dans la *Phénoménologie* de Hegel", *Études sur Marx et Hegel*, Paris, 1955, pp. 45-81, e de Lucien Goldmann, "Goethe et la Révolution Française", *Recherches dialectiques*, Paris, 1959, pp. 211-228.

[110] Marcel Merle, *L'Anticolonialisme européen de Las Casas à Marx*, Paris, 1969, pp. 11-22; Michel Devèze, *L'Europe et le monde à la fin du XVIIIe siècle*, Paris, 1970, pp. 595 segs.

[111] Montesquieu, op. cit., livro XV, cap. 5, p. 270.

princípio, entretanto, a condena: "A escravidão, por sua natureza, não é boa; não é útil nem ao senhor nem ao escravo; a este porque nada pode fazer de forma virtuosa; àquele, porque contrai com seus escravos toda a sorte de maus hábitos". Enfim, "cumpre que as leis civis procurem dela extirpar, de um lado, os abusos, e de outro, os perigos".[112] Na Inglaterra, Burke ataca os defeitos da administração colonial.

Tais críticas ficavam ainda num plano reformista. Mas alguns publicistas logo o ultrapassam, e, como nota Marcel Merle,[113] atingem o próprio princípio da colonização. Mably insiste sobre o perigo das conquistas para o conquistador. E Rousseau as explica como um meio de aumentar no interior do estado expansionista o poder dos chefes.[114] Raynal finalmente discutirá o direito de colonizar. Por outro lado, os economistas (os "fisiocratas" na França, os "clássicos" na Inglaterra) procuram demonstrar a inutilidade das colônias: além de despovoarem a mãe-pátria, só enriquecem uma pequena camada de beneficiários privilegiados. Já Cantillon pusera reparos, em certos casos, ao comércio colonial, cuja permanente vantagem lhe parecia ilusória.[115] Para os fisiocratas e Adam Smith, porém, o monopólio leva sempre a uma má alocação dos fatores pois trava o crescimento da riqueza, que o comércio livre promove. Raynal recolhe esses argumentos.

Quesnay só incidentalmente tratou de assuntos coloniais; mas lança dúvidas sobre as vantagens da colonização: "Pergunta-se se as colônias não despovoam o reino que as promove; seria antes de perguntar se elas não diminuem a riqueza dele pelas despesas e guerras que provocam".[116] Noutro passo, comentando Montesquieu, nega as vantagens do pacto, pois ele engendra

---

[112] Idem, ibidem, p. 267. Mais contundente o protesto de Voltaire. Cf. Textos em René Pomeau, *Politique de Voltaire*, Paris, 1963, pp. 214 segs.

[113] M. Merle, op. cit., pp. 14-16.

[114] Trechos de Mably e Rousseau, in M. Merle, op. cit., pp. 106-112.

[115] Richard Cantillon, *Ensayo sobre la naturaleza del comercio en general* (1755), trad. esp., México, 1950, pp. 149 segs. Os reparos dizem respeito, especificamente, ao comércio oriental.

[116] Textos de Quesnay (de 1758 a 1766, respectivamente) in M. Merle, op. cit., pp. 137-142. Contudo, os princípios fundamentais da Fisiocracia levavam implícita a crítica do sistema colonial: refutação da teoria da balança, preconização do comércio inteiramente livre. Cf. Charles Gide e Charles Rist, *Histoire des doctrines économiques*, Paris, 1959, 7ª ed., pp. 29 segs. Daí a opo-

lucros abusivos que se concentram apenas nas mãos dos intermediários: "Poder-se-ia objetar a Montesquieu que, supondo-se que a extensão do comércio foi o único objetivo do estabelecimento das colônias, este seria um péssimo meio de atingir este fim — dar o privilégio exclusivo do comércio das colônias a um corpo qualquer de mercadores de um país, ainda que aos nacionais. Resulta desse privilégio exclusivo que as colônias seriam menos bem e mais caramente abastecidas das coisas de que necessitam e que venderiam menos vantajosamente as produções de seu território".[117] Sem contar o trecho do *Tableau économique*[118] em que afirma: "o pecúlio destes comerciantes circula também entre a metrópole e suas colônias, ordinariamente sem acrescer as riquezas duma ou das outras; algumas vezes mesmo diminuindo-as muito, sobretudo quando é excluída a concorrência dos outros comerciantes dos outros países. Neste caso, o monopólio acresce o pecúlio dos comerciantes da metrópole e das colônias, e diminui o das colônias e da sua metrópole".[119]

Esta era, aliás, a linha de argumentação retomada por Adam Smith: no livro IV da *Riqueza das Nações* (1776) o problema é longamente analisado, demonstrando-se que o regime de exclusivo distorce a melhor alocação dos fatores produtivos seja na colônia, seja na metrópole; compromete-se destarte a função do comércio que seria exatamente a de promover aquele melhor aproveitamento e pois desenvolver a riqueza geral, ao mesmo tempo em que

sição que os mercadores ligados aos monopólios fizeram à Escola. Cf. Georges Weulersse, *Le Mouvement physiocratique*, tomo II, Paris, 1910, pp. 415 segs.

[117] Idem, ibidem, passim.

[118] Esta passagem é de 1766, pois está na nota 10 da "Analyse de la formule arithmétique du *Tableau économique*"; sobre as várias partes do *Tableau* e suas publicações, cf. Henry Higgs, *Los fisiócratas*, trad. esp., México, 1944, pp. 55-57, e *Quesnay's Tableau Économique*, ed. por Ronald L. Meek e Marguerite Kuczynski, Londres, 1972.

[119] F. Quesnay, *Quadro económico: análise das variações do rendimento de uma nação*, trad. port., introdução de Bento Murteira, Lisboa, 1969, p. 265; *Tableau économique des physiocrates*, introdução de Michel Lutfalla, Paris, 1969, p. 247. Mais adiante, Quesnay faz notar que "estas observações são, é verdade, pouco conformes à opinião do vulgo sobre o volume total de moeda de uma nação". Cf. trad. port., op. cit., p. 267, e ed. francesa, op. cit., p. 248.

se critica a doutrina da balança favorável como falaciosa.[120] Na realidade, no sistema colonial, mostra Smith, os interesses particulares dos mercadores se sobrepunham aos interesses gerais da nação,[121] o que evidentemente era de se condenar.

A análise dos economistas — físiocratas, clássicos — ficava quase sempre num plano teórico e formal, apesar das digressões históricas que alongam suas páginas, sobretudo no criador da economia clássica. Duas observações se impõem naturalmente: primeiro, a crítica que enfatiza que o exclusivo favorecia apenas uma parcela da população metropolitana e não o todo, quando dirigida contra os teóricos do "sistema mercantil", deixa de lado a perspectiva histórica. Embora não muito explicitamente, não só o sistema colonial mas toda a política mercantilista visava no fundo promover a acumulação de capital pela camada empresária da época, isto é, a burguesia mercantil; não se trata pois de erro dos mercantilistas, pois os fins — sob a roupagem do poder da nação em face das outras — eram estes mesmos. Apenas Smith num passo parece ter pressentido o fenômeno: "a maior parte dos regulamentos sobre o comércio colonial, deve-se observar, foi a aconselhada pelos mercadores que faziam este comércio. Não é para admirar, pois, se, na maior parte deles, seus interesses tenham sido mais considerados do que os das colônias ou os da mãe-pátria".[122] Note-se que Smith não tem a visão da colonização se engendrando como um processo, mas como algo aconselhado pelos mercadores; em suma, embora tenha apontado com argúcia o jogo de interesses, não podia chegar a ver a política colonial do mercantilismo e as próprias teorias mercantilistas como expressão, ainda que indireta, da perspectiva de uma classe social em ascensão. Da mesma forma que não podia perceber — e aqui tocamos em nossa segunda observação — que a nova teorização, de que ele próprio era a expressão mais avançada, correspondia a um novo estágio do desenvolvimento capitalista, em pleno curso, a Revolução Industrial. Sinteticamente, da mesma forma que ao capitalismo comercial

---

[120] Adam Smith, *The Wealth of Nations* (1776), livro IV, ed. E. Cannan, Nova York, s.d., pp. 397 segs., especialmente pp. 416, 557-559, 565-575. Para uma análise mais detalhada, cf. Donald Winch, *Classical Political Economy and Colonies*, Londres, 1965, pp. 6-24.

[121] Idem, ibidem, passim.

[122] A. Smith, op. cit., p. 550.

eram indispensáveis as formas compulsórias de acumulação originária, estas mesmas formas iam-se tornando obsoletas com a emergência do capitalismo pleno.[123]

De qualquer forma, a análise fisiocrática ou clássica envolvia uma crítica contundente do Antigo Sistema Colonial. E note-se que os economistas, de um modo geral, constituíam um setor assaz moderado do movimento da Ilustração. Fisiocrata muito heterodoxo, Turgot, além de condenar a escravidão nas *Réflexions sur la formation et la distribution des richesses*,[124] avança afirmações audaciosas sobre o futuro das colônias: elas "são como os frutos que pertencem à árvore até que tenham recebido uma alimentação suficiente; depois se separam".[125] E noutro passo: "Vejo com alegria, como cidadão do mundo, aproximar-se um evento (refere-se à Revolução Americana) que, mais que todos os livros dos filósofos, dissipará o fantasma do ciúme do comércio".[126] Não resta dúvida de que o intendente do Limousin era bom profeta; estas palavras foram escritas em 1770.

Convergiam, portanto, como muito bem notou Marcel Merle,[127] na segunda metade do século XVIII, os argumentos "idealistas" e os argumentos "utilitários" para configurar o anticolonialismo das Luzes. Na Academia de Madri, por exemplo, Antillón sustentava, numa "memória", que a libertação

---

[123] Eric Roll, *History of Economic Thought*, Londres, 1956, pp. 61-68 e 138-142; Bernard Semmel, *The Rise of Free Trade Imperialism*, Cambridge, 1970, pp. 27-30, que retoma e desenvolve as formulações de John Gallagher e Ronald Robinson, "The Imperialism of Free Trade", *The Economic History Review*, 2ª série, vol. II, 1953, pp. 1-15.

[124] Turgot, *Réflexions sur la formation et la distribution des richesses* (1766), in *Écrits économiques de Turgot*, prefácio de Bernard Cazes, Paris, 1970, pp. 121-188; à pág. 135 referência ao "abominável costume de escravidão" e ao "*bringandage*" do tráfico que "reina ainda com todo seu horror nas costas da Guiné". Transcreve-se também a versão dada por Du Pont de Namours na primeira edição da obra, nas famosas *Ephémerides*, onde o editor alterou e aumentou o trecho, acentuando o antiescravismo. Sobre a posição de Turgot em face dos fisiocratas, cf. G. Weulersse, op. cit., tomo I, pp. 138 segs.

[125] Apud Hubert Deschamps, *Méthodes et doctrines coloniales de la France*, Paris, 1953, p. 81.

[126] Idem, ibidem, passim.

[127] M. Merle, op. cit., pp. 11-22.

dos escravos na América não afetaria a prosperidade das colônias.[128] É em Raynal que se condensam e cristalizam todas essas linhas do pensamento ilustrado sobre o sistema colonial. Já nos referimos à importância, vicissitudes e enorme difusão de sua famosa obra.[129] Como tantas outras grandes obras do enciclopedismo, a famosa *Histoire des deux Indes* foi na realidade obra coletiva: Valadier, Deleyre, Pechméja, St. Lambert e Diderot nela amplamente colaboraram. Para maior complicação, o trabalho foi remanejado de edição para edição, de modo que o problema de fixar a autoria de cada passo é quase insolúvel.[130] De importância decisiva parece ter sido a contribuição de Diderot, que radicalizou as posições anticolonialistas de Raynal.[131] Assim, não se pode estranhar que o resultado se apresente ambíguo e até certo ponto contraditório. É que "as contradições dos filósofos", como agudamente notou Michèle Duchet, "eram em última análise as do próprio sistema colonial".[132] Yves Benot, contudo, que estudou a fundo, investigando mesmo manuscritos originais do grande enciclopedista só recentemente revelados, delimita três linhas de pensamento que percorrem todo o corpo da *Histoire philosophique et politique*, ou para usar suas palavras, três "vozes":[133] uma primeira, na base, historia as conquistas e a colonização, fazendo reparos e propondo melhoras, inclusive propugnando uma melhor redistribuição em favor da França; comporta descrições geográficas e considerações sobre a psicologia dos povos; propõe reformas na administração das colônias. Um segundo estrato introduz reflexões filosóficas e manifesta a corrente humanitária a respeito dos "selvagens". Finalmente, a terceira "voz" apresenta discursos

---

[128] J. Sarrailh, op. cit., p. 508.

[129] Sobre Raynal na Espanha, cf. idem, ibidem, p. 108.

[130] Hans Wolpe, op. cit.; G. Esquer, op. cit.; Michèle Duchet analisa a "fabricação" do livro e seu significado. Cf. *Anthropologie et histoire*, op. cit., pp. 170-177, 411-413, 478.

[131] Yves Benot, *Diderot, de l'athéisme à l'anticolonialisme*, Paris, 1970. Michel Devèze refere a anedota do diálogo Diderot-Raynal. Diderot: "Je dis, mais, mon ami, qui sera assez osé pour publier et pour avouer cela?" Raynal: "Moi, moi...". Cf. *L'Europe et le monde à la fin du XVIIIe siècle*, p. 596. "Reler Raynal para encontrar Diderot", aconselha Benot (op. cit., p. 163), que localizou a contribuição do grande enciclopedista na *Histoire des deux Indes*.

[132] M. Duchet, op. cit., p. 135.

[133] Y. Benot, op. cit., pp. 180-181.

inflamados que envolvem enfim a condenação do sistema, atingindo em certos passos apelos à revolta dos colonizados. *Grosso modo*, corresponderiam ao quadro geral de Raynal, à contribuição de Pechméja e à participação de Diderot. Refletindo pois as hesitações e as ambiguidades do próprio movimento ilustrado, a obra de Raynal expressa ao mesmo tempo crítica, reformismo e ação revolucionária.

Já desde as primeiras páginas, problematiza-se o fenômeno colonização. Depois de insistir sobre a importância e as repercussões da expansão europeia,[134] Raynal se pergunta: "Mas as revoluções que se passaram e as que se seguirão, foram, serão úteis à natureza humana? O homem lhes ficará um dia credor de tranquilidade, de felicidade e de prazer?".[135] A colonização estava pois posta em julgamento. Num outro trecho,[136] admitindo que "a razão e a equidade" permitem às colônias, acrescenta Raynal, "os princípios dos quais não devia ser permitido afastar-se na sua fundação". O estudo desses "princípios", nesta parte do livro, foi introduzido na edição de Genebra, 1780: "Um número de homens, qualquer que seja, aporta numa terra estrangeira e desconhecida, deve ser considerado como um só homem. A força cresce com a multidão, mas o direito permanece o mesmo. Se cem ou duzentos homens podem dizer 'este país nos pertence', um só homem o pode dizer". Trata-se pois de uma questão de direito e não de força. Ora: "ou o país é deserto, ou em parte deserto em parte habitado, ou totalmente povoado". "Se é povoado, legitimamente só se pode pretender a hospitalidade e os socorros que o homem deve ao homem. Se me deixam morrer de fome ou frio à margem, usarei minha arma e pela força tomarei o que necessitar, e matarei quem se opuser. Mas quando se me der asilo, o fogo e a água, o pão e o sal, ter-se-ão preenchido as obrigações para comigo. Se eu exijo mais, torno-me ladrão e assassino."[137] Se há espaço, isto é, se a região é parcialmente desabitada, é le-

---

[134] Raynal, *Histoire philosophique et politique des établissements et du commerce des européens dans les deux Indes*, tomo I, Genebra, 1780, pp. 1-2: "Começou então uma revolução no comércio, no poderio das nações, nos costumes, na indústria e no governo de todos os povos. Tudo mudou e ainda deve mudar".

[135] Idem, ibidem, tomo I, p. 2.

[136] Idem, ibidem, tomo II, p. 249.

[137] Idem, ibidem, tomo II, pp. 250 segs.

gítimo tomar posse — mas pelo trabalho apenas. O colonizador só pode estender seu domínio até os confins do domínio já preexistente. Do contrário, os autóctones têm o direito, pelas leis da humanidade e da justiça, de expulsar e mesmo exterminar o invasor. Com tais princípios, vê-se bem, quando muito a colonização de povoamento encontraria justificativa...

Era entretanto evidente que a colonização se processara por outras vias, muito distantes desses "princípios", cuja formulação marcava, isto sim, menos que um programa, a tomada de consciência da crise do sistema. O problema fundamental seria em que medida uma política reformista ilustrada poderia trazer o carro da história para os trilhos da Razão. De fato, contornando o problema, Raynal se pergunta se a colonização se tivesse promovido efetivamente por homens civilizados e virtuosos — se o resultado teria sido diverso.[138] E se põe a meditar sobre este "fenômeno tão estranho": a "metamorfose do europeu expatriado".[139] Longe dos freios das leis e da civilidade, parece-lhe (fica a sugestão numa interrogativa) que emergiam furiosamente a ambição e a violência; o que de resto parece contrariar as ideias rousseaunianas sobre a bondade natural.

Mas, enfim, para além desses quase devaneios sobre o que poderia ter sido, havia a realidade tangível das colônias, tal como se apresentavam. "Estimamos muito a produção das colônias?", pergunta-se o enciclopedista. Parece-lhe isso fora de dúvida. "Por que então temos tão pouco interesse na sua (das colônias) prosperidade e na conservação dos colonos?" O descaso dos interesses dos colonos se aproxima ao cabo com "nossa conduta com os camponeses",[140] curiosa aproximação. E mais: como era possível que "esta inconsequência dos povos fosse também o vício dos governos?". Aqui hesita o autor, e enfim se resolve:[141] há mais de competição ("jalousie") que verdadeiro interesse em torno das colônias; sentiriam menos que o mar as inun-

---

[138] Idem, ibidem, tomo III, p. 1. Noutro trecho: "Ultrapassado o Equador, o homem não é nem inglês, nem holandês, nem francês, nem espanhol, nem português. Só conserva de sua pátria os princípios e os preconceitos que autorizam ou desculpam sua conduta". Cf. tomo II, p. 357.

[139] Idem, ibidem.

[140] Idem, ibidem, tomo III, p. 437.

[141] Idem, ibidem.

dasse que se caíssem sob o domínio de uma potência rival. Daí não admirar que "os governos, fundadores de colônias, tivessem querido que os súditos que para lá se transportassem não consumissem senão as mercadorias fornecidas pela metrópole, nem pudessem vender as produções de suas terras senão à metrópole". Depois de discutir, problematizar a colonização em geral, era portanto agora o próprio nervo do sistema — o exclusivo metropolitano do comércio colonial — que começava a ser posto em xeque. Tal sistema parecera desde o início "natural" mas, pergunta, "no estado geral das coisas, é praticável?".[142] Novas hesitações para cada caso em especial mas, sempre que se alça a considerações gerais, vem a condenação: "Que é pois o monopólio? É o privilégio exclusivo de um cidadão sobre todos os outros de comprar e vender. A essa definição todo homem sensato para e diz: Entre cidadãos iguais, todos servindo à sociedade, contribuindo a seus encargos na proporção de seus meios, como pode um ter direito do qual o outro fique legitimamente privado? Que é pois essa coisa tão sagrada pela sua natureza, que um homem, qualquer que seja, não possa adquirir, se lhe falta, ou se desfazer, se lhe pertence?".[143] É de se ver o impacto que tais reflexões deviam causar entre os colonos na quadra de crise, depois do exemplo das ex-colônias inglesas. Não eram "coisas", e sim um sistema — o Antigo Sistema Colonial —, e sua sacralidade não podia provir de nenhuma natureza, mas da história. Mas, na história, já dissera Raynal noutro passo, "tout a changé et doit changer encore"...

Em determinados trechos um realismo mais pedestre permeia o texto de Raynal. Como quando, depois de fixar máximas "verdadeiras, sólidas, úteis" — a liberdade do comércio que, na linha da nova economia política, promoveria a prosperidade geral — observa que "todos os governos trabalham para não depender da indústria estrangeira". Daí: "quanto mais perderem nos mercados externos, tanto menos quererão consentir na concorrência dos que lhes restam".[144] Logo, manteriam as colônias fechadas. Equacionava-se o conflito inevitável. No limite, em determinados momentos, ergue-se

[142] Idem, ibidem, p. 485.

[143] Idem, ibidem, tomo I, pp. 690 segs.

[144] Idem, ibidem, tomo III, p. 604.

a "terceira voz", e a fala ganha contornos revolucionários: "Não, não; é preciso que a justiça se faça, cedo ou tarde. Se acontecesse doutra forma, eu me dirigiria à população. Dir-lhe-ia: Povos, cujos rugidos fizeram tremer tantas vezes os senhores, que esperais? Para que momento reservais as tochas, e as pedras que pavimentam as ruas? Arrancai-as...". Não importa que o trecho apareça no capítulo que discute os privilégios da companhia inglesa na Índia; a sua formulação podia perfeitamente ser transposta pelo leitor, que há muitas leituras de um mesmo texto. Nem mesmo importa que, como que atemorizado pela violência do apelo às armas, o autor (Diderot, no caso) modere em seguida o tom: "Mas os cidadãos honestos, se ainda resta algum, enfim se levantarão. Ver-se-á que o espírito de monopólio é pequeno e cruel...".[145] A alternativa daquele "se" ficava bailando no ar...

Se o exclusivo metropolitano do comércio colonial recebia esse tratamento nas páginas de Raynal, bem se pode esperar que a condenação da escravidão africana e do tráfico negreiro seja ainda mais contundente.[146] E de fato, um a um, vão sendo refutados os argumentos correntes para justificar o escravismo. Dizer, por exemplo, que a escravidão é fenômeno de todos os tempos e lugares, não impressiona absolutamente Raynal: "É ao uso do tempo ou à consciência que se deve apelar? Deve-se escutar o interesse, a cegueira, a barbárie, ou a Razão e a justiça? Se a universalidade de uma prática provasse sua inocência, estaria acabada a apologia das usurpações, conquistas, opressões de toda sorte". Se se argumentasse que a escravidão moderna diferia da antiga, pois ao contrário dos antigos que se criam senhores da vida dos escravos, agora só se assenhoram de sua liberdade — Raynal não se deixava embair por tão grotescas racionalizações: "esta lei teve alguma força? A América não está povoada por colonos atrozes que, usurpando insolentemente os direitos soberanos, fazem expiar a ferro e fogo as infortunadas vítimas de sua

[145] Idem, ibidem, tomo I, p. 398.

[146] "Como a maior parte dos *philosophes* de sua época, Raynal pensava que a escravidão era contrária à natureza, e portanto universalmente injusta." Cf. David Brion Davis, *The Problem of Slavery in Western Culture*, Ithaca, Nova York 1970, p. 14. E, noutro passo: "Para muitos europeus, tão diferentes entre si como John Wesley e o abade Raynal, o africano era uma criança inocente da natureza, cuja escravidão na América traía a verdadeira imagem do Novo Mundo como a terra da inocência natural e nova esperança para a Humanidade". Idem, ibidem, p. 48.

avareza?". E, quando não fosse, esse argumento de fato: "Que é a existência para aquele que não tem propriedade dela?". Para os que, mais despudorados, ainda acreditavam que os negros "são uma espécie de homens nascidos para a escravidão", pois são "limitados, patifes, maus", a resposta vinha a talhe: "Os negros são limitados porque a escravidão destrói todas as energias da alma. São malvados, mas não o bastante com os senhores ['Ils sont méchants, pas assez avec vous']. São velhacos, porque aos tiranos não se deve a verdade". Se se pretendesse que eram os governos que vendiam os escravos, o publicista indagava "de onde vem ao Estado esse direito?". Se se afirmasse que eram os próprios escravos que se vendiam, Raynal contra-afirmava peremptoriamente que "o homem não tem o direito de se vender". Para os que pretendiam que os escravos tinham sido aprisionados em guerra, Raynal lhes lançava à face as perguntas: "sem vós haveria tais combates? As dissenções desses povos não são obra vossa?". Se se pretendesse que os negros escravizados eram criminosos dignos de punição: "Sois os carrascos dos povos da África? Quem os julgou? Ignorais que num Estado despótico só há um culpado, o déspota?". Para os que sustentavam que os negros eram mais felizes na América que na África: "Por que então esses escravos suspiram incessantemente pela sua pátria? Por que sempre que podem retomam sua liberdade? Por que preferem o deserto e o convívio com os animais ferozes a um estado que vos parece tão doce? Por que suas mulheres provocam tantas vezes o aborto, para que seus filhos não partilhem seu triste destino?". Enfim, último argumento, a famosa justificação: a escravidão era o único meio de cristianizar os africanos. Aqui, a resposta era um brado de indignação: "Bondoso Jesus, se tivésseis previsto que se faria vossas doces máximas servir à justificação de tantos horrores! Se a religião cristã autorizasse assim a avareza dos impérios, era preciso proscrever para sempre os dogmas sanguinários dela". O que levava a um apelo ao clero: "Que ela (a religião cristã) volte ao nada, ou que em face do universo desautorize as atrocidades que se fazem em seu nome ['dont elle a la charge']. Que seus ministros não temam mostrar demasiado entusiasmo em tal assunto. Quanto mais sua alma se inflamar, melhor servirão à sua causa. Manter-se calmo seria crime, o transporte será sabedoria".[147]

---

[147] Raynal, op. cit., tomo III, Genebra, 1780, pp. 91-204, especialmente pp. 195-201.

Do ponto de vista do impacto político, pode imaginar-se a força desse texto. Nem é de se descartar que, nos seus desdobramentos, atingisse os próprios escravos.[148] Sob esse aspecto, atingindo na crítica a própria instituição, cuja origem e desenvolvimento se explica pela ambição,[149] tornavam-se quase pálidos os outros passos em que Raynal apresentava os meios de amenizar a condição dos cativos,[150] ou preconizava a supressão paulatina do escravismo.[151] Aliás, as medidas reformistas se apresentavam explicitamente como alternativa em face da dificuldade da extinção pura e simples,[152] pois, "na verdade, o direito de escravizar é o de cometer toda sorte de crimes".[153] E mais uma vez, no limite, é o apelo revolucionário que se ergue, contundente: "Europa, escutai-me ainda. Vossos escravos não têm necessidade nem de vossa generosidade, nem de vossos conselhos, para romper o jugo sacrílego que os oprime. A natureza fala mais alto que a filosofia e o interesse. Já foram estabelecidas duas colônias de negros fugitivos... Estes clarões anunciam o raio para os conduzir à vingança e à carnificina". Dirigindo-se aos escravos: "Onde está este grande homem que a natureza deve a esses filhos vexados, oprimidos, atormentados? Não duvidemos que ele aparecerá, mostrar-se-á, levan-

---

[148] Gaston-Martin, *Histoire de l'esclavage dans les colonies françaises*, Paris, 1948, pp. 166 segs., p. 227. Veja-se, por exemplo, no Brasil, a carta do governador Cunha Menezes a Martinho de Melo e Castro (15/11/1773), em que relata que os mulatos e os negros da Paraíba, "chegando a seu poder a lei de 16 de janeiro do corrente ano" — trata-se da lei que, dando sequência à legislação anterior, consolida a extinção da escravatura africana em Portugal; os negros escravos que fossem para a metrópole ficariam livres — "Se animavam aqueles a persuadir-se a que também se entendia com eles a mesma Real Graça, de sorte que entre si tratavam este errado pensamento com tal eficácia que faziam extrair grande número de cópias do Exemplar desta Ley". Indica finalmente o governador que mandara proceder a algumas prisões. Arquivo Histórico Ultramarino — Lisboa, Pernambuco, caixa 59 (a existência deste documento foi-nos comunicada pelo professor José Ribeiro Junior). Sobre a legislação portuguesa suprimindo a escravidão, cf. F. C. Falcon e F. A. Novais, op. cit., pp. 406-431.

[149] Raynal, op. cit., tomo III, Genebra, 1780, p. 193.

[150] Idem, ibidem, pp. 181 segs.

[151] Idem, ibidem, p. 202.

[152] Idem, ibidem, p. 186.

[153] Idem, ibidem, p. 196.

tará o estandarte sagrado da liberdade".[154] Era Toussaint-Louverture que despontava nas páginas de Raynal-Diderot...[155]

Dominação política da metrópole, exclusivo comercial, escravismo e tráfico, todos os pilares do Antigo Sistema Colonial da época mercantilista: era a própria colonização europeia que se punha em xeque; o pensamento ilustrado, nos seus vários matizes, nada deixava de lado, tudo vasculhava com a sua crítica. A América voltava a penetrar no horizonte intelectual da Europa, como nos tempos dos Descobrimentos, e a perturbar a tranquilidade da consciência europeia. E isto numa dimensão de maior profundidade, desempenhando, como assinalou Arthur Whitaker, um papel não só passivo (objeto de reflexões) mas sobretudo ativo, elemento de tomada de consciência.[156] Os jesuítas proscritos — por exemplo, Clavigero — escrevendo no exílio e saudosos das terras americanas, foram, como mostrou Picon-Salas,[157] um dos mais importantes fatores dessa emergência da América como problema nos quadros do pensamento ilustrado; a tal ponto que é toda uma longa polêmica que se delineia — a disputa a respeito do Novo Mundo.[158]

Se retomarmos, agora, as considerações precedentes sobre as tensões de conjunto que emergem neste período final do século XVIII e início do XIX — engendradas pela passagem lenta mas persistente ao capitalismo industrial — temos o quadro de receptividade da ideologia anticolonialista da Ilustração. Será, *grosso modo*, a face reformista das Luzes que incidirá mais sobre a metrópole; na colônia, a face revolucionária. Esta a ambiguidade fundamen-

---

[154] Idem, ibidem, p. 204.

[155] Não se trata de força de expressão. Efetivamente, numa *plantation* de Saint-Domingue, o escravo Toussaint Bréda — o futuro Toussaint L'Ouverture — lera e relera as páginas candentes de Raynal. Cf. Cyril L. R. James, *The Black Jacobins: Toussaint L'Ouverture and San Domingo Revolution*, Nova York, 1963, 2ª ed., pp. 24-26, 90-93.

[156] Arthur P. Whitaker, "The Dual Role of Latin America in the Enlightenment", in *Latin America and the Enlightenment*, Nova York, 1942, pp. 3-21.

[157] Mariano Picon-Salas, *De la Conquista a la Independencia: tres siglos de historia cultural hispanoamericana*, México, 1944, pp. 166 segs.

[158] Antonello Gerbi, *La disputa del Nuevo Mundo: historia de una polémica, 1750-1900*, trad. esp., México, 1960. Sobre os jesuítas na "disputa", pp. 168 segs.

tal do pensar ilustrado, ao mesmo tempo reformista e revolucionário, dependendo da *situação* em que se processe a sua leitura. Por onde se pode compreender a divergência, ainda hoje, na interpretação de seu significado: uma das análises mais profundas, a de Michèle Duchet[159] insiste nas limitações ideológicas das Luzes; o mundo extraeuropeu, o indígena, o escravo, eram na realidade sempre objeto, nunca sujeito, do discurso iluminista, uma maneira de a sociedade europeia se compreender a si mesma. Yves Benot, entretanto, que vimos acompanhando nessas páginas, procura acentuar sua dimensão anticolonialista, e pois revolucionária.[160] A contradição do real manifesta-se, assim, no discurso que o exprime. A crise, de qualquer modo, era geral, e punha em xeque tanto o sistema mercantilista de colonização como o absolutismo da metrópole.[161]

Que as proibições inquisitoriais, a censura do absolutismo[162] não conseguiam impedir que as obras europeias chegassem à colônia, evidenciam-no as sondagens, ainda poucas, feitas nas bibliotecas coloniais.[163] No interior das Minas, as bibliotecas de João Rezende da Costa e Batista Caetano de Al-

---

159 M. Duchet, op. cit., pp. 9-21, 37-177, 477-481.

160 Y. Benot, op. cit., pp. 51-65, 138-155, 162 segs.

161 O aprofundamento do processo revolucionário na França traria necessariamente à tona, no plano da prática política, o "dilema colonial" de uma metrópole transfigurada pela revolução. Cf. D. B. Davis, op. cit., pp. 137-148; Jacques Godechot (seleção e apresentação), *La Pensée révolutionnaire en France et en Europe, 1780-1799*, Paris, 1964, pp. 148 segs.

162 Em Portugal, com as reformas pombalinas, o controle passaria para a Mesa Censória. Veja-se Maria Adelaide S. Marques, *A Real Mesa Censória e a cultura nacional*, Coimbra, 1963, com o "catálogo dos livros defesos no Reino, de 1768 a 1814". Para a Espanha: Marcelin Defourneaux, *L'Inquisition espagnole et les livres français au XVIIIe siècle*, Paris, 1963, com catálogo de 1747 a 1807. No Brasil colonial, como se sabe, não permitiu a metrópole a instalação da imprensa. A iniciativa de Antonio Isidoro da Fonseca, impressor conceituado em Lisboa, transferindo para o Rio de Janeiro, em 1746, sua oficina, sob a proteção de Gomes Freire de Andrade, foi no ano seguinte proibida pelo governo metropolitano. Só com D. João VI começaria no Brasil a indústria do livro. Cf. Nelson Werneck Sodré, *História da imprensa no Brasil*, Rio de Janeiro, 1966, pp. 11-33.

163 Clado Ribeiro de Lessa, "As bibliotecas brasileiras dos tempos coloniais", *Revista do Instituto Histórico e Geográfico Brasileiro*, tomo CXCI, 1946, pp. 339-345.

meida, estudadas por Bradford Burns,[164] ostentavam uma rica coleção do pensamento das Luzes: ao lado de obras sobre agricultura, botânica, química, história, viagens, e sem a presença de livros da escolástica tradicional, lá estão Montesquieu, Diderot, Rousseau, Beccaria, Mably, Condorcet, Raynal... "Surpreendentemente grande o número de livros sobre os Estados Unidos",[165] nota o historiador americano; mas não é de surpreender, quando se pensa no impacto que a independência norte-americana por certo causou na mente desses colonos, para quem não era "das menores desgraças, o viver em colônias".[166] Ruptura revolucionária do pacto colonial, a independência norte-americana não podia deixar de imprimir ampla repercussão nas colônias que continuavam presas ao sistema; nova forma política de república eletiva, envolvia funda ruptura com o absolutismo, e por isso repercutiu também densamente na Europa.[167] Sistema colonial e Antigo Regime formavam um todo indissolúvel.

A biblioteca do cônego Luís Vieira da Silva, famoso inconfidente,[168] não era menos inquietante. O "diabo", como diria Eduardo Frieiro[169] — isto é, as obras contestadoras do sistema — lá estava muito bem representado: na ampla coleção, ao lado de dicionários (mas alguns eram "históricos" e "críticos"), de obras de teologia (também heréticas, como a de Febronius, espécie de jansenista alemão), dos Padres e Doutores da Igreja, obras de geografia e história (entre as quais a obra radicalíssima de Gianonne),[170] os clássicos da literatura portuguesa e francesa — lá estão as expressões máximas do

---

[164] Edward Bradford Burns, "The Englightement in Two Colonial Brazilian Libraries", *The Journal of the History of Ideas*, vol. XXV, 1964, pp. 430-439.

[165] Idem, ibidem, p. 434.

[166] Luís dos Santos Vilhena, *Recopilação de notícias soteropolitanas e brasílicas* (1802), ed. Braz do Amaral, Salvador, 1921, p. 289; Carlos Guilherme Mota, "Mentalidade ilustrada na colonização portuguesa", *Revista de História*, vol. 35, nº 72, 1967, pp. 405-406.

[167] J. Godechot, *Les Révolutions*, op. cit., pp. 103-105.

[168] *Autos da devassa da Inconfidência Mineira*, Rio de Janeiro, 1936, vol. I, pp. 446-465; vol. V., pp. 283-291.

[169] Eduardo Frieiro, *O diabo na livraria do cônego*, Belo Horizonte, 1957.

[170] Sobre Gianonne, cf. P. Hazard, *La Pensée européene au XVIIIe siècle*, op. cit., pp. 56-59.

reformismo ilustrado dos países ibéricos, Feijóo e Verney; e, ao lado disso tudo, os corifeus do enciclopedismo, a começar por dois tomos da própria *Encyclopédie*, e mais cinco volumes de *Esprit de l'Encyclopédie*, edição resumida da mesma obra; Montesquieu, Bielfeld, Réal, Mably... O cônego, de fato "respirou a plenos pulmões os melhores ares do espírito do tempo",[171] nem admira que se tivesse envolvido na famosa e frustrada conjuração.

Infelizmente, as listas de sequestros das livrarias de outros inconfidentes não é tão explícita; avaliando-se os bens de Tomás Antônio Gonzaga, referem-se os autos a "quarenta e três livros de autores Franceses, Portugueses e Latinos, sete ditos de meia folha da mesma qualidade, trinta e três de quarto dos mesmos",[172] sem maiores especificações. A biblioteca de Cláudio Manuel da Costa, mais especificada, era predominantemente de obras de literatura e direito; mas o texto refere "na quarta coluna da estante da parte direita, quarenta tomos; na quinta da mesma, quarenta e quatro tomos de livros; quarta coluna da estante da parte esquerda, quarenta e nove livros, na mesma estante da quinta coluna quarenta e seis".[173] Entre os bens de Inácio José de Alvarenga Peixoto, foram avaliadas "as obras de Volterio [*sic*] em sete tomos".[174] O coronel José de Rezende Costa, cuja biblioteca pôde depois ser recomposta por Bradford Burns a partir de outras fontes, teve sequestradas, entre outras, obras de Voltaire, Marmontel, Fenelon, Genovesi.[175] O padre Carlos Correia possuia a "lógica de Verney", um volume.[176]

Nos sequestros ordenados em 1794, no Rio de Janeiro, pelo Conde de Rezende, entre os livros de Mariano José Pereira da Fonseca (o futuro Marquês de Maricá), arrolaram-se uma "collecção completa das obras de Voltaire em francês, tomo quinto, décimo, décimo terceiro, décimo sexto, décimo nono, vigésimo segundo, em oitavo", e a "'Estória philosophica e política dos estabelecimentos do comercio dos Europeus nas duas Índias', por Rainaldo

---

[171] Eduardo Frieiro, op. cit., p. 21.

[172] *Autos da devassa da Inconfidência Mineira*, vol. V, p. 311.

[173] Idem, p. 265.

[174] Idem, p. 370.

[175] Idem, p. 491.

[176] Idem, vol. I, p. 400.

[*sic*], tomo quarto, quinto e nono, em oitavo Francês".[177] E Francisco Antônio de Oliveira Lopes, depondo no longo e doloroso inquérito da Inconfidência das Minas confessou que seu primo Domingos Vidal Barbosa "lhe contou muitas cousas de que tratava um livro do Abade Reinald [*sic*], tanto assim que sabia de cor algumas passagens do mesmo livro".[178] Quais passagens não consta da devassa; mas aqui surpreendemos o texto de Raynal como motor da ação revolucionária.[179]

Na Conjuração baiana, de 1798, mais popular, foram apreendidos menos livros;[180] a sua anotação, porém, ocorre nos autos totalmente estropiados, que sua identificação demandou do historiador todo um paciente trabalho de recomposição.[181] Nas bibliotecas de Cipriano Barata e Hermógenes de Aguiar Pantoja, apreendidas, ao lado de obras científicas, de medicina (Cipriano era médico), matemática, reaparecem os reformadores ilustrados como Genovesi, e obras de Voltaire, Condillac, Vertot, e uma *Histoire des troubles de l'Amérique anglaise*, título assaz significativo de uma obra entretanto difícil de identificar. Como nota Kátia Mattoso, várias dessas obras encontravam-se também entre as leituras dos inconfidentes mineiros. O que, entretanto, é de destacar-se no movimento baiano são as cópias manuscritas de textos revolucionários:[182] *O Orador dos Estados Gerais de 1789*, a *Fala de Boissy d'Anglas* e o *Aviso de Petersburgo*. São textos políticos diretos, definindo

---

[177] "Sequestro feito em 1794 nos bens que foram achados do Bacharel Mariano José Pereira da Fonseca", *Revista do Instituto Histórico e Geográfico Brasileiro*, tomo LXIII, 1901, pp. 14-18.

[178] *Autos da devassa da Inconfidência Mineira*, vol. II, p. 59.

[179] Assim, numa das reuniões preparatórias da Inconfidência, em casa de Francisco de Paula Freire de Andrade, concordavam os conjurados em que o abade Raynal "tinha sido um escritor de grandes visões porque prognosticou o levantamento da América Setentrional...". Cf. idem, vol. IV, p. 207.

[180] "A Inconfidência da Bahia em 1798, devassas e sequestros", *Anais da Biblioteca Nacional*, Rio de Janeiro, vol. XLIII-XLIV, pp. 186-187, 198-199.

[181] Procedeu a esse criterioso trabalho a professora Kátia M. de Queiroz Mattoso. Cf. *Presença francesa no movimento democrático baiano de 1798*, Salvador, 1969.

[182] Kátia M. Q. Mattoso (op. cit., pp. 34 segs.) identifica esses textos, apresenta as versões francesas originais e transcreve as traduções que corriam manuscritas na Bahia em 1798.

posições; serviram de base para os "pasquins sediciosos" da audaciosa e infeliz tentativa de 1798.

Da literatura acadêmica às discussões filosóficas, do reformismo ilustrado aos apelos subversivos, era pois toda a cultura do Ocidente nas suas várias facetas que penetrava no horizonte intelectual dos colonos luso-americanos; ou, noutros termos, era a colônia que se envolvia nas correntes da vida espiritual da civilização europeia,[183] de uma forma ativa e não apenas receptora, e num momento crítico de sua história. Do ponto de vista metropolitano, era o funcionamento do sistema colonial que ameaçava entrar em colapso, e que importava defender. Daí o governo se pôr vigilante "contra os princípios jacobinos" e as "ideias francesas".

Em Lisboa, o intendente Pina Manique mobilizava o arsenal da repressão:[184] policiamento da entrada de livros, vigilância de reuniões, observação atenta aos estrangeiros, recepção de denúncias, prisões, expulsões, condenações. Já Dumouriez notava, em 1775, uma certa desconfiança em relação aos estrangeiros.[185] Na medida em que a revolução se desenvolvia na França, as precauções aumentavam em Portugal[186] e a elite ilustrada e reformista ia tendo que se definir. Entre 1794 e 1797, o governo de Lisboa mantém uma espécie de correspondência secreta com o "*monarchien*" Mallet du Pan para melhor se informar do andamento da revolução e da contrarrevolução na Eu-

---

[183] "O movimento arcádico significou, no Brasil, a incorporação da atividade intelectual aos padrões europeus tradicionais, ou seja, a um sistema expressivo, segundo o qual se havia forjado a literatura no Ocidente." Cf. Antonio Candido, *Formação da literatura brasileira*, vol. 2, São Paulo, 1959, p. 9.

[184] Fortunato de Almeida, *História de Portugal*, tomo V, Coimbra, 1927, pp. 225 segs.; Francisco Assis O. Martins, *Pina Manique, o político*, Lisboa, 1948, pp. 266 segs.

[185] *État présent du Royaume de Portugal en l'année 1766*, Lausanne, 1775, p. 113.

[186] Joaquim Pedro de Oliveira Martins, *História de Portugal*, tomo II, Lisboa, 1951, pp. 255-258. O que de resto não se dava sem contradições; os círculos ilustrados, inclusive do governo, mostravam interesse e admiração pelas "reformas" que se iam implantando na França — para grande escândalo do historiador Caetano Beirão, que mostra como os órgãos oficiosos — *Gazeta de Lisboa, Jornal Enciclopédico* — noticiaram ampla e favoravelmente os eventos da Revolução, pelo menos na sua primeira fase. Cf. Caetano A. Beirão, *D. Maria I, 1777-1792: subsídios para a revisão da história do seu reinado*, Lisboa, 1944, 4ª ed., pp. 368-398.

ropa.[187] Em 1779, já Costigan (ou quem se ocultava sob pseudônimo, de qualquer forma um oficial estrangeiro de serviço em Portugal), sentia o peso da censura, considerando o governo português "o mais despótico de todos os que dirigem os reinos da Europa".[188] No fim do século, o francês Carrère anotava que "o nome de Pina Manique inspira um terror geral"; "a prevenção fá-lo tudo ver sob uma cor sinistra: se se guarda silêncio, tramam-se misteriosamente perigosos projetos; se se fala, semeiam-se propósitos sediciosos; se se vive recluso, é porque se preparam meios de por em execução algum projeto; se se circula nas sociedades, trata-se de fazer prosélitos".[189] Exageros à parte, o texto de Carrère pinta o clima do fim do século XVIII na metrópole. "Repeli sempre todos os clubes e sociedades, assim particulares como públicos, que não tivessem o selo da aprovação do governo [...]", dizia o implacável intendente; e acrescentava: "A ordem e a sociedade dos pedreiros livres me mereceu sempre muita contemplação", isto é, atenção. Não obstante, a maçonaria ainda assim expandia-se[190] mesmo em direção à colônia.

Para a colônia, todo o cuidado era pouco. Ao governador da Bahia, em 1798, advertia-se constar que "as principais pessoas dessa cidade, por uma loucura incompreensível, e por não entenderem os seus interesses, se acham infectas dos abomináveis princípios franceses, e com grande afeição à absurda pretendida constituição francesa" — mandando que tudo devassasse, para fazer "julgar com a maior severidade das leis" os possíveis culpados, "para que o castigo de tais réus seja verdadeiramente exemplar, e contenha semelhantes

---

[187] Jean de Pins, "La Correspondence de Mallet du Pan avec la Cour de Lisbonne", *Annales Historiques de la Révolution Française*, vol. XXXVI, 1964, pp. 469-477. De Mallet du Pan traduziu-se para o português pelo menos alguns números de *Mercúrio Britânico*, ou *Notícias Históricas e Críticas* (1798).

[188] Arthur W. Costigan, *Cartas de Portugal (1778-1779)*, vol. II, trad. port., Lisboa, 1946, pp. 128-129.

[189] Joseph-B.-F. Carrère, *Voyage en Portugal, et particulièrement à Lisbonne...*, Paris, 1798, pp. 114-119.

[190] Manoel Borges Grainha, *História da maçonaria em Portugal (1735-1912)*, Lisboa, 1912, pp. 45 segs. Sobre a maçonaria no Brasil, cf. Célia de Barros Barreto, "A ação das sociedades secretas", in S. B. de Holanda (dir.), *História geral da civilização brasileira*, tomo II, vol. 1, São Paulo, 1962, pp. 191-206.

criminosos", pois "prêmio e castigo são os dois polos sobre que estriba toda a máquina política", e mais "no momento presente toda a vigilância contra os maus é indispensável e absolutamente necessária".[191] Atendendo-se à data, não eram infundados os temores do governo da metrópole.

Já o Marquês de Lavradio, no seu famoso relatório, refere-se a colonos que "tiveram uma má criação" (no caso, os habitantes dos campos dos Goitacazes): "aparecendo lá um espírito inquieto, que falando-lhes uma linguagem que seja a eles mais agradável, convidando-os para alguma insolência, eles prontamente se esquecem do que devem, e seguem as bandeiras daquele".[192] Isto, em 1779. Ora, na medida em que se avançava para o final do século, aprofundando-se os mecanismos de crise, aquela atitude de receptividade tendia a se generalizar, e os espíritos inquietos a multiplicar-se.

"Foi meu sistema", diria ainda o criterioso Lavradio, "assentar que tudo o que podia contribuir para felicidade, sossego, defesa e conservação destes povos e deste Estado [...] a mim me pertencia."[193] De fato, "conservar os povos em sossego" era um princípio da administração colonial, como se pode observar em Teixeira Coelho[194] a D. Fernando José de Portugal, quando do governo da Bahia foi transferido para o vice-reinado no Rio de Janeiro (1800), instruía-se que devia adotar "tudo que mais eficientemente possa concorrer para a segurança, prosperidade e maior aumento da capitania, de cujas bases dependem a tranquilidade, riqueza e felicidade dos mesmos meus fiéis vassalos" para a garantia da "real soberania e cetro". E passando de princípios gerais para normas concretas: havia de pôr em prática as "reais e santas ordens", "a respeito de todos aqueles indivíduos que ou por palavras, ou por conciliábulos particulares, e especialmente pela manifestação dos falsos e duvidosos princípios que têm infestado toda a Europa" pudessem pôr em risco

---

[191] "Carta de D. Rodrigo de Sousa Coutinho", 4/10/1798, *Revista do Instituto Histórico e Geográfico Brasileiro*, tomo LIX, 1896, pp. 406-407.

[192] "Relatório do Marquês do Lavradio" (1779), *Revista do Instituto Histórico e Geográfico Brasileiro*, tomo IV, 1842, p. 423.

[193] Idem, p. 455.

[194] "Finalmente, todos sabem que um governador deve conservar os povos em sossego..." José João Teixeira Coelho, "Instrução para o governo da capitania de Minas Gerais" (1780), *Revista do Instituto Histórico e Geográfico Brasileiro*, tomo XV, 1888, 2ª ed., p. 256.

o sossego, a tranquilidade, a segurança...[195] Logo, os princípios revolucionários europeus chegavam à colônia, e animavam atitudes de contestação. Era, para o governo de Sua Majestade, evidente que teria "muito mais sentido prevenir tão graves ruínas, afastando da sociedade aqueles que as podem produzir, do que tolerando-os a princípio, e expondo-se depois a proceder contra eles com os mais rigorosos e severos castigos".[196] Quanto à função que cabia à religião desempenhar nessa profilaxia contrarrevolucionária, as instruções metropolitanas eram de uma clareza que excluía qualquer mistificação: "a religião, dada por Deus ao homem para a sua consolação, é sem dúvida o melhor ou mais seguro meio para conservar a tranquilidade e a subordinação necessária para os povos".[197]

Mas, precisamente, os ministros da religião começavam a mostrar-se cada vez mais "sensíveis ao século"[198] e inquietos com a marcha dos tempos. Como, por exemplo, no Rio de Janeiro, aquele vigário "o mais inquieto, e sempre pronto para tudo o que é falta de subordinação".[199] Ou aquele clérigo que, segundo um denunciante de 1794, "começou a soltar discursos a favor da França",[200] isto é, da Revolução. Ou, mais ainda, aqueles padres inconfidentes que "esquecidos das suas obrigações de vassalos, e de católicos", pois que "pelo seu ministério de sacerdotes" teriam a "mais rigorosa obrigação", "não só de se instruírem nas leis do Evangelho que ordena a sujeição e fidelidade que todos devem aos príncipes soberanos, mas até de instruírem os povos neste preceito", ao invés disso "conspiraram contra o Estado", "erigindo-se em cabeças de rebelião".[201] Ou, finalmente, na Bahia, aquele frade

---

[195] "Instruções para D. Fernando José de Portugal, vice-rei e capitão General de Mar e Terra do Estado do Brasil" (8/7/1800), Arquivo Histórico Ultramarino — Lisboa, códice 575, ff. 96-98.

[196] Idem, f. 98.

[197] Idem, f. 96.

[198] C. G. Mota, *Atitudes de inovação no Brasil*, op. cit., pp. 44-45.

[199] *Autos da devassa da Inconfidência Mineira*, vol. VI, p. 423.

[200] "Devassa ordenada pelo Vice-Rei Conde de Rezende" (1794), *Anais da Biblioteca Nacional*, vol. LXI, 1939, p. 253.

[201] São expressões da sentença condenatória dos inconfidentes eclesiásticos. Cf. "Autos cri-

— frei José de Bolonha, missionário capuchinho — que seguia "uma opinião, a respeito da escravidão, a qual, se se propagasse, e abraçasse, inquietaria as consciências dos habitantes desta cidade, e traria consigo para o futuro consequências funestas a conservação e subsistência desta colônia".[202] No que tinha inteira razão o governador que tais preocupações expressava ao ministro do Ultramar; pois o dito religioso, "depois de viver n'este paiz ha perto de quatorze annos com procedimento exemplar, cumprindo com as obrigações do seo ministério, apezar de algumas imprudências e extravagancias em que rompia, e de que se abstinha, quando d'ellas advertido pelos seos superiores, merecendo o conceito de homem virtuozo, e zelozo pelo serviço de Deos, se persuadio ou o persuadiram de que a escravidão era illegitima e contraria à religião, ou ao menos, que sendo esta umas vezes legitima, outras illegitima, se devia fazer a distinção e diferença de escravos tomados em guerra justa ou injusta, chegando a tal ponto a sua persuasão que, confessando pela festa do Espirito Santo a varias pessoas, poz em pratica esta doutrina, obrigando-as a que entrasem na indagação d'esta matéria tão dificultoza, por não dizer impossível de se averiguar, afim de se dar a liberdade a aqueles escravos que ou fossem furtados, ou reduzidos a uma escravidão injusta, sem refletir que quem compra escravos, os compra regularmente a pessoas autorizadas para os venderem, debaixo dos olhos e consentimento do Principe, e que seria inaudito, e contra a tranquilidade da sociedade, exigir de um particular quando compra qualquer mercadoria a pessoa estabelecida para a vender, que primeiramente se informasse donde ella provém por averiguações, além de inúteis, capazes sem duvida de aniquillar toda e qualquer especie de comercio".[203]

---

mes contra os réus eclesiásticos da conjuração formada em Minas Gerais" (1791), *Anuário do Museu da Inconfidência*, vol. I, 1952, p. 94. Sobre os padres inconfidentes vide D. Duarte Leopoldo Silva, *O clero e a independência*, Rio de Janeiro, 1923, pp. 53-64.

[202] "Cartas de D. Fernando José de Portugal, governador da Bahia" (18/6/1794), *Revista do Instituto Histórico e Geográfico Brasileiro*, tomo LX, 1897, pp. 155-157. Referência ao "capuchinho abolicionista" encontra-se em Frei Fidelis de Primerio, *Capuchinhos em terras de Santa Cruz*, São Paulo, 1942, p. 166.

[203] *Revista do Instituto Histórico e Geográfico Brasileiro*, tomo LX, 1897, pp. 155-156.

Atentemos, por um momento, na significação desta passagem e na gravidade do episódio que relata. Aqui defrontamos com a religião, na prática efetiva, promovendo a inquietação das consciências, ao invés de manter o sossego dos povos; e atingindo exatamente um dos pilares básicos do sistema de colonização, qual seja a escravidão e tráfico, daí implicar verdadeiramente, se prevalescente, na destruição do sistema colonial. E tudo isto de uma maneira que punha em xeque todo o conjunto de pressupostos da ordem vigente. De fato, o colono era colocado diante de um dilema: ou se abstinha da prática da religião (a confissão), ou passava a indagar sobre a validade do tráfico de escravos. Ao mesmo tempo, contesta-se a autoridade do príncipe, que chancelara o comércio negreiro; logo, a autoridade régia não podia mais legitimamente substituir a consciência individual, e a unidade Estado-Igreja, fundamental no Absolutismo, se rompia. Invertiam-se pois as posições: de sustentáculo do regime, passava a religião a elemento de sua contestação. E notável como, para denunciar o ocorrido, teve a autoridade de ir fundo na descrição dos fundamentos do Antigo Regime: a autoridade régia acima das consciências; e o escravo apresentado como pura mercadoria, abandonadas todas as mistificações justificativas com que se costumava dourar a coisificação do homem escravizado.

Outro aspecto a destacar nesse notável documento, que na rotina de uma correspondência oficial está a revelar toda a profundidade da crise, é que ele deixa surpreender não só a situação de crise, mas a emergência dessa situação: depois de viver mais de um decênio na colônia sem provocar qualquer problema de maior gravidade, o bom do frade "se persuadiu ou o persuadiram" daquelas ideias malsãs. Logo, tais ideias iam penetrando e se difundindo cada vez mais. Mais adiante, acrescenta D. Fernando José de Portugal: "Examinada a origem d'esta opinião, que este padre por tanto tempo não seguira, se veio ao conhecimento de que algumas práticas que tivera com os padres italianos da missão de Goa, transportados em a náu Belém surta n'este porto, e hospedados no hospício da Palma, deram cauza a que este religiozo se capacitasse d'esta doutrina, não tanto por malícia e dolo, como por falta de maiores talentos e conhecimentos theologicos, e em razão de uma consciência summamente escrupuloza".[204] Donde se poderia inferir que o siste-

[204] Idem, p. 156.

ma tinha balizas muito estreitas para as consciências escrupulosas ou, noutros termos, nele só os menos escrupulosos se sentiam à vontade — o que não deixa de denotar uma situação fundamentalmente crítica. A menos que se descresse da consciência humana.

Da longínqua Goa, portanto, segundo a averiguação do governador da Bahia, vinham para a América portuguesa ideias de inquietação. Que padres seriam esses da missão de Goa? Quando teriam vindo para a Bahia?[205] Teriam talvez participado ou assistido a essa obscura e pouco referida "conjuração de Goa", de 1788, praticamente contemporânea à das Minas? Latino Coelho, dos poucos a tratar do assunto, ainda que de relance,[206] faz notar terem sido "eclesiásticos alguns de seus mais ardentes promotores"; o objetivo era "subtrair o Estado da Índia ao domínio português e inaugurar a forma republicana".

Não eram diferentes os objetivos da Inconfidência Mineira, cujos infelizes promotores, parece, não desconheciam os acontecimentos da distante colônia indiana.[207] A notícia do levante, hoje difícil de rastrear na bibliografia, parece que corria célere naqueles tempos agitados.

Quando, pois, em 1794, o vice-rei Conde de Rezende mandava devassar os colóquios aparentemente acadêmicos dos membros da antiga Sociedade Literária, para "indagar se os sobreditos indivíduos se limitavam e continham só nos referidos sacrílegos e revoltosos discursos, ou se passando adian-

---

[205] Não conseguimos localizar referências precisas nos trabalhos de história eclesiástica. Cf. Florêncio da Silveira Camargo, *História eclesiástica do Brasil*, Petrópolis, 1955; Américo Jacobina Lacombe, "A Igreja no Brasil colonial", in Sérgio Buarque de Holanda (dir.), *História geral da civilização brasileira*, tomo I, vol. 2, op. cit., pp. 51-57. Frei Fidelis Primerio apenas informa que se tratava de padres lazaristas (op. cit., p. 168).

[206] José Maria Latino Coelho, *História política e militar de Portugal desde os fins do XVIII século até 1814*, tomo II, Lisboa, 1885, p. 189; Caetano Beirão reproduz as informações de Latino Coelho em *D. Maria I, 1777-1792: subsídios para a revisão da história de seu reinado*, Lisboa, 1944, 4ª ed., p. 352.

[207] Depondo nos inquéritos da Inconfidência, Francisco Antônio de Oliveira Lopes contou que o padre Carlos Correia de Toledo Piza (outro conjurado) lhe dera a notícia de que "Pedro Assa e o Brigadeiro Francisco Antônio da Veiga se tinham levantado com a Índia". Cf. *Autos da devassa da Inconfidência Mineira*, vol. II, p. 39.

te haviam formado alguma ideia ou plano de sedição",[208] tinha lá suas razões. Em colóquios dessa natureza, em Vila Rica, também se formara o ambiente propício para a revolta; bastou o encontro desses intelectuais ilustrados com a presença viva e ativista de Tiradentes para se passar das ideias à ação.[209] Como observa Emília Viotti da Costa, "as críticas feitas na Europa pelo pensamento ilustrado ao absolutismo, assumem, no Brasil, o sentido de críticas ao sistema colonial".[210] É que no próprio corpo teórico do pensamento das Luzes germinavam contradições que podiam levar a uma *leitura revolucionária*; lidos esses textos *em situação colonial*, dificilmente deixariam de estimular a tomada de consciência das contradições do sistema.[211]

Passava-se, efetivamente, nesta quadra de crise do Antigo Regime e de seu sistema colonial, das indagações teóricas sobre a legitimidade do regime para a prática política de sua superação.[212] Em dois momentos pelo menos, em Minas em 1789 e na Bahia em 1798, transcendeu-se a tomada de consciência da situação colonial, e se projetou a mudança, intentando-se a toma-

---

[208] "Devassa ordenada pelo Vice-Rei Conde de Rezende", *Anais da Biblioteca Nacional*, vol. LXI, 1939, p. 249.

[209] O papel catalisador de Tiradentes é sempre posto em destaque pelos estudiosos da Inconfidência. Cf. K. Maxwell, *Conflicts and Conspiracies: Brazil and Portugal, 1750-1808*, op. cit., pp. 117-119; Nícia Villela Luz, "Inquietação revolucionária no Sul: a conjuração mineira", in S. B. de Holanda (dir.), *História geral da civilização brasileira*, tomo I, vol. 2, op. cit., p. 397; Alexander Marchant, "Tiradentes in the Conspiracy of Minas", *The Hispanic American Historical Review*, vol. XXI, pp. 239-257; Paulo Pereira dos Reis, *O colonialismo português e a conjuração mineira*, São Paulo, 1964, pp. 103 segs.

[210] Emília Viotti da Costa, "Introdução ao estudo da emancipação política", in Carlos Guilherme Mota (org.), *Brasil em perspectiva*, São Paulo, 1968, p. 84.

[211] Veja-se a aguda observação de Raynal: "On se servait contre la métropole de ses propres Lumières". Cf. *Histoire des deux Indes*, tomo IV, Genebra, 1780, p. 390. A leitura de Raynal, aliás, é extremamente indicativa do fenômeno que estamos tentando apontar: os passos de sua obra sobre Portugal e Brasil são extremamente moderados e reformistas (cf. op. cit., tomo II, Genebra, 1780, pp. 452-465; op. cit., tomo II, Maestricht, 1775, pp. 181 segs.); mas o que interessava, na colônia, eram os trechos em que fazia a apologia da independência dos Estados Unidos (cf. op. cit., tomo II, Genebra, 1780, pp. 376 segs.) e mesmo do direito de rebelião (p. 395).

[212] Cf. K. Maxwell, *Conflicts and Conspiracies: Brazil and Portugal, 1750-1808*, op. cit., pp. 61 segs.

da do poder. Se no Rio de Janeiro em 1794 não se foi além de conluios e aspirações logo abortados[213] e se em 1801 em Pernambuco tudo ficou no plano das ideias,[214] a Inconfidência Mineira e a Conjuração Baiana podem legitimamente considerar-se movimentos precursores da emancipação política.[215] Formam um crescendo de tomada de consciência que, pelo menos para o Nordeste, não se conteve com a vinda da Corte e as mudanças que implicou, eclodindo enfim em 1817.[216]

Os inconfidentes mineiros, segundo o depoimento de Tiradentes, almejavam "a independência, que este país podia ter"; que "se fizesse uma República, e ficasse livre dos governos que só vêm cá ensopar-se em riquezas".[217] O objetivo dos conjurados baianos era o estabelecimento de "um governo democrático, livre e independente", pois "convinha que todos se fizessem franceses, para viverem em igualdade e abundância".[218] Emancipacionistas,

---

[213] Américo Jacobina Lacombe, "A conjuração do Rio de Janeiro", in S. B. de Holanda (dir.), *História geral da civilização brasileira*, tomo I, vol. 2, op. cit., pp. 406-410.

[214] "Devassa de 1801, Pernambuco", in *Documentos Históricos*, vol. CX, 1955. Na introdução, de José Honório Rodrigues: "[...] não passou do plano das ideias, não se concretizando em atos de rebeldia. A delação atalhou o movimento ideológico. Foi um pensamento sem ação, e como tal pertence à história das ideias formadoras da consciência nacional" (pp. 3-14). Vide também Manuel Correia de Andrade, *Movimentos nativistas em Pernambuco*, Recife, 1971, pp. 15-20.

[215] Nícia Vilela Luz, "Inquietação revolucionária no Sul: a conjuração mineira", in S. B. de Holanda (dir.), *História geral da civilização brasileira*, tomo I, vol. 2, op. cit., pp. 394-405. À pág. 405: "pode-se, portanto, considerá-la, sem hesitação, um movimento precursor da Independência do Brasil"; Arthur Cézar Ferreira Reis, "A inconfidência baiana", op. cit., tomo I, vol. 2, pp. 410-417. À pág. 417: "Ligava-se a todo um processo que unificava, de certo modo, as Américas espanhola e portuguesa nos mesmos anseios de liberdade". Vide, também, Tulio Halperin Donghi, *Historia contemporánea de América Latina*, Madri, 1972, 3ª ed., pp. 74-134.

[216] Para uma análise desse aprofundamento da mentalidade revolucionária, cf. Carlos Guilherme Mota, *Nordeste, 1817: estruturas e argumentos*, São Paulo, 1972. Sierra y Mariscal já notava, em 1823, que "a revolução retrocedeu pela passagem de Sua Majestade Fidelíssima para o Brasil". Cf. "Ideias gerais sobre a revolução do Brasil" (1823), *Anais da Biblioteca Nacional*, vol. XLIII, 1920, p. 59.

[217] *Autos da devassa da Inconfidência Mineira*, vol. IV, p. 47.

[218] "Inconfidência da Bahia em 1798, devassas e sequestros", *Anais da Biblioteca Nacional*, vol. XLIII-XLIV, p. 87.

ambos os movimentos refletem, no plano político, o agravamento das tensões derivadas do próprio funcionamento do sistema colonial, e por aí se inserem no quadro geral da revolução do Ocidente. O exemplo secessionista da América inglesa esteve permanentemente vivo em todo o processo da rebelião mineira;[219] o espectro libertário da França revolucionária acompanha os insurretos baianos de 1798, que, para além da emancipação, chegaram a visar "uma inteira revolução", de que resultaria uma nova ordem "sem diferença de cor branca, preta e parda".[220] O movimento revolucionário acompanha, pois, na América portuguesa, o ritmo e o aprofundamento da revolução ocidental.[221] Que tenham sido debeladas as tentativas, que os inconfidentes e

---

[219] O entusiasmo pela independência dos americanos do norte percorre praticamente todos os depoimentos dos inconfidentes. O Cônego Luís Vieira da Silva chega a se justificar, dizendo ser "esse fato muito próprio em sujeitos, que têm alguma aplicação, e versados em História", persuadindo-se que "nisso não cometia delito algum" (*Autos da devassa da Inconfidência Mineira*, vol. II, p. 123). Noutro depoimento, "nem julgava delito contra Portugal o gostar ele respondente, que os americanos ingleses tivessem dado aquele coque à Inglaterra" (*Autos da devassa da Inconfidência Mineira*, vol. IV, p. 308). O ponto de vista do sistema colonial, representado pelos juízes, entretanto, não podia evidentemente admitir que colonos admirassem a independência de uma colônia, isto implicando negar o sistema. As possíveis queixas que Portugal pudesse ter de sua insaciável aliada não podiam sobrelevar as determinações básicas do sistema. E o cônego ilustrado foi degredado para a África. Cf. Sentença em *Anuário do Museu da Inconfidência*, vol. I, 1952, pp. 94-101.

[220] "A Inconfidência da Bahia, devassas e sequestros", *Anais da Biblioteca Nacional*, vols. XLIII-XLIV, p. 88. Sobre o radicalismo dos conjurados de 1798, vide Afonso Ruy, *A primeira revolução social brasileira*, Rio de Janeiro, 1970, 3ª ed., pp. 67 segs. Para uma reconstrução mais segura e documentada dos eventos, vide Luís Henrique Dias Tavares, *História da sedição intentada na Bahia em 1798*, São Paulo, 1975.

[221] Sobre as influências ideológicas nas inconfidências, cf. C. G. Mota, *Atitudes de inovação no Brasil, 1789-1801*, op. cit., pp. 124-125. O contato tão comentado, de Joaquim José da Maia com Thomas Jefferson, na França, foi, pois, apenas um episódio, aliás sem resultados práticos, no quadro dessas vinculações mais gerais e profundas entre as inconfidências brasileiras e a revolução ocidental. Depondo na devassa, Domingos Vidal Barbosa afirmou que o estudante brasileiro de Montpellier voltou "mal satisfeito" da entrevista com o embaixador americano, que "julgava pouco dele pela casca", pois "tomara em pouca conta a sua representação, e o desprezara" (*Autos da devassa da Inconfidência Mineira*, vol. II, p. 88). Em carta para John Jay, de 4 de março de 1787, relata Jefferson os contatos epistolares e a entrevista com Joaquim José da Maia, a quem fizera sen-

conjurados, os revolucionários enfim, não tenham conseguido ou não tenham podido mobilizar forças suficientes para a consecução dos objetivos colimados,[222] nada disso anula o significado profundo desses eventos: eles atestam a situação pré-revolucionária que se vivia na colônia.

Não admira, pois, que os governantes, as autoridades mantenedoras da ordem, se sentissem quase como que em areia movediça. "A desordem nesta terra está já tão arraigada", escrevia para a corte em 1799 Azeredo Coutinho, então no governo de Pernambuco, "que até parece ser necessário deixá-la continuar no mesmo estado, assim como a um enfermo já muito arruinado, quanto mais remédios se lhe aplicam, tanto maior perigo corre a sua vida";[223] são tempos em que "a libertinagem se desenfreia ao menor impulso, para dar os mais temíveis abalos à paz e sossego público".[224] Os colonos, por sua vez,

---

tir que "não estamos em condições de comprometer a nação em uma guerra". Em outra missiva, de 12 de março de 1789, insinua a possibilidade de se pressionar a Corte de Lisboa para permitir o comércio dos norte-americanos no Brasil: "Eu penso que é do interesse dos portugueses desviar todas as tentações que poderíamos sentir de cooperar para a emancipação de suas colônias" ("Extratos da correspondência de Thomas Jefferson", *Revista do Instituto Histórico e Geográfico Brasileiro*, tomo III, 1841, pp. 208-216). Tudo isto, aliás, se indica realismo e pragmatismo político, não é muito abonador do idealismo liberal do autor da Declaração de Independência norte-americana. Cf. também Raul d'Eça, "Colonial Brazil as an Element in the Early Diplomatic Negotiations between the United States and Portugal, 1776-1808", in Alva Curtis Wilgus (dir.), *Colonial Hispanic America*, Washington, 1936, pp. 551-559; Lawrence Hill, *Diplomatic Relations between the United States and Brazil*, Durham, 1932, pp. 4-5; Walter Spalding, "Jefferson e o Brasil", *Revista de História*, nº 24, 1955, pp. 355-386.

[222] Com muita precisão, caracteriza Célia Nunes Galvão Quirino dos Santos as limitações da ação política dos inconfidenes: "A leitura dos autos nos defronta com um grupo de opinião capaz de fixar argumentos justificativos de uma posição básica de inconformismo e de assimilar, reinterpretando-a, a experiência histórica de sua época". "Desvanecido o clima revolucionário e frustrado o levante, os inconfidentes se encontram à mercê da justiça reinol como indivíduos e não como representantes de uma organização." "A Inconfidência Mineira", separata de *Anais do Museu Paulista*, vol. XX, São Paulo, 1966, pp. 159 e 177.

[223] Carta de J. J. da Cunha de Azeredo Coutinho, 23/3/1799, Arquivo Histórico Ultramarino — Lisboa, documentos de Pernambuco, caixa de 1799, maço 17.

[224] Ofício de um funcionário a Tomás José de Melo, governador, março de 1798, Arquivo Histórico Ultramarino — Lisboa, documentos de Pernambuco, caixa de 1798, maço 16. No mesmo sentido, para a América espanhola: "Por lo que a mi toca desde que acá se tuvieran noticias de

através das câmaras, afogavam o Conselho Ultramarino com requerimentos e reclamações contra as autoridades.[225]

As tensões engendradas nos mecanismos globais de funcionamento do sistema começavam cada vez mais a expressar-se, em uma tomada de consciência da situação colonial. Pouco a pouco, mas irreversivelmente, "tomou-se consciência, aqui, de que a Europa estava 'chupando toda a substância' das colônias; tomou-se consciência que o Rei era 'como qualquer de nós'; começou-se a achar que 'isso de religião é peta'... Tinha-se sobretudo, a trágica consciência de que se podiam 'levantar os povos do Brasil'".[226]

A crise do sistema manifestava-se, portanto, no nível das mentalidades, de forma iniludível, através da emergência de um *estilo de pensamento* que se contrapunha à ideologia do sistema, com o qual não mais podia dialogar.[227] A religião, suporte da ordem e instrumento de sossego dos povos, começa a ser vista como roteiro de libertação, pois "a Sagrada Escritura, assim como dá

---

las conspiraciones que en Europa se tramabon por la nación seductora y por sus prosélitos, he vivido siempre como una sentinela, observando con recato todo género de pasos y movimientos...". D. Nicolás de Arredondo, "Memória a su sucesor D. Pedro de Melo de Portugal y Villena" (Buenos Aires, 16/3/1795), in *Memorias de los Virreyes del Rio de la Plata*, Buenos Aires, 1945, p. 375.

[225] Exemplos no Arquivo Histórico Ultramarino — Lisboa: carta de Amador Patrício de Maia ao ministro Martinho de Melo e Castro, 15/2/1794, documentos do Rio de Janeiro, caixa de 1793-1794; protestos da Câmara de Minas Gerais em 1794, códice 311, ff. 74-80; ofícios da Câmara do Rio de Janeiro, 2/5/1795, códice 921, f. 1190; requerimento de João Gonçalves contra Juiz de Fora da Bahia, 25/8/1798, códice 922, f. 1070; queixas sobre as câmaras do Brasil, aviso de Rodrigo de Sousa Coutinho, 16/9/1799, códice 10, f. 122; representações das câmaras da capitania da Paraíba, aviso de 3/9/1789, códice 10, ff. 36 segs.; representação da câmara de Jacobina, aviso de 19/1/1799, códice 10, f. 690; representação contra os ministros da Relação da Bahia, aviso de 1/11/1798, códice 10, f. 51; representação da câmara de Santa Catharina, 1798, códice 9, f. 128; dos moradores da Vila de Cachoeira, 1796, códice 9, f. 128; reclamações contra o governo de Goiás, 1794, códice 9, f. 17; queixas da Câmara de Taubaté, São Paulo, 1799, códice 305, f. 46; e os casos se multiplicavam.

[226] C. G. Mota, *Atitudes de inovação no Brasil, 1789-1801*, op. cit., pp. 35-36, onde estão referidas as fontes.

[227] Noção de "estilo de pensamento", in Karl Mannheim, *Ideologia e utopia*, trad. port., Porto Alegre, 1956, pp. 51-55; *Essays on Sociology and Social Psychology*, Londres, 1959, 2ª ed., pp. 74-77.

poder aos reis, para castigar os vassalos, o dá aos vassalos, para castigar os reis";[228] ou, no limite, a fé tradicional se apresenta como ilusão enganadora ("isto de religião é peta"). E a autoridade régia, que do ponto de vista do sistema tinha que ser absoluta e intangível, fonte de todo poder e governação, ficava despida de suas prerrogativas divinas: pois "os homens são livres e podem em todo o tempo reclamar a sua liberdade",[229] e "devemos todos ser humanos, iguais e livres de subordinação";[230] e, no limite, o rei é "como qualquer de nós". De mãe-pátria protetora, fonte de civilização, a metrópole se metamorfoseia em traste dispensável, pois "os mazombos também valiam e sabiam governar"[231] este país, que "podia ser um império";[232] o vínculo metrópole-colônia, que para o sistema tinha de parecer natural e derivado da própria colonização, rompia-se, pois "um príncipe europeu não podia ter nada com a América, que era um país livre".[233] E, no limite, a ligação com a metrópole, não só ilegítima, é vista como dominação, exploração: rica de recursos, a colônia vive "na maior miséria", porque "a Europa, como esponja", lhe explora "toda a substância".[234] A natureza era cheia de riqueza, os habitantes, capazes; só a condição de colônia podia explicar a pobreza e a miséria. Entre essas duas visões dos mesmos fenômenos, entre esses dois modos de sentir os mesmos eventos, entre essas duas maneiras antagônicas de situar-se no sistema, nenhuma comunicação era, pois, possível. Configurava-se, como dissemos, uma situação pré-revolucionária, na qual os parâmetros estruturais, que dão o quadro de possibilidades dos processos, não oferecem outra alternativa além do confronto. Em suma, a crise.

---

[228] "Devassa ordenada pelo Vice-Rei Conde de Rezende" (1794), *Anais da Biblioteca Nacional*, vol. LXI, 1939, p. 250.

[229] Idem.

[230] "Autos de devassa do levantamento e sedição intentadas na Bahia em 1798", *Anais do Arquivo Público da Bahia*, vol. XXXV, 1959, p. 105.

[231] *Autos da devassa da Inconfidência Mineira*, vol. I, p. 95.

[232] Idem, p. 154.

[233] Idem, p. 103.

[234] *Autos da devassa da Inconfidência Mineira*, vol. IV, p. 141.

3. Preservação do "exclusivo"

Em meio à crise que se avolumava, contudo, a política de neutralidade combinada com a aliança inglesa nas relações internacionais, de um lado, e de outro, as devassas e repressões às inconfidências, iam defendendo o patrimônio colonial. Para sobreviver como metrópole, dentro dos quadros do Antigo Regime, porém, havia ainda que preservar o exclusivo do comércio da colônia. Nem era para que outras potências usufruíssem as vantagens que se envidavam esforços para manter a colônia nas traves do sistema.

Aqui, mais uma vez, é possível discernir os vários níveis do problema, como antes fizemos em relação à defesa do patrimônio. A concorrência colonial, isto é, a competição pela supremacia do comércio dos produtos coloniais, era inerente ao sistema mercantilista de colonização.[235] Piratas, corsários, entrelopos, contrabandistas são personagens que acompanham desde o início a história da expansão europeia na Época Moderna. No caso luso-brasileiro, entretanto, isto é, no que respeita às relações Portugal-Brasil, nos quadros do Antigo Sistema Colonial, tal competição se apresenta desde cedo como um problema, dada a desproporção entre o centro dominante e a área de dominação.[236]

À medida que se manifestava a defasagem econômica de Portugal em relação aos centros mais desenvolvidos da economia europeia, a questão tendia naturalmente a se agravar. Já em 1676, discutindo concessões ao comércio estrangeiro no Brasil, uma consulta do Conselho Ultramarino chamava a

---

[235] Earl J. Hamilton, "The Role of Monopoly in the Overseas Expansion and Colonial Trade of Europe before 1800", *The American Economic Review*, vol. XXXVII, 1948, pp. 33-53; William A. Cole, "Trends in Eighteenth Century Smuggling", *The Economic History Review*, 2ª série, vol. X, 1958, pp. 395-410; George D. Ramsay, "The Smuggler's Trade: A Neglected Aspect of English Commercial Development", *Transactiosn of the Royal Historical Society*, 5ª série, vol. II, 1952, pp. 131-158; Pierre P. Leroy-Beaulieu, *De la colonisation chez les peuples modernes*, Paris, 1874, p. 35.

[236] João Lúcio de Azevedo, *Épocas de Portugal económico*, Lisboa, 1947, 2ª ed., p. 422: "O problema econômico de Portugal não era o das indústrias; sim outro mais complexo, e com raízes no próprio ser da nacionalidade: administração ineficiente; um império colonial desproporcionado, pela extensão, aos meios possíveis de o povoar, explorar e defender".

atenção para que "se houvesse de permitir que os navios estrangeiros vão fazer negócio aos portos das nossas conquistas, sem nenhuma dúvida se acabaria o pouco comércio que tínhamos porque nem lá haviam de ter nenhuma conta os nossos gêneros, nem aqui haviam de ter saída os nossos açúcares e tudo se perderia e o pior era que as mesmas conquistas se haviam de vir a perder porque a sua fertilidade havia de despertar a ambição das nações e a fraqueza dos nossos presídios há de facilitar o seu atrevimento [...]".[237] Logo, a mantença do exclusivo era vital; contudo, atente-se bem a que não se afirma que o desatamento do laço exclusivista implicasse a dissolução da colônia como tal, mas sim que tal enfraquecimento prejudicaria a economia da metrópole e, no pior dos casos, a colônia transitaria para outra metrópole, isto é, passaria a ser colônia de outra potência. Por onde se confirma a análise que sustentamos no capítulo anterior; concessões, licenças e o mesmo contrabando são fenômenos que operam no âmbito da concorrência intermetropolitana no afã de se apropriarem dos estímulos do sistema colonial, e que portanto pressupõem e não negam o sistema global, subjacente ao conjunto das relações entre economias centrais e periféricas.

Àquela altura, isto é, na segunda metade do século XVII, debatia-se a economia portuguesa em grave depressão, aliás geral na Europa;[238] o que os assessores da realeza de fato discutiam eram os tratos que a Restauração fora obrigada a fazer para defender-se da Espanha, com concessões no mundo colonial, sobretudo à Inglaterra. A importância da preservação do exclusivo era porém de tal ordem, que a audácia dos conselheiros chega a tanger à heresia: havia por toda a forma que descumprir os acordos, pois "conservar a saúde das repúblicas é lei dos príncipes, que precede a todas as humanas porque com prejuízo da própria conservação nenhum preceito obriga nem ainda os de Deus [!], e seria imprudência e ainda escrúpulo, que pela observância de um capítulo de paz ou de um contrato, que é o mesmo, houvéssemos de pôr à evidente ruína nossa conservação e o nosso remédio [...]", pelo que "pare-

237 "Consulta do Conselho Ultramarino", 29 de setembro de 1676, *Documentos Históricos*, vol. LXXXVIII, 1950, pp. 109-115.

238 V. M. Godinho, op. cit., pp. 69-88; Eric Hobsbawm, *El crisis general de la economía europea en el siglo XVII: en torno a las orígenes de la Revolución Industrial*, trad. esp., Buenos Aires, 1971, 2ª ed., pp. 7-71.

ceu ao Conselho que Vossa Alteza deve ser servido mandar proibir o comércio aos navios estrangeiros que forem aos portos do Brasil, e que quiserem comerciar *ainda* a troco de dinheiro e pagando todos os direitos pertencentes à Fazenda Real".[239] A colônia, era, pois, a "conservação" e o "remédio" de Portugal, que se arruinaria sem ela.

O esforço pela preservação do exclusivo metropolitano português se acentua ao longo do século XVIII, e vai num crescendo para atingir o clímax no período da administração pombalina.[240] Assim, nas cartas instrutivas dirigidas ao Marquês de Lavradio, quando de sua designação para o vice-reinado, insiste-se em que era primordial "preservar os portos do Brasil do pestilencial contágio dos contrabandos",[241] em que estariam mancomunados os ingleses e os confidentes dos jesuítas. Contra esses dois "inimigos" havia de se defender com a política e, se preciso, com a força. Só podiam aportar barcos estrangeiros em caso de arribada forçada; e, então, todo um minucioso método de averiguação e exame se ordenava, para evitar quaisquer negociações. O criterioso vice-rei parece ter seguido à risca as determinações, e sua

[239] "Consulta do Conselho Ultramarino", 29 de setembro de 1676, *Documentos Históricos*, vol. LXXXVIII, 1950, pp. 109-115. Os conselheiros do Ultramarino revelam-se, neste parecer, participantes dos debates sobre a razão de Estado, que, a partir de Maquiavel, atravessou com intensidade toda a Europa moderna: antimaquiavelistas e defensores do grande florentino são mediados por tentativas de conciliação (Igreja, Razão de Estado), entre as quais destaca-se naturalmente a obra de Giovanni Botero. Cf. Claude Lefort, *Le Travail de l'oeuvre: Machiavel*, Paris, 1972, pp. 9-70; Friedrich Meinecke, *La idea de la razón de Estado en la edad moderna*, trad. esp., 1959, pp. 27 segs.; Federico Chabod, "Giovanni Botero", in *Scritti sul Rinascimento*, Turim, 1967.

[240] *Collecção das leyes, e ordens, que prohibem os navios estrangeiros, assim os de guerra, como os mercantes, nos portos do Brazil*, Arquivo Histórico Ultramarino — Lisboa, códice 1193; e Biblioteca Nacional — Rio de Janeiro, Divisão de Manuscritos, 7.1.6. Comentando o Regimento dos Governadores Gerais, anotava em 1804 o Marquês de Aguiar, D. Fernando José de Portugal, que das "Leis e Ordens que proibem o comércio dos estrangeiros nos portos do Brasil" "se remetem uma Coleção ao Vice-Rei, e mais governadores ultramarinos, com a provisão de 10 de janeiro de 1800" (Cf. *Documentos Históricos*, vol. VI, 1928, pp. 443-444). Os códices do Arquivo Ultramarino de Lisboa e da Biblioteca Nacional do Rio de Janeiro são com certeza exemplares dessas coleções enviadas pela metrópole aos seus governadores nas colônias.

[241] Cartas instrutivas ao Marquês de Lavradio, 1796, Arquivo Histórico Ultramarino — Lisboa, códice 567, sem numeração de folhas.

correspondência constantemente acompanha os "autos de exame" feitos em navios estrangeiros.[242] No fim de seu mandato, ainda lembrava à Corte "estarem se estragando os coiros apreendidos ao navio espanhol São Francisco Xavier, que se encontram nos armazéns do Rio de Janeiro aguardando resolução"; acrescentando que já não valiam o frete para o Reino.[243] A Luís de Vasconcelos e Sousa, primeiro vice-rei do período pós-pombalino e sucessor de Lavradio, lembrava-se que "os contrabandos e descaminhos são, não só a ruína dos úteis vassalos, mas os que diminuem o real patrimônio destinado à causa pública"; havia que combatê-los pela "exata observância das leis promulgadas contra essas transgressões", reconhecendo o governo metropolitano, contudo, que tais medidas "poderão diminuir muito o mal, ainda que não o extingam de todo".[244] E as instruções dos vice-reis e governadores repetem insistentemente tais determinações.[245]

Chegava-se, portanto, ao último quartel do século XVIII, que é quando se abre, com a independência das colônias inglesas, a crise do Antigo Sistema Colonial, com uma posição claramente tomada pela Coroa: a legislação[246] e

---

[242] Arquivo Histórico Ultramarino — Lisboa, documentos do Rio de Janeiro, caixa de 1777-1778. Um levantamento rigoroso de todos os "Autos de Exame", dificílimo por se encontrarem tais documentos dispersos na documentação avulsa (caixas e maços) seria a única maneira de ter estimativas quantificadas do contrabando.

[243] Arquivo Histórico Ultramarino — Lisboa, documentos do Rio de Janeiro, caixa de 1777-1778. Sobre o combate ao contrabando pelo Marquês de Lavradio: Dauril Alden, *Royal Government in Colonial Brazil*, Berkeley, 1968, pp. 389-417.

[244] "Instruções a Luís de Vasconcelos e Sousa acerca do governo do Brasil" (1779), *Revista do Instituto Histórico e Geográfico Brasileiro*, tomo XXV, 1862, p. 481. Ver também Minutas de Instrução, 1779, Arquivo Histórico Ultramarino — Lisboa, documentos do Rio de Janeiro, caixa de 1781-1782.

[245] Instrução do Vice-Rei e Capitão General de Mar e Terra do Brasil, D. José Luís de Castro, Conde de Rezende, 6/3/1790, Arquivo HistóricoUltramarino — Lisboa, códice 573, ff. 15-80; Instruções ao Vice-Rei e Capitão General de Mar e Terra do Brasil, D. Fernando José de Portugal, 8/7/1800, Arquivo Histórico Ultramarino — Lisboa, códice 575, ff. 95-111.

[246] Já em 1776 novas medidas são tomadas: edital de 5/7/1776, proibindo embarcações das colônias inglesas. Cf. A. D. e Silva, op. cit., volume de "1775-1790", p. 99; alvará de 4/8/1776, proibindo descaminho nas capitanias do Norte, Aragão Morato, *Coleção de legislação impressa e manuscrita*, Biblioteca da Academia Real de Ciências — Lisboa, vol. XXII, documento 29.

as instruções, que forcejavam por implementá-la, procuravam por todos os modos barrar a penetração mercantil externa na colônia. Por outro lado, o rápido surto de desenvolvimento econômico europeu dessa fase,[247] e particularmente da Inglaterra onde se engaja a Revolução Industrial,[248] iam tornando cada vez mais difícil para ser finalmente impossível a preservação do exclusivo português.

De fato, os avanços em direção ao capitalismo industrial, especialmente na Inglaterra,[249] na medida em que se desenvolvem, tendiam a impossibilitar a manutenção dos esquemas mercantilistas de comércio colonial. Em consequência, acentua-se a competição, pois as demais potências, pressionadas pela emergência do industrialismo inglês, respondem tentando cada uma delas praticar mais intensamente o comércio clandestino.[250] Os países ibéricos, por seu lado, empenhados em recuperar-se da defasagem econômica, diligenciavam em preservar o exclusivo.[251] Agravava-se, portanto, o problema, nesta última quadra do Antigo Regime, e é sob este aspecto que se manifesta nas relações Portugal-Brasil a crise do sistema colonial.

Neste contexto, não será porventura temerário supor que o contrabando avolumou-se nas costas do Brasil neste período final da colônia. Difícil,

[247] Valentín Vásquez de Prada, *Historia económica mundial*, Madri, 1964, tomo II, pp. 25 segs.; *The Industrial Revolutions and After*, vol. VI de Michael M. Postan e Hrothgar J. Habakkuk (orgs.), *The Cambridge Economic History of Europe*, Cambridge, 1966.

[248] Para uma cronologia de processo de industrialização e precedência inglesa, cf. Walt W. Rostow, *Etapas do desenvolvimento econômico*, trad. port., Rio de Janeiro, 1961, p. 10.

[249] Ronald M. Hartwell, "Economic Change in England and Europe, 1780-1830", in *The New Cambridge Modern History*, vol. IX, Cambridge, 1965, pp. 31-59.

[250] Henri Sée, *Histoire économique de la France*, Paris, 1948, pp. 328-329.

[251] O que não excluía, sempre que possível, a prática do contrabando em alheias colônias. Cf. Cartas de Rodrigo de Sousa Coutinho ao Conde de Rezende, vice-rei do Brasil (23/10/1799) enfatizando as "vantagens, de mananciais de riquezas, que resultariam a todas as praças de comércio destes reinos e domínios e o quanto se aumentaria à Real Fazenda, se por meios indiretos e tácitos, se procurasse promover e fazer mais ativo o nosso comércio com as colônias espanholas do Rio da Prata"(Arquivo Histórico Ultramarino — Lisboa, códice 574, f. 193v.). Sobre esse contrabando para o Rio da Prata no século XVIII, estimulado pela metrópole, cf. José Antonio Soares de Souza, "Aspectos do comércio do Brasil e de Portugal no fim do século XVIII e começo do XIX", *Revista do Instituto Histórico e Geográfico Brasileiro*, tomo 289, 1971, pp. 88 segs.

como nenhum outro, dada a própria natureza fugidia da documentação, o tema tem sido abordado por vários autores,[252] e o material que vai se acumulando parece confirmar a tendência crescente do comércio ilícito no fim do século XVIII. A frequência das arribadas forçadas, que era um dos caminhos de burlar a fiscalização, indica no mesmo sentido.[253]

Nesses casos, às vezes se constatava a necessidade urgente da aportagem; noutras, desconfiava-se das intenções, como no caso de Gaspar Guerra (devia chamar-se Krieg), de nação alemã, que vindo da Bahia desejava seguir para Montevidéu, "que poderia andar observando o que se passa por estas conquistas" e que por isso foi remetido a Portugal em 1779.[254] Outras vezes, era toda uma esquadra que arribava, como em 1782, nada menos que 27 navios

---

[252] Roberto Simonsen, *História econômica do Brasil*, São Paulo, 1957, 3ª ed., pp. 351 segs.; C. Prado Jr., op. cit., pp. 228-229; Heitor Ferreira Lima, *História político-econômica e industrial do Brasil*, São Paulo, 1970, pp. 64-66; Djacir Menezes, *O Brasil econômico*, Rio de Janeiro, 1944, pp. 30 segs.; Vicente Almeida Eça, *A abertura dos portos do Brasil*, Lisboa, 1908; Wanderley Pinho, *A abertura dos portos*, Salvador, 1961; A. K. Manchester, op. cit., pp. 38 segs.; Harold E. S. Fisher, *The Portugal Trade: A Study of Anglo-Portuguese Commerce, 1700-1770*, Londres, 1971; A. Christelow, op. cit., pp. 2-29.

[253] Para amostra, uma sondagem evidentemente não exaustiva, no período de Luís de Vasconcelos, no Rio de Janeiro: Autos de exames de navios em arribada: em 7/10/1779, navio espanhol *N. S. do Rosário*; em 18/10/1779, navio holandês *Diana*; em 4/12/1780, navio inglês *Kingston*; em 28/8/1780, seis navios ingleses; em 25/6/1781, navio francês *Astorlay*; em 29/10/1781, navio francês *Duas Helenas*; em 14/4/1783, navio inglês *Europa*; em 28/5/1783, navio espanhol *Santo Antônio*; em 28/10/1783, navio espanhol *São Pedro*; em 4/9/1783, navio espanhol *São José*; em 28/8/1783, navio francês *Amizade*; em 17/8/1784, navio espanhol *São José*; em 30/9/1784, navio espanhol *Santa Paula*; em 29/4/1785, navio espanhol *Santa Barbara*; em 9/5/1785, navio espanhol *São João*; em 15/7/1785, navio espanhol *São Pedro*; em 8/11/1785, navio inglês *Camden*; em 28/1/1786, navio espanhol *Boa Viagem*; em 7/9/1786, navio espanhol *Jesus-Maria-José*; em 30/5/1786, navio alemão *Conde de Belgioso*; em 25/10/1787, navio inglês *Amizade de Londres*; em 12/6/1788, navio inglês *Astreia*; em 13/9/1788, navio espanhol *N. S. da Conceição*; em 14/10/1788, navio inglês *Príncipe de Gales*; em 19/10/1788, navios holandeses *Vredenburg* e *Het Copand*; em 5/11/1788, navio inglês *Borrendale*; em 28/7/1789, navio espanhol *São José Batista* (Arquivo Histórico Ultramarino — Lisboa, documentos do Rio de Janeiro, caixas de 1779, 1780, 1781-1782, 1780-1781, 1782-1783, 1784-1785, 1786-1787, 1788-1789, 1789-1780).

[254] Ofício de Luís de Vasconcelos, 21/10/1779, Arquivo Histórico Ultramarino — Lisboa, documentos do Rio de Janeiro, caixa de 1779.

ingleses da Companhia das Índias Orientais, o que pareceu ao vice-rei "participar a V. Excia. para evitar confusão",[255] inglesa também a nau *Septro*, cujo comandante Graves insistiu "em não cumprir as leis" o que obrigou a autoridade a "usar de meios, apesar da aliança entre as cortes".[256] A corveta *São Pedro de Alcântara* vinha de Montevidéu, e se dirigia a Cádiz; motivo para dificuldades no Rio de Janeiro.[257] Dois franceses, que por sinal vinham em navio português para vender nada menos que 139 escravos, tiveram a "mercadoria" apreendida.[258]

Da colônia partiam denúncias, como a do vereador de Cabo Frio que em 1796 avisava do contrabando do pau-brasil.[259] O Conde de Rezende se preocupava com isso.[260] Denúncia curiosa de um "inglês", comerciante desta praça (Lisboa), que prevenia o intendente Pina Manique, em 1784, de seis navios saídos de Londres e Falmmouth, "para a costa do Brasil, carregados de fazendas", "apontando com miudeza todas as circunstâncias".[261] Em 1798, queixavam-se os negociantes de Lisboa contra o "abuso e prevaricações do contrabando de produtos estrangeiros no Rio de Janeiro, com prejuízo da Real Fazenda e ruína do comércio nacional".[262] E Sua Majestade "admirava

---

[255] Ofício de Luís de Vasconcelos, 21/5/1782, Arquivo Histórico Ultramarino — Lisboa, documentos do Rio de Janeiro, caixa de 1782-1783.

[256] Ofício de 22/4/1782, Arquivo Histórico Ultramarino — Lisboa, documentos do Rio de Janeiro, caixa de 1782-1783.

[257] Ofício de 19/3/1783, Arquivo Histórico Ultramarino — Lisboa, documentos do Rio de Janeiro, caixa de 1782-1783.

[258] Ofício de Martinho de Melo e Castro a Ayres de Sá e Melo, transmitindo informações do Rio de Janeiro, 17/8/1784, Arquivo Histórico Ultramarino — Lisboa, Maços do Reino, 123.

[259] Arquivo Histórico Ultramarino — Lisboa, códice 458, ff. 81v-83v.

[260] Ofício de 1798, Arquivo Histórico Ultramarino — Lisboa, documentos do Rio de Janeiro, caixa de 1796. Em 1800 eram feitas apreensões em Cabo Frio. Cf. Consulta de 20/3/1800, Arquivo Histórico Ultramarino — Lisboa, códice 28, ff. 12-20.

[261] Ofício de Pina Manique a Martinho de Melo e Castro, 6/10/1784, Arquivo Histórico Ultramarino — Lisboa, documentos do Rio de Janeiro, caixa de 1781-1785.

[262] Ofício de Rodrigo de Sousa Coutinho ao Conde de Rezende, 28/1/1798, Arquivo Histórico Ultramarino — Lisboa, códice 574, f. 81.

muito que ainda venham à Sua Real presença semelhantes queixas depois das severas e estritas ordens dadas".

As autoridades coloniais, como era de esperar, nem sempre eram zelosas. Como por exemplo aquele governador de Moçambique (José de Vasconcelos e Almeida) que, de passagem pelo Rio de Janeiro em viagem para a África, se recusava a mudar de embarcação, sem razões plausíveis; é que transportava gêneros para comerciar por sua conta.[263] As "residências", depois, eram severas.[264] Já os funcionários mais dedicados às vezes encontravam dificuldades, dadas as pressões das potências sobre o governo de Lisboa. Como no caso da chalupa inglesa *Hind*, flagrada em pleno contrabando, e apreendida; mas Sua Majestade, "atendendo a algumas justas considerações do real serviço" mandava pôr em liberdade os ingleses.[265] Ou quando Sua Majestade Fidelíssima resolvia atender ao Rei Cristianíssimo, que intercedia por dois navios de Brest, comandados por M. D. Entrecasteaux.[266] O mesmo patrocínio não teve Mme. d'Entremeuse, com as peripécias de seu navio *Boa Viagem*, comandado aliás por um português, Eleuterio Tavares.[267] Nau apreendida, ela acabaria presa em Lisboa.[268]

As ilhas atlânticas eram pontos de contrabando, chamava a atenção uma carta de 1802.[269] E, na capitania de São Paulo, a correspondência dos

---

[263] Ofícios de Luís de Vasconcelos, 6/9/1779 e 21/10/1779, Arquivo Histórico Ultramarino — Lisboa, documentos do Rio de Janeiro, caixa de 1779.

[264] Devassa nas ilhas de São Tomé e Príncipe, Arquivo Histórico Ultramarino — Lisboa, códice 922, ff. 191-197v.; "Devassa de residência do desembargador da Bahia" (1777), in Eduardo de Castro e Almeida, *Inventário dos documentos relativos ao Brasil existentes no Archivo da Marinha e Ultramar de Lisboa*, vol. II, Rio de Janeiro, Officinas Graphicas da Biblioteca Nacional, 1913, p. 382.

[265] Carta de Martinho de Melo e Castro a Luís de Vasconcelos, 30/10/1781, Arquivo Histórico Ultramarino — Lisboa, códice 572, f. 106.

[266] Ofício de 23/9/1791, Arquivo Histórico Ultramarino — Lisboa, códice 573, f. 118.

[267] Consulta de 28/6/1799, Arquivo Histórico Ultramarino — Lisboa, códice 235, f. 69; carta de 4/11/1799, Arquivo Histórico Ultramarino — Lisboa, códice 251, f. 110; consulta de 16/12/1799, Arquivo Histórico Ultramarino — Lisboa, códice 71, f. 247.

[268] J. P. Oliveira Martins, *História de Portugal*, tomo II, Lisboa, 1951, p. 256.

[269] Arquivo Histórico Ultramarino — Lisboa, códice 589, f. 217.

governadores com as autoridades subalternas atesta também a constante preocupação com o contrabando. Para as câmaras de Paranaguá e São Sebastião, por exemplo, lembrava o governador Franca e Horta que o comércio exterior se deve fazer "em direitura para Portugal", "direto com as Praças do Reino", e não para outros portos da colônia.[270] Para a câmara de São Luís do Paraitinga, insistia o mesmo governador que "um comércio direto de seus portos, para os do Reino, é sem contradição o mais útil que podia imaginar-se para levantar do abatimento e pobreza em que geme há tantos anos" a capitania.[271] A insistência parece aliás indicar que os colonos não estariam muito convencidos dessas verdades sem contradição. Para Ubatuba, mandava dizer que o anil devia ir para Santos, donde seguiria para Lisboa, em vez de ser descaminhado para o Rio de Janeiro.[272] O comércio intercolonial era assim visto como contrabando.

Na Bahia, uma carta régia já de 1707 lembrava ao governador que pelos tratados os britânicos podiam fixar quatro famílias na capital da colônia (isto é, em Salvador então); mas que "sem faltardes à obrigação do tratado, procurareis com destreza fazer-lhes tão pouco agasalho e favor que eles se desgostem de ir comerciar às conquistas, porque será mui útil que se vão comerciar a elas os nossos vassalos".[273] Isto é, devia ser hospitaleiro de modo que os visitantes se retirassem. A sugestão parece que foi seguida, pois não consta a fixação dos britânicos. Em 1770, porém, o provedor da Alfândega advertia para a corte que, através do comércio de escravos com a costa d'África, se contrabandeavam produtos holandeses e ingleses,[274] isto é, os contrabandistas agora eram os colonos.

Para o governador da Bahia, ainda, prevenia o vice-rei Lavradio, em 1778, da vinda de diversas embarcações inglesas que, pretextando pesca da baleia, o que visavam era o contrabando.[275] Pela mesma época o governador

[270] *Documentos Interessantes*, vol. LV, 1937, pp. 174 e 181.

[271] Idem, p. 203.

[272] Idem, pp. 210-211.

[273] Manoel Pinto de Aguiar, *Ensaios de história e economia*, vol. I, Salvador, 1960, p. 19.

[274] Idem, ibidem, p. 48.

[275] "Ofício de 15/2/1778", E. C. e Almeida, op. cit., vol. II, p. 394.

entendia assegurar a defesa dos navios mercantes, comboiando-os, contra corsários.[276] Vilhena, na virada do século, volta a referir o contrabando africano, que entretanto supõe menor que antes.[277] Mas Silva Lisboa, na carta a Vandelli (18/10/1781), refere que "daquela safra de tabaco, a metade do melhor vai para Portugal, o resto se divide em rolos de três arrobas, que vai para África para o negócio de escravos, muito grande parte em contrabando vai para Ásia, reduzido a pó, com dano do contrato da Rainha".[278]

Se já nessa época se mostrava circunspecto o futuro Cairu, não assim o seu irmão Baltazar da Silva Lisboa que do Rio de Janeiro informava em 1793 o ministro do Ultramar sobre a "copiosa entrada de contrabandos nesta cidade, tendo entrado neste porto no ano passado, trinta e dois navios estrangeiros, quase todos ingleses, e neste ano sete embarcações inglesas, as quais têm introduzido um jamais visto giro dos ditos contrabandos" e "os oficiais da alfândega" são "inteiramente inábeis nos ofícios que ocupam, não só pela falta de inteligência das fazendas, como pela infidelidade com que procedem".[279] Uma outra denúncia, do ano seguinte, e dirigida também a Martinho de Melo e Castro, referia ainda mais minuciosamente o contrabando inglês, demonstrando a ineficácia dos meios de controle: "Logo que o navio estrangeiro entra é conduzido pelo patrão mor ao ancoradouro que lhe está destinado, cujo é atrás da ilha das Cobras pela face que está para o Norte, cujo ancoradouro é um esconderijo para descarregarem mais facilmente tudo que quiserem, porque da cidade não se vê".[280] Sendo pois necessário "usar

---

[276] Idem, p. 393.

[277] "É hoje menor o contrabando, de que vinham bem providas nossas embarcações". Cf. Luís dos Santos Vilhena, op. cit., p. 53. Mas, noutro passo, alude às vendeiras negras que saem com "caixinhas cheias de fazendas, a maior parte de contrabandos, tirados por alto, ou comprados em navios estrangeiros que aqui apontam e saem carregados de dinheiro" (p. 132).

[278] *Anais da Biblioteca Nacional*, vol. XXXII, 1910, p. 503.

[279] "Carta de 10/4/1793", *Revista do Instituto Histórico e Geográfico Brasileiro*, tomo LXV, 1902, pp. 264-265.

[280] "Carta de Amador Patrício de Maia, 15/2/1794", *Revista do Instituto Histórico e Geográfico Brasileiro*, tomo LXV, 1902, pp. 268-273. As cartas de Baltazar S. Lisboa e Amador da Maia estão referidas em C. Prado Jr., op. cit., pp. 228-229.

outros meios com estes estrangeiros", "corja de contrabandistas", a fim de evitar "prejuízo horroroso aos negociantes de boa fé".

Tudo isso indica, evidentemente, um volume considerável do comércio ilícito do ponto de vista metropolitano. O testemunho de observadores estrangeiros vem confirmar essa impressão. Dumouriez referia, em 1766, que "os portugueses e o rei não detêm a metade do comércio do Brasil, que está nas mãos dos ingleses, a quem pertencem os melhores entrepostos ('factories'), sob nomes portugueses"; os negociantes portugueses, em pequenos números, os capitalistas e os colonos sendo apenas testas de ferro e corretores".[281] Parece referir-se mais ao domínio inglês via metrópole. Carrère, no fim do século, já se refere ao contrabando.[282] Em 1787, o cônsul da Rússia em Lisboa informava para São Petersburgo que "pelas últimas notícias do Brasil, o governo foi informado do prejuizo irreparável que experimentava o comércio desde a paz, sobretudo nos últimos três anos, por causa do contrabando aberto que se faz, nas costas, pelos franceses no rio Amazonas, e pelos ingleses e americanos, só podendo opor-se fracamente"; aliás "os habitantes dessas vastas solidões eram os primeiros interessados em favorecer os contrabandistas".[283] Testemunho assaz interessante o deste texto, que nos permite entrever como éramos vistos por um diplomata do czar (aliás czarina, Catarina II) no fim do século XVIII ("les habitants des ces vastes solitudes"), o que afinal não é tão grave; mas sobretudo por indicar a presença do contrabando norte-americano. Sobre este ponto importante, informava ainda que os ditos americanos faziam a pesca da baleia à vista dos pequenos portos do litoral brasileiro, sem cuidar da sua fraca artilharia.[284]

E, de fato, os estudos monográficos sobre este ramo da indústria e do comércio coloniais documentam amplamente a penetração dos ianques, a partir da segunda metade do Setecentos, nas águas do Atlântico Sul e mesmo no litoral brasileiro, com uma intensidade que conduziu à decadência das

---

[281] *État présent du Royaume de Portugal en l'année 1766*, Lausanne, 1775, p. 90.

[282] *Voyage en Portugal, et particulièrement à Lisbonne...*, Paris, 1798, p. 62.

[283] Carta-ofício do Consul da Rússia, 27/2/1787, Biblioteca da Ajuda — Lisboa, 51-VI-44, f. 126v.

[284] Idem, ibidem.

atividades baleeiras luso-brasileiras.[285] No período que se seguiu à Independência, a economia norte-americana enfrentava dificuldades advindas das restrições impostas pelo governo inglês aos mercadores da ex-colônia; daí se esforçarem na abertura de novas frentes de comércio, e a isso parece estar ligado o avanço para o Atlântico meridional.[286] Na mesma linha, devem interpretar-se os rápidos progressos das relações mercantis dos Estados Unidos com Portugal no fim do século XVIII, atestados na balança de comércio; de fato, a participação norte-americana no intercâmbio internacional português, entre 1796 e 1811 (vide tabela e gráfico 22), não é de forma alguma despicienda: em sétimo lugar, acima da Prússia, Berbéria, Dinamarca, Rússia e Suécia.[287] Não admira, assim, que a diplomacia norte-americana, logo após 1783, que é quando se suspendeu em Portugal a interdição ao comércio dos rebeldes e se reconheceu a independência da nova nação,[288] se esforçasse persistentemente por obter a formalização de um tratado de comércio; as nego-

---

[285] Myriam Ellis, *A baleia no Brasil colonial*, São Paulo, 1969, pp. 167 segs.

[286] Fred Shannon, *America's Economic Growth*, Nova York, 1951, 3ª ed., pp. 86-88, 167-179; Ross M. Robertson, *História da economia americana*, tomo I, trad. port., Rio de Janeiro, 1967, pp. 268 segs. No ofício de 5 de janeiro de 1785, dirigido ao vice-rei, o ministro do Ultramar Martinho de Melo e Castro notava que "as províncias unidas americanas, que de uma nação sujeita passaram a uma potência livre e soberana, tendo grande quantidade de embaraços durante a guerra, que viviam do corso, também as veremos, quando menos o esperamos, infestarem os portos e costas do mesmo Brasil, principalmente não lhes sendo desconhecidos, mas antes tendo sem interrupção frequentado aquêles mares, onde faziam e fazem a pesca das baleias". Cf. *Revista do Instituto Histórico e Geográfico Brasileiro*, tomo X, 1870, 2ª ed., p. 214.

[287] Se acompanharmos, nas tabelas de importação e exportação das balanças de comércio dos anos de 1796 a 1807 (cf. *Balança geral do comércio do Reino de Portugal com os seus domínios ultramarinos e nações estrangeiras*, dos anos 1796 a 1807, Biblioteca do Instituto Nacional de Estatística, Lisboa; Arquivo Histórico do Ministério de Obras Públicas — Lisboa; Biblioteca Nacional — Rio de Janeiro) a posição dos Estados Unidos, constatamos que, nas importações (para Portugal) eles começam na 11ª colocação (1796, 1797, 1798), ascendendo em 1799 à 9ª, em 1801 à 3ª, seu ponto máximo, depois se mantêm entre a 7ª e 5ª. Como consumidores das exportações portuguesas os Estados Unidos se mantêm nesse mesmo período na 7ª colocação, ascendendo em 1799 para a 5ª. [Nota de 2019: O Arquivo Histórico do Ministério das Obras Públicas hoje faz parte do Arquivo Histórico da Secretaria Geral de Economia.]

[288] A. D. da Silva, op. cit., vol. de 1775-1790, pp. 332-333.

ciações, porém, não tiveram êxito porque os norte-americanos insistiam em obter licença para comerciar diretamente nos portos do Brasil.[289] O que mostra que os Estados Unidos recém-independentes também se constituíam em elemento de pressão para a ruptura do pacto colonial português. Se ligarmos, agora, esses dados com o que ficou acima dito sobre a pesca da baleia nas costas brasileiras, não será demais presumir que os americanos do norte eram ativos no contrabando no Brasil, no fim da época colonial. Mal tinha vindo a Corte lusitana para a América, já o negociante americano Henri Hill era para cá enviado como cônsul, a fim de orientar seus confrades sobre as possibilidades comerciais que se abriam.[290]

A pressão do contrabando era, portanto, grande, e tendia a se avolumar nesta última e movimentada etapa da era colonial. Ingleses à frente, mas também norte-americanos,[291] franceses, até suecos e dinamarqueses, iam cada vez mais rompendo as malhas do exclusivo metropolitano português em terras brasileiras.[292] Em Portugal, os efeitos eram registrados na balança de comércio; o criterioso contador Maurício José Teixeira de Morais, organizador das balanças, nas introduções em que comentava anualmente o movimento comercial da metrópole, clamava contra os efeitos depressivos do comércio ilícito; em 1800, quando mais claramente começa a se manifestar o superávit da colônia (vide tabelas e gráficos 3 e 4), lembrava que "esta diferença (o déficit) procede da introdução das fazendas inglesas no Rio de Janeiro em navios da mesma nação, e que fizeram estagnar nossas manufaturas".[293] Dois

---

[289] Raul Eça, op. cit., pp. 551-559.

[290] Henri Hill, *A View of the Commerce of Brazil* (1808), ed. bilíngue, Salvador, 1964. Entre as mercadorias que Hill aconselhava seus conterrâneos enviarem para o Brasil figurava, por exemplo, velas de espermacete, e outros produtos baleeiros.

[291] Sobre a pressão diplomática e econômica norte-americana, cf. Antônia Fernanda Pacca de Almeida Wright, *Desafio americano à preponderância britânica no Brasil*, Rio de Janeiro, 1972, pp. 117 segs.

[292] Vide o trabalho, atrás citado, de José Antonio Soares de Sousa, que enriquece, como novos dados, o estudo do contrabando nesse período. Cf. op. cit., pp. 3-111.

[293] *Balança geral de comércio do Reino de Portugal com os seus domínios ultramarinos no ano de 1800*, Introdução.

anos depois volta a insisitir: a diminuição nas exportações das manufaturas portuguesas ("gêneros das fábricas do Reino") decrescera em função "do comércio clandestino de nossa América, onde se faz sumamente necessária a inalterável observância das leis, que proíbem absolutamente a entrada de manufaturas estrangeiras naqueles portos, não se permitindo por motivo algum, como tem sucedido nos anos passados, com grave prejuízo para nossas fábricas, da Real Fazenda e do Público". E prognosticava: "Mais virão a decair, a não se lhes darem enérgicas providências, que pedem semelhantes estabelecimentos que tanto têm custado a criar".[294] Por onde se vê que a pressão da potência industrialista levara, na virada do século, a concessões no plano colonial, permitindo-se a navegação direta para o Brasil; e o término das licenças não fazia diminuir o impacto, que crescia pelo contrabando. Ou, como nota Soares de Souza[295] com muita plausibilidade, as concessões teriam animado o contrabando inglês. A destacar-se, também, no trecho de Maurício Teixeira de Morais, a conexão que se estabelece entre o surto manufatureiro em Portugal e o mercado consumidor da colônia.

O ano de 1802, aliás, tinha marcado uma certa retração do intercâmbio metrópole-colônia (vide tabela e gráfico 3), o que igualmente é atribuído aos "descaminhos".[296] Em 1803, incansável, retomava o contador suas considerações: "nossa exportação vai diminuindo gradualmente desde o ano de 1800; e decaindo consideravelmente no artigo das produções das fábricas do Reino", dado "o comércio clandestino da nossa América" onde a transgressão das leis "tem sido escandalosa de alguns anos a esta parte".[297] No ano seguinte: "a fazenda de contrabando que com escandaloso excesso se tem intro

[294] *Balança geral de comércio do Reino de Portugal com os seus domínios ultramarinos no ano de 1802*, Introdução.

[295] J. A. S. de Sousa, op. cit., p. 87.

[296] "Tanto a importação como a exportação diminuíram consideravelmente êste ano, a respeito dos passados, talvez provenha de grande contrabando e descaminho que se diz haver naquele continente". *Balança geral de comércio do Reino de Portugal com os seus domínios ultramarinos no ano de 1802*, Introdução.

[297] *Balança geral de comércio do Reino de Portugal com os seus domínios ultramarinos no ano de 1803*, Introdução.

duzido nesta capitania, tem dado causa à ruina do comércio lícito".[298] Em 1805, infatigável: "o muito contrabando" tem "entrada quase que franqueada, naqueles portos, com o mais escandaloso abuso",[299] sendo necessárias "eficazes providências, além daquelas que anualmente se dão". Indefesso, em 1806: "o ruinoso princípio da introdução clandestina das mercadorias proibidas" é fruto da "falta de patriotismo de alguns negociantes que, esquecidos das leis que nos regem, procuram somente os seus interesses, por esse ilícito e ruinoso comércio";[300] para finalmente concluir, em 1807, que "o contrabando é o mal que tem grassado em toda a América".[301] Depois, será a "grande perda, pela abertura do comércio às Nações, em toda a extensão das capitanias do Brasil".[302]

Significativa, por vários motivos, essa impressionante sequência de observações contundentes e melancólicas, de um testemunho muito bem situado em face do problema. Em primeiro lugar, ela nos deixa a nítida impressão, que os outros dados recolhidos corroboram, de que o contrabando vai num crescendo até arrombar as portas em 1808. Por outro lado, cumpre pôr em destaque a pertinácia inamovível do funcionário; é que ela afigura-se-nos como expressão da própria posição específica da metrópole, que não podia abrir mão do sistema. E, finalmente, a constatação de que os colonos, ou pelo menos alguns deles, aderiam ao contrabando, propiciando sua expansão.

Este último ponto aliás é de suma importância, e nos conduz à outra face do mesmo problema. Com efeito, também aqui, no que diz respeito à preservação do exclusivo comercial, é possível discriminar uma *face inter-*

---

[298] *Balança geral de comércio do Reino de Portugal com os seus domínios ultramarinos no ano de 1804*, Introdução.

[299] *Balança geral de comércio do Reino de Portugal com os seus domínios ultramarinos no ano de 1805*, Introdução.

[300] *Balança geral de comércio do Reino de Portugal com os seus domínios ultramarinos no ano de 1806*, Introdução.

[301] *Balança geral de comércio do Reino de Portugal com os seus domínios ultramarinos no ano de 1807*, Introdução.

[302] *Balança geral de comércio do Reino de Portugal com os seus domínios ultramarinos no ano de 1810*, Introdução.

na;[303] e só a consideração conjunta dos dois aspectos é que nos permitirá enfim caracterizá-lo na sua manifestação crítica, isto é, na etapa de crise do sistema. Uma certa resistência, por parte dos colonos, à prática do exclusivo metropolitano do comércio, vai efetivamente se engendrando com o próprio desenvolvimento da colonização.

Na sua forma mais rígida, os estancos, que configuravam um estrito monopólio, o exclusivo mercantil provocou na colônia uma grita quase permanente. O regime, como era de esperar, promovia incrível alta dos preços e escassez das mercadorias estancadas; mais ainda, criava condições para o florescimento de uma sinistra casta de atravessadores, que além do mais promoviam altas artificiais. Contra tais "monopolistas" muitas vezes manifestavam-se as câmaras,[304] e os próprios governadores se sentiam na contingência de lhes dar combate, tal o clamor dos povos. Mais que nenhum outro, o estanco do sal (dada a primeira necessidade do produto), excitava protestos quase contínuos, chegando mesmo a provocar conflitos e motins.[305] Também o sabão, durante algum tempo, foi objeto de estrito monopólio.[306] No fim do século, Vilhena criticava o regime dos contratos e arrematações, insistindo na necessidade de um celeiro público, uma praça do pescado, um mercado para as carnes etc., a fim de impedir os atravessadores.[307] O sal e o azeite, gêneros diretamente ligados aos estancos, eram escassos e caríssimos, o que lhe parecia "contra as leis da equidade e sistema político".[308] O regime havia enfim

---

[303] E. V. da Costa, op. cit., pp. 82-86.

[304] Charles R. Boxer, *Portuguese Society in the Tropics: The Municipal Councils of Goa, Macao, Bahia, and Luanda, 1500-1800*, Madison, 1965, pp. 102-103.

[305] Myriam Ellis, *O monopólio do sal no Estado do Brasil (1631-1801)*, São Paulo, 1955, pp. 139-157, com ampla documentação. No século XVIII, os preços do sal configuram, segundo a autora, uma "crise aguda de carestia" (p. 149).

[306] Paulo Pereira dos Reis, *O colonialismo português*, São Paulo, 1964, p. 62; Samuel de Paula, *Aspectos negativos da colonização portuguesa*, Rio de Janeiro, 1971, p. 92. Nestas obras naturalmente se arrolam as medidas restritivas da metrópole em relação à colônia.

[307] L. S. Vilhena, op. cit., pp. 124 segs.

[308] Idem, ibidem, pp. 133-134.

de ser criticado pelos teóricos do mercantilismo ilustrado dessa última quadra do sistema colonial.[309]

Num segundo plano, as companhias de comércio, que configuravam, como vimos, um ponto intermediário no regime exclusivista, foram por sua vez objeto de permanentes críticas. Já a Companhia Geral do Comércio do Brasil, incorporada logo após a Restauração e que operou até 1720, acumulou os clamores dos colonos: provocara a falta dos gêneros, as frotas não eram regulares, preços exorbitantes dos produtos metropolitanos, e desvalorização dos coloniais etc.; queixas que foram criando um ambiente de generalizada hostilidade à empresa.[310] A tal ponto que o próprio governador geral Conde de Atouguia acabou por endossar representação da Câmara do Rio de Janeiro, enviando procurador a Lisboa, que acabou por obter que nas Cortes se representasse contra a companhia.[311] Também a Câmara da Bahia empenhou-se nos protestos.[312] Da Companhia do Maranhão, basta lembrar que o descontentamento por ela provocado foi dos motivos primordiais que levaram à rebelião de Beckman (1684), da qual resultou o término do monopólio da empresa, além, é claro, da punição dos principais responsáveis pelo levante.[313]

As companhias pombalinas, por seu turno, apesar do rígido autoritarismo da governação do Conde de Oeiras,[314] que desanimava no nascedouro

---

[309] José Joaquim da Cunha Azeredo Coutinho, *Ensaio econômico sobre o comércio de Portugal e suas colônias*, 1794, in *Obras econômicas de J. J. da Cunha Azeredo Coutinho*, São Paulo, 1966, pp. 76 segs.; José Bonifácio de Andrada e Silva, "Memória sobre a pesca das baleias, e extração do seu azeite", in *Memorias Economicas da Academia Real das Sciencias de Lisboa*, vol. II, Lisboa, 1790, pp. 388-412.

[310] Gustavo de Freitas, *A Companhia Geral do Comércio do Brasil (1649-1720)*, São Paulo, 1951, pp. 42 segs., com documentação em Apêndice.

[311] Manuel Diégues Jr., "As Companhias privilegiadas no comércio colonial", *Revista de História*, nº 3, 1950, p. 318.

[312] C. R. Boxer, *Portuguese Society in the Tropics*, pp. 83 segs.

[313] A. C. Ferreira Reis, in S. B. de Holanda (org.), *História geral da civilização brasileira*, tomo I, vol. 2, op. cit., pp. 326-327, 380-386.

[314] J. L. de Azevedo, *O Marquês de Pombal e sua época*, op. cit., pp. 87 segs.; J. de Macedo, *A situação económica no tempo de Pombal*, op. cit., pp. 37-46.

qualquer manifestação de desagrado, não deixaram de provocar protestos veementes na colônia, e aliás também na metrópole.[315] Fundadas, no quadro do esforço do governo de Pombal para recuperar o atraso econômico português, visando "racionalizar a estrutura empresarial em favor dos mercadores nacionais",[316] elas atuam, por um lado no sentido de autonomização comercial em face da tutela inglesa, e de outro lado no sentido de dinamizar o comércio colonial lusitano. Integradas, assim, no esquema geral do mercantilismo pombalino como uma de suas peças fundamentais, a atuação das companhias do terceiro quartel do século XVIII promoveu indiscutivelmente a expansão das atividades produtivas coloniais nas áreas de sua jurisdição.[317] Ao longo de sua atuação porém foram a pouco e pouco fazendo-se sentir os efeitos inevitáveis, que repontavam nas reclamações, logo reprimidas pelo governo metropolitano: escassez do abastecimento, altos preços aos produtos europeus, baixos preços dos produtos coloniais.[318] A queda do Marquês de Pombal permitiu vir à tona uma avalanche de reclamações.[319] Do ponto de

[315] M. N. Dias, op. cit., pp. 539-560; José Ribeiro Júnior, *Colonização e monopólio no Nordeste brasileiro: a Companhia Geral de Pernambuco e Paraíba (1759-1780)*, São Paulo, 1976, pp. 74-82, 171-180; Antônio Carreira, *As companhias pombalinas de navegação, comércio e tráfico de escravos, entre a costa africana e o Nordeste brasileiro*, Porto, 1969. Similarmente, para a América espanhola: Roland D. Hussey, *The Caracas Company, 1728-1784*, Cambridge (Massachusetts), 1934, pp. 90-121.

[316] K. Maxwell, "Pombal and the Modernization of Luso-Brazilian Economy", op. cit., p. 623.

[317] Neste sentido, parece ter sido maior o êxito da Companhia do Grão-Pará que o da de Pernambuco. O que aliás se compreende: a Companhia do Norte atuou sobre uma área de economia incipiente, partindo quase que do marco zero; a do Nordeste incidiu sobre uma zona já densamente colonizada. Cf. Arthur César Fereira Reis, *A política de Portugal no vale amazônico*, Belém, 1940, pp. 94 segs.; M. N. Dias, op. cit., pp. 475-516; José Ribeiro Jr., op. cit., pp. 132-164.

[318] Exemplos dessas reclamações: carta de Luís Diogo Lobo da Silva, 30/3/1761, sobre carência no abastecimento de fazendas e carta de 18/4/1761 sobre falta de gêneros e atraso da frota (Arquivo Histórico Ultramarino — Lisboa, documentos de Pernambuco, caixa 50); requerimento dos moradores de Pernambuco, 1770, sobre o "vexame" que sofreu da Companhia (Arquivo Histórico Ultramarino — Lisboa, documentos de Pernambuco, caixa 55).

[319] Cf. a consulta de 4/9/1779 do Conselho Ultramarino, sobre as reclamações (Arquivo Histórico Ultramarino — Lisboa, códice 267, ff. 132-135); igualmente, consulta de 2/8/1780,

vista dos colonos fez-se porta-voz finalmente o governador de Pernambuco José Cesar de Menezes que, numa carta de 1778,[320] sintetiza as críticas e aprofunda a análise da situação, refutando os argumentos da Junta administrativa que defendia a atuação da empresa.

De fato, pela sua forma de mobilizar recursos através das ações e configurando um grau mais fechado de exclusivismo (o exclusivo "normal" no sistema reservava o mercado das colônias aos mercadores da metrópole; as companhias, a uma parte deles, isto é, a seus acionistas), as companhias de comércio colonial promoviam uma maior concentração de capital, e pois maiores possibilidades de reinvestimento, o que explica a expansão das atividades produtivas na área colonizada (as companhias financiavam essa expansão); por outro lado, o exclusivo mais estrito fazia funcionar mais rigidamente o mecanismo de transferência de renda da colônia para a metrópole (compressão dos preços dos produtos coloniais, elevação dos preços das mercadorias europeias); finalmente, os mercadores metropolitanos não acionistas ficavam fora deste giro mercantil. Assim se compreende que essas empresas fossem alvo de clamores tanto na metrópole como na colônia, e que os colonos, apesar da expansão da agricultura e do comércio, não participando dessa elevação do nível geral da renda, clamassem miséria, pois se endividavam necessariamente com a empresa monopolista (a "miséria destes povos pelos vexames das companhias", como dizem insistentemente as representações).

---

códice 921, f. 18v.; consulta de 19/11/1777, sobre reclamações de Cabo Verde contra a Companhia do Grão-Pará, códice 1237, f. 9; idem, códice 180, f. 4v.; Abaixo assinado dos homens de negócio da praça do Pará (1791), Biblioteca Nacional — Rio de Janeiro, Divisão de Manuscritos, 1-29, 13, 35; Discursos sobre a decadência em que se acha a nossa América, relativos a seus estabelecimentos comerciais (1777?), Biblioteca Nacional — Rio de Janeiro, Divisão de Manuscritos, 1-28-25, 11; "Representação dos vassalos do Grão-Pará e Maranhão" (1777), in Antônio Carreira, op. cit., pp. 413-430.

[320] Carta do Recife, 13/7/1778, Arquivo Histórico Ultramarino — Lisboa, documentos de Pernambuco, caixa 67 (N. do A.: devemos o conhecimento desse texto ao professor José Ribeiro Jr.). Ver também, do mesmo governador, a carta de 24/5/1779 (Academia Real de Ciências — Lisboa, códice 29v., documento 13) que se refere à anterior, "onde entrava não só os prejuízos que tinham recebido estes povos, mas também a Real Fazenda". E como que a justificar a sua posição: "Sem ponderar cômodo interesse destes povos, basta olhar para o interesse da Real Fazenda".

De qualquer forma, o que importa destacar, do ângulo que estamos examinando o problema, é que neste momento de inflexão em que se abre a crise do Antigo Sistema Colonial e que coincide em Portugal com o término do "consulado" pombalino, exasperam-se no Brasil os agravos contra as companhias. Isto é de suma importância por dois motivos. Primeiro porque, sendo o monopólio das companhias de comércio apenas um grau mais rígido dentro do exclusivo metropolitano, a oposição a elas com o tempo tendia naturalmente a se transformar, por parte dos colonos, numa crítica e mesmo oposição ao próprio pacto colonial; e isto numa época em que o sistema entrava em crise e se acentuava o contrabando. Segundo, porque na resistência ao exclusivo das companhias começa a se descortinar uma fissura entre os interesses dos próprios mercadores estabelecidos na colônia e os interesses mais estritos da metrópole. A isto estaria ligada a atitude de governadores das capitanias, apoiando reinvindicações contra a política metropolitana das companhias de comércio.

Estas considerações, por sua vez, nos levam ao último aspecto do problema: as formas que iam assumindo as resistências coloniais ao exclusivo metropolitano, mesmo na sua dimensão mais geral, qual seja a reserva do comércio da colônia aos mercadores da metrópole. Estudando a instalação da Companhia de Pernambuco e Paraíba, José Ribeiro Junior pôde reconstituir, apoiado nos recentes trabalhos de Pierre Verger (para a Bahia) e em fontes diretas (para Pernambuco), todo um conjunto de propostas que remontam ao fim do século XVII e se manifestam até a época do governo de Pombal, partidas de mercadores coloniais, de criação de companhias, especialmente para o tráfico de escravos, que teriam sede nas praças coloniais, com predominância dos interesses desse grupo de comerciantes.[321] Tais projetos se contrapunham a outros, sugeridos pela metrópole. Destarte, seria possível distinguir "dois grupos de mercadores: um ligado à metrópole e pela realeza protegido, outro ligado à colônia, contando eventualmente com a ajuda do governador".[322] Em Pernambuco, às vésperas da criação da companhia pom-

---

[321] Cf. J. Ribeiro Jr., op. cit., pp. 74-83, 87-91; Pierre Verger, *Flux et reflux de la traite des nègres entre le Golfe de Benin et Bahia de Todos os Santos du XVIIe au XIXe siècle*, Paris, 1968, pp. 67-115.

[322] J. Ribeiro Jr., op. cit., p. 74.

balina, e em resposta às sondagens do Conde de Oeiras, a Mesa da Inspecção do Recife, propunha uma companhia que abrangesse o Rio de Janeiro, Bahia e o Reino, mas com sede na Bahia, "onde se somariam os lucros e repartiriam pelas ações proporcionalmente". O alvitre, endossado pelo governador, parece que nem obteve resposta; o que se concretizou foi a instalação de uma companhia nos moldes da já formada do Grão-Pará e Maranhão.[323] À mesma época (1757), na Bahia, uma proposta em moldes semelhantes, da Mesa do Bem Comum dos mercadores locais, levou à sua extinção e a uma severa repreensão ao vice-rei Conde dos Arcos.[324]

Por outro lado, numa passagem infelizmente muito rápida, João Lúcio de Azevedo chama a atenção para o fato de que teria sido projeto de Pombal a criação de uma terceira companhia, seguindo o figurino das anteriores do Grão-Pará e Pernambuco, para o Rio de Janeiro e Bahia; e, baseando-se num documento consular inglês, explica a frustração do projeto pela dificuldade de arregimentação de capitais e sobretudo pela oposição britânica.[325] Com o que fica dito acima, entretanto, não será desarrazoado supor que uma resistência mais acentuada dos mercadores estabelecidos nessas duas maiores cidades do Brasil colônia tenha contado para o abandono da ideia. É que ambas essas praças mantinham relações comerciais que de certo modo extrapolavam as traves do pacto colonial: a Bahia, com a costa da África, o Rio de Janeiro, com o Rio da Prata. O que lhes daria maior capacidade de resistência ao enquadramento nos esquemas metropolitanos.

No caso do Rio de Janeiro, uma relativa autonomização parece estar também ligada ao fato de ser esse porto a principal via de escoamento da mineração: a posse do metal nobre amoedável, de fato, independizava os coloniais (produtores, mercadores) da venda de seus produtos para a aquisição dos produtos de fora; daí uma maior flexibilidade nas suas transações, um maior desembaraço, uma mais efetiva possibilidade de resistência ao exclusivo.[326] Por onde se revelam as contradições do sistema: ele naturalmente ten-

---

[323] Idem, ibidem, pp. 76-79.

[324] Idem.

[325] J. L. de Azevedo, *Épocas de Portugal económico*, op. cit., pp. 438-439.

[326] Analisando as implicações do desenvolvimento da mineração na relação dos colonos

dia a incentivar a procura e exploração das minas; mas ao fazê-lo começava a criar condições para os colonos começarem a se desprender dos laços de dependência.[327] Para justamente impedir os descaminhos do metal, a metrópole via-se na necessidade de impor rotas exclusivas para o escoamento; mas assim concentrava por sua vez os efeitos solapadores, para o sistema, da produção do metal nobre.

O exemplo da Bahia é ainda mais típico: desde o século XVII, vinha se desenvolvendo e se avolumando o tráfico direto com a Costa da Mina, do qual ficavam praticamente excluídos os mercadores metropolitanos; o que se devia, segundo Verger, que estudou exaustivamente esse tema,[328] ao fato de que os negociantes da Bahia encontravam na Costa da Mina mercado para o tabaco de terceira qualidade (o "refugo"), proibido em Portugal, e do qual detinham praticamente a produção; os holandeses, dominadores na região africana, tinham excluído os portugueses e só davam entrada aos ofertantes do tabaco que permitia o tráfico negreiro; e finalmente, Portugal interditara esse tráfico aos negociantes do Rio de Janeiro que operavam com intermediação da Royal African inglesa e que, não dispondo do produto de escambo, acabavam por promover a saída do ouro.[329] Assim, as próprias necessidades da colonização levavam à formação de linhas de comércio que navegavam fo-

---

com a metrópole, Virgílio Noya Pinto esclarece, com muita precisão, o fenômeno: "Na economia aurífera, as posições se invertem: quem detém o dinheiro, no caso o ouro, é colono, enquanto que os mercadores, representados pelas frotas, são os detentores das mercadorias. Esta inversão determinou uma série de modificações no comércio atlântico. Assim, os detentores do ouro impõem os seus gostos e as suas necessidades aos comerciantes". Cf. *O ouro brasileiro e o comércio anglo-português: contribuição ao estudo da economia atlântica no século XVIII*, São Paulo, 1972, p. 237 (exemplar mimeografado).

[327] Sylvio de Vasconcellos, que já em 1968 apontara para o mesmo fenômeno (ou seja, o fato de a exploração aurífera tender a independizar o colono), relaciona-o a outras peculiaridades da economia e da sociedade mineira em face da litorânea (menor concentração da renda, mobilidade social mais acentuada etc.) para explicar a persistente rebeldia e insubordinação desses colonos, atestada nas constantes reclamações dos governadores. Nem é por acaso que a inconfidência eclodiria nas Minas. Cf. *Mineiridade: ensaio de caracterização*, Belo Horizonte, 1968, pp. 19-28.

[328] P. Verger, op. cit., pp. 27-60.

[329] Também em Angola se fazia sentir o comércio direto com o Brasil, e os esforços da metrópole para impedi-lo. Cf. Carlos Couto, "O pacto colonial e a interferência brasileira no domí-

ra do sistema. Não era possível incrementar a exploração da colônia sem abastecimento de escravos para a produção colonial; o que levava a incentivar a cultura do tabaco, que acabava por privilegiar a posição dos negociantes da Bahia, que se iam independizando dos seus confrades do Reino.[330]

O tráfico baiano de escravos dava naturalmente lugar a amplo contrabando com ingleses, holandeses e franceses na Costa da África.[331] O governo de Lisboa tentou em vão impedir o descaminho, vincular o tráfico à metrópole. Ao Marquês de Valença, instruía em 1779 Martinho de Melo e Castro no sentido de atentar para o "artigo do tabaco", com o qual se praticavam as maiores desordens; pois tendo em "nosso poder o único gênero capital, que é o tabaco do Brasil, sem o qual se não pode fazer resgate de negros, nem outra alguma negociação na Costa da Mina", era de esperar que "dentro em breve tempo florescia este importante ramo de comércio nacional português" — o que tudo era obstado pelas "prevaricações" de "mais perniciosas consequências". O erro vinha de "deixarmos o comércio da Costa da África entregue nas mãos dos americanos" (isto é, dos colonos), sem "acordar ao mesmo tempo aos negociantes das praças deste Reino (isto é, metropolitanos) alguns privilégios, graças e isenções, para que na concorrência com os ditos americanos nos referidos portos da África tivessem os portugueses a preferência, da mesma sorte que a capital e os seus habitantes, a devem sempre ter em toda parte sobre as colônias e habitantes delas".[332]

O texto é claro como definição do tráfico de escravos no quadro do colonialismo mercantilista; ele devia formar um ramo do comércio colonial, isto é, dos mercadores metropolitanos, através do qual se promoveria a acumulação de capital na metrópole. Mas o próprio desenvolvimento da coloniza-

---

nio das relações econômicas entre Angola e o Reino no século XVIII", *Estudos Históricos*, nº 10, 1971, pp. 21-32.

[330] José Roberto do Amaral Lapa, "O tabaco brasileiro no século XVIII (Anotações aos estudos sobre o tabaco de Joaquim de Amorim Castro)", separata de *Studia*, nº 29, 1970, pp. 57-144; incluído também em *Economia colonial*, São Paulo, 1973, pp. 141-229.

[331] P. Verger, op. cit., pp. 116-117, 151-152, 207.

[332] "Instrução para o Marquês de Valença, governador e capitão general da capitania da Bahia" (10/9/1779), in Francisco A. Varnhagen, *História geral do Brasil*, tomo IV, São Paulo, s.d., 3ª ed., pp. 376-395, referências às pp. 389-391.

ção ia invertendo as posições. De um lado, havia a concorrência das metrópoles na costa da África, onde de início tinham sido absolutos os portugueses; de outro, "havendo na Bahia e Pernambuco o tabaco, a gerebita ou cachaça, o açúcar e alguns outros gêneros de alguma importância próprios para o comércio da Costa da África, e não os havendo em Portugal, com eles passaram os americanos àquela Costa, nas suas próprias embarcações, e lhes foi muito fácil estabelecer ali o seu negócio, excluindo inteiramente dele os negociantes das Praças deste Reino". E pior: em vez de os colonos do Brasil "negociar tão somente com os naturais do País", "entravam igualmente a fazer negócio com ingleses, franceses e holandeses", "recebendo das ditas nações fazendas da Europa a troco do tabaco do Brasil".[333] De sorte que quase todo o comércio da Bahia ia se dirigindo para a África, "fazendo dele um rigoroso monopólio" [!], o que obrigou a intervenção da Coroa tentando disciplinar a situação; mas continuaram as "desordens e prevaricações". Em Pernambuco, diz o ministro, a Companhia Geral "foi o meio eficaz com que ficou cessando o dito contrabando",[334] por onde se vê um dos motivos reais de sua criação: recuperar para o comércio lusitano o tráfico de escravos para a colônia. Para a Bahia, entretanto, seria difícil tal solução, sem comprometer a cultura do gênero de resgate. E a Mesa de Inspeção, que devia disciplinar o intercâmbio dentro de um volume razoável (e sem contato com os estrangeiros), acabava por se conluiar com os indisciplinados colonos. Situação que, a continuar, "seria o mesmo que acordar-se aos ingleses, franceses e holandeses um comércio franco pelos portos da África entre aquelas nações e os domínios portugueses do Brasil, sem intervenção alguma do Reino de Portugal, contra a regra fundamental, geralmente estabelecida entre todas as nações que têm colônias".[335]

Esta "regra fundamental", já se vê, era o exclusivo metropolitano do comércio colonial; apenas não era "estabelecida entre as Nações", mas um elemento inerente ao sistema; as nações, estas, tinham *a fortiori*, de competir

---

[333] "Instrução para o Marquês de Valença", op. cit., pp. 391-392.

[334] Idem, pp. 392-393.

[335] Idem, p. 394.

furiosamente pelas vantagens e estímulos que o mesmo sistema engendrava. E aí começavam as contradições.

Pois que os colonos iam, gradualmente, tomando consciência da sua oposição de interesses com o comércio metropolitano, e contestando o regime do "exclusivo": primeiro, os estancos, depois as companhias; finalmente, o "exclusivo" em si mesmo. Assim, nas *Cartas econômico-políticas* de J. Rodrigues de Brito, ao se analisarem os obstáculos ao desenvolvimento da colônia, como que insensivelmente se vai aprofundando a crítica: primeiro se questionam as obrigações de se cultivarem produtos de subsistência ao lado da lavoura de exportação; depois as exigências de exames de qualidade, obrigações de local e época etc. Mas, desde o início, já preconizava a liberdade de o lavrador preferir "quaisquer compradores que melhor lhos pagassem". Para, finalmente, contestar os "falsos princípios do sistema exclusivo".[336] Apesar de certa obscuridade, pois o texto se dirigia ao governador, em resposta a uma consulta de 1807, deixa transparecer as ideias subjacentes e o ânimo dos colonos da Bahia.

Que as medidas de controle não surtiam efeito vê-se pelas entradas de escravos da Costa da Mina na Bahia, que estão crescendo nas últimas décadas do século XVIII.[337] Na sua carta de 1781, José da Silva Lisboa descreve como um negócio próspero o resgate de escravos pelos baianos,[338] indicando ainda que, promovendo a importação de fazendas estrangeiras, "danifica muito o comércio de fazendas que vem de Portugal". No ofício de 1785 refere-se Martinho de Melo e Castro aos "nocivos canais da costa da África", onde sofremos, da parte dos holandeses, ingleses e franceses, "um jugo tão intolerável e tão injurioso".[339] A aportagem, frequentemente na Bahia, dos navios da carreira da Índia, dava também lugar a descaminhos e contraban-

---

[336] João Rodrigues de Brito, *Cartas econômico-políticas sobre a agricultura e comércio da Bahia* (1821), Salvador, 1924, pp. 28 segs., especialmente p. 72.

[337] Maurício Goulart, *A escravidão africana no Brasil*, São Paulo, 1950, 2ª ed., pp. 214-215.

[338] "Carta de 18/10/1781", *Anais da Biblioteca Nacional*, vol. XXXII, 1910, pp. 504-505.

[339] "Ofício de 5/1/1785", *Revista do Instituto Histórico e Geográfico Brasileiro*, tomo X, 1870, 2ª ed., p. 215.

dos.[340] E nas instruções ao vice-rei Conde de Rezende (1790), a autoridade metropolitana chama a atenção para o fato de que a navegação brasileira "tem mudado de figura".[341] Antes, eram navios dos comerciantes das praças do Reino; agora os proprietários são negociantes da Bahia, Rio de Janeiro, Pernambuco, que navegam para Mina, Angola, Benguela — o que dava lugar a intenso contrabando com os estrangeiros. E associa a mudança aos progressos da construção naval na colônia, coisa de que a metrópole não podia prescindir, dada a riqueza das madeiras coloniais, e sua escassez na metrópole.[342] Mais uma vez, o próprio desenvolvimento da colonização ia pois engendrando contradições no sistema.

Mesmo na sua forma mais genérica, portanto, isto é, na reserva dos mercados coloniais ao conjunto dos mercadores da metrópole, o exclusivo metropolitano ia sendo contestado: de um lado pela presença crescente, que antes documentamos, dos mercadores estrangeiros; e por outro lado, pelo estabelecimento de linhas de mercancia a partir dos portos da colônia.

Concomitantemente, o desenvolvimento do industrialismo na Inglaterra levava a potência hegemônica, cada vez mais, a forcejar (seja pelo contrabando, pela ameaça, pela diplomacia) a abertura dos mercados coloniais dos países ibéricos.[343] E é essa convergência de pressões internas e externas, num volume inapelavelmente crescente, que caracteriza, a nosso ver, a etapa de crise no esforço metropolitano pela preservação do exclusivo. Ao anotar o antigo regimento do governo-geral em 1804, tratando "esta matéria de suma importância", o vice-rei lembrava as dificuldades na execução das reais ordens[344] quanto à averiguação das arribadas. Era, de fato, difícil conter as ondas que a premiam de dentro e de fora.

---

[340] José Roberto do Amaral Lapa, *A Bahia e a carreira da Índia*, São Paulo, 1960, pp. 231 segs.

[341] Instrução do Vice-Rei e Capitão General de Mar e Terra do Brasil D. José Luís de Castro, Conde de Rezende, 6/3/1790, Arquivo Histórico Ultramarino — Lisboa, códice 573, ff. 15-80, especialmente, f. 47v.

[342] Sobre os estaleiros e construções na Bahia, vide J. R. do Amaral Lapa, *A Bahia e a carreira da Índia*, op. cit., pp. 51-87.

[343] Nelson Werneck Sodré, *As razões da Independência*, Rio de Janeiro, 1965, pp. 78-81.

[344] *Documentos Históricos*, vol. VI, 1928, pp. 422-424, 436-437.

Ainda que os interesses de mercadores coloniais às vezes pudessem colidir, do ponto de vista do sistema ambas forcejavam no sentido da ruptura do pacto. Quando "o corpo de comércio da Bahia", por exemplo, em 1800, pedia ao Príncipe Regente "que os estrangeiros se não estabeleçam com casas de negócios nos domínios do Brasil",[345] parece claro que estão defendendo o seu comércio com a costa d'África, através do qual traziam eles mesmos as manufaturas. Uns e outros — mercadores baianos ou estrangeiros —, porém, estavam ultrapassando as linhas do exclusivo metropolitano. No mais das vezes, entretanto, os interesses convergiam. No ofício de 1783, que encaminhava medidas repressivas, o ministro do Ultramar assinala que os contrabandistas estrangeiros tinham "encontros ajustados com os nacionais", que dão "auxílio e cooperação".[346] Numa denúncia de 1799, narra-se a prosperidade do contrabando inglês; na Inglaterra, onde estivera o denunciante, havia até casas especializadas no ramo; os navios "vão em direitura aos portos do Brasil, onde já têm correspondentes", e portugueses chegavam "ao horrendo excesso de andarem por comissários em semelhantes navios, do Brasil para Londres e Liverpool a tratarem de comissões e remessas de fazendas com tanta franqueza e liberdade como se as fizessem com os seus próprios nacionais".[347] Tais figuras deviam provavelmente ser comerciantes estabelecidos em praças brasileiras; as malhas do sistema iam-se distendendo, e o interesse sobrelevava as antigas fidelidades.

Já em 1784, aliás, o cônsul-geral da Grã-Bretanha apresentara à Corte de Lisboa ofício realmente incrível, no qual, entre outras coisas, informa que partira do Brasil proposta para uma sociedade de comércio direto Brasil-Inglaterra; que as gazetas inglesas anunciavam formalmente navios de partida para a colônia portuguesa; que os brasileiros não queriam, em paga-

[345] Representação que fez em 1800 o corpo do Comércio da Bahia, pedindo ao Príncipe Regente que os estrangeiros se não estabeleçam com casas nos domínios do Brasil, para não os prejudicar [...], Biblioteca Nacional — Rio de Janeiro, Divisão de Manuscritos, 1-31, 28.

[346] "Ofício de 5/1/1785", *Revista do Instituto Histórico e Geográfico Brasileiro*, tomo X, 1870, 2ª ed., pp. 214 e 215.

[347] "Carta de Francisco José de Lima a D. Rodrigo de Sousa Coutinho, 19/9/1799", *Revista do Instituto Histórico e Geográfico Brasileiro*, tomo LXV, 1902, pp. 298-300.

mento dos açúcares, senão moeda corrente, pois de fazendas europeias tinham cheios os armazéns.[348] Deveras incuriais as notícias do fleumático cônsul; o ministro as considerava "dignas da mais circuspecta reflexão".[349] Era o exclusivo naufragando, o pacto colonial se rompendo, o sistema entrando em crise.

4. Assimilação dos estímulos

Defender o patrimônio, isto é, manter a colônia sob o domínio político da metrópole; preservar o exclusivo de seu comércio, isto é, mantê-lo reservado aos mercadores metropolitanos: em condições normais do Antigo Regime e do capitalismo comercial, tanto bastaria para o funcionamento do sistema. Não assim na época da crise. Agora, em certas regiões da economia europeia (nomeadamente na Inglaterra) ultrapassava-se qualitativamente a etapa intermediária da formação do capitalismo, atingindo-se destarte sua configuração plena, na Revolução Industrial;[350] para as nações que se tinham retrasado nesse processo, a pressão concorrencial do setor industrializado iria tornar-se necessariamente cada vez mais irresistível,[351] a menos que recuperassem a defasagem para competir em condições pelo menos suportáveis. Impunha-se portanto remover os óbices internos que até então tivessem operado no sentido de travar seu desenvolvimento industrial, isto é, canalizar as vantagens da exploração colonial no sentido de superar a acumulação primi-

---

[348] *Revista do Instituto Histórico e Geográfico Brasileiro*, tomo X, 1870, 2ª ed., p. 228.

[349] Idem, p. 216.

[350] Maurice Dobb, *Studies in the Development of Capitalism*, Londres, 1954, pp. 235 segs.; E. Williams, *Capitalism & Slavery*, op. cit., pp. 135-153.

[351] Sobre o comércio exterior da Grã-Bretanha na época da primeira Revolução Industrial, cf. John H. Clapham, *An Economic History of Modern Britain*, vol. I, Cambridge, 1950, pp. 237-250. Impacto sobre a economia mundial: Ronald M. Hartwell, "Economic Change in England and Europe, 1780-1830", in *The New Cambridge Modern History*, vol. IX, 1965, pp. 40-46; David Landes, *The Unbound Prometheus: Technological Change and Industrial Development*, Cambridge, 1972.

tiva e desencadear um processo de desenvolvimento manufatureiro. Noutros termos, nessas condições, a própria *assimilação*, pela metrópole, *dos estímulos*, engendrados na exploração das colônias, se constituía num problema. Tal era o caso das monarquias ibéricas e, especialmente, de Portugal.

Daí, nesses casos, a relação metrópole-colônia, quer dizer Portugal-Brasil, ir assumindo ao longo do século XVIII a forma que já entrevimos em certos trechos das instruções a vice-reis e governadores: a colônia cada vez mais se tornando vital para a sustentação da metrópole. No meado do século, é D. Luís da Cunha quem define a situação até com alguma brutalidade: que é Portugal? "Uma ourela de terra, que divide em três partes, de que a primeira não é, ainda que o poderia ser, bem cultivada, que a segunda pertence às Ordens eclesiásticas, compreendendo as monásticas, e que a terceira produz um pouco de grão que todavia não basta para a subsistência, sem que lhe venha de fora". Donde se segue que "para poder conservar Portugal necessita (o príncipe) totalmente das riquezas do Brasil, e de nenhuma maneira das de Portugal, que não tem para sustentar o Brasil".[352]

Sem tomar ao pé da letra estas proporções e descontados os exageros, o texto de D. Luís da Cunha nos reconduz para o problema português do atraso e da decadência na Época Moderna. Já vimos, na primeira parte deste capítulo, como é este um tema recorrente na tradição do pensamento econômico em Portugal, dos mercantilistas aos teóricos da Academia. Para caracterizarmos, agora, com alguma clareza, o problema da assimilação dos estímulos econômicos coloniais, — ou, noutros termos, a assimilação desses estímulos como problema — não podemos nos eximir de voltar ao assunto, tentar pelo menos reequacioná-lo, já que não se pode pensar, aqui, em resolvê-lo.

Constatada a disparidade, a que se atribuía ela?

Os testemunhos coevos, que viveram esse processo, refletindo sobre suas causas, foram apresentando várias linhas de explicação, que por sua vez

[352] *Instruções inéditas de D. Luís da Cunha a Marco Antônio de Azevedo Coutinho* (1738), ed. Pedro de Azevedo e Antonio Baião, Coimbra, 1930, pp. 212 e 218. Seguindo o raciocínio, não hesita D. Luís da Cunha aconselhar que seria "mais cômodo e mais seguro estar onde se tem o que sobeja, que onde se espera o de que carece", isto é, que a Corte se devia transportar para o Brasil. No auge da crise, seria enfim a solução adotada.

marcaram profundamente a historiografia que se lhes seguiu, a partir do liberalismo até os nossos dias.[353] A primeira delas, a mais simplista, consiste em atribuir à dominação espanhola (1580-1640) a responsabilidade por todos os males e desgraças nacionais. Tal visão se engendra a partir da "literatura autonomista"[354] pela qual se manifesta, em Portugal, a resistência à dominação filipina. A poesia, como a historiografia do período, exaltaram o passado nacional, e tal glorificação tinha um sentido político, pois o confronto se faria espontaneamente com o presente lutuoso; e o messianismo sebastianista,[355] utópico, lançava para o futuro a redenção. Passada a União Ibérica, e continuando as dificuldades, a ilação era quase necessária: o período espanhol implicara o declínio da grandeza lusitana.

Esta visão do fenômeno da decadência ganha tal força de convicção que passa a se incorporar a quase todos os autores que abordam o tema.[356] Mesmo quando se esforçam por indagar outros fatores, não deixam de mencionar a desgraça da dominação espanhola. Logo após a Restauração, um parecer do padre Antônio Vieira descreve ao primeiro Bragança o "miserável estado do Reino": "as conquistas estão reduzidas a tal estado que nada melhoram esta esperança". E mais: "Por falta de comércio se reduziu a grandeza e opulência de Portugal ao miserável estado em que Vossa Majestade o achou".[357] Duarte Ribeiro de Macedo, sem mencionar explicitamente a dominação castelhana, nota que foi a "perda do comércio da Índia" que tornou

---

[353] Em páginas admiravelmente lúcidas, analisa Joel Serrão a presença avassaladora da ideologia decadentista não só na historiografia como em toda a mentalidade portuguesa moderna. Cf. "Essa palavra decadência...", *Temas de cultura portuguesa*, vol. II, Lisboa, 1965, pp. 27-40.

[354] Hernani Cidade, *A literatura autonomista sob os Filipes*, Lisboa, 1948.

[355] Eduardo d'Oliveira França, *Portugal na época da Restauração*, São Paulo, 1951, pp. 230-239; João Lúcio de Azevedo, *A evolução do sebastianismo*, Lisboa, 1947.

[356] A ideia é mesmo assimilada pelos estrangeiros. Exemplos: Raynal, *Histoire des deux Indes*, Genebra, 1780, p. 386; P. P. Leroy-Beaulieu, *De la colonisation chez les peuples modernes*, op. cit., p. 56; Charles R. Boxer, *The Portuguese Seaborne Empire*, Nova York, 1969, pp. 106-109.

[357] Padre Antônio Vieira, "Proposta feita a El-Rei D. João IV em que lhe representa o miserável estado do Reino" (1643), in *Obras escolhidas*, prefácio e notas de António Sérgio e Hernani Cidade, Lisboa, 1951, vol. IV, pp. 1-26.

desfavorável a balança portuguesa;[358] ora, isto se deu no período dos Filipes. Referindo-se à ausência de descendência direta de D. Sebastião, de que resultaria em 1580 a união das Coroas, lembra D. Luís da Cunha as "funestas consequências de que ainda hoje, depois de dois séculos, Portugal se ressente".[359] No fim do século XVIII, entre os memorialistas da Academia, Soares de Barros lembra que o período espanhol foi negativo para a população,[360] enquanto Lacerda Lobo afirma que "a nossa marinha, que antes da sujeição da Espanha, fazia espanto a todas as nações da Europa, por efeito das vistas políticas de Filipe II, III e IV, foi tendo uma progressiva decadência e abatimento, assim como também nossas pescarias".[361]

Mas é sobretudo em José Manuel Ribeiro que o problema se coloca de modo mais convincente; interessado em perquirir as "causas da pobreza do Reino", ao lado de outros fatores, aborda a dominação espanhola: "depois desse funesto acontecimento (Alcácer-Quibir) entraram os três Filipes de Castela com cujo poderoso governo, foi a mesma Castela, e nós, caminhando para a ruina, mas deixando as causas pertencentes àquela, e falando só das nossas, cuidaram muito em reduzir este Reino a Província de sua vasta monarquia, e por isso não só não aumentaram as artes, e a agricultura, mas mandaram muitos teares de seda de Trás-os-Montes para Valência e Segóvia, e muitos oleiros de Lisboa e de outras partes do Reino para Málaga e Talavera de la Reina; e o que mais é para sentir em cima de muitos outros danos foi o perdermos por sua culpa as nossas praças e feitorias do Oriente".[362]

---

[358] Duarte Ribeiro de Macedo, *Discurso sobre a introdução das artes no Reino* (1675), in António Sérgio (org.), *Antologia dos economistas portugueses*, Lisboa, 1924, pp. 265-266.

[359] D. Luís da Cunha, *Testamento político* (1748), Lisboa, 1943, p. 32.

[360] José Joaquim Soares de Barros, "Memória sobre as causas da diferente população de Portugal em diversos tempos da Monarquia", in *Memorias Economicas da Academia Real das Sciencias de Lisboa*, vol. I, 1789, pp. 133-134.

[361] Constantino Botelho de Lacerda Lobo, "Memória sobre a decadência das pescarias de Portugal", in *Memorias Economicas da Academia Real das Sciencias de Lisboa*, vol. IV, 1812, p. 340.

[362] José Manuel Ribeiro, "Discurso político sobre as causas da pobreza de Portugal", Academia das Ciências de Lisboa, manuscrito 186v. Ainda em 1830, analisando a situação da economia portuguesa, José Acúrsio das Neves notava que "os males da pátria" foram "tempestades pas-

Para além dos efeitos gerais e depressivos da dominação política, o acadêmico ilustrado aponta, portanto, três aspectos; primeiro, a perda das feitorias do Oriente, envolvidas nas lutas da preponderância espanhola; segundo, dá exemplos concretos (um dos raros autores que o faz) de descapitalização de Portugal pelos espanhóis; e terceiro, mais importante, a Lusitânia teria sido arrastada na decadência das Espanhas. Ora, sobre os efeitos negativos da perda da soberania, é bom lembrar que o "domínio espanhol", como sempre gostam de dizer os portugueses, foi na realidade uma monarquia dual, preservando-se a individualidade institucional portuguesa. Exatamente, por se manterem separadas as respectivas colônias, a dificultação oficial ao comércio português no Prata foi um dos motivos de "decepção" da burguesia portuguesa perante a união dinástica.[363] Com relação à perda dos entrepostos orientais, pode-se legitimamente duvidar que Portugal, mesmo sem a anexação à Espanha, pudesse resistir à pressão crescente das novas potências (Inglaterra, Holanda, França); mas de qualquer forma, a União Ibérica sem dúvida deu o pretexto para o assalto. Note-se, contudo, que o período de 1580 a 1640, se foi de recuo no Oriente, foi de expansão portuguesa na América, o que não era pequena compensação.[364] Difícil, no atual estado dos estudos, aquilatar o volume de transferência para a Espanha de forças econômicas como as indicadas pelo memorialista; elas devem certamente ter tido algum papel no atraso subsequente de Portugal. De qualquer forma, o assim chamado "domínio espanhol", posto que de alguma importância, não se pode considerar como o elemento explicativo básico da decadência portuguesa. Até porque, como muito bem o viu José Manuel Ribeiro, isto seria transferir e não resolver o problema: o essencial é que a Espanha também se retrasou, e pois ficaria por explicar a decadência da Espanha.

Outra linha de explicação, esta engendrada durante o "consulado" pombalino, e com visíveis intenções políticas, atribui o atraso e a decadência de

---

sageiras", com duas exceções: o Domínio Espanhol e a Revolução. Cf. *Considerações políticas e comerciais sobre os descobrimentos e possessões dos portugueses*, Lisboa, 1830, p. 4.

[363] E. O. França, op. cit., pp. 343 segs.

[364] Astrogildo Rodrigues de Melo e Antônia Fernanda P. de Almeida, "O Brasil no período dos Filipes". In S. B. de Holanda (dir.), *História geral da civilização brasileira*, tomo I, vol. 1, São Paulo, 1960, pp. 176-189.

Portugal à ação expoliativa da Inglaterra; reponta esse modo de ver em numerosos textos do período, a começar pela famosa *Relação dos gravames*,[365] elaborada por Sebastião José de Carvalho e Melo quando ainda embaixador em Londres. Esta é aliás a linha de argumentação do famigerado discurso "sobre as vantagens que o Reino de Portugal pode tirar da sua desgraça",[366] cuja atribuição a Pombal já vimos ser errônea. A "desgraça" a que se refere é o terremoto; ela ofereceria oportunidade para uma reorganização, através da qual viriam as "vantagens", isto é, a independização da tutela inglesa, que impedia o progresso. O caminho a seguir seria a aplicação rigorosa de uma política mercantilista, quer dizer, protecionista. Nesse sentido, o texto vai muito bem com a ideologia do pombalismo.[367] A essa mesma ideologia, doutra parte, se liga uma outra ideia-força de suma importância: consiste em ver o atraso sobretudo sob o ângulo do isolamento, marginalização ante a Europa, e isso devido ao obscurantismo jesuítico que, juntamente com a Inquisição, teria impedido a modernização.[368] Esse ponto de vista, que de resto tem

---

[365] J. L. de Azevedo, *O Marquês de Pombal e sua época*, op. cit., pp. 29-33; Biblioteca Nacional — Lisboa, Reservados, Coleção Pombalina, códice 635. Veja-se também: Sumário em que se contém a substância dos Gravames que ao comércio de Portugal tem inflingido pelo Parlamento e Vassalos da Inglaterra, Arquivo Histórico Ultramarino — Lisboa, documentos do Reino, maço 214; Ensaio político sobre os crimes que a Inglaterra tem cometido contra Portugal, Biblioteca da Academia das Ciências de Lisboa, manuscrito 167v.

[366] "Discurso político sobre as vantagens que o Reino de Portugal pode tirar de sua desgraça" (1775), Biblioteca da Academia das Ciências de Lisboa, manuscrito 1908; Arquivo Histórico Ultramarino — Lisboa, códice 1227; *Cartas e outras obras seletas do Marquês de Pombal*, Lisboa, 1861, vol. II, pp. 97-187.

[367] A discrepância aparecia porque o discurso, elaborado na França sob a inspiração de portugueses francófilos (cf. artigo já citado de G. C. Wheeler), usava a argumentação econômica cara ao governo do Conde de Oeiras para preconizar algo que não estava em suas diretrizes: o abandono da aliança inglesa pela francesa. A posição de Pombal, contudo, foi de extrema habilidade: ao mesmo tempo em que empreendia uma política econômica de recuperação e pois independização em face da Inglaterra, conseguia manter a aliança no plano diplomático, pois era a garantia de preservação do Ultramar.

[368] O texto principal aqui é sem dúvida a *Dedução chronologica* (1768). Veja-se a análise em Laerte Ramos de Carvalho, *As reformas pombalinas da instrução pública*, São Paulo, 1952, pp. 25-26.

muito de verdade, foi enfatizado pelos setores mais críticos do pensamento português, bastando lembrar que está expresso na conferência famosa de Antero e nos ensaios de António Sérgio.[369]

Entretanto, é bom lembrar que a predominância inglesa não se teria podido firmar se não encontrasse, já, uma economia frágil e, no plano social, pontos de apoio dentro de Portugal.[370] Assim, não pode evidentemente ser tomada como linha de interpretação, posto que seus efeitos não sejam de desprezar-se. A marginalização cultural, fruto da "Contrarreforma", por seu turno, embora seja por certo um fenômeno prenhe de significações, tem, quando tomado como ponto de partida para interpretação da história moderna de Portugal, um greve defeito; é que, assim, jesuitismo, Inquisição etc., passam a ser tomados como dados, quando precisam ser vistos como problemas. Por que, efetivamente, pôde a Inquisição inserir-se com tal profundidade no quadro institucional da nação?

Todos esses esforços de explicação na realidade analisam aspectos significativos do problema, tornando-se passíveis de crítica no momento em que isolam uma dimensão do conjunto, fazendo girar em torno dela a interpretação global. Assim, o enquadramento na União Ibérica teve provavelmente alguns efeitos econômicos negativos; saindo, em 1640, debilitado, o Reino de Portugal teve de fazer concessões à principal aliada (Inglaterra), o que de certo modo abriu caminho à penetração. No plano cultural, também não pode ficar dúvida quanto ao efeito de remora que o relativo isolamento imprimiu ao andamento do país em relação aos centros mais dinâmicos da Europa. São pois aspectos correlatos em torno do mesmo fenômeno; este, entretanto, não parece resultar de um somatório desses vários aspectos. Antes, fica a impressão que todos eles se reportam a um mesmo fundo comum de atraso, que importa tentar identificar.

---

[369] Antero de Quental, "Causas da decadência dos povos peninsulares nos últimos três séculos" (1871), in *Prosas*, vol. II, pp. 92-141; António Sérgio, "O reino cadaveroso ou o problema da cultura em Portugal", *Ensaios*, vol. II, 2ª ed., pp. 41-84, e *Historia de Portugal*, Barcelona, 1929, pp. 121 segs.; e, em nossos dias, cf. Joaquim Barradas de Carvalho, *Rumos de Portugal*, Lisboa, 1974, pp. 70-75.

[370] A. Manchester, op. cit., pp. 18 segs.; V. M. Godinho, op. cit., pp. 69-88.

Mas há ainda uma última linha interpretativa, oriunda também dos próprios pensadores da Época Moderna em Portugal, cuja expressão remonta à "fala do Velho do Restelo"[371] e que se formula em termos mais claros nos doutrinadores do século XVII;[372] a ideia de que, paradoxalmente, seriam as próprias conquistas ultramarinas, pelo desmesurado de sua extensão, que provocariam a ruína de Portugal.[373] Elas, as conquistas, seriam responsáveis pela falta de gente, pelo atraso da agricultura, enfim pelo não desenvolvimento manufatureiro. Nos teóricos da Academia, no fim do século XVIII, sob a atuante influência das ideias fisiocráticas, essa visão do problema ainda mais se acentua. Ela se expressa em Soares de Barros,[374] em Vandelli,[375] em Álvares da Silva.[376] Para José Manuel Ribeiro, "preocupados dessa ideia [conquista] fomos conquistando a Ásia e despovoando a Europa, remetendo sem atenção aos mortos nas conquistas, milhares de pessoas todos os anos para as colônias, sem cuidarmos em ressarcir esta perda de gente".[377] Fiados nos ganhos ultramarinos, estiolava-se a economia metropolitana dos portugueses:

---

[371] *Os Lusíadas*, canto IV, estâncias 94-104.

[372] Luís Mendes de Vasconcelos, *Diálogos do sítio de Lisboa* (1600), in A. Sérgio (org.), *Antologia dos economistas portugueses*, op. cit., pp. 3-169; Manuel Severim de Faria, *Dos remédios para a falta de gente* (1655), in idem, ibidem, pp. 173-240; Duarte Ribeiro de Macedo, *Discurso sobre a introdução das artes no Reino* (1675), in idem, ibidem, pp. 244-325.

[373] "A primeira causa da falta de gente que se padece este Reino são as nossas conquistas: porque estas, ainda que foram de grande utilidade, assim para a propagação do Evangelho como para o comércio do mundo, todavia defraudaram muito este Reino da gente que lhe era necessária." M. S. de Faria, op. cit., p. 188.

[374] J. J. Soares de Barros, "Memória sobre as causas da diferente população de Portugal", in *Memorias Economicas da Academia Real das Sciencias de Lisboa*, vol. I, pp. 132-134.

[375] Domingos Vandelli, "Memória sobre a agricultura deste reino e suas conquistas", in *Memorias Economicas da Academia Real das Sciencias de Lisboa*, vol. I, p. 171.

[376] José Veríssimo Álvares da Silva, "Memória histórica sobre a agricultura portuguesa", in *Memorias Economicas da Academia Real das Sciencias de Lisboa*, vol. V, pp. 194 segs. Referindo-se à época de D. Manuel: "Em tal abundância, quem poderá ver, começamos a ser pobres", op. cit., p. 228.

[377] José Manuel Ribeiro, "Discurso político sobre as causas da pobreza de Portugal", Academia das Ciências de Lisboa, manuscrito 186v.

"a imaginária riqueza das minas, convertendo-a em um mal, vindo-nos junto com ela o luxo, a soberba e outros vícios, abandonando-se as artes e a agricultura como meios de riqueza real".[378] Firmado nesta tradição, modernamente António Sérgio alinhou suas aliciantes ideias sobre a predominância, ao longo da história moderna de Portugal, da "política de Transporte" (comércio) em detrimento de uma "política de Fixação" (produção) — que teria sido a causa primordial do atraso.[379]

Detenhamo-nos, por um momento ao menos, nesta última linha de interpretação, pois ela nos abre caminho para um equacionamento mais compreensivo e abrangente do problema. Em primeiro lugar, não se deve exagerar a "despopulação" da metrópole em função do Ultramar; entre 1417 e 1527, a população metropolitana mantém um pequeno incremento, de 1.008.280 habitantes, para 1.124.000.[380] O crescimento seria por certo maior não fossem as conquistas, mas não se pode falar em diminuição. No século XVIII, contudo, há uma recuperação; a tabela e o gráfico que elaboramos (pp. 147-148) mostram como a taxa de crescimento demográfico português acompanha, nesse século, o movimento populacional na Europa. O que, sim, devia estar se passando era a visível hipertrofia do setor terciário (comércio, burocracia, clero), com consequente desfalque de produtores diretos (agricultura, artes).[381] Isto ligando-se, de um lado, à dilatada expansão colonial, de outro à precoce centralização política. Em segundo lugar, quanto à produção agrícola e manufatureira, outrossim, o atraso tão enfatizado deve entender-se como um atraso relativo (isto é, em relação às áreas mais dinâmicas da economia européia); o que parece ter efetivamente ocorrido foi um não desenvolvimento, uma fixação nas formas tradicionais de exploração agrícola e produção artesanal. De fato, como revelaram as magníficas análises de Orlando Ribeiro, é notável, ao longo da Época Moderna e mesmo pela

---

[378] Idem, ibidem.

[379] A. Sérgio, "As duas políticas nacionais", *Ensaios*, vol. II, op. cit., pp. 85-122. Vide também *Ensaios*, vol. III, op. cit., pp. 297 segs.

[380] J. G. da Silva, *Au Portugal: structure démographique et développement économique*, op. cit., p. 509.

[381] A. Silbert, *Le Portugal méditerranéen à la fin de l'Ancien Régime*, op. cit., p. 122.

Contemporânea, a fixidez da estrutura camponesa tradicional na terra lusitana: "por importantes que apareçam, no quando da economia nacional, as fainas do mar, elas não deixam de ser limitadas, fragmentárias, intermitentes, em confronto com o labutar permanente dos campos... Apesar de o português se afeiçoar ao trabalho noutros climas e ao convívio de outras gentes, a estrutura rural da nação permanece intacta".[382] No Portugal mediterrâneo, onde aliás predomina a grande exploração e maior abertura para os mercados, constatou Silbert por sua vez a extraordinária resistência das várias formas de "coletivismo agrário".[383] Estudando, por outro lado, a indústria portuguesa setecentista, Jorge de Macedo caracteriza uma sólida base de atividades artesanais, do pequeno produtor independente ligado ao mercado local, que resiste admiravelmente às flutuações dos mercados externos e da política governamental.[384]

Havia, portanto, no Portugal da Época Moderna, uma sólida base camponesa e oficinal, de extrema estabilidade, que se não altera ao ritmo das aventuras ultramarinas. A visão dramática (transmitida, por exemplo, por Oliveira Martins) da pequena nação que embarca para o Oriente, ou se transporta para o Brasil, carece pois de fundamento. E é exatamente essa sólida base tradicional que permitiu os sucessivos ajustamentos aos vários "complexos histórico-geográficos", isto é, aos reajustamentos espaciais da economia do império, caracterizados por Vitorino Magalhães Godinho.[385] Portanto, apesar do grande raio de expansão para o Ultramar, da intensa faina colonizadora, a estrutura interna de base era pouco afetada, e se mantinha razoavelmente estável.[386] É contra esse fenômeno que clamavam os doutrinadores

---

[382] Orlando Ribeiro, *Portugal, o Mediterrâneo e o Atlântico*, Lisboa, 1963, 2ª ed., pp. 38 e 143.

[383] A. Silbert, *Le Portugal méditerranéen à la fin de l'Ancien Régime*, op. cit., tomo I, pp. 371-396, e tomo II, pp. 959-1022. Em plena revolução liberal, tais resistências ainda se manifestavam em algumas petições enviadas à Comissão de Agricultura das Cortes. Cf. Albert Silbert, *Le Problème agraire portugais au temps des premières Cortes libérales*, Paris, 1968, pp. 34-36.

[384] J. de Macedo, *Problemas de história da indústria portuguesa no século XVIII*, op. cit.

[385] Vitorino Magalhães Godinho, "A evolução dos complexos histórico-geográficos", *Ensaios*, vol. II, Lisboa, 1968, pp. 13-23.

[386] "Com razão ou sem ela, a fala do velho do Restelo foi entendida obscuramente pela

mercantilistas do século XVII; para superá-lo os memorialistas parafisiocratas da Academia derramavam suas luzes; e é o mesmo que se expressa no discurso de Sérgio em prol de uma política de "fixação".

Políticas de "fixação" e de "transporte", na realidade, expressam de forma um tanto imprecisa, porque formuladas genericamente e desarticuladas do seu quadro histórico (Antigo Regime, capitalismo comercial), tipos diferentes de política econômica, como as caracterizou Heckscher. "Política de entreposto" (*staple*), reflete a atitude do "medo de mercadorias", e dá lugar ao comércio carreteiro (*carryng trade*), que visava precipuamente promover a entrada do *bullión*; "política de abastecimento" expressa o ponto de vista do consumidor ("fome de mercadorias"); e finalmente "política protecionista", que exprime o ponto de vista dos produtores, sobretudo manufatureiros.[387] A política mercantilista só se integra quando se atinge a terceira forma, que promove a passagem do capital comercial para o industrial, e inicia a corrosão das estruturas tradicionais. Parece pois que o Portugal da Época Moderna se teria esclerosado na *staple policy*, que corresponde à "política de transporte", de António Sérgio. Pelo menos até a época pombalina, quando efetivamente se articula todo o arsenal da política mercantilista,[388] mas, incontestavelmente, com muito atraso.

Por que, ocorre imediatamente perguntar, se teria dado semelhante frenação? Ela parece tanto mais estranha em face da precocidade portuguesa, seja na centralização política,[389] seja na expansão ultramarina.[390] Mas, exa-

massa rural." O. Ribeiro, op. cit., p. 143. Para uma análise rigorosa dessas conexões estruturais entre a extrema flutuação da economia mercantil e a permanência da base tradicional, ver José Gentil da Silva, "L'Autoconsommation au Portugal (XIVe-XXe siècles)", *Annales. Économies, Sociétés, Civilisations*, ano XXIV, nº 2, 1969, pp. 250-288.

[387] Eli F. Heckscher, *La época mercantilista*, trad. esp., México, 1943, pp. 499-506.

[388] O Marquês de Pombal... "considerou a interdependência dos problemas econômicos, quando procurou resolvê-los e, deste modo, a sua ação fez-se sentir simultaneamente em todas as fontes da riqueza nacional". Francisco Antônio Correia, *História económica de Portugal*, tomo II, Lisboa, 1930, p. 68.

[389] E. d'O. França, *O poder real em Portugal e as origens do absolutismo*, op. cit.

[390] José Honório Rodrigues, "D. Henrique e a abertura da fronteira mundial", in *História e historiografia*, Petrópolis, 1970, pp. 1-20.

tamente, como observou com muita lucidez Albert-Alain Bourdon, "precocidade implica, muitas vezes, em história, fixidez e conservação do passado",[391] referindo-se precisamente a Portugal. À precedência na centralização liga-se a prioridade na expansão (os dois processos se autoestimulam), mas isto deu lugar a essa primeira forma de capitalismo comercial, dependente do Estado;[392] daí essa também precoce burguesia mercantil que não desenvolve uma típica mentalidade empresarial, antes tende a assimilar os valores aristocráticos.[393] A estrutura que assim se conforma — o Antigo Regime em Portugal — mantinha pois uma forte preeminência da nobreza (ainda que fosse nova nobreza) na estruturação da sociedade e na governação do Estado. Aqui parece pois residir o nervo da questão. É claro que nesta linha de análise, somente estudos aprofundados da sociedade do Portugal moderno, em suas conexões com a economia colonial, poderão esclarecer definitivamente o problema. As tentativas que nesse sentido começam a ser feitas, contudo, parecem apontar para essa mesma direção. Em síntese recente,[394] Vitorino Magalhães-Godinho começa por colocar com a máxima clareza o problema: "A sociedade de Antigo Regime, que na esfera política corresponde à monarquia absoluta, nasce com as viagens de descobrimentos e fixação além-mar e entra em convulsão, para em boa parte morrer, no final do século XVIII e nas revoluções liberais do primeiro terço do século XIX". Ora, se na abertura do processo os povos peninsulares estão na vanguarda do movimento que engendrou o capitalismo moderno, atingem o seu final "enredados nas estruturas, agora arcaizantes, que tinham feito a sua glória, mas estavam inteiramente desajustadas".[395] É pois na configuração peculiar que assumiu em Portugal (e de resto, na Espanha também) a formação social do Antigo Regime (esta combinação de sociedade estamental com poder centralizado, tendo na base o capitalismo comercial) que se devem buscar os motivos de esclerosamento.

---

[391] Albert-Alain Bourdon, *Histoire du Portugal*, Paris, 1970, p. 7.

[392] Manuel Nunes Dias, *O capitalismo monárquico português (1415-1549)*, Coimbra, 1963.

[393] Sérgio Buarque de Holanda, *Raízes do Brasil*, Rio de Janeiro, 1956, 3ª ed., pp. 24-30.

[394] Vitorino Magalhães Godinho, *A estrutura da antiga sociedade portuguesa*, Lisboa, 1971.

[395] Idem, ibidem, pp. 55-56, 75, 90, 91, 93. Sintetizamos, procurando mantermo-nos fiéis ao pensamento do autor; todo o capítulo (pp. 55-94) é essencial.

Ela configura "Estado mercador, nobreza mercantil: como tipo social característico, o fidalgo-negociante, o alto funcionário-mercador enobrecido". Nela "impera o mercantilismo (a economia dominada pela função de mercado), mas sem mentalidade burguesa"; ou noutros termos, a sociedade assume "esse caráter ambíguo que lhe empresta uma ordem nobiliárquico-eclesiástica assente numa economia mercantilista até a medula", nem é de estranhar que a "burguesia não tenha conseguido vingar e formar uma sociedade moldada pelo seu sistema de valores". Bloqueiam-na, por um lado, "essa peculiar estrutura em que há uma incrível intumescência das classes não-produtoras", por outro lado as "formas de mentalidade (conexas dessa estrutura), que permaneciam demasiado voltadas para o passado".[396]

É nesse quadro, como já anteriormente notara Antônio José Saraiva, que se pode entender a inserção institucional e o volume de ação do Santo Ofício; agindo sobre a "gente da nação", categoria que se confundia quase com a de "homens de negócio", a Inquisição funcionava como um meio de preservação da ordem social e de travação da mudança.[397] Os efeitos economicamente negativos não se explicitarão apenas com o cálculo da descapitalização provocada pela fuga dos perseguidos; há que pensar no "impacto negativo dessa jurisprudência (a dos sequestros) sobre a segurança das transações de comércio com os cristãos-novos", pois "uma vez sequestrados preventivamente os bens, estavam eles praticamente perdidos".[398] O efeito era naturalmente que os ameaçados pela espada de Dâmocles "procurassem pôr a salvo no exterior seu patrimônio móvel, alentando um fluxo de capitais para fora do Reino".[399] Veja-se bem, procuravam manter a riqueza móvel, isto é, reinvestir no comércio: assim se bloqueava exatamente a transição essencial da acumulação mercantil para o setor produtivo, elemento fundamental na mudança da estrutura. Foi este pois um dos mecanismos fundamentais (não o único, por certo) a travar, em Portugal, "a penetração do capital comercial

---

[396] Idem, ibidem.

[397] AntônioJosé Saraiva, *Inquisição e cristãos-novos*, Lisboa, 1969, pp. 27-74, 185-208.

[398] Sônia A. Siqueira, "A Inquisição portuguesa e os confiscos", separata de *Revista de História*, nº 82, 1970, pp. 330-331, 337-338.

[399] Idem, ibidem.

na produção artesanal"; outros, apontados por Armando Castro[400] (absorção por encargos do Estado, desvios para consumo suntuário, transferência para fora), ligam-se todos ao cabo à formação social antes descrita. O *Portugal da época moderna* parece, pois, configurar a situação de *cristalização do capital comercial*, que Marx referiu de passagem.[401] Enfim, a análise do problema, se centrada no social, permite articular as manifestações do fenômeno descritas por António Sérgio como a persistência do "Transporte" e o ensimesmamento do "reino cadaveroso".

É óbvio que estas reflexões não pretendem ser resolução de um problema dessa envergadura; visam apenas, reequacionando-o, clarear de alguma maneira a natureza dos óbices a serem removidos por uma política econômica que procurasse efetivamente promover a assimilação dos estímulos engendrados na exploração colonial. *Tal assimilação implicava nada menos que mudanças profundas, na própria estrutura da formação social da metrópole.*

Assim, os vários "problemas" acabavam por se ligar uns aos outros. O contrabando de mercadorias na colônia envolvia também a penetração de ideias corrosivas do sistema; o que estimulava a tensão pela ruptura do domínio político da metrópole. Pina Manique, que era ao mesmo tempo intendente da polícia e dos contrabandos, prevenia, por exemplo, sobre o navio francês *Dois Irmãos*: nele viajava o impressor Diogo Borel que já se houvera na metrópole com a repressão[402] e que, informava o truculento intendente, mandara imprimir doze mil [!] volumes da Constituição francesa em português, e mais ainda outros tantos da "Folhinha do Pai Gerardo", cujo autor era "um famoso incendiário de doutrinas errôneas e sediciosas"; e mais viajava um certo Tomas Secuen, natural de Paris, negociante em Lisboa, que queria "sustentar as conversações, sempre abonando as assembleias e suas operações, e declamando contra o poder dos príncipes soberanos".[403] Entre os in-

---

[400] Armando Castro, *Ensaios de história económico-social*, Lisboa, 1967, pp. 112-113. Todo o ensaio "Obstáculos ao progresso na história econômica portuguesa" (pp. 97-136) é importante.

[401] Karl Marx, *El Capital*, vol. III, trad. esp., México, 1946, pp. 396-397, 400-401.

[402] N. W. Sodré, *História da imprensa no Brasil*, op. cit., p. 16.

[403] Ofício de 7/8/1792, Arquivo Histórico Ultramarino — Lisboa, documentos do Rio de Janeiro, caixa de 1792.

confidentes, era nítida a aspiração pelo comércio livre[404] e estabelecimento de manufaturas nas colônias.[405]

Por outro lado, Portugal se envolvia no movimento das ideias renovadoras da Ilustração; tais influxos podiam pois fluir da própria metrópole para a colônia. Raynal, por exemplo, aparece citado como autoridade na própria correspondência oficial.[406]

Mais ainda, para os estadistas metropolitanos, a mobilização do pensamento renovador e crítico era fundamental para se projetarem reformas, indispensáveis ao próprio funcionamento do sistema colonial. As fronteiras entre a face reformista e a incidência revolucionária do pensamento das Luzes não eram fáceis de demarcar. Em meio à crise, era difícil, se não impossível, descobrir e manter a posição de equilíbrio.

---

[404] *Autos da devassa da Inconfidência Mineira*, vol. I, pp. 109, 135; op. cit., vol. II, p. 365. Os rebeldes baianos de 1798 projetavam "que este porto seria franco a todas as nações estrangeiras para nele virem negociar... Sem precisão de Portugal". Cf. "A Inconfidência da Bahia, 1798, devassas e sequestros", *Anais da Biblioteca Nacional*, vols. XLIII-XLIV, p. 92.

[405] Idem, ibidem.

[406] "Carta de Bernardo José de Lorena a Martinho de Melo e Castro, 2/8/1788", *Documentos Interessantes*, vol. XLV, 1924, pp. 10-11.

Capítulo IV

Política colonial

1. Formulação

É este o contexto no qual se desenrola a política colonial portuguesa relativa ao Brasil na última fase do sistema colonial do Antigo Regime. É a partir deste quadro — a crise no seu nível estrutural, suas manifestações concretas na relação metrópole-colônia, Portugal-Brasil — que podemos compreender as reflexões dos teóricos e a ação dos estadistas do último quartel do século XVIII luso-brasileiro. Referindo-se ao período entre o término da Guerra dos Sete Anos (1763) e a abertura da Guerra da Independência dos Estados Unidos (1776), período em que se agravam as fricções entre a Inglaterra e as treze colônias, observa Charles M. Andrews que tem sido muito estudado como parte da história norte-americana, o que lhe parece natural e correto; mas acrescenta que seria preciso também apreciá-lo como parte da história da colonização britânica e interpretá-lo sob esta luz.[1] Similarmente, para termos uma visão global desta etapa derradeira do Brasil colônia, convém focalizar a política da metrópole e seus efeitos, não apenas do ângulo de suas implicações econômicas e políticas para a emergência da futura nação (como se tem geralmente feito, e não é incorreto), senão ainda como parte integrante da história colonial portuguesa, na sua fase crítica.

Em que medida, pois, no Portugal dessa última fase do Antigo Regime e do sistema colonial mercantilista, se tomou consciência da situação de crise? Até que ponto, apercebidos com o aparato conceitual da Ilustração europeia, foram capazes de equacionar os problemas enquanto emergentes de

---

[1] Charles M. Andrews, *The Colonial Background of the American Revolution*, New Haven, 1963, p. 121.

uma nova situação, e formular uma política colonial condizente com o momento histórico que viviam?

A primeira observação para abordar este problema é constatar a adesão da *intelligentsia* portuguesa aos esquemas mentais do Iluminismo. E de fato, o movimento da Ilustração, cujas repercussões revolucionárias na colônia já apreciamos, atuava poderosamente na vida intelectual da metrópole, e é a partir de seus esquemas mentais que se formulou todo um programa reformista. Importa-nos, portanto, neste passo, demarcar nítida posto que sumariamente tal esquema, ou, para usar a expressão de Cassirer[2] a "forma de pensamento" característica da Época das Luzes.

Esta denominação — Século das Luzes — que a si mesmo o período se atribuiu e que a história consagrou, já nos dá a primeira aproximação. Efetivamente, os homens do Setecentos estavam profundamente conscientes de uma enorme transformação mental de que eram os atores. As Luzes (*Lumières*), o Iluminismo (*Enlightenment*), o Esclarecimento (*Aufklärung*) andavam continuamente no pensamento das mentes mais claras, dos espíritos mais indagativos, e mesmo na boca ou na pena dos menos dotados. Era como se a Razão (sempre com maiúscula) enfim se tivesse encarnado, depois de longas vicissitudes, nos homens da Europa Ocidental, que já agora não tinham senão que aplicá-la para dominar a natureza e regenerar a sociedade. Não tardaria pois a idade de ouro.[3]

Núcleo central de toda essa mentalidade é, como vemos, o *primado da Razão*, e como que a crença na aptidão do método científico para conhecer o mundo das coisas e dos homens, e resolver-lhes os problemas. Racionalismo, pois, e cientificismo, estão na base da mentalidade ilustrada, e tiveram sua expressão típica e máxima na *Encyclopédie, ou Dictionnaire Raisonné des Sciences, des Arts et des Métiers*, que um grupo de intelectuais ("une société des gens de lettres"), sob a direção de Diderot e D'Alembert, começou a publicar a partir de 1751, com a complacência do censor Malesherbes, ele mesmo um

---

[2] Ernst Cassirer, *Filosofia de la Ilustración*, trad. esp., México, 1950, pp. 17-43.

[3] "Os *philosophes* destruíram a Cidade Celeste de Santo Agostinho apenas para reconstruí-la com materiais mais modernos." Cf. Carl Becker, *La Ciudad de Dios del siglo XVIII*, trad. esp., México, 1942, p. 41.

"filósofo". Inventário crítico do conhecimento, demolindo tudo que a razão refuga e consagrando os valores modernos; ao mesmo tempo, reorganização sistemática do saber: tal o escopo da gigantesca empresa.[4] A vida intelectual do século XVIII se desenvolve portanto nos quadros do racionalismo triunfante; não que as tendências opostas, do pensamento escolástico tradicional, houvessem ensarilhado armas — mas tinham passado nitidamente para a defensiva. E não só nos domínios da *intelligentsia*, entre os espíritos de escol; era a própria "opinião" — esse novo poder que os governantes começavam a sentir — que propendia decisivamente para o lado das Luzes.

Toda uma imensa camada de publicistas, polemistas e vulgarizadores, empenha-se em estabelecer continuamente a comunicação entre as aquisições das experiências científicas e as reflexões das grandes obras filosóficas, e a mentalidade social, conformando-a às novas ideias. Simplificando, vulgarizando, deformando até — esses plumitivos vão ao longo do século tornando acessíveis as luzes da Razão. É um amplíssimo movimento de ideias, que vai num crescendo; traduções, livros de polêmicas que se cruzam, panfletos, jornais de debates que circulam por toda parte, formando a opinião; lojas maçônicas, academias, salões literários e elegantes, que se difundem: associações todas de belos espíritos, dos espíritos fortes — cidadãos da "república das letras", nome bonito que é como então se chamava a *intelligentsia*. Nesta ambiência é que Daniel Mornet identificou as origens intelectuais da Revolução Francesa,[5] analisando-a detidamente.

Racionalismo, sim, mas na sua variante inglesa, quer dizer *empirismo cientificista*, é o que triunfa por toda a Europa, empolgando os espíritos. Se quisermos agora fixar o momento decisivo da viragem, isto é, quando o pen-

---

[4] Veja-se o *Discours préliminaire*: "[...] comme Encyclopédie, il doit exposer autant qu'il est possible, l'ordre et l'enchaînement des connaissances humaines; comme Dictionnaire raisonné des sciences, des arts et des métiers, il doit contenir sur chaque science et sur chaque art, soit libéral, soit mécanique, des principes généraux qui en sont à la base, et les détails les plus essentiels qui en font le corps et la substance". Cf. D'Alambert, *Discours préliminaire de l'Encyclopédie* (1751), Paris, 1965, p. 18.

[5] Daniel Mornet, *Les Origines intellectuelles de la Révolution Française (1715-1787)*, Paris, 1954. Mais recentemente, cf. Norman Hampson, *O Iluminismo*, trad. port., Lisboa, 1973, pp. 127-144.

samento tradicional passou para a retaguarda, é para o período que medeia entre o fim da centúria anterior e início do Setecentos que nos devemos voltar. Paul Hazard, que estudou essa transição num livro clássico,[6] demarcou-a entre 1680 e 1715; aí se situa o que ele chamou com muito gosto e acerto a "crise da consciência europeia", cujos contornos intelectuais definiu com clareza, sem entretanto preocupar-se em buscar-lhe a impulsão nos movimentos estruturais mais profundos da sociedade.

Foi, na verdade, numa profunda mudança nos quadros mentais, com o abandono de antigos por *novos valores*, que se consubstanciou a vitória do pensamento moderno na sua contenda com a tradição; e foi nessa fase crítica da história espiritual da Europa que se cristalizaram essas "grandes mudanças psicológicas": da estabilidade ao movimento, do "antigo" ao "moderno", do "sul" para o "norte" (isto é, para Inglaterra, tomada agora como modelo).

No quadro dessas mudanças é que se pode equacionar o *triunfo do racionalismo moderno*, cujas expressões fundamentais remontavam ao Renascimento e se desenvolveram no século XVII. A difusão das novas maneiras de pensar e sentir era como que o respaldo social do pensamento moderno em confronto com a tradição. Bem se entende, também, nesse contexto, que havia de ser a forma por assim dizer inglesa do racionalismo que levasse a palma, apesar de ser a França o seu centro efervescente de difusão.[7] E, de fato, uma *perspectiva empiricista, cientificista*, que enforma todo o andamento do pensar ilustrado do século XVIII. Com a habitual lucidez, definiu-o claramente Cassirer ao contrapor o século XVII, que "considerou como missão própria do conhecimento filosófico a construção de sistemas", ao XVIII que, renunciando a essa aspiração, "buscou outro conceito da verdade e da filosofia". Para essa tarefa, não recorreram os pensadores da Ilustração ao passado filosófico, mas inspiraram-se no modelo que lhes oferecia a ciência natural de seu tempo; o problema central do método se resolvia, assim, não pelo discurso cartesiano, mas pela "*regulae philosophandi*" de Newton. Segundo elas, o caminho do conhecimento não é a pura dedução, mas a análise; não se partem de princípios gerais para chegar ao particular, mas avança-se no sentido

---

[6] Paul Hazard, *La Crise de la conscience européenne*, Paris, 1935, pp. 3-110.

[7] Louis Réau, *L'Europe française au Siècle des Lumières*, Paris, 1971.

oposto: o particular, os fenômenos, são o dado (*datum*), e os princípios, o que se procura (*quaesitum*). Ora, isto envolvia uma nova concepção da Razão: não mais, como para os grandes sistemas do século XVII, a região das verdades eternas, comuns ao espírito humano e ao divino; para o pensamento ilustrado, ao contrário, a Razão se apresenta como uma energia, uma força que só se manifesta na ação: não é um "ser", mas um "fazer". Não mais aquele nome coletivo das ideias inatas e anteriores a toda experiência; pelo contrário, a aquisição contínua dessas verdades, aplicando-se à observação, confrontação, experimentação.[8]

O conhecimento vai pois se acumulando, na medida em que a Razão ilumina o mundo; e não apenas o mundo das coisas, mas o mundo dos homens[9] — as formas de governo, as sociedades. A era da felicidade não podia pois tardar. Essa "ideia da felicidade" foi, efetivamente, uma das mais poderosas constantes da vida mental da época enciclopedista. Abundam as "reflexões", "ensaios", "discursos" sobre a vida feliz, que se sentia agora bem próxima, palpável. Era, na expressão de Robert Mauzi, que lhe dedicou um livro capital,[10] "uma das ideias-força, que animam toda a época e se expande em todas as direções"; nos domínios da reflexão, na trama das vidas, no universo mesmo da ficção e do sonho. E mais: a felicidade, como a entende a época das Luzes, não é um dom, mas uma conquista; não se localiza no além, nem no futuro: é terrena e contemporânea, aqui e agora. Condicionaria um estilo de vida, provocaria constantes aspirações.

Pode-se, evidentemente, rastrear no passado as fontes dessa posição de espírito. Como nota ainda Mauzi, a ruptura como um passado recente envolvia o retorno a uma tradição mais pretérita, que remonta à filosofia antiga e ao movimento humanista do Renascimento. A vinculação do problema moral ao problema da felicidade está presente nessa linha de pensamento, e os filósofos do Setecentos ampliaram o âmbito para o problema político. O

---

[8] E. Cassirer, op. cit., pp. 21-23.

[9] Precisamente, como mostra ainda Cassirer, o pensamento ilustrado recusa a distinção pascaliana entre *esprit de géométrie* e *esprit de finesse*, generalizando a aplicação do *esprit géométrique*. Cf. idem, ibidem, pp. 30-38.

[10] Robert Mauzi, *L'Idée du bonheur dans le littérature et la pensée française au XVIIIe siècle*, Paris, 1965.

cristianismo, de fato, velava esta passagem, na medida em que a procura da "salvação" deixava na sombra a aspiração da "felicidade".[11]

Mas, exatamente, o próprio cristianismo era agora posto em causa. As Luzes da Razão permitem tudo devassar, apontando erros na tradição, denunciando a autoridade como um abuso. Tradição, autoridade: os pilares da religião revelada. Não que se acreditasse de saída em uma oposição entre o cristianismo e as Luzes; mas era preciso despojar a religião cristã das deformações que ao longo dos séculos lhe agregaram os vendilhões do templo, os fariseus. Restaurá-la na sua pureza, harmonizando-a com a Razão, vindicando pois a natureza humana.[12] A fé é absurda, na medida em que faz acreditar não no que parece verdadeiro mas no que parece falso. Perigoso caminho, que conduziu no melhor dos casos ao *deísmo*, isto é, uma religião natural e racional que prescinde da igreja visível, e a revezes desaguou no ateísmo sem ambages.

O materialismo, porém, bem como o anticolonialismo, configuravam por assim dizer o limite de radicalização do movimento ilustrado;[13] encarado em conjunto, ele se mantinha nas fronteiras de um reformismo onde a moderação dava a tonalidade. O pedagogismo, que lhe é inerente, implicava em política uma perspectiva reformista, pois se a tarefa fundamental era o derramamento das Luzes, caberia necessariamente ao governo ilustrado, de homens esclarecidos que iluminariam o soberano, prover a legislação sábia, racional e moderna, que removeria todos os obstáculos ao progresso, e instauraria o reino da felicidade. Daí a admiração um tanto ingênua dos filósofos enciclopedistas pelos "déspotas" que se propunham como esclarecidos, Frederico II, José II, Catarina II. O que de resto lhes proporcionaria (aos filósofos) amargas decepções.

---

[11] R. Mauzi, op. cit., pp. 14-19; Hans G. Schenk, "Revolutionary Influences and Conservatism in Literature and Thought", in George N. Clark (dir.), *The New Cambridge Modern History*, vol. IX (Charles W. Crawley [org.], *War and Peace in an Age of Upheavel*), cap. 4, Cambridge University Press, 1965, pp. 91-117.

[12] Paul Hazard, *La Pensée européenne au XVIIIe siècle*, Paris, 1963, pp. 51 segs.

[13] Roland Desné, *Os materialistas franceses de 1750 a 1800*, trad. port., Lisboa, 1969, pp. 9-57, especialmente pp. 48-54.

Todo esse vasto movimento da mentalidade europeia não teve, como é fácil compreender, o mesmo ritmo nas suas manifestações nos vários países do Ocidente. Quer dizer, variando de país para país e de um para outro momento, o movimento das ideias e o impulso reformador encontram maior ou menor resistência, conseguem maiores êxitos ou registram maiores frustrações; igualmente, o desenvolvimento mais radical das premissas da crítica da ordem antiga, o ateísmo militante e as manifestações de anticolonialismo, somente na França, centro mais vivo dos grandes debates do século, atingem as linhas de maior tensão. Procurando reconstruir o movimento ilustrado no seu conjunto, Fritz Valjavec começa por circunscrever seus limites cronológicos e geográficos; observa, então, que o seu núcleo de gestação foram os países onde mais incandescentes tinham sido as controvérsias religiosas que marcaram o início dos Tempos Modernos e se arrastaram pelo século XVII: França, Inglaterra e Países Baixos. De lá irradiou para as demais regiões da Europa Ocidental, Central, Oriental e Meridional.[14] Tal enfoque ajuda-nos a compreender que a França, onde aquelas controvérsias não se tinham resolvido completamente (nem o protestantismo conseguiu empalmar o Estado, nem este conseguiu extinguir o protestantismo) tenha vindo a ser no século XVIII o centro de difusão do movimento das Luzes, e o ponto onde os debates tenham ido mais longe.

Mesmo na França, contudo, ao lado da resistência tradicionalista e do desafio contundente da linha mais avançada do enciclopedismo, os estudos mais recentes começam a apontar para uma terceira linha de força, intermediária entre aqueles extremos.[15] A partir dessas formulações, os trabalhos altamente inovadores de Bernard Plongeron[16] vão cada vez mais delineando os contornos, no conjunto do movimento cultural setecentista, dessa *Aufklärung católica*: assimilação da ciência moderna pelo pensamento tradicional, modernização sem romper com a ortodoxia. Já Cabral de Moncada, aliás,

[14] Fritz Valjavec, *Historia de la Ilustración en Occidente*, trad. esp., Madri, 1964, pp. 24-29.

[15] Émile Appolis, "A travers le XVIIIe siècle catholique: entre jansénistes et constitutionnaires: un tiers parti", *Annales. Économies, Sociétés, Civilisations*, ano VI, vol. 1, 1951, pp. 154-171.

[16] Bernard Plongeron, "Recherches sur l'*Aufklärung* catholique en Europe Occidentale", *Revue d'Histoire Moderne et Contemporaine*, vol. XV, 1969, pp. 555-605.

chamara a atenção para essa versão peculiar do Iluminismo nos países da Reforma católica.[17] São essas considerações importantes e mesmo fundamentais para situarmos Portugal no contexto da história espiritual da Época das Luzes.

Situado no finisterra ocidental da Europa, Portugal não estava apenas geograficamente mas também espiritualmente excêntrico aos grandes movimentos de ideias que percorriam a civilização do Antigo Regime europeu. Pelo menos era o que pretendia a barragem inquisitorial, com o fim de guardar o Reino nos cânones da mais estrita ortodoxia.

Guardado, fechado, entretanto, não podia permanecer de modo absoluto. Por um motivo ou outro (o comércio, a diplomacia) os homens circulam para fora da península, e, com os homens, as ideias. É pois de fora para dentro que se manifesta o primeiro movimento da Ilustração portuguesa, dando lugar a um fenômeno típico da sua história cultural no século XVIII — os estrangeirados.[18] O famoso Cavaleiro de Oliveira (Francisco Xavier de Oliveira) representa a situação-limite, isto é, a daquele que se perdeu além-fronteiras, assimilando de tal arte a cultura exótica (tornou-se protestante) que rompeu contato com a casa paterna que não mais recebe o filho pródigo. Em vão tentará ele, perambulando de um para outro ponto da Europa, restabelecer a ligação; em vão escreverá as suas diatribes trágicas ou jocosas, que não conseguiam influenciar os concidadãos. Tudo quanto conseguirá, definhando no seu tugúrio de Kentish Town, é ser queimado em efígie no último

---

[17] Vide o ensaio sobre "Itália e Portugal no Setecentos", in *Estudos de história do direito*, vol. II, Coimbra, 1950, pp. 153-187. Sobre a Ilustração espanhola: Jean Sarrailh, *L'Espagne éclairée de la seconde moitié du XVIIIe siècle*, Paris, 1954; Richard Herr, *The Eighteenth Century Revolution in Spain*, Princeton, 1958; Luis Sánchez Agesta, *El pensamiento politico del despotismo ilustrado*, Madri, 1953; Gonzalo Anes Álvarez, *Economia e Ilustración en la España del siglo XVIII*, Barcelona, 1969.

[18] Oscar Lopes e Antônio José Saraiva, *História da literatura portuguesa*, Porto, s.d., 4ª ed., pp. 548-561; José Sebastião da Silva Dias, *Portugal e a cultura europeia (séculos XVI a XVIII)*, Coimbra, 1953, pp. 118-136; Maria del Carmen Rovira, *Eclécticos portugueses del siglo XVIII y algunas de sus influencias en América*, México, 1958, pp. 11-31.

auto de fé da Inquisição lisboeta, o mesmo em que — ainda menos afortunado — ardeu também (mas não em efígie) o jesuíta Gabriel Malagrida.[19]

Mas este é, como dissemos, um caso-limite. Os estrangeirados que de fato interessam para a história cultural do setecentismo português foram os que não perderam contato e exerceram influência. Mesmo quando, como D. Luís da Cunha, saindo para missões diplomáticas (Londres, Madri, Paris), não mais retornaram. Quarenta anos de ausência fizeram dele um estrangeirado típico; mas nem por isso deixou de ser português, a experiência estrangeira servindo fundamentalmente para aguçar o espírito crítico, alargar confrontos, propor soluções. Enorme foi assim a sua influência, exercida através da correspondência diplomática, cristalizada enfim no famoso *Testamento político*, em que entre outras coisas faz indicação de Sebastião José de Carvalho e Melo para o ministério. Como ele, outros muitos espíritos abertos às inovações da cultura ilustrada foram largamente utilizados pela diplomacia do "magnânimo" D. João V: José da Cunha Brochado, os condes de Tarouca, Galveias, Ribeira Grande, o Visconde de Vila Nova da Cerveira. Criticavam todos instituições tidas e havidas por sagradas — o absolutismo arbitrário, os privilégios de casta, o fanatismo da Inquisição, o domínio do ensino pelos jesuítas, o atraso enfim de Portugal em relação à cultura científica europeia.

Sua influência entretanto, como era de esperar, caminhava lentamente, fortíssimas resistências se lhes opunham. Em Lisboa exclamava descoroçoado Alexandre de Gusmão, imbuído das mesmas ideias: "a fradaria absorve-nos, arruína-nos". E noutro passo, numa carta: "Não se esqueça V.S. dos amigos que aqui deixou lutando com as ondas do mar da superstição e da ignorância, e agradeça aos seus inimigos o mimo de que atualmente goza. Eu tam-

[19] Sobre o "Cavaleiro de Oliveira", cf. introdução de Aquilino Ribeiro a *Recreação periódica* (1751), do Cavaleiro de Oliveira, prefácio e tradução de Aquilino Ribeiro, Lisboa, 1922, 2 vols.; *Cartas do Cavaleiro de Oliveira*, seleção, prefácio e notas de Aquilino Ribeiro, Lisboa, 1942; *Opúsculos contra o Santo Ofício*, prefácio e notas de Antonio Gonçalves Rodrigues, Coimbra, 1942. Sobre o padre Malagrida, cf. João Lúcio de Azevedo, *O Marquês de Pombal e sua época*, Lisboa/Porto, 1922, 2ª ed., pp. 141 segs.

bém havia de descompor os meus, se tivesse a certeza de merecer-lhes semelhante desterro".[20]

Este trecho de Alexandre de Gusmão está aliás a indicar-nos os mecanismos de pressões na corte joanina; a resistência conservadora conseguia "exilar" os espíritos inquietos. Com o que se revela também um lado da argúcia política de D. João V, que fazia, como vimos, diplomatas essas mentalidades de escol; preserva-se, assim, porventura de uma situação assaz tensa, sem dispensar de todo sua contribuição: de longe, continuavam influindo, suas ideias iam sendo filtradas e moderadas, adaptadas enfim às circunstâncias. Efetivamente, não foi D. João V apenas beato e freirático, mas também estadista, que as duas coisas necessariamente não se excluem.

Foi mais longe ainda nessa linha o Rei Magnânimo, chegando a estimular a saída de cabeças bem-dotadas a fim de se ilustrarem além Pireneus, para depois "iluminarem" a nação. E isto nos permite falar do mais importante dentre todos os estrangeirados. Também ele, Luís Antônio Verney, partindo em 1736 para a Itália, não mais regressaria a Portugal. Em Roma irá redigindo aquele notável *Verdadeiro método de estudar* (1746),[21] no qual, segundo a expressão de Fidelino de Figueiredo,[22] "varejará toda a vida mental de então". Ciências, artes, letras, filosofia, ensino, tudo passa pelo escalpelo do poderoso crítico, consubstanciando assim um panorâmico balanço da cultura portuguesa, e ao mesmo tempo um vasto programa de sua reforma.[23] Só tem paralelo no *Teatro crítico universal* (1726) do espanhol Benito Feijóo. Tornou-se por isso a pedra angular do pensamento ilustrado lusitano, e as polêmicas que desencadeou marcam o ponto de inflexão na assimilação da nova mentalidade.[24]

---

[20] "Carta de 16/2/1750", Alexandre de Gusmão, *Obras (cartas, poesias, teatro)*, São Paulo, 1945, 2ª ed., pp. 66-77.

[21] Luís Antônio Verney, *Verdadeiro método de estudar* (1746), edição organizada por Antônio Salgado Júnior, Lisboa, 1949, 5 vols. Vide a Introdução de Antônio Salgado Júnior no primeiro volume.

[22] Fidelino de Figueiredo, *Literatura portuguesa*, Rio de Janeiro, 1955, 3ª ed., p. 221.

[23] Luís Cabral de Moncada, *Um "iluminista" português do século XVIII: Luís Antonio Verney*, São Paulo, 1941.

[24] Sobre a polêmica do *Verdadeiro método de estudar*, cf. Hernani Cidade, *Lições de cultura*

Em Portugal, dentro dos próprios quadros eclesiásticos, as novas ideias encontravam acolhida na Congregação do Oratório de São Filipe de Nery.[25] Verney estudara com os oratorianos, que depois entraram em liça para defender sua obra, atacada pelos jesuítas. A ordem, criada em Roma em 1550, fora introduzida em Portugal pelo padre Bartolomeu de Quental, pregador da capela real, em 1668. Prestigiou-a largamente D. João V, dotando-a de recursos e encarregando-a de cursos públicos de teologia, moral, filosofia, retórica, gramática. Abria-se assim a concorrência com a Companhia de Jesus, até então dominadora inconteste do ensino. Enquanto os inacianos defendiam o tradicionalismo escolástico, empenhavam-se os néris por difundir o racionalismo moderno, por aclimar as Luzes em Portugal. Ao Oratório, juntavam-se a Academia Real de História (1720) e a Arcádia (1756) no movimento de renovação cultural.

Neste quadro, destaquemos finalmente o que Jaime Cortesão chamou, com muita acuidade, o "grupo social dos luso-brasileiros": Alexandre de Gusmão e seu irmão Bartolomeu, Matias Aires Ramos da Silva Eça e sua irmã Teresa Margarida da Silva Orta, Antônio José da Silva ("o judeu") e outros mais. Trata-se de um estrangeirismo particular, de luso-brasileiros que se desencantavam na metrópole; produzem uma literatura de inconformismo e desencanto, onde o historiador acima referido descortina "uma consciência alvorescente de pátria, que analisa, compara e se elabora".[26] Era a primeira geração de "ilustrados" brasileiros; na segunda metade do Setecentos, quando o processo ia mais avançado, um segundo grupo de brasileiros participará ativamente do movimento das Luzes.[27]

---

e literatura portuguesas, tomo II, Coimbra, 1959, pp. 121-147; M. C. Rovira, op. cit., pp. 106-130.

[25] H. Cidade, op. cit., pp. 149 segs.; José Sebastião da Silva Dias, *Portugal e a cultura europeia*, Coimbra, 1953, pp. 136 segs.

[26] Jaime Cortesão, *Alexandre de Gusmão e o Tratado de Madri*, parte I, tomo I, Rio de Janeiro, 1952, pp. 107-109. "Olhamos para o tempo passado com saudade, para o presente com desprezo, e para o futuro com esperança", escreveu Matias Aires nas suas *Reflexões sobre a vaidade dos homens* (1752), introdução de Alceu Amoroso Lima, São Paulo, 1952, p. 69.

[27] Maria Odila da Silva Dias, "Aspectos da ilustração no Brasil", Rio de Janeiro, 1969, separata de *Revista do Instituto Histórico e Geográfico Brasileiro*, tomo CCLXXVIII; José Ferreira Car-

Entre uns e outros, passara-se do movimento das ideias para o reformismo político: um dos primeiros países na Europa (mais uma vez a precocidade), Portugal inicia, com a governação pombalina, a era do despotismo esclarecido. Imposto de cima para baixo, o processo de mudança tinha que começar por um reforço do poder do Estado; daí o confronto com as forças que obstavam a essa centralização extrema: a nobreza, os jesuítas. Firmado no poder absolutista da realeza, o governo pombalino procedeu à remoção dos óbices institucionais à modernização do país: a Inquisição passou a subordinar-se diretamente ao poder régio, suprimiu-se a distinção entre cristãos-velhos e novos, empreendeu-se a modernização do ensino. Ao mesmo tempo, uma maior racionalização se impunha na administração através do Erário Régio.[28] Paralelamente, a ação econômica do Estado se fazia sentir em todas as direções: mobilização e concentração de capitais, recuperação dos mercados ultramarinos, promoção do surto manufatureiro patrocinado pelo Estado.[29] Na esfera econômica, a linha de ação pautou-se pelo mercantilismo: monopólio, companhias, exclusivo, estatismo.

Essa manutenção do esquema mercantilista de política econômica no consulado pombalino, combinado com um poderoso movimento reformador de cunho ilustrado, só aparentemente é uma contradição: era a própria situação de atraso que a impunha. Se importava mobilizar as novas correntes de ideias para executar as reformas, não era menos imprescindível selecionar no conjunto da nova mentalidade aqueles setores que mais se adaptavam à situação portuguesa; ora, no plano econômico, o pensamento ilustrado tendia, como vimos, para uma redução do intervencionismo estatal, o que era impossível nas condições de defasagem. Semelhante era a posição dos países germânicos da Europa Central, que desenvolveram contemporaneamente es-

rato, *Igreja, Iluminismo e escolas mineiras coloniais*, São Paulo, 1968, pp. 178 segs. Carrato refere-se às "gerações" de estudantes mineiros na metrópole.

[28] Kenneth Maxwell, "Pombal and the Nationalization of Luso-Brasilian Economy", separata de *The Hispanic American Historical Review*, vol. XLVIII, 1968.

[29] Francisco Antônio Correia, *História económica de Portugal*, tomo II, Lisboa, 1930, pp. 68 segs.; Francisco C. Falcon e Fernando A. Novais, "A extinção da escravatura africana em Portugal no quadro da política econômica pombalina", separata de *Anais do VI Simpósio Nacional dos Professores Universitários de História*, vol. I, São Paulo, 1973.

sa forma nova de mercantilismo que foi o cameralismo.[30] Pelo menos nessa primeira etapa das reformas a seleção se impunha, e foi seguida rigorosamente. Daí o reformismo ilustrado assumir nesse período característica tão marcadamente autoritária, que distinguia a governação do Conde de Oeiras.[31] O desenvolvimento do processo de mudanças, entretanto, na fase seguinte, colocaria o dilema que já indicamos: a difícil manutenção do ponto de equilíbrio entre a assimilação do pensamento crítico das Luzes, e a contenção de seus efeitos contestatórios do absolutismo e do sistema colonial.

Bem vistas as coisas, portanto, o período que se segue ao consulado pombalino aparece-nos muito mais como seu desdobramento que sua negação. Da fase autoritária de criação dos pré-requisitos ou melhor das condições das reformas, passa-se, a partir de 1777, para uma etapa de maiores aberturas para o pensamento ilustrado, mas isso era um desdobramento do processo de reformas. De um lado, o esforço de recuperação econômica empreendido pelo Marquês de Pombal começava a dar os seus frutos:[32] doutro lado, com a independência dos Estados Unidos e a abertura da era das revoluções, os mecanismos de crise geral do sistema começavam a vir à tona. As mudanças se impunham, nas alternativas de reforma ou revolução. Neste sentido, a chamada "viradeira" tem muito reduzida sua importância efetiva; houve, sim, uma viragem significativa, mas no sentido de uma maior integração nas linhas do reformismo ilustrado.

Foi, efetivamente, no período de D. Maria I e do Príncipe Regente D. João que Portugal se abriu mais largamente aos influxos da Ilustração europeia. A Academia Real das Ciências foi por excelência o centro de assimilação dessas novas correntes, e de sua adequação à realidade portuguesa. Direta ou indiretamente inspirado ou estimulado pela Academia, é todo um vasto mo-

---

[30] Sobre o cameralismo, cf. Leo Gershoy, *From Despotism to Revolution*, Nova York, 1944, pp. 52-58; Louise Sommer, "Cameralism", *Encyclopedia of Social Sciences*, Londres, Macmillan, vol. III, pp. 158-161.

[31] J. L. de Azevedo, *O Marquês de Pombal e sua época*, op. cit., pp. 87-98.

[32] Isto nada tem a ver com a discussão em torno de o Erário estar vazio ou regurgitante ao término da governação pombalina (cf. Caetano A. Beirão, *D. Maria I, 1777-1792: subsídios para a revisão da história do seu reinado*, Lisboa, 1944, 4ª ed., pp. 19 segs.); referimo-nos ao incremento geral da economia do país.

vimento intelectual que se processa; o pressuposto cientificista e pragmático percorre todo o esforço: "para o adiantamento da agricultura, das artes, e da indústria em Portugal e suas conquistas" é que se elaboravam as *Memorias Economicas*. Já no "Discurso preliminar" se lembrava que "dar providências, remover obstáculos, extirpar abusos, compete somente aos Ministros do poder soberano; influir com grandes exemplos, intentar grandes estabelecimentos, cabe só nas forças dos ricos proprietários; propagar as Luzes, que para este fim lhe subministra a natureza dos seus estudos, he tudo quanto podem, e devem fazer as corporações litterarias",[33] por onde se vê o entrosamento que se visava entre a produção intelectual e o movimento reformista. "O primeiro passo de uma Nação", continuava o discurso, "é conhecer as terras que habita, o que em si encerram, o que de si produzem, e o de que são capazes."[34]

Procedeu-se, assim, a todo um levantamento das condições naturais e econômicas do Reino e do Ultramar. Nas memórias regionais: sobre o Alentejo (Henriques da Silveira, *Memorias Economicas da Academia Real das Sciencias de Lisboa* [*ME*], I, pp. 41-122), Alto Douro (Rebelo da Fonseca, *ME*, III, pp. 36-72), Cabo Verde (Silva Feijó, *ME*, V, pp. 172-193), Madeira (Anônimo, *Reflexões sobre a decadência da Ilha da Madeira e modo de a remediar*, Academia das Ciências de Lisboa [ACL], Ms. 32v), Moçambique (Lemos Pinto, *Memória acerca do estado de decadência de Moçambique*, ACL, Ms. 847a), São Tomé (Batista da Silva, *Observações sobre a agricultura de São Tomé*, ACL, Ms. 17, nº 16), Estremadura (Bacelar Chichorro, *Memória econômico-política da província da Estremadura*, 1795),[35] Trás-os-Montes (Ribeiro de Castro, *Descrição do estado atual da província de Trás-os-Montes*, 1796, ACL, Ms. 652), Minho (Balsemão, *Notícias sobre o estado da agricultura da província do Minho*, ACL, Ms. 351; Custódio José Gomes de Vilas Boas, *Plano para a descrição geográfica e econômica da província do Minho*,

---

[33] José Correia da Serra, "Discurso preliminar" (1789), in *Memorias Economicas da Academia Real das Sciencias de Lisboa*, vol. I, p. VII.

[34] Idem, p. VIII.

[35] Editado por Moses Amzalak, Lisboa, 1943.

1799),[36] Coimbra (Dias Batista, *ME*, I, pp. 254-298), Chaves (Inácio da Costa, *ME*, I, pp. 351-400), Moncorvo (*ME*, III, pp. 253-290), Setúbal (T. A. Vila Nova Portugal, *ME*, III, pp. 298-305), Marinha Grande (Balsemão, *ME*, V, pp. 257-277), Serra do Marão (Bernardo da Silva, *Viagem*, ACL, Ms. 376), Serra da Estrela (José de Miranda, *Relação da viagem*, 1789, ACL, Ms. 378), Ilhéus (Ferreira da Câmara, *ME*, I, pp. 304-350; B. Silva Lisboa, "Memória topográfica e econômica da comarca de Ilhéus", *ME*, IX), Mato Grosso (Lacerda de Almeida, *Diário de viagem, 1790*, ACL, Ms. 998), Pará (Manuel de Braun, *Descrição*, 1789, ACL, Ms. 485), Rio Grande do Sul (Gouveia de Almeida, *Memória sobre a capitania*, 1806, ACL, Ms. 648), Minas Gerais (Vieira Couto, "Memória sobre a capitania de Minas Gerais", 1799, *Revista do Instituto Histórico e Geográfico Brasileiro* [*RIHGB*], tomo XI, pp. 289 segs.; J. da Rocha, "Memória sobre a capitania de Minas Gerais", *Revista do Arquivo Público Mineiro* [*RAPM*], vol. II, pp. 425-517; J. Eloi Ottoni, "Memória sobre o estado atual da capitania de Minas Gerais", 1798, *Anais da Biblioteca Nacional* [*ABN*], vol. XXX, pp. 301-319), Mato Grosso (J. Ferreira e R. Serra, "Reflexões sobre a capitania de Mato Grosso", *RIHGB*, vol. XII, pp. 377-400), São Paulo (M. Pereira Cleto, "Dissertação...", 1782, *ABN*, vol. XXI, pp. 193-255), Bahia ("Discurso preliminar...", *ABN*, vol. XXVII, pp. 281-349), e a lista poderia se alongar. Em 1783, iniciava Alexandre Rodrigues Ferreira a sua longa "viagem filosófica" pela Amazônia, que se prolongaria até 1792 e de que resultariam tantas memórias e estudos.[37]

Nesses trabalhos, normalmente, procedia-se a um levantamento das condições naturais ("descrição física") e econômicas. A agricultura domina as atenções — incidência do pensamento fisiocrático.[38] Desde análises globais

---

[36] *Geografia e economia da província do Minho nos fins do século XVIII*, plano e subsídios de Custódio José Gomes de Vilas Boas, recolhidos e anotados por Antônio Cruz, Porto, 1970.

[37] Augusto Victorino Sacramento Blake, *Dicionário bibliográfico brasileiro*, vol. I, Rio de Janeiro, 1883, pp. 41-49; *Alexandre Rodrigues Ferreira: catálogo de manuscritos e bibliografia*, Biblioteca Nacional — Rio de Janeiro, 1952; "Diário da viagem filosófica", *Revista do Instituto Histórico e Geográfico Brasileiro*, tomos XLVIII-LI.

[38] Albert Silbert, *Le Portugal méditerranéen à la fin de l'Ancien Régime*, vol. I, Paris, 1966, pp. 153-154; idem, *Le Problème agraire portugais au temps des premières Cortes liberales*, Paris,

(Domingos Vandelli, "Memória sobre a agricultura do Reino e suas conquistas", *ME*, I, pp. 164-175; "Memória sobre a preferência que em Portugal se deve dar à agricultura", *ME*, pp. 244-253; Álvares da Silva, "Memória histórica sobre a agricultura portuguesa", *ME*, V, pp. 194-256; Ribeiro de Paiva, *Memória sobre a necessidade de fomentar a agricultura e as artes*, ACL, Ms. 143v; *Dissertação sobre a agricultura e comércio por um anônimo*, ACL, Ms. 374, nº 3; José Antônio de Sá, *Memória sobre alguns obstáculos à agricultura*, ACL, Ms. 374, nº 12); passando por estudos setoriais (D. Vandelli, oliveiras, *ME*, I, pp. 8-10; Loreiro, algodão, *ME*, I, pp. 32-40; Lacerda Lobo, vinhas, *ME*, II, pp. 16-134; Fragoso de Siqueira, castanheiras, *ME*, II, pp. 295-354; azinheiras, sobreiros e carvalhos, *ME*, II, pp. 355-382) até a discussão de problemas como o dos baldios (T. A. Vila Nova Portugal, sobre a cultura dos terrenos baldios, *ME*, II, pp. 413-430; Álvares da Silva, projeto de uma companhia para reduzir os baldios de cultura, ACL, Ms. 375, nº 4) das terras abertas, da transumância, técnicas de produção etc.

A mineração era outro tema decisivo para os ilustrados luso-brasileiros: Rodrigo de Sousa Coutinho, "Discurso sobre a verdadeira influência das minas de metais preciosos na indústria das nações" (*ME*, I, pp. 237-243); J. J. Azeredo Coutinho, "Discurso sobre o estado atual das minas do Brasil", 1804 (*RIHGB*, vol. XCVII, pp. 5-37); Pontes Leme, "Memória sobre a utilidade pública de se extrair ouro das minas" (*RAPM*, vol. I, pp. 417-426). Mas a indústria não estava, de forma alguma, ausente de suas preocupações; procedem-se levantamentos sobre matérias-primas, por exemplo, madeiras (B. Silva Lisboa, *Memória sobre os cortes de árvores no Brasil*, ACL, Ms. 17; José Bonifácio de Andrada e Silva, *Sobre a necessidade e utilidade do plantio de bosques*, ACL, Ms. 1776) ou sobre produções naturais deste Reino das quais se poderia tirar utilidade (Vandelli, *ME*, I, pp. 176-186). A indústria do sal, do anil, da tinturaria são objetos de estudos monográficos (Lacerda Lobo, "Análise do sal", *ME*, IV, pp. 233-252, "Preparação do peixe", pp. 252-312, "Decadência das pescarias", pp. 312-384; Silva Feijó, "Sobre a Fábrica Real de Anil", *ME*, I, pp. 407-421). A siderurgia dá lugar aos trabalhos

1968, pp. 21-25; Moses Amzalak, *O fisiocratismo: as Memorias Economicas da Academia e seus colaboradores*, Lisboa, 1922.

de Eschwege (sobre as dificuldades das fundições e refinações nas fábricas de ferro, *ME*, IV, pp. 120-128; Ferreira da Câmara, sobre o carvão, *ME*, II, pp. 285-295).

Essa exemplificação, que se poderia facilmente multiplicar, é contudo suficiente para dar uma ideia do *clima do movimento ilustrado luso-brasileiro* do último período do Antigo Regime. Para os nossos objetivos importa sobretudo destacar e fixar certas *dominantes teóricas* que perpassam todo o movimento, e que permitem equacionar a política econômica que se levou à prática na colônia, em coordenação aliás com a que se aplicava na metrópole. Já destacamos o pressuposto cientificista e pragmático subjacente a toda mentalidade ilustrada, e que informa todo o movimento.[39] Fixemos, agora, no plano das ideias econômicas, a perspectiva que domina os ilustrados luso-brasileiros. Em primeiro lugar, cumpre ressaltar o *abandono da ortodoxia mercantilista*. Criticando a memória de Pontes Leme sobre as minas, o censor acadêmico (Visconde da Lapa) diz que em certos passos "o autor parece possuído inteiramente do espírito do sistema mercantil, e desconhecer que a riqueza é o trabalho exigível, e o trabalho supérfluo da natureza a causa de todos os melhoramentos".[40] Por onde se vê que se aderia, um tanto promiscuamente, ao mesmo tempo à ideia smithiana do trabalho engendrador de valores e — traço fisiocrático — da natureza criadora dos excedentes. Quanto ao fundamento metodológico: "a experiência foi quem desenganou a respeito deste sistema".[41] "Experiência", no caso, era o exame da história. "Com a descoberta das terras do Oriente, e da América, cresceram em Portugal as riquezas de convenção, porém as reais diminuíram", diz Álvares da Silva,[42] que acrescenta, "o ouro e a prata são sinais, e preço das cousas, e as-

---

[39] Cientificismo e pragmatismo são postos em destaque por Maria Odila da Silva Dias, *Aspectos da Ilustração no Brasil*, op. cit., a mais segura visão de conjunto do movimento ilustrado no Brasil.

[40] "Censura à memória sobre a utilidade...", Biblioteca da Academia das Ciências de Lisboa, manuscrito 373.

[41] Idem, ibidem.

[42] José Veríssimo Álvares da Silva, "Memória histórica sobre a agricultura portuguesa" (1782), in *Memorias Economicas da Academia Real das Sciencias de Lisboa*, vol. V, p. 232.

sim como os demais gêneros, na abundância tem menos valor, e maior na raridade. Os Estados porém são felizes não pelo aumento do preço das cousas, mas sim pela abundância das mesmas".

A preocupação prevalecente com a agricultura, e trechos como este último, poderiam fazer pensar numa adesão sistemática à fisiocracia. Na realidade, porém, o pensamento fisiocrático era mobilizado para servir a uma política econômica reformista. Noutros autores, o que reponta é uma clara influência da economia clássica escocesa: veja-se, por exemplo, em Bacelar Chichorro a afirmação explícita de que "a terra, posto que frutífera de sua natureza, e capaz de reprodução, não é por si só bastante a formar a felicidade e riqueza pública"; "a indústria do homem é somente quem forma a força, a grandeza, a felicidade, e a riqueza de uma nação".[43] Era pois para um *ecletismo* que tendia a postura metodológica dos ilustrados portugueses. Em Vandelli encontramos mesmo formulada e justificada esta posição de espírito: "sendo certo, que todos os ramos da economia civil, para que esta seja útil ao Reino, devem ser regulados por princípios deduzidos de uma boa Aritmética política, assim não se devem seguir sistemas, sem antes examiná-los, e confrontá-los com as atuais circunstâncias da Nação".[44] Trecho realmente notável, pois define como nenhum outro o clima mental dos teóricos luso-brasileiros da Ilustração. Por ele se veem as teorias assimiladas em função da situação concreta; ao mesmo tempo, pois, atitude de abertura em face dos novos ventos, e de tentativas de adequação às condições específicas: o pragmatismo cientificista lastreava o ecletismo. Referindo-se à política de Pombal, afirma Vandelli que se "seguiu o sistema de Colbert [isto é, o mercantilismo, também chamado de 'colbertismo'] subministrando somas consideráveis aos fabricantes: não deixando porém no mesmo tempo perder de vista a agricultura", o que lhe parece justificado pelo "estado no qual se achava o Reino, necessitado de uma total reforma"; aos vindouros ficava a tarefa de "aperfeiçoar, e aproveitar esses grandes impulsos, que hão um dia fazer a felicidade

[43] José de Abreu Bacellar Chichorro, "Memória econômico-política da província da Estremadura" (1793), op. cit., p. 35.

[44] Domingos Vandelli, "Memória sobre a preferência que em Portugal se deve dar à agricultura", in *Memorias Economicas da Academia Real das Sciencias de Lisboa*, vol. I, p. 244.

da nação".[45] Note-se, aqui, como o memorialista via a política desse período como desdobramento quase natural do pombalismo; mas o que sobretudo chama a atenção é, evidentemente, o pragmatismo e o ecletismo do autor, característico de todo o Iluminismo em Portugal e no Brasil. Os dois maiores economistas do período, cuja formação intelectual se processou nesse clima das Luzes, exemplificam bem, apesar das naturais diferenças de matizes, esse ecletismo: o brasileiro José da Silva Lisboa e o português José Acúrsio das Neves.[46]

O termo "economia civil" do texto de Vandelli, por outro lado, aponta para um autor — Antonio Genovesi — de larga influência em toda essa constelação intelectual; ora, o "Genuense" tantas vezes citado nas memórias, autor das *Lições de comércio ou economia civil* (1765), o primeiro a reger uma cátedra de economia (Universidade de Nápoles), pode considerar-se um mercantilista moderado.[47] Rejeitando um metalismo estreito ("é claro que as riquezas de um país se acham sempre em razão direta com a soma de trabalhos"), entende que "nada tem tanta eficácia como o comércio, regulador dos interesses humanos"; donde se segue que "quando uma nação não tem comércio é coisa manifesta que, por excelentes e boas que sejam as demais disposições acerca das artes e manufaturas, hão de ser inúteis", pois o "comércio é o espírito que aviva o engenho, dá movimento às artes e ressuscita a indús-

---

[45] Idem, ibidem, p. 244.

[46] Sobre Silva Lisboa: Luís Nogueira de Paula, in *El pensamiento económico latinoamericano*, México, 1945, pp. 74-78; Alceu Amoroso Lima, "Época, vida e obra de Cairu", in José da Silva Lisboa, *Princípios de economia política* (1804), ed. comentada por Nogueira de Paula, Rio de Janeiro, 1956. Sobre Acúrsio das Neves: Fernando Pinto Loureiro, "Vida e ideias económicas de José Acúrsio das Neves", Lisboa, 1957, separata de *Revista do Centro de Estudos Económicos*, nº 16-17. Vide também Heitor Ferreira Lima, *História do pensamento econômico no Brasil*, São Paulo, 1976, pp. 52-53, 77-78. Déa Fenelon traça elucidativo paralelo entre Silva Lisboa e Alexander Hamilton, *Cairu e Hamilton: estudo comparativo*, mimeo., Belo Horizonte, 1973.

[47] As *Lezioni* foram traduzidas para o espanhol em 1785. Sobre Genovesi, cf. René Gonnard, *Historia de las doctrinas económicas*, trad. esp., Madri, 1968, p. 143; Franco Venturi, "Economisti e riformatori spagnoli e italiani del '700", *Rivista Storica Italiana*, vol. LXXIV, 1962, pp. 632-561.

tria"; é enfim o comércio "a mola principal de todas as forças do corpo político, e produz e atrai todas as riquezas ao Estado".[48] Era sobre essa base que se cruzavam as influências inglesas (clássicos) e francesas (fisiocratas) para conformar a mentalidade econômica dos ilustrados portugueses: o resultado foi um mercantilismo bafejado pelas Luzes, o *mercantilismo ilustrado.*

Assim é que, entre as fontes de riqueza de uma nação, uma memória anônima da Academia enumerava, entre a agricultura, manufaturas, a pesca etc., as *colônias.*[49] Era a *persistência da visão mercantilista* em meio da mentalidade ilustrada. Tal persistência lastreia também toda a obra do teórico por excelência do colonialismo ilustrado em Portugal: o bispo Azeredo Coutinho.[50] "A metrópole, por isso que é mãe, deve prestar às colônias suas filhas todos os bons ofícios e socorros necessários para a defesa e segurança das suas vidas e dos seus bens, mantendo-se em uma sossegada posse e fruição dessas mesmas vidas e desses bens."[51] O traço ideológico reponta claramente na formulação: "Bons ofícios" para a "defesa e segurança" da colônia enquanto colônia; na fase de crise, quando os mecanismos da estrutura co-

---

[48] Antonio Genovesi in Jesús Silva Herzog (org.), *Antologia del pensamiento económico-social*, vol. I, México, 1963, pp. 237-238.

[49] "Verdadeiro discurso sobre o comércio do Reino de Portugal", Biblioteca da Academia das Ciências de Lisboa, manuscrito 29v.

[50] Sobre Azeredo Coutinho, vide: L. N. de Paula, in *El pensamiento económico latinoamericano*, op. cit., pp. 71-74; Myriam Ellis, "Um documento anônimo dos fins do século XVIII. Sobre relações comerciais entre o Brasil e Portugal", *Revista de História*, São Paulo, nº 38, 1959, pp. 383-418; Nelson Werneck Sodré, *A ideologia do colonialismo: seus reflexos no pensamento brasileiro*, Rio de Janeiro, 1961, pp. 13-57; Sônia A. Siqueira, "A escravidão negra no pensamento do bispo Azeredo Coutinho. Contribuição ao estudo da mentalidade do último inquisidor", São Paulo, 1964, separata de *Revista de História*, nº 56 e 57; Edward Bradford Burns, "The Role of Azeredo Coutinho in the Enlightenment of Brazil", *The Hispanic American Historical Review*, vol. XLIV, 1964, pp. 145-161; Manoel Cardozo, "Azeredo Coutinho e o fermento intelectual de sua época", in Henry H. Keith e S. F. Edwards (orgs.), *Conflito e continuidade na sociedade brasileira*, trad. port., Rio de Janeiro, 1970, pp. 86-123.

[51] José Joaquim da Cunha Azeredo Coutinho, *Ensaio econômico sobre o comércio de Portugal e suas colônias* (1794), in *Obras econômicas de J. J. da Cunha de Azeredo Coutinho*, São Paulo, 1966, pp. 154-155.

meçavam a criar condições para o desatamento dos vínculos de dominação colonial, isto necessariamente significava "defesa e segurança" da metrópole, enquanto potência colonial. Mais ainda, dados os mecanismos do sistema que se defende, "posse e fruição" significam assimilação, pela metrópole, dos estímulos da exploração colonial. "Estes benefícios", prossegue o bispo economista, "pedem iguais recompensas e, ainda, alguns justos sacrifícios; e, por isso, é necessário que as colônias também, por sua parte, sofram: 1) que só possam comerciar diretamente com a metrópole, excluída toda e qualquer outra nação, ainda que lhes faça um comércio mais vantajoso; 2) que não possam as colônias ter fábricas, principalmente de algodão, linho, lã e seda, e que sejam obrigadas a vestir-se das manufaturas e da indústria da metrópole".[52] Aqui defrontamos o colonialismo mercantilista na sua formulação mais ortodoxa. Como os referidos "benefícios" eram na realidade vantagens efetivas da metrópole, vê-se bem que a reciprocidade do pretenso pacto era grosseira racionalização.

A visão mercantilista da colonização mantém-se, pois, na base das reflexões dos ilustrados luso-brasileiros do fim da época colonial. Este trecho de Azeredo Coutinho lembra quase *ipsis litteris* as formulações dos primitivos teóricos da expansão, formulações que se mantiveram pelo século XVIII, na pena de Montesquieu[53] e no verbete da *Encyclopédie*.[54] Tal persistência, aliás, mostra bem a importância da exploração colonial como instrumento de desenvolvimento das economias centrais na fase de transição para o capitalismo industrial. Somente a concretização deste (a partir da segunda metade do século, na Inglaterra) permitiria (para a potência industrializada, ou em processo de industrialização) prescindir das compulsões institucionais do sistema, e praticar o que Bernard Semmel chamou, com muito acerto, o "imperialismo do comércio livre".[55] Para os países do continente, em graus vários de defasagem em relação à Inglaterra, o *dilema* era precisamente este: a remo-

---

[52] Idem, ibidem, p. 155.

[53] Montesquieu, *Espírito das leis*, trad. port., São Paulo, 1962, livro XXI, cap. 21.

[54] *Encyclopédie*, tomo III, verbete "Colônia".

[55] Bernard Semmel, *The Rise of Free Trade Imperialism*, Cambridge, 1970, pp. 14-48, 130 segs.

ção da defasagem implicava, no plano teórico, a crítica do Antigo Regime como um todo, e pois também do próprio sistema colonial, indispensável para manter o ritmo de acumulação, sem a qual o atraso não se superava. A impossibilidade *teórica* de ultrapassar esse dilema sem negar o sistema como um todo imprimia um ineludível caráter ideológico às formulações reformistas; a impossibilidade *prática* de ultrapassar as contradições levava, por seu lado, às rupturas revolucionárias e, nelas, a colocação explícita do dilema: assim, nas assembleias revolucionárias da França, a dura opção entre os "princípios" e as "colônias", assim os vintistas portugueses tendo que combinar liberalismo com recolonização do Brasil.

Entre a emergência das tensões estruturais e as rupturas revolucionárias, isto é, no período da crise, defrontavam-se pois os teóricos com a tarefa de conciliar os extremos, e os estadistas de implementar as reformas. Assim é que nesse mesmo Azeredo Coutinho, apesar daquela formulação básica certamente mercantilista, encontramos a crítica dos estancos e a recomendação de sua supressão,[56] a preceituação do estímulo à construção naval e as pescarias nas colônias,[57] bem como a da liberdade de produção agrícola colonial, pois "ainda que nas colônias se cultive com abundância este ou aquele gênero que se cultiva na metrópole, como, por exemplo, o trigo, e que aquela abundância faça baixar de preço o gênero na metrópole, esta, contudo, nunca se poderá dizer prejudicada, nem ainda algum lavrador dela considerado como em particular".[58] Num outro estudo, preconiza a não taxação do preço do açúcar, em plena fase de alta, para que negociantes e produtores possam aproveitar a fase favorável da conjuntura.[59] No discurso sobre a mineração, por entre o panegírico da agricultura e a crítica do metalismo (crítica fundada, aliás, na análise de Adam Smith sobre o valor da moeda, e não nas teorias fisiocráticas sobre a agricultura), não deixa de chamar a atenção para a necessidade de melhoria técnica para recuperar as fainas mineiras do

[56] J. J. A. Coutinho, *Ensaio econômico sobre o comércio de Portugal e suas colônias*, op. cit., pp. 76-80, 92-100, 126.

[57] Idem, ibidem.

[58] Idem, ibidem, p. 152.

[59] J. J. A. Coutinho, *Memória sobre o preço do açúcar* (1791), op. cit., pp. 173-185.

Brasil.[60] Há, enfim, uma difusa ideia de que, dada a posição de Portugal no comércio mundial, seria possível articular os interesses recíprocos da metrópole e da colônia, sem romper o pacto.[61]

Este último ponto é aliás essencial na definição da forma que assume entre os teóricos do mercantilismo ilustrado português a ideologia da colonização. É sobretudo em D. Rodrigo de Sousa Coutinho, a um tempo teórico e estadista, que ela toma contornos mais nítidos: "a feliz posição de Portugal na Europa, que serve de centro ao comércio do norte e meio-dia do mesmo continente, e de melhor entreposto para o comércio da Europa com as outras três partes do mundo, *faz* que este enlace dos domínios ultramarinos portugueses com a sua metrópole seja tão natural, quão pouco o era o de outras colônias, que se separaram da mãe-pátria; e talvez sem o feliz nexo, que une os nossos estabelecimentos, ou eles não poderiam conseguir o grau de prosperidade a que a nossa situação os convida, ou seriam obrigados a renovar artificialmente os mesmos vínculos que hoje ligam felizmente a monarquia e que nos chamam a maiores destinos, tirando deste sistema todas as suas naturais consequências".[62] Aqui tocamos realmente o núcleo do problema. Observe-se, em primeiro lugar, que a crise do sistema ronda por assim dizer este texto: a preocupação de descartar a semelhança de situação com as colônias que se independizaram, isto é, os Estados Unidos. Nestas, o enlace não era natural, por isso rompeu-se; não assim no caso de Portugal. Por quê? A posição de Portugal — sua situação geográfica de entreposto — torna ("faz") natural o vínculo, integrando os interesses e a todos convidando a grandes destinos. Mas não é apenas uma questão de geografia; já pouco antes dissera que "Portugal, reduzido a si só, seria dentro de um breve período uma pro-

---

[60] J. J. A. Coutinho, *Discurso sobre o estado atual das minas do Brasil* (1804), op. cit., pp. 187-229, especialmente pp. 198-201, 206 segs. No mesmo sentido, José Vieira Couto, "Memória sobre a capitania de Minas Gerais" (1799), *Revista do Instituto Histórico e Geográfico Brasileiro*, tomo XI, pp. 289 segs.

[61] J. J. A. Coutinho, *Ensaio econômico sobre o comércio de Portugal e suas colônias*, op. cit., p. 138.

[62] D. Rodrigo de Sousa Coutinho, "Memória sobre o melhoramento dos domínios na América" (1797), com introdução de Américo Pires de Lima, in *Brasília*, vol. IV, Coimbra, 1949, p. 406.

víncia de Espanha, enquanto servindo de ponto de reunião e de assento da monarquia... é sem contradição uma das potências que tem dentro de si todos os meios de figurar conspícua e brilhantemente entre as primeiras".[63] Logo, a pequenez e fraqueza da metrópole, aliada à sua posição na encruzilhada das rotas, torna "natural" o que tinha sido produto da história, isto é, a vinculação de Portugal com suas colônias. Daí decorrem os princípios "luminosos": "este inviolável e sacrossanto princípio da unidade"; e sua "consequência natural": "as relações de cada domínio ultramarino devem em recíproca vantagem ser mais ativas e mais animadas com a metrópole do que entre si". Tudo isso, aliás, diz respeito, mais "particularmente", "aos mais essenciais dos nossos domínios ultramarinos que são sem contradição as províncias da América, que se denominam com o genérico nome de Brasil".[64] Assim, a *peculiaridade*, real, da situação de Portugal e suas colônias no contexto do antigo sistema de colonização, torna-se uma *ideologia*, a desproporção entre a metrópole e seus extensos domínios, agravada pela defasagem econômica em face das potências mais desenvolvidas, que era uma ameaça de ruptura do sistema, passa a ser vista como elemento que supera as contradições do pacto, e harmoniza as peças do conjunto.

Tal concepção, que marcava o ponto-limite a que podia chegar a tomada de consciência metropolitana, encontra mais uma vez em Azeredo Coutinho, quando passamos dos princípios gerais para as normas de política econômica efetiva, a sua formulação mais explícita: invertendo a ortodoxia mercantilista, tira as conclusões últimas daquela "posição peculiar" da metrópole portuguesa; e formula *a diretriz segundo a qual a metrópole pode e mesmo deve ter um comércio deficitário com a colônia, para tê-lo superavitário com as demais potências*. "Numa palavra, quanto os interesses e as utilidades da pátria-mãe se enlaçarem mais com os das colônias suas filhas, tanto ela será mais rica; e quanto ela dever mais às colônias, tanto ela será mais feliz e viverá mais seguramente. O credor sempre olha para o seu devedor como para a sua fazenda; ele concorre para o seu aumento e não o quer jamais arruinar, nem perder de vista; o devedor, porém, não quer nem ver o seu credor, e quanto ele se faz

[63] Idem, ibidem.

[64] Idem, ibidem, p. 407.

menos solúvel, tanto mais procura a ocasião de lhe fugir."[65] E a distorção ideológica reponta ainda uma vez: o prelado reformador não se dava conta de que a argumentação, tão engenhosamente elaborada, podia apresentar o reverso da medalha; a metrópole, devedora, pelo seu próprio argumento, devia querer arruinar a colônia, credora... não seria então mãe e sim madrasta. Mas não havia decerto perigo de ela, a metrópole, "procurar ocasião de fugir" da colônia; o que havia, concretamente, eram as tensões internas do sistema engendrando as tendências das colônias em direção à autonomização. Para preveni-la, exatamente, impunha-se, na época da crise, afrouxar os laços até o limite em que se mantivesse o "enlace", isto é, o sistema colonial.

Nessa perspectiva, entendem-se as aberturas preconizadas por Azeredo Coutinho e acima referidas; e nesse sentido, é agora D. Rodrigo quem avança até as fronteiras do sistema: teoricamente, "não seria contrário ao sistema de Províncias com que luminosamente se consideram os Domínios ultramarinos, o permitir que neles se estabelecessem manufaturas"; para recuar em seguida, pois, concretamente, "a agricultura *deve* ainda *por muitos séculos* ser-lhes mais proveitosa do que as artes, que devem animar-se na metrópole para segurar e estreitar o comum nexo".[66] Logo, esse projeto de desenvolvimento integrado o que visava era uma interdependência que preservasse o sistema.

Efetivamente, na perspectiva em que se colocavam, os ideólogos da Ilustração portuguesa eram naturalmente levados a integrar a análise dos problemas metropolitanos e coloniais. Já vimos os memorialistas explicando a decadência de Portugal pelo excessivo da expansão ultramarina; mas não ficavam apenas nas afirmações tradicionais: em alguns textos mais penetrantes, de fato, ultrapassa-se a colocação antiga para procurar as vinculações entre expansão e decadência. Numa dissertação anônima de 1780, por exemplo, afirmava-se que "os abusos introduzidos na nossa agricultura, e o descuido de se obviarem, *transladaram* no presente século (já esta corrupção vinha do pas-

---

[65] J. J. A. Coutinho, *Ensaio econômico sobre o comércio de Portugal e suas colônias*, op. cit., p. 155.

[66] R. S. Coutinho, "Memória sobre o melhoramento dos domínios na América", op. cit., p. 411.

sado) *para as Nações do Norte e Levante*, os grandes tesouros, desentranhados pela indústria dos portugueses na África, e América".[67] Note-se que para o autor a decadência não se dá por não terem sabido os portugueses explorar suas colônias, mas apesar de terem-nas explorado (isto é, tirado tesouros da África e América). O fato de a metrópole não se desenvolver paralelamente (no caso, não cuidar da agricultura) é que criou condições para o transladamento dos tesouros. Em outras palavras: os estímulos da exploração colonial portuguesa iam sendo assimilados por outras potências. Esse fenômeno da não assimilação dos estímulos é também notado por Soares de Barros ao referir-se às "nossas próprias riquezas, adquiridas quase todas por conquistas, *sem reflexos com o corpo da nação e os trabalhos da cultura*".[68] Esboçava-se destarte um autêntico círculo vicioso: por não se desenvolver, a metrópole não conseguia assimilar os estímulos da colonização; mas não podia prescindir desses estímulos para desenvolver-se.

A D. Rodrigo de Sousa Coutinho não terão escapado essas conexões, pois na sua memória sobre a influência das minas,[69] confutando banalidades correntes que condenavam sem mais exame a atividade mineradora, demonstrava em 1789 depender a utilidade da lavra de minas do grau de desenvolvimento da metrópole e sobretudo da sua produção manufatureira; a ausência das manufaturas é que tornara perniciosas as minas, incidindo sobre uma economia mais adiantada elas seriam altamente benéficas. Assim, o desenvolvimento da metrópole passava a ser visto como *condição* para a assimilação das vantagens da exploração colonial, ao mesmo tempo que a pressupunha.

---

[67] *Dissertação sobre a agricultura e o comércio que à Academia Real das Ciências oferece um anônimo em 1780*, Biblioteca da Academia das Ciências de Lisboa, manuscrito 374, nº 3 (grifos nossos).

[68] José J. Soares de Barros, "Memória sobre as causas da diferente população de Portugal em diversos tempos da Monarquia" (1789), in *Memorias Economicas da Academia Real das Sciencias de Lisboa*, vol. I, p. 134 (grifos nossos).

[69] Rodrigo de Sousa Coutinho, "Discurso sobre a verdadeira influência das minas de metais preciosos na indústria das nações que as possuem" (1789), in *Memorias Economicas da Academia Real das Sciencias de Lisboa*, vol. I, pp. 237-243.

É dentro desse quadro de condicionamentos, e somente nele, que se pode entender a formulação de uma política ilustrada reformista, que visava integrar o desenvolvimento metropolitano e colonial (sem romper o sistema); é por aí que podemos compreender nesta última etapa da colônia, o caráter de abrandamento do exclusivo e de incentivo da produção colonial, combinado com uma política manufatureira e de reformas na metrópole — política reformista em suma, já entrevista num ensaio de Manoel Pinto de Aguiar,[70] que entretanto não lhe analisou o conteúdo ideológico, nem a referiu ao quadro condicionante da crise. Kenneth Maxwell, em trabalho recente,[71] procurou delinear os contornos da geração reformista ("generation of 1790's") que se forma mentalmente no iluminismo europeu, e politicamente se define em face dos rumos que a alternativa revolucionária ia tomando, no Brasil e no mundo; o fracasso do republicanismo (inconfidências) e o aprofundamento das tensões — sobretudo a ameaça ao tráfico e à escravidão que a "via revolucionária" trazia no seu bojo — dissociam os interesses da camada dominante colonial, abrindo caminho para a "iniciativa metropolitana" e à "acomodação".[72] Daí a força que adquire a perspectiva reformista, que tem em D. Rodrigo sua expressão mais conspícua, e que enfim se firma na diretriz de uma política econômica integrada e que no plano político equaciona o estabelecimento da Corte no Brasil (a "idea of Luso-Brazilian empire").[73] A análise altamente sugestiva de Maxwell nos permite pois surpreender os intercondicionamentos das alternativas de reforma e revolução no processo da crise; aclara-nos, por outro lado, o fortalecimento da posição reformista a partir do fim da década de 1790.

Ela já vinha de antes, contudo, e se desenvolve paralelamente com as manifestações revolucionárias. É preciso, pois, buscar os condicionamentos

---

[70] Manoel Pinto de Aguiar, *Ensaios de história e economia*, vol. I, Salvador, 1960, pp. 67-71.

[71] Kenneth Maxwell, "The Generation of the 1790's and the Idea of Luso Brazilian Empire", in Dauril Alden (org.), *Colonial Roots of Modern Brazil*, Berkeley, 1973, pp. 107-144.

[72] K. Maxwell, op. cit., pp. 130 segs. Veja-se, em N. W. Sodré, *Ideologia do colonialismo: seus reflexos no pensamento brasileiro*, op. cit., pp. 24 segs., Azeredo Coutinho como intérprete das posições da camada senhorial brasileira.

[73] Idem, ibidem.

mais gerais e profundos, na crise do sistema de colonização e do próprio Antigo Regime como um todo. A *crise*, de fato, tal como a vimos definindo e caracterizando ao longo de todo esse trabalho — isto é, aquela situação em que as tensões estruturais superam as condições de equilíbrio do sistema — impunha mudanças, abrindo-se as alternativas para encaminhá-las aos homens que viviam o atribulado processo. Maxwell apanha um dos momentos, por sinal dos mais significativos, dessa difícil procura de equilíbrio. A tensão entre as duas "vias" entretanto percorre todo o processo, é mesmo inerente a todo o movimento das Luzes.[74]

A perspectiva reformista integrava, portanto, a economia colonial na metropolitana num nível razoavelmente profundo da análise. Conseguia, com alguma clareza, identificar a peculiaridade da situação Brasil-Portugal, a interdependência acentuada pela crise; a distorção ideológica estava em ver nessa peculiaridade a harmonização dos componentes do sistema, e pois a superação das suas contradições. Dar esse passo, porém, implicava negar-se como metropolitanos e colonizadores, e *ipso facto* assumir uma perspectiva revolucionária. Pode-se pois dizer que os ilustrados do fim do século XVIII, em meio às contradições em que se debatiam, levaram contudo até ao limite a sua análise da situação, na tentativa de dominar o processo em curso. O seu esforço atingia enfim a *consciência possível* na posição em que se situavam.[75]

Incentivar a produção colonial, mesmo com aberturas no âmbito do sistema e, ao mesmo tempo, proceder a reformas na metrópole para assimilar os estímulos econômicos do ultramar, tal a diretriz que decorria da tomada de consciência do processo em andamento. Se acompanharmos, nas memórias sobre a agricultura portuguesa, a minuciosa detecção dos entraves ao seu desenvolvimento, ressalta como foram longe na denúncia dos festos do feudalismo sobre que assentava a sociedade metropolitana do Antigo Regime. Ao lado de entraves circunstanciais ou setoriais, e da análise das condições naturais, lá ficam apontados com veemência os "baldios", as "reservas de caça", as "comendas", o sistema de cultivo com terras abertas, a transumância,

---

[74] Franco Venturi, *Utopia e riforma nell'Illuminismo*, Turim, 1970, pp. 9-27, 90 segs.

[75] Georg Lukács, *Histoire et conscience de classe*, trad. fr., Paris, 1960, pp. 67-109.

o peso dos foros...[76] Referindo-se aos baldios, dizia José Inácio da Costa serem "estes campos, uma das causas que obra mais eficazmente no abatimento da agricultura desse país" e que "são em algumas povoações quase tão extensas, como as terras que se cultivam".[77] A Academia, aliás, propunha como "programa" indagar "quais as causas físicas e morais da pouca cultura das terras em Portugal, e quais os meios mais fáceis e eficazes para promover o adiantamento desse importantíssimo ramo da indústria e subsistência nacional".[78] Nas respostas, indicava-se, entre as causas morais, "a tirania dos donatários", que "puseram leis aos colonos a seu arbítrio, conforme a ideia e o gênio de cada um".[79] O confronto desse programa de reformas ilustradas com as reivindicações às Cortes liberais[80] mostra claramente como os teóricos do despotismo esclarecido em Portugal projetavam encaminhar, por via reformista, isto é, a partir do Estado absolutista porém iluminado, o que só a revolução liberal conseguiria realizar.[81]

---

[76] Domingos Vandelli, "Memória sobre a agricultura deste reino e suas conquistas", in *Memorias Economicas da Academia Real das Sciencias de Lisboa*, vol. I, pp. 164-175; "Memória sobre a preferência que em Portugal se deve dar à agricultura", idem, pp. 244-253; José Inácio da Costa, "Memória agrônomica relativa ao Concelho de Chaves", idem, pp. 351-400; Francisco Antônio Ribeiro de Paiva, *Memória sobre a necessidade de fomentar a agricultura e as artes, causas de sua decadência, e os meios de as fazer florescer em Portugal*, Biblioteca da Academia das Ciências de Lisboa, manuscrito 143v.; Anônimo, *Dissertação sobre a agricultura e comércio*, Biblioteca da Academia das Ciências de Lisboa, manuscrito 374, nº 3a.

[77] J. I. da Costa, "Memória agronômica relativa ao Concelho de Chaves", op. cit., pp. 393-394.

[78] Biblioteca da Academia das Ciências de Lisboa, Coleção de Memórias Físicas e Econômicas, manuscrito 373.

[79] "Demonstração das principais causas [...]", Biblioteca da Academia das Ciências de Lisboa, manuscrito 17, documento 21.

[80] A. Silbert, *Le Problème agraire portugais au temps des premières Cortes libérales*, op. cit.

[81] Joaquim Pedro de Oliveira Martins, *Portugal contemporâneo*, tomo II, Lisboa, 1951, pp. 151-194; José Calazans, *Os vintistas e a regeneração econômica de Portugal*, Salvador, 1959; Julião Soares de Azevedo, *Condições económicas da Revolução Portuguesa de 1820*, Lisboa, 1944; Fernando Piteira Santos, *Geografia e economia da Revolução de 1820*, Lisboa, 1962.

Para proceder a essas análises e projetar essas reformas, tinham os teóricos e estadistas que mobilizar os esquemas interpretativos da mentalidade das Luzes; deviam porém mantê-las naquele limite que não extrapolasse para além da perspectiva reformista. Igualmente, as aberturas na política colonial deviam se manter nas fronteiras do sistema. Tal o quadro de determinações e de possibilidades no qual se desenrolava a teoria e a prática da Ilustração em Portugal e no Brasil.

2. Execução

A tomada de consciência da situação, pelos ilustrados do fim do século XVIII e início do XIX, não se restringiu, portanto, a uma análise interpretativa dos problemas; deu lugar a uma tomada de posição, ao delineamento de todo um esquema de política colonial, em suma, diretrizes de ação. No Portugal da época de D. Maria I e do Príncipe Regente, por outro lado, estavam intimamente vinculadas as atividades intelectuais do grupo ilustrado e a ação do governo, que patrocinava a Academia das Ciências. Alguns dos memorialistas eram, como vimos — a exemplo de D. Rodrigo de Sousa Coutinho —, ao mesmo tempo homens de Estado. Até certo ponto, parece possível ver, no movimento intelectual, o esforço do Estado metropolitano[82] para equacionar suas soluções. Chegava-se mesmo a solicitar a colaboração dos colonos nessa tarefa; exemplo típico e bastante conhecido é o ofício do Conde da Ponte,[83] governador da Bahia, que em 1807 pedia à Câmara de Salvador opinasse sobre a existência de "alguma causa opressiva contra a lavoura", para aquilatar se "a mesma lavoura tem recebido progressivo aumento"; bem como indagava "se o comércio sofre algum vexame". O texto aliás não está isento de ambiguidades, pois deixa entrever que, em última instância, o que preocupa a autoridade metropolitana é o comércio: o interesse pelo progresso da lavoura,

[82] A ação do Estado metropolitano na execução da política reformista ficaria facilitada pela "reação centralizadora" e pelas características que ia assumindo a burocracia na colônia. Cf. Raymundo Faoro, *Os donos do poder*, Porto Alegre, 1958, pp. 110-121.

[83] "Ofício de 12/5/1807", in Rodrigues de Brito, *Cartas econômico-políticas sobre a agricultura e comércio da Bahia* (1821), Salvador, 1924, 2ª ed., p. 26.

deriva de que dele "depende a prosperidade do comércio". Sendo pelo comércio que se estabelece o vínculo metrópole-colônia, isto marcava o parâmetro do movimento reformista. A notoriedade do ofício advém de que sua resposta, pelo desembargador Rodrigues de Brito, constituiu-se nas famosas *Cartas econômico-políticas*.

Destarte, não pode causar nenhuma estranheza que a legislação relativa ao Brasil, entre o término da governação pombalina e a vinda da Corte, expresse de maneira altamente significativa um esforço de levar à prática aquelas ideias. Leis, decretos, cartas régias, alvarás, provisões, abundantes nesse período, dão assim a *passagem* entre a tomada de consciência e a intervenção na realidade. Através da legislação, podemos, pois, analisar a política executada.

Para nos situarmos, contudo, no volumoso conjunto dessa legislação, em busca de suas diretrizes básicas, convém discriminá-la em várias linhas de ação, procurando sempre entretanto mostrar a sua articulação interna. Efetivamente, apesar de algumas inevitáveis discrepâncias numa época tão conturbada, a impressão do conjunto deixa entrever, nas suas conexões, o substrato comum que refere as manifestações particulares da atividade governativa ao esquema político delineado pelos teóricos ilustrados do fim do Antigo Regime.

a) Diretrizes da política comercial

Em se tratando de uma política econômica que visava atuar ao mesmo tempo na metrópole e na colônia, atuando sobre uma situação na qual o peso do setor colonial era decisivo, era inevitável que a política propriamente *comercial* adquirisse importância básica, pois era através do comércio que se articulavam as peças do sistema.

Comecemos, na análise das diretrizes mercantis, por demarcar os elementos de continuidade com o período anterior: ela se manifesta no prosseguimento do *combate ao contrabando*. Nem podia ser de outra forma, duma vez que o esquema teórico subjacente, como procuramos defini-lo, configurava variações dentro do sistema; no fundo, era uma "ilustração" do mercantilismo para ajustá-lo à situação de crise. A preservação do exclusivo era pois um pressuposto da política que se empreendia, as medidas de combate ao comércio estrangeiro na colônia significavam exatamente a tentativa de contenção do processo dentro dos limites do sistema.

Assim, já em 1778 uma carta régia dava novas providências contra o comércio ilícito,[84] reforçando a legislação anterior. Um decreto de 1780[85] proíbe nos portos do Reino e Domínios os corsários das nações beligerantes. Uma carta de 1781 informava o vice-rei Luís de Vasconcelos de penas impostas a contrabandistas.[86] A Real Junta do Comércio, em 8 de maio de 1781, procurava dar normas mais seguras à navegação.[87] Em 1783, um alvará procura ordenar o comércio feito pelos navios da carreira da Índia.[88]

Mas a peça fundamental da legislação anticontrabando do período é, sem dúvida, o alvará de 5 de janeiro de 1785.[89] Da mesma data do alvará proibitório das manufaturas no Brasil, as mesmas instruções acompanham os dois atos, o que indica a conexão entre as duas medidas.[90] Retomando e reforçando disposições anteriores, manda estender "as disposições, e penas neles cominadas contra os culpados"; e "para que os delinquentes dos referidos crimes possam ser perseguidos, e presos, em toda a parte onde pretenderam refugiar-se", ficava "cumulativa a autoridade e jurisdição do vice-rei, governadores e juízes de umas capitanias, nos territórios das outras; de sorte que uns possam mandar perseguir e prender os ditos criminosos nos distritos dos outros, e fazer corporal apreensão em tudo o que lhes for achado", todos os

---

[84] "Carta Régia de 20/1/1778", *Publicações do Arquivo Nacional*, vol. I, p. 731.

[85] Decreto de 30/8/1780, Francisco M. T. de Aragão Morato, *Coleção de legislação impressa e manuscrita*, vol. XXIII, doc. 77, Biblioteca da Academia das Ciências de Lisboa.

[86] Carta de 1/3/1781, Arquivo Histórico Ultramarino — Lisboa, códice 572, f. 87.

[87] Instruções, Biblioteca Nacional — Lisboa, Coleção Pombalina, códice 466 (Coleção de Leis), f. 218.

[88] Alvará de 8/1/1783, Biblioteca Nacional — Lisboa, Coleção Pombalina, códice 461, f. 189.

[89] Alvará de 5/1/1785. Antonio Delgado da Silva, *Coleção de legislação portuguesa*, vol. III (1775-1790), p. 371; *Documentos Interessantes*, vol. XXV, pp. 94-96; *Publicações do Arquivo Nacional*, vol. I, 733; Arquivo Histórico Ultramarino — Lisboa, códice 311, ff. 20-23.

[90] Fernando A. Novais, "A proibição das manufaturas no Brasil e a política econômica portuguesa do fim do século XVIII", *Revista de História*, nº 67, 1966, p. 154.

particulares podiam doravante "proceder nas mesmas diligências, e lançar mão dos referidos réus".[91]

A severidade das normas era o contragolpe do avanço da penetração mercantil fora das traves do sistema; o ofício que acompanha o alvará documenta o volume do comércio ilícito, daí seguirem cópias das instruções a todos os governadores, para que "conhecendo a delicada situação a que tem chegado, e em que se acham esses domínios, empreguem todo o seu cuidado e vigilância em os preservar da última ruína que os ameaça".[92] Tratava-se, na realidade, de um duro combate, pois o contrabando começava efetivamente a assumir um caráter novo na época da crise: contemporâneo da Revolução Industrial e mesmo produto do impacto que ela provocava no comércio internacional, o contrabando tendia a assumir, no fim do período colonial, uma força que ultrapassava o nível compatível com a preservação do pacto. A percepção dessa nova situação reponta no referido ofício, quando o ministro metropolitano confessa que "é bem certo que elas" — as atividades do comércio ilícito — "não se podem evitar na sua totalidade", tudo quanto se pode é torná-las "mais difíceis, custosas e perigosas [...] à força de cuidados e vigilância".[93]

Fixemos este ponto, porque de fundamental importância na nossa análise. A competição comercial era inerente à colonização mercantilista, e o contrabando a que dava lugar faz parte dos mecanismos do sistema; o máximo a que podia levar — vimo-lo comentando uma consulta do século XVII — era à perda de uma colônia que transitaria para outra metrópole, ficando na essência preservado o sistema. Nas condições de crise do sistema, porém, no fim do século XVIII, a emergência da Revolução Industrial dava ao fenômeno outra conotação: as novas condições de produção davam à potência concorrente (à Inglaterra) uma posição competitiva de outra natureza, dado o barateamento dos custos da produção advindos da mudança tecnológica.

---

[91] A. D. da Silva, *Coleção de legislação portuguesa*, vol. III (1775-1790), op. cit., pp. 371-372.

[92] "Ofício de Martinho de Melo e Castro", *Revista do Instituto Histórico e Geográfico Brasileiro*, tomo X, pp. 217-218.

[93] Idem, p. 220.

Daí ampliar-se enormemente o apoio interno (a face interna do problema, como indicamos anteriormente), isto é, dos colonos, às atividades do comércio fora do pacto. Por outro lado, tudo isso operava não só contemporaneamente, mas em estreita conexão com os aspectos políticos da crise, isto é, estimulando as tendências de autonomização das colônias. O resultado era que, pela primeira vez, a penetração do comércio estrangeiro poderia levar não só à perda da colônia para outra metrópole (isto é, ruptura do pacto de uma metrópole com a sua colônia), mas à própria dissolução do sistema, com a independência da colônia. Pela primeira vez isso podia interessar à potência concorrente.[94] Assim, um mesmo fenômeno — o contrabando — quando se insere numa nova situação (a situação de crise) adquire novas funções.

Daí se compreende que o combate ao comércio ilegal se mantivesse e mesmo se fortalecesse em plena época das aberturas reformistas. A partir de 1785, as medidas de caráter repressivo se sucedem, num combate inglório, até o fim do período. A 31 de março do mesmo ano, Antonio Joaquim Pina Manique (irmão do famoso intendente) é nomeado para devassar contrabandos.[95] A 27 de junho, proíbe-se a introdução de vinagre estrangeiro, pois estava dando lugar a contrabando do vinho.[96] Na metrópole, edital de 1787 tenta impedir a entrada de fitas, galões de seda e lã.[97] Em 1789, dois avisos à Junta do comércio reforçam os cuidados e insistem na execução das medidas.[98] Neste mesmo ano, devassa-se a alfândega do Maranhão para atalhar o comércio estrangeiro.[99] A carta régia de 10 de março de 1791 volta a insistir no combate,[100] referindo-se a material apreendido na cidade do Porto.

[94] Eric Hobsbawm, *Industry and Empire*, Londres, 1972, pp. 140 segs., especialmente pp. 146-147; Bernard Semmel, *The Rise of Free Trade Imperialism*, Cambridge, 1970, pp. 14 segs.

[95] Decreto de 31/3/1785, Arquivo Histórico Ultramarino — Lisboa, códice 386, f. 32.

[96] Decreto de 27/6/1785, F. M. T. de A. Morato, op. cit., vol. XXIV, documento 90; Biblioteca do Museu Paulista, *Coleção de leis, decretos e alvarás*, vol. "D. Maria I, 1777-1788", f. 243.

[97] Edital de 6/5/1787, F. M. T. de A. Morato, op. cit., vol. XXIV, documento 151.

[98] A. D. da Silva, op. cit., vol. de 1775-1790, p. 538; F. M. T. de A. Morato, op. cit., vol. XXV, documento 60.

[99] Decreto de 16/9/1789, Arquivo Histórico Ultramarino — Lisboa, códice 387, f. 142.

[100] A. D. da Silva, op. cit., vol. de 1791-1801, p. 8.

Em 1792, providência sobre contrabando do tabaco e sabão,[101] reforçada por provisão de 28 de setembro de 1802.[102] No ano anterior, carta régia de 2 de setembro de 1801 ao vice-rei reiterava as proibições gerais.[103]

O combate ao contrabando, que percorre todo o período, significava, de fato, a tentativa de manter o processo de mudanças, exigidas pela situação de crise, dentro das fronteiras do sistema. Essa legislação não deve ser vista isoladamente, mas em conjunto com os demais elementos da política mercantil da época ilustrada. As mesmas tensões críticas, que tornavam indispensáveis as medidas para impedir o extravasamento das balizas do sistema exigiam uma política de *aberturas*; no esquema de mercantilismo ilustrado que informa a política da última fase da época colonial, tais aberturas se deviam promover portanto *dentro do sistema*.

E, de fato, examinando agora sob esse ângulo, o período se abre com a extinção das companhias de comércio. A resolução de 5 de janeiro de 1778[104] ordenava "que se não embaracem os negociantes que quiserem mandar quaisquer gêneros ou fazendas aos Estados do Pará e Maranhão, visto achar-se acabado o tempo, que se concedeu à Companhia do Pará e Maranhão, para negociar exclusivamente naqueles Estados". Por sua vez, a Junta Administrativa da Companhia de Pernambuco e Paraíba comunicava, em carta de 21 de abril de 1780 à Rainha, a finalização do prazo de seu comércio exclusivo naquelas capitanias.[105] Em 8 de maio do mesmo ano, repetindo os mesmos termos da que encerrava os privilégios da Companhia do Grão-Pará, mandava liberar o comércio aos mercadores metropolitanos em geral.[106] O exclusivo metropolitano voltava assim a sua expressão mínima, "normal", isto é, a ser privilégio da burguesia mercantil metropolitana em conjunto.

---

[101] Decreto de 24/7/1792, A. D. da Silva, op. cit., vol. 1791-1801, p. 77.

[102] *Publicações do Arquivo Nacional*, vol. I, p. 757.

[103] Idem, p. 745.

[104] A. D. da Silva, *Coleção da legislação portuguesa*, vol. 1775-1790, p. 158.

[105] Arquivo Histórico Ultramarino — Lisboa, documentos de Pernambuco, caixa 71.

[106] Biblioteca do Museu Paulista, *Coleção de leis, decretos e alvarás*, vol. IV, 2ª parte (1792-1794), f. 440.

Por mais que nessas decisões tenham pesado as circunstâncias da mudança de governo (a "viradeira" que sobreveio com a morte de D. José I) não se pode deixar de considerar que o encerramento dos monopólios das companhias de comércio coincide com o ponto de inflexão que marca a abertura da crise do sistema colonial do Antigo Regime. Para além da controvérsia específica entre "detratores" e "apologistas", que diziam respeito à ação de determinadas empresas, vai se formando e se fortalecendo um ponto de vista contrário à política de companhias em geral. Já nos referimos às queixas e reclamações contra as companhias de comércio para a colônia;[107] deve-se notar, além disso, que tais reclamos se manifestam também contra as companhias metropolitanas e, em especial, contra a das vinhas do Alto Douro.[108] A cessação das empresas coloniais foi acompanhada de restrições aos privilégios dessa última;[109] permite-se a introdução nos portos do Brasil e mais domínios dos vinhos da Estremadura e mais terras do Reino e Ilhas Adjacentes, suprimindo-se neste ponto o antigo privilégio da Companhia do Douro, argumentando-se não ser "o fim principal da instituição o comércio do Brasil, nem estancar-lhe os diferentes portos dele para o consumo de seus gêneros,

[107] Representação que fazem os homens de negócio da praça de Lisboa requerendo a abolição das companhias gerais do Grão-Pará e Maranhão e Pernambuco e Paraíba, Biblioteca Nacional — Rio de Janeiro, Divisão de Manuscritos, 1-32, 22, 2, nº 6.

[108] Nas "Queixas contra as Companhias" (8/7/1777): "Das minhas expressões, e de tudo o que foi dito nesta carta, conjecturará os meus sentimentos a respeito da Companhia, deste informe monstro, concebido pelo engano, e sustentado ou pela pertinácia ou pelo interesse. Colligirá não menos, qual seja a minha resposta. Esta, que inteiramente sujeito ao discurso de V. Mce., e de todos os que tem mais inteligência do que eu, consiste em que a Companhia não he util, 1º por que são fallazes os motivos da sua utilidade: 2º por que limita a agricultura aos vinhos, e a sua extracção: 3º por que oprime o seu commercio exterior, e destroe o interior: 4º por que he bum monopolio horroroso; 5º por que não pode subsistir sem prejuizo do público; 6º por que suposto o mal, he remedio peor, que o mesmo mal: 7º por que sua natureza não pode deixar de ocasionar opressões, robos, violências, e injustiças. Fundado nestas razões me adianto a dizer que bem fóra de ser necessária e util a existencia e conservação da Companhia Geral da Agricultura das Vinhas do Alto Douro, esta por desnecessária e nociva deve ser totalmente extinta", Biblioteca da Academia das Ciências de Lisboa, manuscrito 35.

[109] Caetano Beirão, *D. Maria I, 1777-1792: subsídios para a revisão da história de seu reinado*, Lisboa, 1944, 4ª ed., pp. 131-132.

com prejuízo dos habitantes das respectivas capitanias; onde o comércio deles, e a liberdade do comércio, pedem que em uns e outros portos haja de todas as qualidades destes gêneros em maior, e menor preço, para cada um se servir deles conforme sua possibilidade e livre arbítrio".[110] Sobre a companhia de vinhos, aliás, uma memória dirigida à Academia em 1782, sustentava que "suposto que a produção dos vinhos se tenha aumentado grandemente, isto não se deve aos cuidados diretos da Companhia"; e passando a uma argumentação mais genérica: "estes privilégios exclusivos são sem dúvida prisões da liberdade do comércio; e sendo evidentemente a maior liberdade possível do comércio o único meio de conciliar o interesse particular dos comerciantes com o interesse comum dos proprietários e do Estado, é certo que os privilégios exclusivos devem necessariamente produzir um ruinoso conflito entre o interesse particular e o geral, que em lugar de se auxiliarem mutuamente, tarde ou cedo se hão de destruir".[111]

A crítica alçava-se portanto da constatação de efeitos localizados para proposições teóricas contrárias à política exclusivista. Assim, noutra memória acadêmica, o *Discurso contra as companhias privadas*,[112] procurava-se demonstrar que "ainda as que parecem justas e necessárias, não convêm; porque nunca cuidam mais que do seu próprio interesse, o que tem mostrado a experiência, não só em Portugal, mas em todos os estados da Europa". Pois "o nervo do comércio é a liberdade; as companhias privam-no, absorvendo a si todo, e fazendo um rigoroso monopólio". Enfim: "não servem de utilidade senão aos poucos que as compõem à custa da nação inteira". No período que se abre com a inflexão para a crise geral do sistema colonial, portanto, o pensamento econômico ilustrado passa vigorosamente a rejeitar a política de companhias privilegiadas, como contrária às regras de uma sã economia política; paralelamente, ao longo do período reformista, é o *abandono da*

[110] Alvará de 9/8/1777; A. D. da Silva, op. cit., vol. 1775-1790, pp. 151-154; F. M. T. de A. Morato, op. cit., vol. XXII, documento 72.

[111] "Memória sobre o estado da agricultura e do comércio do Alto Douro" (1782), *Memorias Economicas da Academia Real das Sciencias de Lisboa*, vol. III, pp. 81-82.

[112] Biblioteca da Academia das Ciências de Lisboa, manuscrito 932v. Vejam-se igualmente os *Discursos sobre a decadência em que se acha nossa América* (1777), Biblioteca Nacional — Rio de Janeiro, Divisão de Manuscritos, I. 18-25, 11.

política das companhias que importa destacar como um de seus traços mais significativos.

Na mesma linha, e fundado nos mesmos pressupostos teóricos, a política comercial da ilustração mercantilista procedeu à *supressão do estanco do sal e do contrato da pesca das baleias*. Esses monopólios, cujos efeitos provocavam constantes clamores na colônia, como já referimos, encontraram nos acadêmicos ilustrados críticos de primeiro calibre; assim foi se formando junto ao próprio governo metropolitano opinião contrária a essa forma de exclusivismo, e a pouco e pouco esse setor da política comercial foi se ajustando às linhas gerais da nova política colonial. Azeredo Coutinho, sobretudo, no famoso *Ensaio* esforçou-se por demonstrar os efeitos negativos do estanco sobre a economia não só da colônia, mas do conjunto luso-brasileiro.[113] José Bonifácio de Andrada e Silva, por sua vez, na "Memória sobre a pesca das baleias",[114] não se limita à análise dos problemas técnicos; critica vivamente o regime de contrato exclusivo, a que atribui em grande parte os defeitos da exploração, pois "o aumento e perfeição desta pesca necessita do aguilhão da emulação e concorrência: repartida pelos particulares, cada um tem interesse em aumentá-la, e não se conserva em tão fatal imperfeição". Funda-se tal proposição nos princípios da economia política: "quando o preço da mercancia, por mais barato que seja, paga a despeza do vendedor, utiliza a todos"; "a abundância e bom preço de qualquer mercadoria contribui necessariamente para a cópia e barateza das demais".[115] Eram os novos esquemas de teoria econômica penetrando na análise dos problemas da economia colonial. No

---

[113] J. J. de A. Coutinho, *Ensaio econômico sobre o comércio de Portugal e suas colônias* (1794), in *Obras econômicas de J. J. da Cunha de Azeredo Coutinho*, op. cit., pp. 76 segs. Note-se que tais ideias já vinham expressas no manuscrito *Epítome das vantagens que Portugal pode tirar de suas colônias do Brasil e pela liberdade de comércio do sal* (da Biblioteca de Évora, cópia no Instituto Histórico e Geográfico Brasileiro), de autoria do mesmo Azeredo Coutinho, conforme estabeleceu Myriam Ellis (Cf. "Um documento anônimo dos fins do século XVIII sobre as relações comerciais entre o Brasil e Portugal", *Revista de História*, São Paulo, nº 38, 1959, pp. 383-418, com transcrição do texto do documento). A autora confronta os dois textos — do *Ensaio* e da *Epítome* — deixando claro que este serviu de base para a elaboração daquele.

[114] *Memorias Economicas da Academia Real das Sciencias de Lisboa*, vol. II, pp. 388-412.

[115] Idem, p. 394.

caso, aliás, a concorrência vinha mesmo espicaçada de fora, pois a penetração dos baleeiros estrangeiros já estava levando à decadência dessa indústria portuguesa.[116]

Neste quadro, o governo da metrópole promoveu consulta às câmaras da colônia, que naturalmente optavam pela liberação.[117] Ligado a estas consultas parece estar o ofício assinado em 28 de abril de 1798 pelo vice-rei Conde de Rezende, no qual informa a D. Rodrigo de Sousa Coutinho já ter anteriormente tratado do aviso da metrópole "que me comunicava as medidas que Sua Majestade se dignava tomar, em benefício desse vastíssimo Estado, e suas colônias, persuadida de que os seus atrasos não tiveram outra origem do que o concurso de pesados monopólios exercidos na série de dilatados anos, assim o do sal, dos direitos do ferro, o da introdução dos escravos, e outras restrições fiscais não menos prejudiciais ao interesse comum".[118] As câmaras, informa o vice-rei, aplaudiam o "incomparável benefício" das novas aberturas prometidas. Resistências, entretanto, de interesses poderosos, deviam opor-se às medidas liberalizantes, pois só em 1801 as medidas concretas definitivas foram tomadas. No caso especial da pesca da baleia, já em 1798 começam as aberturas: o alvará de 18 de maio de 1798 ordenava que "possam todos os negociantes portugueses, cada um de per si, ou reunidos em sociedade, preparar, e armar navios destinados a pescar as Baleias, e preparar o seu azeite no Alto Mar, em toda e qualquer parte desde as costas destes reinos até as do Brasil, e nas de Moçambique, podendo depois vender o azeite, e barbas debaixo das mesmas condições que os atuais contratadores, ou seja nos meus domínios ou exportá-los para fora do Reino".[119]

A mudança de rumo completa-se com o alvará do Príncipe Regente de 24 de abril de 1801,[120] com o qual se abolem definitivamente os estancos do sal e da pesca da baleia, e se dão providências para organizar a nova forma de

---

[116] Myriam Ellis, *A baleia no Brasil colonial*, São Paulo, 1969, pp. 167 segs.

[117] Myriam Ellis, *O monopólio do sal no Estado do Brasil*, São Paulo, 1955, pp. 175-176.

[118] Ofício de 28/4/1798, Arquivo Histórico Ultramarino — Lisboa, documentos do Rio de Janeiro, caixa de 1798.

[119] "Alvará de 18/5/1798", A. D. da Silva, op. cit., vol. de 1791-1801, pp. 491-492.

[120] "Alvará de 24/5/1801", idem, ibidem, pp. 694-700.

exploração. A justificativa invoca a prática das "nações mais industriosas da Europa" e se consideram as "grandes vantagens, que podem resultar à minha Real Fazenda, e aos povos", o dar-se a liberdade a todos de "empregarem-se nestes dois interessantes ramos de comércio nacional". E especificando: "e pelo que respeita ao Contrato do Sal, permitindo-se também a sua livre Importação, e a sua Venda em todos os Portos da América, virá a resultar não só o benefício da maior Extração, e Consumo de hum gênero, de que tanto abunda este Reino; mas conseguir-se-hão vantajosos progressos na maior Cultura, e Manufactura das ricas Produções da América, e hum attendivel augmento na Marinha Mercante".[121] O mesmo diploma, além de dar providências sobre a nova organização das atividades,[122] vai ainda mais longe: visa a promover a implantação da indústria do ferro na colônia. "E querendo finalmente beneficiar por todos os meios possíveis os Meus Fiéis Vassallos dos Domínios Ultramarinos, promovendo o adiantamento da Agricultura, e facilitando os progressos da Mineração do Ouro, de que tirão a sua subsistência, e de que lhes resultão as maiores utilidades; Hei por bem conceder-lhes a Graça não só de isentar de Direitos todo o Ferro, que das Minas de Angola se exporta para os Portos do Brazil; mas mandar crear hum Estabelecimento para a excavação das Minas de Sorocaba na capitania de São Paulo; e animar todos os Descobrimentos, que em outras quaesquer partes se possão fazer deste Metal; e como tambem permitir se estabeleção Fábricas Reaes, para com o Salitre do Paiz se fabricar Pólvora por conta de Minha Real Fazenda."[123]

Por onde se vê a articulação dos vários setores que eram visados pelas medidas governamentais; ao mesmo tempo, incentivando a exploração do ferro se favoreciam a agricultura e a mineração, que usavam instrumentos de metal; e estimulando a entrada de ferro de Angola, incentivava-se o comércio intercolonial. Também a supressão do estanco do sal tinha idênticos objetivos; visava a criar condições para um maior desenvolvimento da indústria do charque no Rio Grande do Sul, que enfrentava dificuldade pelo escasso

121 Idem, ibidem, p. 694.

122 M. Ellis, *O monopólio do sal no Estado do Brasil*, op. cit., pp. 175 segs.

123 "Alvará de 24/5/1801", A. D. da Silva, op. cit., p. 695.

abastecimento do sal.[124] Ligava-se à indústria das carnes sulinas intenso comércio de cabotagem entre as capitanias, que seria estimulado com as novas diretrizes.

Efetivamente, se em alguns casos (como nos exemplos que demos anteriormente, na capitania de São Paulo) procurava-se promover o comércio direto de cada capitania com a metrópole, no conjunto a política comercial da época ilustrada visava antes *estimular o comércio intercolonial.* O alvará de 8 de janeiro de 1783 estabelecia que "todos os gêneros, e efeitos, e Fazendas Nacionais, ou Estrangeiras, que se despacharem, e embarcarem no Porto de Lisboa em Navios de Viagem da Carreira da Índia, ou em outras quaisquer Embarcações Portuguesas, que, como eles, dirigirem a sua navegação, com Carga redonda, para o referido Porto de Goa, e que nele descarregarem os ditos Gêneros, Efeitos e Fazendas, pagando os Direitos ali estabelecidos, ou sejam as ditas Fazendas, para consumo da Terra, ou para depois se exportarem para fora pela via do Mar, ou do Continente: e fazendo, ou querendo fazer os ditos Navios, e Embarcações Escala pelas Ilhas dos Açores, da Madeira, ou pelos portos do Brasil; e embarcando nelas, ou neles vinhos, águas-ardentes, açúcares, ou outros quaisquer gêneros da produção tão somente das mesmas Ilhas, e Brasil, exceto o tabaco, para serem da mesma sorte transportados ao sobredito Porto de Goa, não paguem nas Alfândegas de Lisboa, Ilhas e Brasil mais que quatro por cento de baldeação".[125] Tais determinações e isenções eram depois reforçadas em 27 de maio de 1789,[126] 17 de agosto de 1795;[127] o alvará de 25 de novembro de 1800 contudo, restabelecia alguns impostos, visando defender as manufaturas metropolitanas.[128] De qualquer forma ficava estimulado o comércio direto de produtos brasileiros para a Ásia.

Por outro lado, uma provisão de 17 de março de 1791 dava ao Rio de Janeiro permissão para que os gêneros produzidos no continente pudessem

---

[124] M. Ellis, *O monopólio do sal no Estado do Brasil,* op. cit., pp. 189-198.

[125] A. D. da Silva, op. cit., vol. de 1775-1790, p. 326.

[126] Idem, ibidem, p. 350.

[127] A. D. da Silva, op. cit., vol. de 1791-1801, p. 240.

[128] Idem, ibidem, p. 657.

girar, livres de direitos, de um para outro porto.[129] Uma carta régia ao governador de Angola proibia que se taxasse a entrada de "licores fortes do Brasil" e "tabacos da Bahia".[130] Aos "homens do mar, que navegam para os domínios ultramarinos" se permitia carregar certos gêneros, "cumulativamente com os homens de negócio".[131] Isentava-se de direitos a exportação de escravos de Angola para o Pará.[132] Algumas restrições entretanto, mantinham-se, como a da entrada de vinho dos Açores na ilha da Madeira.[133]

Abandono da política de companhias de comércio colonial, abolição de estancos, aberturas para o comércio intercolonial configuram a linha típica da política comercial do mercantilismo ilustrado: tratava-se de *reduzir o exclusivo colonial à sua expressão mínima* nas fronteiras do sistema; era assumir uma posição intermediária entre o mercantilismo tradicional e as novas teorias econômicas. O exclusivo metropolitano, como vimos, era o limite definidor do sistema no plano comercial, mas ao longo do período mercantilista apresentava várias gradações, desde o monopólio estrito, passando pelas companhias, até o exclusivo mais geral do comércio da colônia pela burguesia da metrópole. Em qualquer dos níveis, operavam os mecanismos de transferência de renda das economias periféricas para as centrais, mas em graus de maior ou menor exploração. A opção pelo exclusivo na sua expressão mais geral pelos estadistas do fim do século XVIII e início do XIX manifesta uma linha política de abrandamento em face das condições da crise; em suma, uma perspectiva reformista. Se diminuía o ganho unitário nas operações, aumentava certamente o volume dos negócios e no conjunto se tentaria obter ainda maiores vantagens incentivando a exportação, para outras nações, dos produtos coloniais. A política de aberturas dentro do sistema se articula, assim, segundo a teorização de Azeredo Coutinho, com um esforço

---

129 *Publicações do Arquivo Nacional*, vol. I, p. 736.

130 "Carta régia de 1/3/1784", F. M. T. de A. Morato, op. cit., vol. XXIV, documento 43.

131 "Alvará de 6/11/1785", Biblioteca do Museu Paulista, *Coleção de leis, decretos e alvarás*, vol. III (1668-1793), f. 456.

132 "Decreto de 19/10/1798", A. D. da Silva, op. cit., vol. de 1791-1801, p. 508.

133 "Alvará de 2/6/1801", Biblioteca do Museu Paulista, *Coleção de leis, decretos e alvarás*, vol. "1560-1801", f. 303; "Alvará de 22/7/1801", A. D. da Silva, op. cit., vol. de 1791-1801, p. 721.

em busca de uma expansão das exportações metropolitanas, em busca de novos mercados.

Em que medida este segundo aspecto da política comercial se realizou efetivamente pode ser observado no crescimento das exportações portuguesas no período de 1796 a 1807 (ver tabela e gráfico 7), e na variedade dos países para os quais se dirigia o intercâmbio (ver tabela e gráfico 22). A diplomacia se movimentava ativamente neste sentido, visando negociar tratados que permitissem a abertura de novos mercados; assim o firmado com a Rússia,[134] elogiado por José Bonifácio que via nele uma extensão do comércio de vinhos e dos produtos coloniais.[135] Os cônsules, correlativamente, eram instruídos no sentido de "promover com a sua diligência, crédito, e conselho tudo o que reconhecerem mais próprio para se conseguirem estes importantes objetos; assim no estabelecimento e conservação das casas de negócios de vassalos portugueses, na introdução dos gêneros destes reinos, e das suas colônias, e na liberdade de navegação, como na observância dos privilégios, direitos e isenções, que pelos tratados, convenções e tarifas, estiverem acordados entre a Coroa de Portugal, e o Príncipe, ou República, em cujos portos residirem", pois "o principal motivo da instituição e nomeação dos cônsules" eram "a vantagem, aumento e segurança do comércio da Nação". Para bem preencher aquelas funções deviam eles "ter uma sucessiva correspondência com a Real Junta do Comércio, Agricultura, Fábricas, e Navegação, participando-lhe tudo o que pode fazer o bem do comércio destes reinos e as suas providências que a Corte de Portugal pode dar, ou solicitar do soberano do país em que se acharem, para que a mesma Real Junta, considerando a qualidade do negócio, o resolva, ou o represente a Sua Alteza Real".[136]

---

[134] *Tratado de amizade, navegação e comércio* (1789, renovado em 1798), F. M. T. de A. Morato, op. cit., vol. XXV, documento 11; idem, ibidem, vol. XXVIII, documento 70; Biblioteca do Museu Paulista, *Coleção de leis, decretos e alvarás*, vol. III, f. 397.

[135] José Bonifácio de Andrada e Silva, "Elogio acadêmico de D. Maria I", apud C. Beirão, *D. Maria I, 1777-1792: subsídios para a revisão da história de seu reinado*, op. cit., pp. 132-133.

[136] "Instruções, pelas quais se devem regular os cônsules de Portugal nos portos marítimos dos Estados, e Repúblicas, para onde navegam e comerceiam os vassalos portugueses, aprovadas por imediata resolução de 9 de outubro de 1789, tomada em Consulta da Real Junta do Comér-

A essas instruções parecem estar ligadas algumas cartas, conservadas na Academia das Ciências de Lisboa.[137] Uma delas, cujo autor infelizmente não foi possível apurar, mas datada de Veneza a 21 de abril de 1800, trata exatamente das possibilidades de ampliação do comércio português nos mercados italianos, e através deles nos alemães. Possibilidades que, para o autor (supomos um daqueles cônsules a quem se dirigiam aquelas instruções), eram no momento muito grandes, em face da "decadência" das colônias francesas, que antes forneciam os produtos coloniais à Itália, a parte da Alemanha e ao Levante; o desarranjo daquelas colônias, dizia, "nos oferece as circunstâncias favoráveis de estendermos o comércio de tais gêneros não só nos referidos países, mas até mesmo na França logo que esta tome um governo consistente, ou esteja em paz conosco".[138] O governo consistente, a rigor, já vinha vindo (o consulado), mas a paz é que não seria duradoura.

Se, porém, as perspectivas mercantis eram auspiciosas, não deixava o arguto missivista de constatar obstáculos ao aproveitamento daquelas circunstâncias e, para maior clareza, passa a enumerá-los, discriminando-os em "internos" e "externos". O primeiro dos óbices internos, muito sério, parecia-lhe "a dificuldade de fazer dar uma nova direção a parte dos capitais dos nossos comerciantes", pois esses pertenciam a dois grupos, primeiro, "poucos e grossos capitalistas que se impinguaram [*sic*] e continuam impinguando-se não por meio de especulações sutis e bem combinadas de comércio, mas por meio de monopólios e contratos, com os quais se apropriam de uma boa parte das rendas públicas, que deveriam entrar nos cofres régios"; os lucros assim obtidos "à custa do Estado, quando por avareza em alguns não ficam uma boa porção morta dos próprios cofres, os emprega ordinariamente ou em um pouco de comércio com a Ásia, e com as nossas colônias ou em comprar uma grande parte usuária de imensos terrenos sobre a cultura das quais não podendo nem sabendo vigiar, uma grande parte destes lhes produz somente de

---

cio, Agricultura, Fábricas e Navegação destes Reinos, e seus Domínios", A. D. da Silva, op. cit., vol. de 1775-1790, pp. 566-570.

[137] Cartas e memórias respeitantes a assuntos comerciais, Biblioteca da Academia das Ciências de Lisboa, manuscrito 1700.

[138] Carta de 21/4/1800, Biblioteca da Academia das Ciências de Lisboa, manuscrito 1700, documento 1, f. 56.

1 a 2% de lucro líquido".[139] Aqui defrontamos portanto com uma crítica assaz pertinente ao sistema de contratos e arrematações, que já vimos criticado na colônia (Rodrigues de Brito, Vilhena), e que se apresenta na metrópole como fator de impedimento à formação de uma autêntica mentalidade empresarial; o resultado era a fraqueza para competir externamente. Logo, as conexões entre os vários problemas econômicos da metrópole e da colônia, que vimos nos teóricos, aqui as surpreendemos na prática: para poder levar a efeito a política de reexportação dos produtos coloniais, preconizada por Azeredo Coutinho, impunha-se superar óbices internos da metrópole. Assim, a assimilação das vantagens da exploração colonial passava necessariamente por reformas internas da metrópole.

Mas não fica aí o autor dessa notável correspondência do fim do século XVIII. "A segunda classe dos nossos comerciantes", prossegue, "é composta dos que fazem o forte de seu comércio com as nossas colônias, o qual lhes segura lucros avultados com pouco trabalho, pelos ricos e procurados gêneros que delas se extraem, pela pouca inteligência e atividade que requer um comércio que os nossos comerciantes fazem exclusivamente, sem sofrerem a concorrência da atividade e inteligência dos negociantes estrangeiros".[140] E aqui está uma análise seguríssima dos mecanismos de exclusivo colonial; o lucro colonial para além da lucratividade normal do comércio ("lucros avultados com pouco trabalho"); e, sobretudo, os efeitos negativos para a formação de uma autêntica camada empresarial. Note-se a importância do argumento para explicar as características da sociedade portuguesa de Antigo Regime, e discutir o problema já aventado do atraso: dado o peso enorme que desde a precoce expansão teve sobre a economia portuguesa o setor ligado ao Ultramar, onde operavam os mecanismos exclusivistas, isto teve como consequências que, no conjunto da burguesia, predominasse o setor acomodado ao ganho de monopólio. Por onde se vê que iam longe as vistas desse missivista português de Veneza. Veja-se o destino que "os indivíduos desta segunda classe" dão aos capitais acumulados no comércio colonial: "buscam ordinariamente empregá-los em procurar a honra e proveito de entrar no núme-

---

[139] Carta de 21/4/1800, Biblioteca da Academia das Ciências de Lisboa, manuscrito 1700, documento 1, ff. 57-59.

[140] Idem.

ro dos da primeira classe" — o que é sem dúvida um elemento explicativo importantíssimo para compreendermos a fixação do capital comercial, que não se metamorfoseia em industrial — que é, como já indicamos, o mecanismo básico da defasagem econômica.

O resultado era, segundo o nosso anônimo epistológrafo, que tais empresários "acostumados a ter grandes lucros com pouco trabalho nos monopólios e contratos, e no comércio das nossas colônias; não querem arriscar seus capitais em outra espécie de comércio, que não conhecem, e no qual por consequência o lucro é para eles incerto".[141] O que mostra como se tomava consciência dos bloqueios ao desenvolvimento que operavam na sociedade portuguesa do fim do Antigo Regime. O missivista desce ao detalhe na análise do comportamento dos mercadores portugueses e recomenda medidas práticas para superar as dificuldades. O governo, segundo ele, precisava "lutar com pessoas cheias de Luzes, de experiência, e de atividade";[142] era preciso estudar detalhadamente a situação econômica de cada estado italiano. Criar uma companhia para abrir o comércio do Mediterrâneo não lhe parece boa solução: "companhia exclusiva julgo ruinosa para Portugal e para nossas colônias".[143] O alto preço dos fretes e dos seguros era outro fator a enfraquecer a posição concorrencial dos portugueses. Impunha-se além disso aperfeiçoar a qualidade dos produtos para enfrentar a concorrência internacional.[144] Esta última observação deste notável documento nos conduz portanto ao segundo aspecto da política econômica e colonial do mercantilismo ilustrado.

b) Incentivo à produção

A preocupação com o aumento da quantidade e a melhora da qualidade da produção colonial foi efetivamente constante na política econômica do

[141] Idem.

[142] Idem, ff. 64-65.

[143] Idem.

[144] Idem.

período. Já o Marquês do Lavradio, para melhorar o cultivo do tabaco fazia vir "alguns homens, que tinham sido lavradores dessa planta na Bahia" para vários distritos do seu governo e do de São Paulo, "para ensinarem o modo de plantar, e colher, e de o secar e enrolar"; mas confessava encontrar "poucas pessoas com espírito pátrio para promover negócios dessa qualidade".[145] No seu *Relatório* (1779), aliás, discrimina minuciosamente os seus esforços no sentido de dinamizar a economia colonial: o comércio para a Europa não se devia resumir, segundo ele, aos gêneros tradicionais, como até então; mas se deviam explorar as amplas possibilidades da agricultura colonial, para abrir novas frentes no mercado.[146] Já ensaiava uma política de diversificar a produção, que foi uma das características da política do fim do Antigo Regime. Foi, nesse sentido, enorme o esforço que empreendeu, nem sempre com resultados compensadores:[147] as culturas de arroz, linho, cochonilha, amoreira e mesmo trigo foram objetos de permanentes cuidados.

Nas *Instruções* de Luís de Vasconcelos, seu sucessor, mandava-se atentar para a "cultura das terras, navegação e comércio", "três artigos relativos e dependentes uns dos outros", lembrando em especial as culturas de arroz, anil e cochonilha.[148] Ao passar o governo, por sua vez, era o mesmo Luís de Vasconcelos que dava conta de seus esforços, as dificuldades de continuar o incremento da cultura do anil, da cochonilha, do linho cânhamo, as providências para "acomodação dos casais das ilhas", e os problemas que isto envolvia para o equilíbrio das finanças públicas.[149] Tais problemas — os financeiros — parece que ficaram pendentes, pois as instruções do Conde de Rezende dedicam-se quase que inteiramente a providenciar a sua resolução, numa li-

[145] Ofício de 23/5/1778, Arquivo Histórico Ultramarino — Lisboa, documentos do Rio de Janeiro, caixa de 1778.

[146] "Relatório do Marquês do Lavradio" (1779), *Revista do Instituto Histórico e Geográfico Brasileiro*, tomo IV, 1842, pp. 454-455.

[147] Dauril Alden, *Royal Government in Colonial Brazil, with Special Reference to the Marquis of Lavradio, Viceroy, 1763-1779*, Berkeley, 1968, pp. 353-388.

[148] "Instrução a Luís de Vasconcelos" (1779), *Revista do Instituto Histórico e Geográfico Brasileiro*, tomo XXV, 1862, pp. 482-483.

[149] "Ofício de Luís de Vasconcelos ao seu sucessor" (1789), *Revista do Instituto Histórico e Geográfico Brasileiro*, tomo IV, 1842, pp. 3 segs.

nha aliás discrepante da proposta por Luís de Vasconcelos.[150] Para equilibrar o orçamento, aconselhava-se, além de medidas fiscais, o aumento da produção; como entretanto um dos motivos do desequilíbrio eram os gastos com o patrocínio dos novos produtos, entrava-se num beco sem saída. Ao Marquês de Aguiar, ao mesmo tempo que se aconselhava o incentivo e aperfeiçoamento do cultivo dos antigos produtos, determinava-se que informasse sobre as possibilidades de iniciar a cultura de novos, sugerindo-se a criação de um Jardim Botânico.[151]

As instruções aos governadores também insistiam na mesma linha política. Nas "reflexões" oferecidas a João de Albuquerque de Melo Cáceres, que tomou posse do governo de Mato Grosso em 1789, lembrava-se que para criar condições à produção da capitania era preciso dar-lhe escoamento "pela via do Pará";[152] várias providências seriam tomadas nesse sentido.[153] Ainda em 1809, ao passar o governo de Goiás a Freire de Castilho, D. Francisco de Assis Mascarenhas voltava ao mesmo assunto.[154] Nas instruções de 1797 ao governo da Paraíba, estabelecia-se que o "principal objeto de cuidado" devia ser "animar e promover as culturas já existentes, e introduzir as que possam ser novas, e venham concorrer para enriquecer esta capitania".[155] Ao Marquês de Barbacena, quando foi governar as Minas, aconselhava-se promover "por todos os meios possíveis os habitantes ao trabalho e exploração das mesmas minas, e igualmente ao da cultura das terras, facilitando-lhes ao mesmo

[150] Instrução do vice-rei Conde de Rezende (1790), Arquivo Histórico Ultramarino — Lisboa, códice 573, ff. 15 segs.

[151] Instruções do vice-rei D. Fernando José de Portugal (1800), Arquivo Histórico Ultramarino — Lisboa, códice 575, ff. 95 segs.

[152] "Reflexões sobre a capitania de Mato Grosso", *Revista do Instituto Histórico e Geográfico Brasileiro*, tomo XII, 1849, pp. 377 segs.

[153] Cf. por exemplo a carta régia de 12/5/1798 ao governador do Estado do Pará, *Revista do Instituto Histórico e Geográfico Brasileiro*, tomo IV, 1842, p. 232. Na mesma data ao governador do Maranhão, *Revista do Instituto Histórico e Geográfico Brasileiro*, tomo V, 1843, p. 81.

[154] "Carta de D. Francisco de Assis Mascarenhas", *Revista do Instituto Histórico e Geográfico Brasileiro*, tomo V, 1843, pp. 58 segs.

[155] "Instrução do governo para Francisco Delgado Freire de Castilho, governador da Paraíba" (1797), *Revista do Instituto Histórico e Geográfico Brasileiro*, tomo VI, 1844, pp. 444 segs.

tempo a permutação dos seus frutos e produções, por meio de um comércio lícito e permitido, interior e externo".[156]

A *legislação* metropolitana, contemporânea dessas instruções, orientava-se pelas mesmas diretrizes. Os decretos de 23 de janeiro e 5 de setembro de 1781 isentavam, por cinco anos, a entrada do anil nas alfândegas do Reino e Domínios.[157] A carta régia de 12 de fevereiro de 1783 ao vice-rei dava conta dessas medidas, com maiores especificações.[158] O ofício de 22 de outubro de 1783 mandava devolver direitos já pagos na Casa da Índia pela entrada de referido produto.[159] Ao governador do Rio Negro, em 1790, determinava-se que "pelo que pertence ao anil, o comércio deste gênero fique inteiramente livre, e que cada um possa negociar com ele e embarcá-lo para Lisboa sem o menor obstáculo e sem pagar direito algum".[160] O arroz recebia tratamento semelhante, retomando-se os esforços do Marquês de Lavradio.[161] O alvará de 24 de julho de 1781 proibia no Reino "a entrada de todo arroz que não seja da produção de seus domínios"; isto para "animar este ramo da indústria e comércio, não só em benefício comum dos povos daquele continente [Brasil], mas também em utilidade pública dos vassalos destes Reinos".[162] Em 1783, prorrogava-se por dez anos a isenção de direitos de entrada do arroz dos domínios, em vista da "grande utilidade que tem resultado aos seus vassalos o aumento em que no Brasil se acham plantações, cuja abundância não somente todo o que é necessário para o consumo destes reinos, mas também facilita a considerável extração que do mesmo gênero se faz para diferentes

---

[156] "Instrução para o Visconde de Barbacena" (1788), *Revista do Instituto Histórico e Geográfico Brasileiro*, tomo VI, 1844, pp. 3 segs.

[157] Decreto de 23/1/1781, Biblioteca Nacional — Lisboa, Coleção Pombalina, códice 461, f. 356; decreto de 5/9/1781, Arquivo Histórico Ultramarino — Lisboa, códice 4, f. 142v.

[158] Arquivo Histórico Ultramarino — Lisboa, códice 231, f. 8v.

[159] Arquivo Histórico Ultramarino — Lisboa, códice 834, f. 193.

[160] Carta de 29/4/1790, Arquivo Histórico Ultramarino — Lisboa, códice 536, f. 45v.

[161] Dauril Alden, "Manuel Luís Vieira: An Enterpreneur in Rio de Janeiro during Brazil's Eighteenth Century Agricultural Renaissance", *The Hispanic American Historial Review*, vol. XXXIX, nº 4, 1959, pp. 521-538.

[162] A. D. da Silva, op. cit., vol. 1775-1790, p. 300.

portos estrangeiros".[163] A carta régia de 3 de setembro de 1801 estimulava "a maior exportação possível do arroz, para o consumo de Portugal e para aproveitamento do exército e marinha".[164] O alvará de 6 de novembro de 1788 enumerava os artigos do Brasil que "os homens do mar" podiam carregar,[165] entre eles anil, cochonilha, arroz, ipecacuanha. Em 1790 estabelecia-se abatimento de uma libra de tara para a entrada no Reino de sacas de cacau, café e arroz.[166]

A política tarifária ajustava-se, portanto, ao esforço por *dinamizar e diversificar a produção colonial.* O alvará de 27 de maio de 1803 isentava, por seis anos, todos os produtos que do Ceará se exportassem para o Reino, ou que de lá se importassem, "de metade dos direitos, que sem esta graça deveriam pagar nas alfândegas";[167] isto com vistas à "necessidade de animar a agricultura da capitania do Ceará Grande". O estabelecimento dos correios marítimos em 20 de janeiro de 1798[168] visava também "mais útil comunicação de todas aquelas capitanias, de que tão grande benefício há de resultar às praças de comércio de todos os meus domínios". O decreto de 9 de abril de 1806, por sua vez, isentava de meios direitos a importação do azeite.[169]

O estímulo à produção dava lugar, às vezes, a medidas mais diretas, como a carta régia de 16 de agosto de 1799, ao Conde de Rezende, que mandava abrir empréstimo para o fomento da cultura do linho, cochonilha e caneleiras.[170] Aliás tais medidas se enquadram no esforço por introduzir, aclimatar e desenvolver no Brasil a produção das drogas do Oriente. Remontava

---

163 "Decreto de 1/8/1783", idem, ibidem, p. 341.

164 *Publicações do Arquivo Nacional*, vol. I, p. 746.

165 F. M. T. de A. Morato, op. cit., vol. XXV, documento 50.

166 *Coleção de leis, decretos e alvarás*, "D. Maria I", vol. VII, f. 141; A. D. da Silva, op. cit., p. 624.

167 "Alvará de 27/5/1803", A. D. da Silva, *Coleção de legislação*, vol. 1802-1810, p. 224. O texto refere-se aos decretos de 19/10/1798 e 16/1/1799 que, para o Pará, também favorecera as exportações para o Reino.

168 "Alvará de 20/1/1798", A. D. da Silva, op. cit., vol. 1791-1801, pp. 479-482.

169 *Coleção de leis, decretos e alvarás*, "Príncipe Regente D. João", vol. IV, f. 331.

170 Arquivo Histórico Ultramarino — Lisboa, códice 575, f. 154.

ao século XVII essa política, que visava recuperar a perda do monopólio do comércio do Índico; entretanto, os resultados tinham sido medíocres. No fim do século XVIII, no quadro do incentivo geral à produção da colônia, retomam os esforços.[171] A aclimatação tinha sido estimulada pelo Marquês do Lavradio, e a produção do anil se desenvolve nas últimas décadas do século, declinando a partir de 1800.[172] Os carmelitas de Salvador empenharam-se na introdução da pimenta da Índia. Uma carta do período, citada por Amaral Lapa, mostra que se esperava promover um "gênero principal do Brasil em que podia dar queda à da Índia". Também o governador da Bahia, Rodrigo José de Menezes, empenhou-se na aclimação pimenteira, no que foi seguido pelo sucessor Fernando José de Portugal. Este último, aliás, também procurou aclimar as caneleiras, recebendo em 1798 vários exemplares de uma memória sobre a cultura da canela. Pelo menos alguns homens de negócio da Bahia chegaram a se animar com as novas perspectivas.[173] Da mesma forma, procuravam-se descobrir novas plantas utilizáveis; em carta de 1798, por exemplo, D. Rodrigo de Sousa Coutinho informava ter enviado para Bahia e Pernambuco desenho e descrição da árvore da quina, recomendando diligências.[174]

A preocupação de incentivar os produtos tradicionais e descobrir, introduzir e implantar a cultura de novos, era acompanhada de medidas visando à qualidade da produção. Entre os papéis de D. Rodrigo de Sousa Coutinho há uma "lista dos livros de agricultura ingleses, nos quais se acham ideias mais de aproveitar".[175] O mesmo ministro, em ofício de 3 de abril de 1798, comunicava ao Conde de Rezende a remessa de cem exemplares de um livro sobre o açúcar para ser vendido por meio das mesas de inspeções, câmaras ou "pessoas que parecer; indicando que remessas tinham se efetuado para Bahia,

---

[171] José Roberto do Amaral Lapa, *O Brasil e as drogas do Oriente*, Marília, 1966.

[172] Dauril Alden, "The Growth and Decline of Indigo Production in Colonial Brazil: A Study in Comparative Economic History", *The Journal of Economic History*, vol. XXV, nº 1, mar. 1965, pp. 35-60.

[173] J. R. A. Lapa, op. cit., pp. 27 segs.

[174] Carta de 4/5/1798, Arquivo Histórico Ultramarino — Lisboa, documentos do Rio de Janeiro, caixa 1798.

[175] Biblioteca Nacional — Rio de Janeiro, Divisão de Manuscritos, I — 29, 16, 35.

Pernambuco, Pará, Maranhão e São Paulo".[176] Mesmo para a longínqua capitania de Goiás, enviavam-se instruções e se tomavam medidas para promover o desenvolvimento agrícola.[177] A essas preocupações parecem, aliás, ligar-se as atividades da Oficina Literária do Arco do Cego, em Lisboa, dirigida por frei Mariano da Conceição Veloso; criada em 1792, incorporou-se em 1802 à Impressão Régia, tendo publicado e feito divulgar numerosas obras sobre agricultura,[178] sobretudo os cinco volumes do *Fazendeiro do Brasil*. A "literatura sobre o açúcar" ganha significativo impulso neste período, enquadrando-se no esforço de promoção das fainas agrícolas na colônia.[179]

A política de incentivo se desenvolvia, portanto, ao lado de todo um movimento de estudos dos problemas técnicos da produção colonial e metropolitana. Os estudos de Amorim Castro sobre o tabaco,[180] José Vieira Couto sobre mineração,[181] Manoel de Arruda Câmara sobre algodão,[182] são marcos significativos desse movimento. Descendo a um plano mais prático, solicitavam-se informes circunstanciados sobre a situação da agricultura e demais setores das atividades econômicas coloniais.[183] Enviavam-se peritos pa-

---

[176] Ofício de 3/4/1798, Arquivo Histórico Ultramarino — Lisboa, códice 574, f. 15v.

[177] Luís Palacin, *Goiás, 1772-1882: estrutura e conjuntura numa capitania de minas*, Goiânia, 1972, pp. 148-152.

[178] Sobre as atividades de frei Mariano da Conceição Veloso, "compondo e traduzindo obras para fomentar o progresso, principalmente da indústria agrícola do Brasil". Cf. Francisco A. Varnhagen, *História geral do Brasil*, tomo V, São Paulo, s.d., pp. 8-10. Também José Honório Rodrigues, *Brasil: período colonial*, México, 1953, pp. 155 segs.

[179] José Honório Rodrigues, "A literatura brasileira sobre o açúcar no século XVIII", *Brasil Açucareiro*, vol. XX, 1942, pp. 6-25.

[180] José Roberto do Amaral Lapa, "O tabaco brasileiro no século XVIII (anotações aos estudos sobre o tabaco de Joaquim Amorim Castro)", separata de *Studia*, nº 29, Lisboa, 1970.

[181] José Vieira Couto, "Memória sobre a capitania de Minas Gerais" (1799), *Revista do Instituto Histórico e Geográfico Brasileiro*, tomo XI, 1848, pp. 289 segs.; "Considerações sobre as duas classes de povoadores mais importantes da capitania de Minas Gerais", *Revista do Instituto Histórico e Geográfico Brasileiro*, tomo XXV, 1862, p. 421.

[182] Manuel de Arruda Câmara, *Memória sobre a cultura dos algodoeiros*, Lisboa, 1789.

[183] Vide, por exemplo, ofício de 28/4/1798, em que a Mesa de Inspeção do Rio de Janeiro remete descrição sobre agricultura, solicitada por ordens régias (Arquivo Histórico Ultramarino

ra esclarecer sobre os melhores métodos.[184] São numerosas as providências das Mesas de Inspeção para manter a qualidade dos produtos.[185] Em ofício de 1798, D. Rodrigo de Sousa Coutinho dirigia-se à Mesa de Inspeção do Rio de Janeiro, para lembrar o desejo de Sua Majestade de "promover por todos os meios a felicidade dos seus vassalos, que depende em grande parte da abundância das produções do próprio país, a qual só pode conseguir pelo aumento da agricultura, ou seja, introduzindo novos artigos de cultura, ou aperfeiçoando os antigos métodos de cultivar o terreno, e recolher e preparar suas produções"; para o que solicita a remessa de descrição dos "métodos, que atualmente se praticam para a cultura e manipulação dos gêneros, que se exportam das colônias assim como das máquinas de que se servem para descascar o algodão e café, e particularmente de tudo o que diz respeito ao açúcar, fornalhas, engenho e depuração do mesmo".[186]

No quadro das preocupações com melhorias técnicas de produção parecem situar-se esforços no sentido de melhorar a produção do açúcar, a fim de pô-la ao corrente dos melhores métodos, que se traduziu na tentativa da introdução, nos engenhos do Recôncavo da Bahia, de um novo tipo de maquinaria que reduziria em dois terços a energia utilizada; tratava-se do emprego do bagaço da cana como combustível nos engenhos, atestada numa carta do governador Francisco José de Portugal,[187] bem como de uma nova máquina de moer "feita por dois franceses que se tem oferecido à fazenda por vinte e quatro mil cruzados", tendo-se promovido subscrição entre os senho-

---

— Lisboa, documentos do Rio de Janeiro, caixa de 1798). A carta de 30/1/1801 ao governador do Pará lembra que o antecessor enviara conta sobre estado da agricultura e concita a seguir o "luminoso exemplo" (Arquivo Histórico Ultramarino — Lisboa, códice 589, f. 58).

[184] Em 1790 oficiava-se da metrópole comunicando o embarque de dois lavradores experimentados na cultura do linho cânhamo. Ofício de 6/3/1790, Arquivo Histórico Ultramarino — Lisboa, códice 573, f. 121.

[185] Sobre a ação das Mesas de Inspeção, cf. M. P. de Aguiar, op. cit., vol. I, pp. 70-71.

[186] Arquivo Histórico Ultramarino — Lisboa, documentos do Rio de Janeiro, caixa de 1798.

[187] Alice P. Canabrava, "Um capítulo na história das técnicas do Brasil", separata de *Revista da Universidade de São Paulo*, nº 1, 1950.

res de engenho para a aquisição do aparelho.[188] Em 1798 uma carta de um certo Jerônimo Vieira de Abreu dirigida a D. Rodrigo de Sousa Coutinho apresenta e descreve "inventos úteis ao Estado e ao bem público sobre açúcar, anil, arroz, algodão e mineralogia".[189] E o mesmo D. Rodrigo nas instruções a Manuel Ferreira da Câmara, que então partia para o Brasil, apela para as "suas grandes luzes e conhecido zelo", "para tudo o que pudesse ser útil ao real serviço"; pedindo-lhe que opinasse "sobre os melhoramentos que se possam introduzir a benefício das culturas da capitania, ou por meio de melhores métodos de trabalho e adubar o terreno, ou por meio de melhoramentos introduzidos nas máquinas e nos fornos com que se prepara o açúcar e assim dos mais gêneros".[190] Sabe-se da ação renovadora do grande mineralogista no engenho da Ponta.[191]

A essa diretriz de melhora da agricultura ligam-se também as providências do mesmo ministro que, em carta a D. Fernando José de Portugal, lembrava um elenco de determinações para superar entraves ao progresso agrícola: o bom provimento da mão de obra escrava impedindo o "extravio de negros para Montevidéu" e estimulando a exportação de "cachaça para os portos da África", ao mesmo tempo desestimulando o seu consumo no Brasil, através de diminuição do imposto de exportação, ao mesmo tempo que taxando fortemente o consumo local. Combater o hábito das câmaras proibirem a saída dos gêneros "com o pretexto de que se não venha a experimentar falta na terra", pois "a inteira e livre circulação de todos os gêneros e a segurança de um mercado, onde os preços só dependem da concorrência, são os melhores meios de procurar uma segura abundância". Lembrando também

---

[188] M. P. de Aguiar, op. cit., pp. 70-71.

[189] Carta de 19/1/1798, Arquivo Histórico Ultramarino — Lisboa, documentos do Rio de Janeiro, caixa de 1798; Jerônimo Vieira de Abreu era irmão e sócio de Manuel Luís Vieira que envidava esforços para desenvolver, na capitania do Rio de Janeiro, a cultura do arroz e do anil. Foi membro da Mesa de Inspeção. Cf. D. Alden, "Manuel Luís Vieira: An Entrepreneur in Rio de Janeiro during Brazil's Eighteenth Century Agriculture Rennaissance", op. cit., pp. 521-538.

[190] "Instruções", in Marcos Carneiro de Mendonça, *O intendente Câmara*, São Paulo, 1958, p. 91.

[191] M. P. de Aguiar, op. cit., p. 71.

que "as sesmarias devem perder-se logo que se não ponham em cultura, e se devem transmitir a mãos mais hábeis e que tenham cabedais".[192]

No mesmo ano, ofício do vice-rei Conde de Rezende dava conta de cumprimento às determinações metropolitanas, pois "poderei dar o possível impulso à recomendação da Mesma Senhora [Rainha], a fim de persuadir aos agricultores desta capitania o uso de bois, e arados, para cultivar as terras, e o método de queimar nas fornalhas dos engenhos de açúcar as canas já moídas". O que mostra que as tentativas de introdução do bagaço de cana como combustível não se restringiram à Bahia. O esforço de melhoria técnica encontrava, diga-se de passagem, resistência dos colonos, apegados às antigas práticas e desacostumados de investimentos no setor técnico. As câmaras, a quem o vice-rei solicitara providências ("prêmios"), respondiam dando as "razões gerais em que se fundam os lavradores para se não aplicarem aos usos acima indicados, sendo a primeira a necessidade que eles têm de escolherem os terrenos montuosos para a plantação das mandiocas, e a segunda a precisão de fazerem novas e anuais derribadas de matos virgens onde tiram grandes madeiros, cepos e raízes, que embaração a passagem do arado".[193] Nisto que diz respeito aos esforços pela introdução do arado na lavoura colonial, já tentativas anteriores, em São Paulo, no governo do Morgado de Mateus, levavam a semelhantes dificuldades.[194]

A introdução do bagaço como combustível esbarrava em dificuldades técnicas. "Os que trabalham em fábricas de açúcar intentam persuadir que o fogo das canas moídas, ou do bagaço, não tem a intensidade necessária para a depuração do mesmo açúcar como alguns segundo dizem já o experimentaram".[195] A diretriz metropolitana em prol das melhorias técnicas, contudo,

---

[192] Ofício de 1/10/1798, Biblioteca Nacional — Rio de Janeiro, Divisão de Manuscritos, II — 32, 22, 26.

[193] Ofício de 12/11/1798, Arquivo Histórico Ultramarino — Lisboa, documentos do Rio de Janeiro, caixa de 1798; ofício da Câmara de São José da Barra ao Vice-Rei, Arquivo Histórico Ultramarino — Lisboa, documentos do Rio de Janeiro, caixa de 1798.

[194] Sérgio Buarque de Holanda, *Caminhos e fronteiras*, Rio de Janeiro, 1957, p. 246.

[195] Ofício de 12/11/1798, Arquivo Histórico Ultramarino — Lisboa, documentos do Rio de Janeiro, caixa de 1798. Na Bahia os mesmos óbices dificultaram a introdução da nova técnica. Cf. Alice P. Canabrava, art. cit.

era de tal modo incisiva, que não descoroçoava o vice-rei: "Eu creio que quando se consiga dar às fornalhas outra forma diferente da atual de cujos defeitos provavelmente procederá falta de atividade que se observa no fogo do bagaço; quando os lavradores não puderem extender as suas derrubadas e forem constrangidos a beneficiar as terras velhas e já cansadas; e quando finalmente se lhes faça sumamente onerosa a compra dos escravos pelo excesso do preço pelo que se vão reputando cada vez mais, então a necessidade os fará industriosos, e porão em uso aqueles mesmos recursos que hoje lhes parecem impraticáveis".[196] Curiosa situação essa, característica aliás da época ilustrada: a metrópole (o vice-rei) tentando modernizar a economia da colônia, ante a resistência conservadora dos colonos. "Não deixo contudo de fazer novos esforços inspirando em algumas pessoas o gosto de se aplicarem às tentativas sobre os mesmos objetos, e sempre na esperança de que eles ainda poderão a vir ser de uma utilidade aos fins propostos",[197] insistia, justificando-se, o vice-rei.

Os incentivos não se dirigiam apenas à lavoura de exportação. A cultura da mandioca era objeto de cuidados do vice-rei, que em carta de 1793 dava conta de todo um plano para desenvolver esse cultivo, em que se obrigaria os senhores de engenho e cultivadores de arroz a plantar mandioca, "gênero de primeira ordem"; e mais, a área cultivada seria proporcional ao número de escravos; mas mesmo pequenas propriedades seriam obrigadas ao plantio; especificando as autoridades que deveriam fazer cumprir as determinações, e a época do cultivo.[198] Entendem-se tais medidas em face da escassez da farinha de mandioca referida em várias memórias da época, como em José Eloi Ottoni e Marcelino Pereira Cleto.[199] A própria cultura do trigo, que se desen-

---

[196] Ofício de 12/11/1798, Arquivo Histórico Ultramarino — Lisboa, documentos do Rio de Janeiro, caixa de 1798.

[197] Idem.

[198] Carta do Conde de Rezende, 28/2/1793, Arquivo Histórico Ultramarino — Lisboa, documentos do Rio de Janeiro, caixa de 1798.

[199] José Eloi Ottoni, "Memória sôbre o estado atual da capitania de Minas Gerais" (1798), *Anais da Biblioteca Nacional*, vol. XXX, 1908, pp. 301 segs.; Marcelino Pereira Cleto, "Dissertação a respeito da capitania de São Paulo" (1782), *Anais da Biblioteca Nacional*, vol. XXI, 1899, p. 197.

volveu nessa época no Rio Grande do Sul,[200] chegou a ser estimulada, como se vê por um ofício de 1789;[201] posteriormente, crescendo a exportação para a metrópole, protestaram os agricultores portugueses, e "afinal se resolveu que não convinha a introdução do dito gênero neste Reino",[202] nota Azeredo Coutinho, que aliás critica vivamente a proibição, preconizando a liberdade de se produzir na colônia os mesmos gêneros agrícolas da metrópole, que, se abundantes, podiam ser reexportados.

Note-se, contudo, que os esforços da política metropolitana incentivando as culturas de subsistência, e assim diversificando a produção, encontrava, não raramente, resistência da camada superior dos colonos ligados à lavoura de exportação. A melhor expressão conhecida dessa resistência são por certo as críticas de João Rodrigues de Brito[203] a esse tipo de medidas; efetivamente, respondendo, em 1807, à consulta sobre causas opressivas da lavoura, a primeira que lhe ocorre são as derivadas da "falta de liberdade", começando pela de se plantar "quaisquer gêneros que bem lhes parecesse". Opõe-se assim às medidas que "obrigam o lavrador a se ocupar com a mesquinha plantação de mandioca".

No que diz respeito à mineração, os estudiosos da época ilustrada insistiram em que o decréscimo da produção devia-se basicamente à precariedade das técnicas, que se tornavam cada vez mais inadequadas à medida em que se aprofundavam os veios: assim Vieira Couto,[204] Eloi Ottoni,[205] posteriormente Eschwege.[206] De um modo geral, a lavra das minas, no Brasil colo-

---

[200] Fernando Henrique Cardoso, *Capitalismo e escravidão no Brasil meridional*, São Paulo, 1962, pp. 48 segs.

[201] Ofício de 18/8/1789, Arquivo Histórico Ultramarino — Lisboa, códice 573, f. 9v.

[202] J. J. C. A. Coutinho, *Ensaio econômico sobre o comércio de Portugal e suas colônias* (1794), in op. cit., pp. 152-153.

[203] J. R. de Brito, *Cartas econômico-políticas* (1821), op. cit., pp. 28-30.

[204] J. V. Couto, op. cit., pp. 295 segs.

[205] José Eloi Ottoni, op. cit., p. 304.

[206] Guilherme [Wilhelm Ludwig von] Eschwege, "Extrato de uma memória sôbre a decadência das Minas" (1813), in *Memorias da Academia Real das Sciencias de Lisboa*, vol. IV, parte II, pp. 219 segs.

nial, esteve tecnicamente num nível inferior ao alcançado na América espanhola, especialmente no México e no Peru.[207] Mas aqui a metrópole parece que se aferrou à ideia de que o diminuendo dos quintos se devia aos descaminhos.[208] Teixeira Coelho, porém, já notava que "é fácil o atribuir somente aos extravios a falta do ouro do quinto, pondo de má fé na real presença de Sua Majestade os habitantes das Minas". E ia além: a primeira causa da decadência, para ele, era a pobreza dos mineiros, que impedia os investimentos necessários; assim não podiam adquirir os escravos necessários, dado seu alto preço; e ainda volta ao "mau método de minerar".[209]

As preferências da política metropolitana iam de qualquer forma para a grande lavoura de exportação; embora não de modo exclusivo, como já indicamos. Assim, estendem-se aos senhores de engenho da capitania de São Paulo os privilégios antes concedidos aos do Rio de Janeiro e Bahia de não poderem ter seus engenhos sequestrados.[210] A lavoura do açúcar em São Paulo de resto é um exemplo de êxito da política de fomento: prosperou sobretudo ao influxo da política de Bernardo José de Lorena.[211] O endividamento dos lavradores para com os comerciantes vinha de longe, e pode-se dizer que era um produto do próprio funcionamento do sistema colonial; no fim do século XVIII atesta-o o autor anônimo do *Discurso preliminar da comarca da cidade da Bahia*,[212] em que mostra "o empenho em que a lavra do

---

[207] Charles R. Boxer, *The Golden Age of Brazil, 1695-1750*, Berkeley, 1962, p. 39; Modesto Bargalló, *La minería e la metalurgia en la América Española durante la época colonial*, México, 1955.

[208] "Instrução para o Visconde de Barbacena" (1738), *Revista do Instituto Histórico e Geográfico Brasileiro*, tomo VI, 1844, p. 20.

[209] J. J. Teixeira Coelho, "Instrução para o govêrno da capitania de Minas "(1780), *Revista do Instituto Histórico e Geográfico Brasileiro*, tomo XV, 1862, pp. 374 segs.

[210] A. D. da Silva, op. cit., vol. 1802-1810, pp. 445-447.

[211] Maria Thereza Schörer Petrone, *A lavoura canavieira em São Paulo (1765-1851)*, São Paulo, 1968, pp. 14-23, 144 segs.

[212] "Discurso preliminar, histórico, introdutivo, com natureza de descrição econômica da comarca da cidade da Bahia", *Anais da Biblioteca Nacional*, vol. XXVII, 1905, pp. 283-348, especialmente pp. 295 segs. Reedição, com introdução de Manoel Pinto Aguiar, in *Aspectos da economia colonial*, Salvador, 1957.

açúcar [...] está para o comércio"; preconizando a criação de uma companhia de agricultores para encaminhar a resolução do problema. A política metropolitana não esteve alheia ao problema e, no quadro de uma política financeira que se esforçou por organizar a circulação monetária, na qual se destacou ainda uma vez D. Rodrigo de Sousa Coutinho,[213] chegou a tentar a organização de uma caixa de crédito na colônia. Em carta de 10 de maio de 1799, dirigida a D. Fernando José de Portugal, então governador da Bahia, se dizia que o governo de Sua Majestade "tendo sempre em vista promover a felicidade dos seus vassalos, e querendo por isso facilitar aos proprietários dessa capitania um meio oportuno de estabelecer fundos, com que possam cultivar, e aumentar seus terrenos, manda remeter a V.S. o plano incluso, para que, convidando os negociantes, e outros capitalistas, e fazendo-lhes ver as utilidades, que se devem esperar do estabelecimento das Caixas de Crédito, procure conseguir que eles voluntariamente adotem o plano, que se lhes propõe; devendo, porém, V.S. acautelar que a Sociedade, que houver de formar-se, só avance fundos sobre Bens de raiz, seguros e sobre fianças idôneas, ou finalmente sobre letras de câmbio bem acreditadas, que desconte".[214] Em anexo seguia minucioso plano. Todavia, respondendo em 9 de maio de 1800, informava o governador que "há uma dificuldade por falta de numerário, e de capitalistas, em achar número suficiente de negociantes e acionistas cujas

[213] Veja-se em Marquês de Funchal, *O Conde de Linhares* (Lisboa, 1908), os planos e projetos de política monetária de D. Rodrigo de Sousa Coutinho, pp. 147-179. É, por outro lado, abundante a legislação sobre a matéria neste período, em parte encaminhando as ideias expressas naqueles documentos e visando um saneamento da circulação. O principal está em: alvará de 20/10/1785, impedindo circulação de moeda estrangeira (F. M. T. de A. Morato, op. cit., vol. XXIV, documento 100); alvará de 16/1/1793, disciplinando o funcionamento das letras de câmbio (F. M. T. de A. Morato, op. cit., vol. XXVI, documento 120); alvará de 8/1/1795, nova proibição da moeda estrangeira (A. D. da Silva, op. cit., vol. de 1791-1801, p. 187); decreto de 24/1/1800, estabelecendo Caixa de Descontos do papel-moeda (A. D. da Silva, vol. de 1791-1801, p. 599); alvará de 24/1/1803, criando bilhetes de crédito (Biblioteca do Museu Paulista, *Coleção de leis, decretos e alvarás*, "Príncipe Regente D. José", vol. III).

[214] A carta de 10/5/1799 e o plano que a acompanha, bem como a resposta do governador da Bahia, estão publicados em Manoel Pinto de Aguiar, *Bancos do Brasil colonial*, Salvador, 1960, pp. 39 segs.

ações sejam capazes de fazer um fundo público"; acrescentando que se deve "refletir que cada um dos comerciantes desta praça em particular é uma caixa ou fundo de cada um dos lavradores; por consistir o comércio da Bahia em suprir aos do tabaco e açúcar geralmente em todos os gêneros, dinheiros, fazendas e escravos, recebendo em seu pagamento as colheitas e trabalhos dos mesmos lavradores, havendo comerciantes que assistem a trezentos e quatrocentos lavradores e a doze, quinze, vinte e mais senhores de engenho".[215]

Fracassava, pois, a tentativa, por causa exatamente das distorções a que pretendia remediar. A finalidade da caixa, de resolver o problema do endividamento dos produtores, fica clara na carta e no plano que encaminha. Discutindo as razões do naufrágio da notável iniciativa, Manoel Pinto de Aguiar lembra, em primeiro lugar, a ignorância da população da colônia em práticas desse tipo, e a desconfiança em face do papel-moeda, em face dos títulos oficiais em crônico atraso; em segundo, a razão que parece ser de fato a preponderante e claramente exposta na carta do governador: o interesse dos mercadores em continuar senhores do mercado, tendo sob sua sujeição os produtores.[216] É realmente digna de nota essa situação: o governo ilustrado vendo mais longe, e tentando conciliar os interesses e chocando-se com esses mesmos interesses. No caso da resistência dos colonos em assimilar técnicas agrícolas mais avançadas, eram os produtores que travavam as reformas; aqui são os comerciantes. Esta situação é aliás típica dos momentos em que atua uma perspectiva política de cunho eminentemente reformista, como era o caso da política colonial da época das Luzes.

A importância e o significado do plano são de fato tão relevantes que Pinto de Aguiar se pergunta se idêntica medida não teria sido proposta para o Rio de Janeiro. E, realmente, não desanimou o operoso ministro; nas instruções ao mesmo D. Fernando, depois Marquês de Aguiar, quando no ano seguinte foi nomeado vice-rei,[217] mais uma vez volta-se a insistir na criação

---

[215] Idem, ibidem.

[216] Idem, ibidem, pp. 33-34.

[217] Instruções ao Vice-Rei e Capitão General de Mar e Terra do Brasil, D. Fernando José de Portugal, 8/7/1800, Arquivo Histórico Ultramarino — Lisboa, códice 575, ff. 95-111.

de uma caixa de fundos para crédito aos agricultores, como meio de "aumentar as culturas, produções, e comércio de exportação"; mas, talvez em face da experiência baiana, manda examinar "se por este sistema, e fazendo também acionista a Minha Real Fazenda, se pode auxiliar, e procurar o estabelecimento de caixas de crédito e de circulação, que têm por objeto: avançar dinheiros sobre hipotecas, seguros aos cultivadores, que empreendem as culturas muito vantajosas, ou totalmente novas; descontar letras de câmbio das boas firmas e endossadas por duas abonadas casas de comércio; avançar fundos sobre os gêneros que se exportem; emitir para tais fins bilhetes pagáveis nesta caixa, logo que aproveitados; e ultimamente poder tomar dinheiro a juros para aumentar e segurar a circulação dos bilhetes".[218] Era pois um autêntico banco emissor que pretendia estabelecer na capital da colônia o audacioso estadista D. Rodrigo de Sousa Coutinho. Não pudemos rastrear na documentação as vicissitudes da nova tentativa; mas parece certo que não se concretizou, devendo ter esbarrado em idênticas resistências. Também o esforço por incentivar a exploração madeireira na Bahia, através da reorganização das Reais Cortes em 1798, esbarrou na resistência dos colonos.[219]

Tais projetos, se, por frustrados, importam pouco para o estudo da economia brasileira do período, são entretanto de grande importância para caracterizar a política econômica, e indicam o seu alcance. Marcam mesmo um dos pontos mais altos do programa de desenvolvimento em que se empenharam os estadistas da época ilustrada. Da mesma forma que seu fracasso, as resistências que provocou, apontam para as contradições de interesses que operavam no sistema.

No quadro dessa política que tentava pôr em prática a visão dos teóricos, que como vimos se empenhavam em superar oposições reais e concretas, harmonizando polos que o movimento de crise tendia a distanciar, ficavam ainda bafejados por isenções tarifárias os produtos que servissem de matéria-prima às manufaturas metropolitanas. Efetivamente, muitos produtos bra-

---

[218] Idem, f. 101.

[219] F. W. O. Morton, "The Royal Timber in Late Colonial Bahia", *The Hispanic American Historical Review*, vol. 38, nº 1, fev. 1978, pp. 41-61.

sileiros constituíam matéria de base às manufaturas do Reino[220] e a legislação do período procura abrir a entrada para essas matérias-primas.[221] Em 1785, retomando determinações de 1773, isenta-se por quinze anos a entrada de matérias-primas para consumo das fábricas.[222] Em 1791, novas isenções: para as matérias-primas da fábrica de arcos de ferro da companhia de vinhos.[223] A resolução de 27 de fevereiro de 1802 prorrogava as isenções gerais às matérias-primas.[224]

c) Teares e forjas

O mesmo esquema de política econômica que estimulava a produção das matérias-primas coloniais e sua comercialização para a metrópole levaria à proibição das manufaturas no Brasil. O ato proibitório — alvará de 5 de janeiro de 1785[225] — tem sido considerado manifestação clara da persistência de uma política mercantilista de tipo tradicional,[226] mas, examinado de-

---

[220] José Jobson de Andrade Arruda, *O Brasil no comércio colonial (1796-1808)*, São Paulo, 1972, pp. 547-550 (exemplar mimeografado).

[221] Decreto de 28/3/1783 que exclui as "matérias-primas" das fábricas nacionais da nova pauta da alfândega, discriminando baixos tributos. F. M. T. de A. Morato, op. cit., vol. XXIV, documento 10.

[222] Alvará de 19/9/1785, Biblioteca do Museu Paulista, *Coleção de leis, decretos e alvarás*, vol. III, f. 448.

[223] Decreto de 16/8/1791, A. D. da Silva, op. cit., vol. de 1791-1801, p. 26.

[224] Biblioteca do Museu Paulista, *Coleção de leis, decretos e alvarás*, "Príncipe Regente", vol. II, p. 349.

[225] O texto deste famoso documento tem sido muitas vezes reproduzido: ver A. D. da Silva, op. cit., vol. 1775-1790, p. 370; *Revista do Instituto Histórico e Geográfico Brasileiro*, tomo X, 1870, 2ª ed., pp. 228-230; F. A. Novais, "A proibição das manufaturas no Brasil e a política econômica portuguesa do fim do século XVIII", op. cit., pp. 165-166. Retomamos aqui a análise esboçada nesse primeiro estudo.

[226] José Gabriel de Lemos Brito, *Pontos de partida para a história econômica do Brasil*, São Paulo, 1939, 2ª ed.; Roberto Simonsen, *História econômica do Brasil*, São Paulo, 1957, 3ª ed., p.

tidamente no seu texto, revela antes as contradições e dilemas da política colonial da Ilustração portuguesa.

O andamento do texto legal segue um esquema comum nesse gênero de documentos: principia-se pela constatação de que "de alguns anos a esta parte se tem difundido em diferentes capitanias do Brasil [...] grande número de fábricas e manufaturas" apontando-se o "grave prejuízo da cultura e da lavoura, e da exploração das terras minerais" decorrente daquela difusão das atividades manufatureiras, "porque havendo nele [no Brasil] uma grande e conhecida falta de população, é evidente que quanto mais se multiplicar o número de fabricantes mais diminuirá o de cultivadores; e menos braços haverá que se possam empregar no descobrimento e rompimento de uma grande parte daqueles extensos domínios, que ainda se acha inculta e desconhecida; nem as sesmarias, que formam outra considerável parte dos mesmos domínios poderão prosperar, nem florescer por falta do benefício da cultura, não obstante ser essa a essencialíssima condição com que foram dadas aos proprietários delas; e até nas mesmas terras minerais ficará cessando de todo, como já tem consideravelmente diminuído a extração do ouro e diamantes". Logo, para o legislador metropolitano, o florescimento das manufaturas na colônia, provoca o declínio da lavoura, da mineração, e da ocupação de novas áreas, "tudo procedido [insiste-se] da falta de braços, que devendo empregar-se nestes úteis e vantajosos trabalhos, ao contrário os deixam, e abandonam, ocupando-se em outros totalmente diferentes, como são as referidas fábricas e manufaturas". Portanto, de um lado há trabalhos "úteis e vantajosos", e são a lavoura e a mineração; de outro, trabalhos "totalmente diferentes", as manufaturas.

Ocorre, continua o alvará, que a "verdadeira e sólida riqueza" são "os frutos e produções da terra, as quais somente se conseguem por meio de colonos e cultivadores, e não de artistas e fabricantes", o que de si justificaria conter aquela distorção das atividades econômicas. Mas, além disso, nota que as "produções do Brasil", "fazem todo o fundo, e base, não só das permutações mercantis, mas da Navegação e do comércio entre os meus leais vassalos

---

315; Caio Prado Jr., *Formação do Brasil contemporâneo*, 4ª ed., São Paulo, 1953, pp. 222-223; Heitor Ferreira Lima, *Formação industrial do Brasil*, Rio de Janeiro, 1961, pp. 167-170.

destes Reinos e daqueles domínios", comércio que é dever do Príncipe "animar, e sustentar em comum benefício de uns e outros, removendo na origem os obstáculos, que lhes são prejudiciais, e nocivos". Motivos todos esses para ordenar que "todas as Fábricas, Manufaturas e Teares de Galões, de Tecidos, ou de Bordados de Ouro, e Prata: de Veludos, Brilhantes, Setins, Tafetás, ou de outra qualquer qualidade de seda: de Belbutes, Chitas, Bombazinas, Fustões, ou de outra qualquer qualidade da Fazenda de Algodão, ou de Linho, branca, ou de cores. E de Panos Baetas, Droquetes, Saetas, ou de outra qualquer qualidade de Tecidos de Lã, os ditos Tecidos sejam fabricados de um só dos referidos Gêneros, ou misturados, e tecidos uns com os outros: excetuando tão somente aqueles dos ditos Teares e Manufaturas, em que se tecem, ou manufaturam Fazendas grossas de Algodão, que servem para o uso, e vestuário dos Negros, para enfardar, e empacotar Fazendas, e para outros Ministérios semelhantes; todas as mais sejam extintas, e abolidas em qualquer parte onde se acharem nos Meus Domínios do Brasil, debaixo da Pena do perdimento, em tresdobro, do valor de cada uma das ditas Manufacturas, ou Teares, e das Fazendas, que nelas ou neles houver, e que se acharem existentes, dois meses depois da publicação deste; repartindo-se a dita Condenação metade a favor do Denunciante, se o houver; e a outra metade pelos Oficiais, que fizerem a diligência; e não havendo Denunciante, tudo pertencerá aos mesmos Oficiais".

São pois claramente demarcáveis três partes no alvará proibitório: constatação de uma situação, justificação das normas a se adotarem, e determinações positivas. Analisemos cada uma de per si. A primeira envolve a afirmação de que se difundem no Brasil as manufaturas, e os efeitos desse fato. Note-se que há uma certa diferença na observação desses efeitos: um deles, a diminuição da produção mineira, é afirmado como já existente, e isso decorreria das diminuições dos quintos;[227] os outros ficam como que deduzidos

[227] Segundo Eschwege, a arrecadação do quinto atingiu o máximo em 1754, decaindo em seguida (cf. *Pluto Brasiliensis* [1833], trad. port., São Paulo, 1944, tomo I, pp. 366-368). As avaliações mais recentes, do estudo do professor Virgílio Noya Pinto, indicam o período de 1750-1754 como de máxima produção de ouro no Brasil; em Minas Gerais a produção máxima foi atingida em 1735-1739; em Goiás o ponto mais alto se situa em 1750-1754, em Mato Grosso em 1735-1739 (cf. *O ouro brasileiro e o comércio português*, São Paulo, 1972, exemplar mimeografa-

da falta de braços, que se deslocam para as manufaturas. Lembremos de passagem que no fim do século XVIII, como já foi dito, assiste-se no Brasil a um autêntico revivescimento da agricultura, o que colide com a afirmação do alvará e talvez explique aquela sutil diferença.

Quanto à difusão das atividades manufatureiras na colônia, ocorre lembrar que o fato foi indicado no relatório do Marquês do Lavradio,[228] mas referindo-se apenas à capitania de Minas, e não a todo o país; de qualquer forma, o vice-rei alarmava-se com as consequências que o prescindirem os colonos dos produtos europeus podia provocar em "uns povos compostos de tão más gentes, em um país tão extenso"; "fazendo-se independentes, era muito arriscado poderem algum dia dar trabalho de maior consequência".[229] E acrescenta que tanto insistiu com os governadores das Minas que "algumas fábricas que se iam fazendo mais públicas, como eram as do Pamplona e outras, se suprimiram; porém as particulares que há em cada uma das fazendas, ainda a maior parte delas se conservam". De qualquer forma, os "trabalhos de maior consequência" vieram dez anos depois; e entre as aspirações dos inconfidentes estava exatamente o estabelecimento de manufaturas.[230] O que indica que a sua ausência era sentida como um peso.

No ofício que acompanha o alvará, afirma Martinho de Melo e Castro que amostras de tecidos feitos na colônia tem chegado à metrópole.[231] Mas o argumento decisivo, do qual se deduz o desenvolvimento da manufatura na colônia parece ser, no mesmo ofício, a diminuição das exportações de tecidos portugueses para o Brasil, registrado na alfândega; mas isso, segundo

---

do). Note-se, porém, que a produção dos diamantes não estava em declínio na época do alvará, e sim em crescimento. Cf. G. Eschwege, op. cit., tomo II, p. 176, e Joaquim Felício dos Santos, *Memórias do Distrito Diamantino*, Rio de Janeiro, 1924, 2ª ed., p. 254. Vejam-se também as estatísticas em C. R. Boxer, *The Golden Age of Brazil*, op. cit., pp. 220-225, 333-335.

[228] "Relatório do Marquês de Lavradio" (1779), *Revista do Instituto Histórico e Geográfico Brasileiro*, tomo IV, 1842, pp. 457-459.

[229] Idem.

[230] *Autos da devassa da Inconfidência Mineira*, vol. I, p. 109.

[231] "Ofício de 5/1/1785", *Revista do Instituto Histórico e Geográfico Brasileiro*, tomo X, 1848, pp. 213 segs.

ainda as mesmas instruções, devia-se também aos contrabandos,[232] e provavelmente muito mais a eles. Razão pela qual o outro alvará da mesma data, de combate ao contrabando (que já comentamos noutro item deste capítulo) segue acompanhado pelas mesmas instruções. Por onde se vê a conexão entre contrabando, manufaturas coloniais e o esforço de desenvolvimento manufatureiro da metrópole.

A terceira parte apresenta menor interesse, a não ser destacar, além da minúcia enumerativa para não deixar dúvidas, o fato de que o que se proíbe são especificamente as manufaturas têxteis, e não todo gênero de indústria. Os dados de que dispomos sobre a aplicação do alvará sugerem indubitavelmente que pouca coisa se encontrou para apreender. Na capital da então Colônia, que era, juntamente com Salvador, das maiores aglomerações urbanas da América portuguesa na época,[233] e pois onde melhores condições havia para as atividades manufatureiras, o vice-rei Luís de Vasconcelos e Sousa tratou de executar as ordens régias com as devidas cautelas recomendadas nas instruções. Diga-se de passagem, não se deu muita pressa nessa tarefa; o ofício em que dá conta do cumprimento das determinações metropolitanas data de 12 de julho de 1788. Isto aliás exemplifica bem a morosidade da administração colonial. Realizadas as buscas e feitas as apreensões, o resultado foi visivelmente decepcionante: reuniram-se ao todo para remeter à metrópole treze teares de tecidos de ouro e prata. E note-se que a sua distribuição mostra o caráter artesanal das atividades: Jacob Munier possuía cinco teares, dos quais um desarmado; José Antônio Lisboa, três teares: Sebastião Marques, três teares, sendo que um desarmado; Miguel Xavier de Morais, um tear; José Maria Xavier, um tear. A rigor, não se pode pois falar em fábricas ou manufaturas empresarialmente organizadas. Talvez somente no primeiro caso, e com algum esforço, possa admitir-se a classificação, e é sintomático o nome estrangeiro do empreendedor. De teares de lã, linha ou algodão há referências vagas não quantificadas: de João Monteiro Celli afirma-se que possui "teares de grosseiras de algodão fino, e panos grossos ou bastões do mesmo algodão"; de José Luís, José Francisco, Antônio José, Antônio de Oliveira do Amaral,

---

232 Idem.

233 Aroldo de Azevedo, *Vilas e cidades do Brasil colonial*, São Paulo, 1956, p. 51.

Maria da Esperança, Francisco de São José, Custódio José, Manuel de Morais, Maria Antonia, Ana Maria, diz-se que têm "teares da mesma qualidade da grosseria de algodão, nos quais algumas vezes fabricavam toalhas de mesas e guardanapos". E foi tudo quanto se encontrou. Remetendo para Lisboa estas informações, acrescentava o vice-rei ter transmitido as ordens da Rainha aos governadores das capitanias subalternas do Rio Grande e de Santa Catarina, bem como ao ouvidor da comarca dos Campos de Goitacazes para que se tomassem as necessárias providências; mas já adiantava estar contudo persuadido de que "os teares que nelas podem existir são próprios para as [manufaturas] permitidas e toleradas".[234]

Para as demais capitanias seguiram idênticas instruções, mas é legítimo presumir que os resultados não tenham sido diferentes. Não conhecemos as apreensões realizadas em Minas Gerais. Nos sequestros da Inconfidência figuram apenas "um tear preparado em tudo", três "rodas de pau de fiar", uma "fieira de ferro" e um "bando grande com roda de puxar fieira".[235] É preciosa todavia a observação de José Vieira Couto, sempre bem informado a respeito de sua capitania natal, em que afirma que "nunca em Minas se fabricara senão teçume próprio para os escravos e gente miúda".[236]

Também o governador da capitania de São Paulo recebeu a ordem proibitória e as instruções,[237] sendo o ofício com que se encaminharam os documentos legais datado de 3 de fevereiro de 1788. Mais uma vez, aqui, o combate ao contrabando aparece ligado à supressão das manufaturas. Feitas as averiguações, oficiava Bernardo José de Lorena em 16 de outubro de 1788 ao ministro Martinho de Melo e Castro para esclarecer não possuir "notícias de fábricas de qualidade alguma das proibidas", concluindo, como para encerrar o assunto, que, "com este ofício tenho respondido a todos que de V. Excia.

---

[234] "Ofício de 5/1/1785", op. cit., pp. 230-240.

[235] *Autos da devassa da Inconfidência Mineira*, vol. V, pp. 238, 455, 482; vol. VI, pp. 84, 89.

[236] "Considerações sobre as duas classes mais importantes de povoadores de capitanias de Minas Gerais", *Revista do Instituto Histórico e Geográfico Brasileiro*, tomo XV, 1852, pp. 421-429.

[237] *Documentos Interessantes*, vol. XXV, pp. 70 segs.

tenho até agora recebido".[238] O que não excluía, evidentemente, a existência de produção têxtil do tipo permitido.

As palavras do vice-rei Luís de Vasconcelos, bem como as expressões do governador Bernardo de Lorena, são muito esclarecedoras e comprovam o que antes dissemos: as condições da economia colonial escravista, com seu estreito mercado interno, se eram desfavoráveis ao desenvolvimento de atividades propriamente manufatureiras competitivas com as importações europeias, eram por outro lado altamente estimulantes para o florescimento de uma produção têxtil ao nível artesanal e doméstico, visando sobretudo o consumo dos escravos. Essas atividades podiam mesmo adquirir um certo volume, sobretudo nos momentos em que — como no fim do século XVIII — as condições do setor exportador eram prósperas, e dentro das unidades produtivas ligadas ao mercado externo todos os fatores se mobilizavam na produção das mercadorias exportáveis. Às áreas de economia de subsistência, abria-se então a possibilidade de uma produção que transcendia o consumo local, abastecendo o setor exportador; assim se estabelecia uma circulação interna dos tecidos grosseiros. De fato, as pesquisas e reflexões de Sérgio Buarque de Holanda, relativas às antigas técnicas de produção no Brasil,[239] permitiram reconstruir o quadro da antiga produção artesanal e doméstica de tecidos na capitania de São Paulo e suas pulsações ao longo do tempo. Como fica amplamente documentado no referido trabalho, remontam ao século XVI essas atividades; intensificaram-se no século seguinte, acompanhando a difusão dos algodoais e dos rebanhos de ovelhas, destinando-se os produtos sobretudo a vestir escravos e índios administrados; no fim do século XVII e começo do XVIII esses tecidos já eram vendidos em outras áreas. A emigração para as minas, e sobretudo, no fim do século, a integração da capitania de São Paulo na economia exportadora através da produção açucareira, fez diminuir os braços para aquelas atividades tradicionais. É sobre esta situação que incide o alvará de 1785, e a sua atuação não podia deixar de ser restrita.

Todas essas considerações reduzem em grande parte a visão, que tantos autores apresentam, dos efeitos das medidas proibitivas emanadas da Corte

---

[238] *Documentos Interessantes*, vol. XLV, p. 18.

[239] S. B. de Holanda, *Caminhos e fronteiras*, op. cit., p. 251.

portuguesa. É mesmo de se considerar que, ao baixarem as proibições, os estadistas da metrópole andavam porventura pouco informados das condições da economia colonial; porém não se pode, como já indicamos acima, separar os dois alvarás (manufaturas e contrabandos) — ambos visavam a resguardar condições para o incremento da indústria metropolitana portuguesa. Na realidade, esta achava-se muito mais ameaçada pela penetração das economias europeias mais avançadas de que pelas possibilidades de desenvolvimento manufatureiro da colônia. A proibição das manufaturas no Brasil era uma medida que tinha a seu favor as tendências estruturais ainda persistentes na economia colonial brasileira. A contenção do comércio de contrabando, pelo contrário, enfrentava os impulsos mais vigorosos do capitalismo industrial nascente e, por isso, incapaz de concretizar o seu desiderato. O comércio ilegítimo prossegue crescente para o fim do século, rompendo enfim as barreiras com a abertura dos portos.

Mas é sobretudo a segunda parte que importa analisar: entre a constatação dos fatos e as regras impostas, entre a tomada de consciência dos problemas e a determinação de intervir na realidade, e estabelecendo conexão entre uma e outra, desenvolve-se o arrazoamento justificativo. O raciocínio desdobra-se como segue: primeiro, o aumento do número de fábricas e manufaturas no Brasil se faz em detrimento da lavoura e da mineração, dada a escassez da população colonial; segundo, a verdadeira riqueza são os frutos e produções da terra; terceiro, os produtos coloniais formam a base do comércio entre a metrópole e a colônia. Estes os três pontos essenciais. Entre o primeiro e o segundo passos, salienta-se a necessidade de povoamento e ocupação do vasto território da América portuguesa, também prejudicado pelo desvio para atividades fabris. Observe-se que a argumentação se faz inicialmente no plano prático (prejuízo da lavoura e mineração), e se encerra no mesmo plano (danos para o comércio); a formulação teórica intermediária parece pois estabelecer o contato, assegurar a passagem entre um e outro momento da argumentação, dando-lhe consistência. E isto é tanto mais importante, quanto o primeiro argumento refere-se mais especificamente à colônia, relacionando-se o terceiro mais diretamente com a metrópole. A produção manufatureira colonial, disputando mão de obra às atividades primárias, faz decrescer sua agricultura e sua mineração; isto reflete-se negativamente no comércio metropolitano cujo volume se restringe. Ora, sendo a verdadeira riqueza as produções da terra, justifica-se a proibição das manufaturas e restabelece-se a harmonia que se ia rompendo.

O princípio teórico de inspiração fisiocrática — as produções da terra constituem a verdadeira riqueza[240] — formulado em sentido excessivamente lato, e habilmente aplicado, permitiu pois ao legislador português articular o seu discurso com um mínimo de consonância, pelo menos aparente. Não é difícil porém desvendar-lhe as mistificações, pois o mesmo princípio se inverte ao incidir na colônia ou na metrópole. Se quisermos prosseguir na análise, verificaremos que o próprio enunciado se prestou a manipulações. Efetivamente, a identificação dos produtos agrícolas com a verdadeira riqueza não tem, na fisiocracia, o sentido excludente dos demais setores que aqui se lhe empresta. O conteúdo do princípio, no contexto da doutrina, situa-se no nível teórico e não no prático. A ele chegaram os fisiocratas na procura da origem do excedente econômico (*produit net*), problema que os mercantilistas descartavam na medida em que suas análises situavam-se preferentemente no nível da circulação. Neste plano, e considerando o comércio transação de valores desiguais (o comércio é uma forma de guerra entre as nações, dizia Colbert), a teoria mercantil simplificava o problema; o lucro, manifestação exterior do excedente, advém das transações comerciais, da circulação portanto, através de vantagens concretas obtidas em detrimento do parceiro.[241] Deslocando a análise para o sistema produtivo, e dando destarte um passo decisivo no equacionamento do problema, a fisiocracia não podia deixar de se perguntar como é possível remanescer, do processo produtor dos bens econômicos, um excedente líquido, pois que a produção não é em última instância senão consumo de riqueza que se transfigura reaparecendo sob forma nova. Aprofundando embora o exame da questão, os fisiocratas foram contudo incapazes de ultrapassar o universo material das operações produtivas, não projetando por isso a gênese do excedente na trama das relações

---

[240] Veja-se, em José Inácio da Costa, o "axioma" segundo o qual se afirma que "sem a cultura da terra as Artes não podem florescer, e que sem as Artes, e a cultura, o comércio não pode subsistir: por consequência que a agricultura é a primeira das Artes, e a base fundamental das riquezas nacionais". "Memória agronômica relativa ao concelho de Chaves", in *Memorias Economicas da Academia Real das Sciencias de Lisboa*, vol. I, Lisboa, 1789, p. 352.

[241] Paul Hugon, *História das doutrinas econômicas*, São Paulo, 1959, 6ª ed., p. 103.

sociais;[242] encaminharam-se deste modo necessariamente para a única solução que se lhes apresentava: apenas um setor da produção — as "produções da terra" — pode gerar, graças à fertilidade da natureza, esse incremento líquido da riqueza que é o excedente econômico. Esta só categoria das atividades econômicas merece o nome de "produtiva", todas as demais são "improdutivas". Improdutivas, convém imediatamente acrescentar, mas não despiciendas;[243] importantes, porque úteis, as atividades comerciais e industriais não perdem mérito aos olhos do pensamento fisiocrático. Este, em linhas gerais, o significado originário da preeminência da agricultura na teoria fisiocrática, e não é preciso mais para se convencer de que o alvará de 1785 lhe forçou o sentido.

Além do mais, como já indicamos, o princípio teórico metamorfoseia-se quando aplicado num ou noutro polo do pacto colonial, pois o comércio de Portugal para o Brasil que se quer incrementar compunha-se em parte de manufaturas. E a distinção, curiosa, entre trabalhos "úteis e vantajosos" e "diferentes" também aplica-se de forma diversa quando incide sobre a metrópole (onde são úteis tanto a agricultura e a mineração quanto a indústria) ou sobre a colônia, onde só as fainas agrícolas e as lavras mineiras devem operar. E, teoricamente, é claro que a expansão manufatureira promove a procura de matérias-primas, legítimos frutos e produções da terra. Tais contradições acabam na realidade por dissolver aquilo que o texto quer preservar: "o bem comum dos vassalos"; mas que acaba por revelar: "destes Reinos e daqueles Domínios". Há, portanto o "Reino" e os "Domínios", e não se trata apenas de palavras,[244] pois os princípios econômicos funcionam diferentemente num e noutros.

De qualquer forma, entretanto, é significativo o esforço em preservar a ideia de uma certa unidade de interesses, que só se salvaria pela complementaridade; o que indica a presença, já em 1785, das ideias que depois seriam

---

[242] Karl Marx, *Historia crítica de la teoría de la plusvalía*, vol. I, trad. esp., México, 1945, pp. 101-103; Eric Roll, *History of Economic Thought*, Londres, 1956, pp. 128-130.

[243] Charles Gide e Charles Rist, *Historie des doctrines économiques*, tomo I, Paris, 1959, 7ª ed., pp. 12 segs.

[244] O leitor terá notado, aliás, que o termo "colônia" ocorre em vários textos da época, que temos citado ao longo deste trabalho.

teorizadas com clareza por Azeredo Coutinho e D. Rodrigo de Sousa Coutinho. Teoria e prática do mercantilismo ilustrado corriam paralelas e se autoestimulavam em meio a contradições e dilemas insolúveis. Igualmente a presença incisiva do pensamento fisiocrático insere o texto no corpo da teoria, eclética e contraditória como toda postura reformista, do mercantilismo ilustrado. As contradições do texto são as contradições inerentes à política colonial da Ilustração portuguesa, e ele por isso é uma expressão muito viva dessa mesma política. Parte desse todo, a proibição das manufaturas têxteis no Brasil se articula com a política de desenvolvimento manufatureiro da metrópole que, como vimos, era pedra angular no esforço de recuperação, sem o qual seria impossível assimilar as próprias vantagens do comércio colonial.

Efetivamente, nas condições de competição engendradas pela Revolução Industrial, a preservação do mercado da colônia se tornava condição indispensável para alicerçar a política manufatureira portuguesa. Assim, um ofício de 1797 ao vice-rei Conde de Rezende ordenava que se procurasse "aumentar nessa capitania, quanto puder, o uso, e consumo de todas as produções naturais, e manufaturadas deste Reino, e que V. Excia. use todos os meios (exceto os da violência) para conseguir este tão útil como desejado fim, distinguindo e favorecendo mui particularmente os que introduzirem e consumirem" tais produtos, "recomendando-os na real presença de S.M. a fim de que os mesmos recebam graças e favores"; em contrapartida, devia também "promover para o Reino a maior exportação possível de todos os gêneros e produções desta capitania, a fim de que da mútua troca dos gêneros e produções resulte maior riqueza e felicidade de todos os ditosos vassalos de S.M. que desejava estender sem diferença alguma a suas benéficas e paternais vistas a todos os seus vassalos, pelos quais tem o mesmo e igual interesse". Na mesma conformidade se oficiava a todos os governadores. Todos os anos deviam "dar conta do que houverem praticado para executar esta real ordem".[245]

A *política de industrialização*, iniciada pelo Marquês de Pombal, prosseguia, portanto, no período seguinte. Já nos referimos às isenções à entrada de matérias-primas. A saída de matérias-primas portuguesas, pelo contrário, era

[245] Ofício de 24/7/1797, Arquivo Histórico Ultramarino — Lisboa, códice 573, f. 244v.

dificultada.[246] Por outro lado, erguiam-se barreiras tarifárias à importação das manufaturas estrangeiras: o alvará de 13 de julho de 1778 taxava a entrada de pólvora estrangeira, com o fim explícito de favorecer a fábrica de pólvora;[247] o de 10 de dezembro de 1783 só permitia a entrada de louça, enquanto as fábricas nacionais não produzissem à semelhança;[248] a resolução de 27 de julho de 1785 proibia a importação de vinagres estrangeiros;[249] o decreto de 14 de fevereiro de 1786 inibia a entrada de todas as meias de seda de qualquer cor, com exceção das pretas;[250] em 2 de agosto de 1786 impedia-se a entrada de fitas de qualquer qualidade;[251] em 6 de maio de 1787 ordenava-se a apreensão das manufaturas estrangeiras que se tentassem introduzir;[252] em 12 de dezembro de 1801, em razão da paz restabelecida (Tratado de Badajoz) e provavelmente sob pressão, permitia-se de novo a entrada de manufaturas francesas, que estavam proibidas, mas determinava-se que se calculassem os devidos direitos.[253] A exportação de chapéus grossos das fábricas nacionais era, por outro lado, estimulada com isenções;[254] as louças tinham isenção de direitos nas alfândegas do Ultramar.[255] Assim, todos os aspectos da política tarifária protecionista eram aplicados.

Sucedem-se as concessões de privilégios e vantagens de vários tipos para incrementar as indústrias: alvará de 13 de novembro de 1780 isenta de direitos para importar peles e concede privilégio exclusivo por dez anos para fá-

---

[246] Alvará de 22/10/1788: proibindo a saída e isentando a exportação dos marroquinos e cordonês das fábricas nacionais.

[247] "Alvará de 13/7/1778", A. D. da Silva, op. cit., vol. de 1775-1794, p. 168.

[248] "Alvará de 10/12/1783", F. M. T. de A. Morato, op. cit., vol. XXIV, documento 31.

[249] Biblioteca do Museu Paulista, *Coleção de leis, decretos e alvarás*, "D. Maria I", vol. de 1777-1788, f. 243.

[250] A. D. da Silva, op. cit., vol. de 1775-1790, p. 392.

[251] "Decreto de 2/8/1787", A. D. da Silva, op. cit., vol. de 1775-1790, p. 404.

[252] "Edital de 6/5/1787", F. M. T. de A. Morato, op. cit., vol. XXIV, documento 151.

[253] "Decreto de 12/12/1801", A. D. da Silva, op. cit., vol. de 1791-1801, p. 766.

[254] "Alvará de 5/7/1793", idem, ibidem, p. 148.

[255] "Alvará de 15/21/1792", idem, ibidem, p. 164.

brica de Ana Gertrudes Paula;[256] em 11 de dezembro do mesmo ano ampliam-se concessões às fábricas de vidros de Marinha Grande;[257] em 1783, o alvará de 13 de novembro dá privilégios à fábrica de estamparia de Torres Novas;[258] o decreto de 24 de abril de 1784 amplia privilégios já concedidos às fábricas de pentes de marfim, caixas e verniz;[259] em 1788, são as fábricas de lanifícios "erigidos ou por erigir" que recebem graças, privilégios e isenções;[260] em 8 de janeiro de 1791, a fábrica de seda estabelecida na Guarda recebe as vantagens de que gozam as demais;[261] em 1792 as agraciadas são pescarias e salinas da Madeira, incorporadas em companhia proposta por T. Eduardo Watts;[262] em 20 de dezembro de 1793 a fábrica de louças do Porto tem seus privilégios prorrogados por 10 anos;[263] as de vidro têm mesma prorrogação em 1794;[264] a fiação e tecelagem de algodão eram protegidas em 1797;[265] as fábricas de vidro voltavam a ser agraciadas em 1799;[266] em 1802 legislava-se para fomentar a metalurgia de Tomar Figueiró;[267] no mesmo ano

---

[256] A. Morato, op. cit., vol. XXIII, documento 82.

[257] "Alvará de 11/12/1780", A. D. da Silva, op. cit., vol. de 1775-1790, p. 289.

[258] Idem, ibidem, p. 345.

[259] Idem, ibidem, p. 357.

[260] Alvará de 30/6/1788, Biblioteca do Museu Paulista, *Coleção de leis, decretos e alvarás*, "D. Maria I, 1777-1788", f. 396; também alvará de 3/7/1788, privilégios e isenções às fábricas de Cascais, Covilhã e Celorico, A. D. da Silva, op. cit., vol. de 1775-1790, p. 524.

[261] "Alvará de 8/1/1791", A. D. da Silva, op. cit., vol. de 1791-1801, p. 1.

[262] "Alvará de 20/11/1792", idem, ibidem, p. 86.

[263] Idem, ibidem, p. 160.

[264] "Decreto de 7/5/1794", idem, ibidem, p. 178.

[265] "Alvará de 7/4/1797", Biblioteca do Museu Paulista, *Coleção de leis, decretos e alvarás*, "D. Maria I, 1782-1792", ff. 440 segs.

[266] "Alvará de 7/10/1799", F. M. T. de A. Morato, op. cit., vol. XXVIII, documento 110; A. D. da Silva, op. cit., vol. de 1791-1801, p. 586.

[267] "Alvará de 30/1/1802", Biblioteca do Museu Paulista, *Coleção de leis, decretos e alvarás*, "Regente D. João", vol. II, ff. 294-312.

se davam condições para estabelecimento de fábrica de papel;[268] em 1805, estabelecimento de novas fábricas de fiação de linho, algodão e lã.[269]

A política de fomento manufatureiro não se faz sentir apenas no setor tarifário e nas concessões de graça e privilégios. O alvará de 5 de outubro de 1792 inibia a penhora de teares e instrumentos do fabrico de seda;[270] a provisão de 12 de outubro de 1790 estimulava a comercialização, criando fundos para mercadorias;[271] e a política de saneamento financeiro já referida também funcionava na ampliação do crédito. A intervenção do Estado às vezes era mais direta;[272] mas a orientação mais constante do período parece ter sido no sentido da privatização: um "parecer", guardado na Biblioteca da Academia das Ciências,[273] discute "o destino a ser dado a diversas fábricas estabelecidas no Reino", e preconiza claramente a sua passagem aos particulares. J. Ratton, empresário que acompanhou todo o esforço manufatureiro desde a época de Pombal, lembra que as fábricas instaladas pelo Estado, "depois continuaram sem os socorros pecuniários dos cofres públicos".[274] São, de fato, numerosas no período de D. Maria I e do Príncipe Regente as passagens de indústrias do Estado para os particulares.[275]

---

[268] "Alvará de 2/8/1802", F. M. T. de A. Morato, op. cit., vol. XXIX, documento 213; Biblioteca do Museu Paulista, *Coleção de leis, decretos e alvarás*, "Príncipe D. João", vol. II, f. 405.

[269] "Alvará de 18/9/1805", Biblioteca do Museu Paulista, *Coleção de leis, decretos e alvarás*, "Príncipe Regente", vol. IV, f. 310.

[270] A. D. da Silva, op. cit., vol. de 1791-1801, p. 83.

[271] Idem, ibidem, vol. de 1775-1790, p. 623.

[272] Exemplo: alvará de 5/1/1781 mandando a junta das fábricas administrar as de lanifícios.

[273] Biblioteca da Academia das Ciências de Lisboa, manuscrito 310.

[274] Jácome Ratton, *Recordações de Jácome Ratton sobre as ocorrências do seu tempo* [1747-1810], Coimbra, Imprensa da Universidade, 1920, 2ª ed., p. 97. Para a correspondência de Ratton, ver Nuno D. Alcochete, "Lettres de Jacques Ratton (1812/1817)", *Bulletin des Études Portugaises*, nova série, XV, Lisboa, 1964, pp. 137-256.

[275] Os exemplos abundam na legislação: alvará de 29/3/1783, passa a particulares os lanifícios de Portalegre (Biblioteca do Museu Paulista, *Coleção de leis, decretos e alvarás*, vol. III, f. 417); pelo alvará de 29/3/1788 renovam-se as mesmas entregas, por 12 anos (F. M. T. de A. Morato, op.

É no quadro desta política econômica que se proibiam no Brasil as manufaturas de tecidos. No entanto, foi nesse mesmo período estimulada a instalação das fábricas de ferro. Esta posição do governo metropolitano parece ligar-se à necessidade de desenvolver a siderurgia para poder estimular a mineração; especialmente, foi de grande relevo a ação de Manuel Ferreira da Câmara Bittencourt e Sá — o futuro intendente — junto a D. Rodrigo de Sousa Coutinho no sentido de se promover na colônia essa indústria.[276]

Os estudiosos da mineração, no quadro do movimento ilustrado, tinham insistido em apontar o atraso da técnica como um dos fatores do declínio do ouro, e a escassez do ferro era um dos motivos de travação do desenvolvimento das técnicas de lavrar as minas.[277] Apesar de o governo manter a desconfiança de que aos descaminhos se devia a redução dos quintos, a pouco e pouco se encaminhou também para uma política que procurasse dotar as atividades mineiras de um lastro de manufaturas de ferro. Já D. Rodrigo José de Menezes, que governou as Minas de 1780 a 1783, numa "exposição" de 1780 dirigida ao ministro Martinho de Melo e Castro, propunha "um novo estabelecimento que à primeira vista parece oposto ao espírito e sistema da administração desta capitania, mas que bem examinado se conhece pelas razões, quanto a mim, as mais sólidas, e convincentes de sua utilidade".[278] Tratava-se do estabelecimento de uma fábrica de ferro, pois "se em toda a parte do mundo é este metal necessário, em nenhuma o é mais que nestas minas".[279] É de destacar-se nesse texto que o próprio governador reconhece que, dentro da mais estrita política colonial, a norma seria não se estimular na colônia tais indústrias; mas as circunstâncias impunham-na. "Pela primeira vez", diz Calógeras, referindo-se à *exposição* do governador das

---

cit., vol. XXV, documento 13); a 3/6/1788 os lanifícios de Covilhã e Fundão passam a uma companhia de negociantes (A. D. da Silva, op. cit., vol. de 1775-1790, p. 510) etc.

[276] M. C. de Mendonça, *O intendente Câmara*, op. cit., pp. 52-54, 67-70.

[277] Cf. as memórias citadas de José Vieira Couto, Eloi Ottoni, Pontes Leme e Eschwege.

[278] "Exposição de 4/8/1780", in M. C. de Mendonça, op. cit., pp. 72-73; H. F. Lima, *Formação industrial do Brasil*, op. cit., pp. 132-134.

[279] "Exposição de 4/8/1780", in idem, ibidem, pp. 72-73.

Minas,[280] "advoga um representante de Portugal a criação desta indústria nova com argumentos econômicos e políticos".

Do mesmo ano são as *Instruções* que, para o governo da capitania de Minas Gerais, redigiu o desembargador José João Teixeira Coelho;[281] ali se insiste na pobreza dos mineiros, na dispersão das empresas, nas técnicas deficientes como sendo os motivos principais do estado de decadência. Não parece despropositado supor que o governador tenha tomado conhecimento das ideias de Teixeira Coelho, e da meditação em busca de soluções resultou o alvitre de se desenvolver a siderurgia. Não eram, porém, novas as ideias a respeito da exploração do ferro na colônia; desde o século XVI tentativas tinham sido feitas, os resultados porém nunca tinham sido compensadores.[282]

No quadro do movimento ilustrado, desenvolvem-se os estudos mineralógicos (José Bonifácio, Manuel Ferreira da Câmara, José Vieira Couto etc.) com vistas a dinamizar as explorações na metrópole e no Ultramar. Já no primeiro volume das *Memorias Economicas da Academia das Sciencias de Lisboa* (1789), D. Rodrigo de Sousa Coutinho discutia os aspectos propriamente econômicos da mineração, e mostrando em que condições as minas podem ser úteis a um Estado; a ideia principal era a de que para poder aproveitar os efeitos positivos da mineração necessitava o país de industrializar-se.[283] Ou, noutros termos, os efeitos da exploração mineira eram danosos quando incidiam em país desprovido de manufaturas. Essas ideias de D. Rodrigo, expressas já em 1789, parecem decisivas para se entender a aparente contradição da política colonial que ao mesmo tempo proibia as manufaturas de tecidos e incentivava as fábricas de ferro. No próprio quadro da política industrialista metropolitana, abriram-se, segundo as vistas do futuro Conde

---

[280] João Pandiá Calógeras, *As minas do Brasil e sua legislação*, tomo II, Rio de Janeiro, 1905, p. 52.

[281] J. J. Teixeira Coelho, "Instruções para o governo da capitania de Minas Gerais" (1780), *Revista do Instituto Histórico e Geográfico Brasileiro*, tomo XV, 1852, pp. 373 segs.

[282] Sobre as explorações do ferro em São Paulo nos séculos XVI e XVII, cf. S. B. de Holanda, *Caminhos e fronteiras*, op. cit., pp. 186 segs.

[283] Rodrigo de Sousa Coutinho, "Discurso sobre a verdadeira influência das minas de metais preciosos na indústria das nações que as possuem", in *Memorias Economicas da Academia Real das Sciencias de Lisboa*, vol. I, pp. 237-244.

de Linhares, condições para tornar vantajosos os efeitos da mineração; logo, na medida em que se processava o surto manufatureiro português, cabia incentivar a mineração do ouro na colônia; e para isso, era indispensável incrementar a siderurgia no Reino e nos Domínios.

Ainda em 1789, no primeiro volume das memórias, estudava-se a fábrica de pedra-ume da ilha de São Miguel[284] e a exploração do chumbo na região do rio Pisco.[285] No ano seguinte apareceria no segundo tomo o estudo de Arruda Câmara sobre a exploração do carvão de pedra[286] e o de José Martins da Cunha Pessoa sobre as fábricas de ferro de Figueiró,[287] e Vandelli estudava "o modo de aproveitar o carvão de pedra e os paus betuminosos deste Reino".[288] No fim do século, solicitam-se os estudos de José Vieira Couto sobre as minas do Brasil.[289] Os estudos sobre mineração e os incentivos para desenvolver a exploração mineira estavam pois dentro das vistas do movimento da ilustração portuguesa; estes estudos e estes estímulos envolveram uma política de incentivar também as fábricas de ferro em Portugal e no Brasil.

Daí a receptividade que acabaram por encontrar os esforços de Manuel Ferreira da Câmara. Já em 1795 expediam-se instruções aos governadores das capitanias do Brasil, onde se estabelecia que "S.M. tem observado com desgosto que umas colônias tão extensas e férteis, como são as do Brasil, não te-

---

[284] João Antonio Judice, "Memória sobre a fábrica de pedra hume da Ilha de São Miguel", in *Memorias Economicas da Academia Real das Sciencias de Lisboa*, vol. I, pp. 299-233.

[285] João Botelho Almeida Beltrão, "Memória sobre a mina de chumbo do Rio Pisco", in *Memorias Economicas da Academia Real das Sciencias de Lisboa*, vol. I, pp. 401-406.

[286] Manuel Ferreira da Câmara, "Observações feitas acerca do carvão de pedra", in *Memorias Economicas da Academia Real das Sciencias de Lisboa*, vol. II, pp. 285-294.

[287] José Martins da Cunha Pessoa, "Memória sobre as fábricas de ferro de Figueiró", in *Memorias Economicas da Academia Real das Sciencias de Lisboa*, vol. II, pp. 383-387.

[288] D. Vandelli, "Memória sobre o modo de aproveitar o carvão de pedra", in *Memorias Economicas da Academia Real das Sciencias de Lisboa*, vol. II, pp. 434-436.

[289] "Foi-me estimado em nome de Vossa Majestade, que desse uma exata relação dos metais desta comarca, e dos interesses régios que das mesmas se poderiam esperar." Cf. J. V. Couto, "Memórias sobre a capitania de Minas Gerais" (1799), *Revista do Instituto Histórico e Geográfico Brasileiro*, tomo XI, 1848, p. 289.

nham prosperado proporcionalmente em povoação, agricultura, indústria", atribuindo tal fato a "alguns defeitos políticos, e restrições fiscais se têm oposto até agora aos progressos". Tais seriam "o monopólio do sal, os grandes direitos impostos sobre o ferro, e outros não menos gravosos sobre a introdução dos escravos". Encaminhavam-se resoluções: "que o monopólio do sal haja de cessar em todo o Brasil, logo que se extinguir o contrato, e que este comércio fique livre para todos os colonos, e francas as salinas que se puderem estabelecer neste continente", medidas que, como sabemos, só se concretizaram definitivamente em 1801. Por outro lado, "tem Sua Majestade resolvido, em segundo lugar, que em todo o continente do Brasil se possam abrir minas de ferro, se possam manufaturar todos e quaisquer instrumentos deste gênero, mas que para suprir o desfalque que uma semelhante liberdade possa ocasionar nos reais direitos, é a mesma Senhora outrossim servida ordenar que, ouvindo V.S. as câmaras desta capitania, haja de assentar com elas em uma tarifa moderada dos direitos que um semelhante gênero deverá pagar nas fábricas do país, logo que ali se puser em venda, tanto pelo que respeita ao ferro bruto, como daquele que se vender já manufaturado para instrumento de agricultura, e outros utensílios domésticos".[290] Passava-se, pois, claramente, para o incentivo.

Neste sentido, a carta régia de 19 de agosto de 1799 tratava com o Conde de Rezende sobre o estabelecimento de uma fábrica para "fundir e coar ferro".[291] Ao governador da Bahia, idênticas sugestões em 12 de julho de 1799.[292] Em 1803, D. Rodrigo de Sousa Coutinho estimulava o governador de São Paulo e recuperar a fábrica de ferro de Ipanema. Os resultados porém não foram animadores.[293] Nomeado Ferreira da Câmara em 1800 intendente das minas, as instruções que trazia, assinadas por D. Rodrigo de Sousa

[290] Instruções de Luís Pinto de Sousa Coutinho aos governadores das capitanias do Brasil, 27/5/1795, *Documentos Interessantes*, vol. XXV, pp. 133-135; J. P. Calógeras, op. cit., pp. 55-56; M. C. de Mendonça, op. cit., pp. 174-175; H. F. Lima, op. cit., pp. 135-136.

[291] Arquivo Histórico Ultramarino — Lisboa, códice 202, f. 12.

[292] "Carta régia de 12/7/1799", *Revista do Instituto Histórico e Geográfico Brasileiro*, tomo IV, 1842, p. 403.

[293] Cf. Emanuel S. Veiga Garcia, "A real fábrica de São João de Ipanema", *Revista de História*, nº 11, 1952, p. 57.

Coutinho, indicavam que já na Bahia devia "visitar todos os distritos onde possa haver minas de ouro, prata, cobre ou ferro".[294] A correspondência posterior atesta os esforços do grande mineralogista.[295] Somente em 1807, porém, é que tomaria posse no cargo. Assim, somente depois da vinda da Corte é que se encetaram medidas concretas para o estabelecimento de uma siderurgia de real significado econômico.[296]

De qualquer forma, no plano da política econômica, fica claro que a orientação do governo metropolitano se orientou no fim do século XVIII no sentido de incentivar a fabricação do ferro no Brasil. A política colonial da época ilustrada não visava, pois, a proibição genérica de todo e qualquer tipo de indústria; subordinava, pelo contrário, proibições ou incentivos ao plano mais geral de desenvolvimento em que julgava possível integrar, superando as contradições inerentes ao Antigo Sistema Colonial, o progresso da metrópole e da colônia. A postura reformista era aliás a resposta à crise: esta se manifestava no agravamento das tensões do sistema em todos os níveis, e na emergência do antagonismo. A política da Ilustração, por seu turno, entendia ser possível preservar o sistema reformando-o até o limite máximo de suas fronteiras, e pois postulava a harmonia do interesse das partes.

No que respeita particularmente ao setor das manufaturas, e em especial da exploração e industrialização do ferro, era este ramo visto como essencial no processo de industrialização da metrópole, que dele carecia, não dispondo de produção suficiente para autoabastecer-se;[297] assim, sobre as fábricas de ferro, podia-se fazer o mesmo raciocínio de Azeredo Coutinho sobre o trigo: a produção colonial independizaria a metrópole das importações contribuindo para o objetivo mais geral do programa do mercantilismo ilustrado, a posição favorável no comércio internacional em face das outras nações. Note-se que, no caso do trigo, a diretriz não se conseguia impor da-

---

[294] "Instruções" (1800), in M. C. de Mendonça, op. cit., pp. 87-91.

[295] Idem, pp. 91 segs.

[296] Francisco de Assis Barbosa, *D. João VI e a siderurgia no Brasil*, Rio de Janeiro, 1958, pp. 42-54.

[297] Adriano Balbi, *Essai statistique sur le Royaume de Portugal et d'Algarve*, vol. I, Paris, 1822, pp. 132-133.

da a resistência dos agricultores metropolitanos, pois as searas formavam o centro da agricultura portuguesa; a siderurgia, incipiente e de menor peso no conjunto da economia metropolitana, dependia do patrocínio do Estado: aqui impôs-se a diretriz da política econômica que dominava nos meios governamentais.

Tais as linhas gerais do pensamento e da ação da política econômica colonial da época ilustrada luso-brasileira; tentemos, agora, avaliar os efeitos de sua formulação e aplicação.

3. Resultados

Para fazê-lo, não podemos, evidentemente, nos limites de um estudo cujo tema central é a política e não a evolução econômica, proceder a uma análise exaustiva da economia portuguesa e brasileira no fim da era colonial. Contudo, dispomos, pelo menos para a última etapa do período, que é quando a política que vinha sendo executada podia já apresentar seus frutos, de um indicador seguro de movimento no conjunto: as balanças de comércio,[298] através das quais podemos analisar os fluxos mercantis entre colônia e metrópole e desta com os países estrangeiros. Note-se que era para o entrelaçamento e interdependência que se voltavam os objetivos da política econômica do mercantilismo ilustrado em Portugal; portanto, não estamos apenas diante de um indicador entre outros, mas dispomos de um prisma altamente estratégico para aquilatar os resultados da política dos Ilustrados no encaminhamento da economia luso-brasileira na época da crise do colonialismo mercantilista.

---

[298] *Balança geral de comércio do Reino de Portugal com os seus domínios ultramarinos no ano de...* elaboradas sob a direção de Maurício José Teixeira de Morais, que redige os comentários introdutórios. Existem coleções em várias bibliotecas e arquivos (vide bibliografia ao final deste volume). Combinando os acervos de várias instituições, pode-se recompor a série completa. Cremos que Adriano Balbi foi o primeiro a usar essas estatísticas no seu famoso *Essai statistique sur le Royaume de Portugal et d'Algarve*. Através de Balbi ou diretamente nos códices, utilizaram essas fontes, entre outros, Vicente de Almeida Eça, Julião Soares de Azevedo, Fernando Piteira Santos, Jorge Borges de Macedo.

Algumas observações, contudo, se tornam indispensáveis a fim de se esclarecer as limitações dessa documentação e do tratamento analítico a que a submetemos. De fato nem todas as atividades mercantis constam das balanças. Obviamente, elas apenas registram o comércio lícito, ficando fora da sua contabilidade, pela sua própria natureza, o extenso contrabando que nessa fase se avoluma nos portos brasileiros. Por outro lado, também o tráfico negreiro, por se realizar diretamente entre África e Brasil, não entra nos seus cômputos. Enfim, não procedemos a um levantamento exaustivo dos dados oferecidos por esse riquíssimo núcleo documental; trabalhamos apenas com os balanços globais de cada ano, isto é, com as tabelas de importação e exportação de Portugal com os "domínios" e com as "nações estrangeiras". Essas limitações entretanto não impedem que as séries de dados estatísticos permitam uma análise que indique as tendências dominantes do comércio luso-brasileiro do período de 1796 a 1808, isto é, a última etapa da sua fase colonial. As balanças de 1776, 1777 e 1778 não são tão completas, sobretudo as duas primeiras, dando a impressão de que as balanças foram se aperfeiçoando ao longo dos anos.[299] Ficando fora da série contínua, excluimo-las de nossas tabelas e gráficos, deixando os seus dados para ponto de referência e comparações. Assim, 1796 torna-se o ponto de partida. O outro marco, que indica nitidamente um ponto de inflexão, é indiscutivelmente 1808. Avançamos até 1811 para enfatizar o significado de 1808 (abertura dos portos). Cumpre notar que evidentemente este marco cronológico tem sentido diverso para o Brasil e para Portugal, mas para ambos é significativo: o comércio brasileiro se orienta em novas bases, em contato direto com a Inglaterra sobretudo; para o comércio português, este ponto implicou um enorme rebaixamento das atividades. Portanto, *o período 1796-1808* possui de fato certa unidade: *é a última etapa do comércio brasileiro dentro dos quadros do Antigo Sistema Colonial.* Justifica-se, assim, a análise mais aprofundada desse conjunto.

[299] Jorge de Macedo menciona também a balança de 1789. Cf. do autor, *O bloqueio continental: economia e guerra peninsular*, Lisboa, 1962.

a) Êxitos

I — Atentemos, em primeiro lugar, para o movimento de importação e exportação de Portugal com as colônias (tabelas e gráficos 1, 2, 3) e de Portugal com as nações estrangeiras (tabelas e gráficos 7, 8); examinados em conjunto, indicam claramente um movimento ascendente, apesar de certas flutuações momentâneas. No comércio de Portugal com suas colônias (tabelas 1, 2, 3), as importações crescem, entre 1797 e 1807, a 6% ao ano; as exportações de Portugal para as colônias crescem de 20% ao ano entre 1797 e 1800; decrescem depois, até 1806, a 6,5% ao ano: no cômputo médio, a curva é ascendente, pois cresce a 1,6% ao ano. Logo, a tendência geral era para o crescimento das transações, mas o fluxo da colônia para a metrópole foi mais regular que o da metrópole para a colônia. Observe-se também que há um período de flutuações até 1800, quando se fixam as tendências ascendente das importações (colônia-metrópole) e descendente das exportações (metrópole-colônia). No conjunto, porém, configura-se claramente uma conjuntura de prosperidade do intercâmbio colônias-metrópole no período.

Se observarmos, agora, as relações Portugal-nações estrangeiras (gráficos 6, 7, 8) as características antes apontadas (tendência crescente das transações) são ainda mais marcantes: também há uma fase de flutuações até mais ou menos 1800, sucede uma fase mais estável até a brusca flutuação de 1808. Entre 1796 e 1806, as importações portugueses cresceram à média de 2,2% ao ano, e no mesmo período as exportações cresceram à média de 6,2%. Foram pois mais estáveis as relações entre a metrópole e as nações estrangeiras que entre metrópole e colônia, o que é evidentemente digno de atenção. Também, portanto, no intercâmbio entre Portugal e as nações estrangeiras configura-se o período como uma conjuntura próspera.

Fixemos, portanto, as constatações mais importantes do exame das tabelas e gráficos gerais das importações e exportações entre Portugal e suas colônias e as nações estrangeiras: em primeiro lugar, o movimento conjunto, expresso nas curvas, marca nitidamente uma *conjuntura de prosperidade*, pois a tendência ascendente é clara. Em segundo lugar, foram mais estáveis as relações entre a metrópole e as nações estrangeiras que entre ela e suas colônias. Noutros termos, o comércio internacional de Portugal teve mais regularidade que o seu comércio colonial, o que é de certo modo surpreendente. Em terceiro lugar, o exame das várias curvas indica, no período, uma fase de flutuações, seguida por uma relativa definição de tendências.

II — Analisados os movimentos gerais, detenhamo-nos agora mais de perto no exame do *comércio da metrópole com suas colônias*. A tabela e gráfico 3 mostra o cruzamento das curvas de importação e exportação. Fica claro que ao período de flutuações corresponde uma indefinição de tendência, a que se segue, a partir de 1800, um permanente superávit das colônias sobre a metrópole. Logo, o período de estabilidade coincidia com a tendência deficitária do comércio metropolitano em relação às suas colônias. Noutros termos, flutuações significaram variação entre déficits e superávits; estabilidade significou vantagens às colônias. Tais observações se tornam nítidas na tabela e gráfico 4 onde se apontam déficits e superávits, e na tabela e gráfico 5 onde eles são acumulados; nesse último a técnica de acumulação revela na curva, claramente, a tendência a partir de 1800. No período final do Antigo Regime, portanto, desenvolveu-se uma acentuada *tendência* de o comércio *de Portugal ser deficitário* com suas colônias: esta a constatação mais importante do exame do intercâmbio comercial entre Portugal e o conjunto de suas colônias.

III — Voltemos agora ao *comércio de Portugal com as nações estrangeiras*. O gráfico 8 mostra o cruzamento das curvas de importação e exportação. Também aqui o período de flutuações (até 1800) coincide com momentos de déficits e superávits (vide tabela e gráfico 9). O período de estabilização, 1800-1807, define uma situação na qual a curva de exportação está sempre acima da de importação, isto é, o período de estabilidade definiu-se pela *tendência superavitária do comércio português* com as nações estrangeiras. Isto fica claro nas tabelas e gráficos 9 e 10 que marcam primeiramente déficits e superávits anuais e depois (gráfico 10) acumulam esses resultados. Logo, no conjunto, foi para o superávit a tendência global do comércio português com as nações estrangeiras na última fase da época colonial. Retomando as observações feitas até aqui, podemos portanto afirmar: num quadro geral de expansão das relações mercantis, Portugal tendia a ter comércio deficitário com as colônias e superavitário com as demais nações; o movimento comercial com as nações estrangeiras teve maior estabilidade do que o comércio colonial; no *cômputo geral*, contudo (tabelas e gráficos 42 e 43) as vantagens do comércio "externo" superavam as perdas do comércio "colonial", e a tendência geral era superavitária. Por outro lado, se consultarmos as balanças de 1776 e 1777, isto é, do fim do período pombalino, e a de 1787, o que se constata é uma situação inteiramente diversa. Em 1776, Portugal era superavitário no seu comércio com as colônias (saldo de 1.177.159$491), e deficitário em relação às nações estrangeiras (déficit de 1.795.390$386), sendo pois a balança global levemente deficitária. Em 1777 a situação mantém-se: superávit de 545.329$256 em relação às colônias, déficit de 1.492.427$195 em relação às nações estrangeiras; o resultado final, aqui, fortemente desfavorável. Ainda em 1787 a posição de Portugal é deficitária em relação às nações estrangeiras (não localizamos o balanço deste ano com as colônias). Pode-se, pois, inferir que a *inversão nas tendências fundamentais na balança de comércio portuguesa deu-se no período que medeia entre 1787 e 1796.*

IV — Retomemos, pela segunda vez, o comércio de Portugal com as colônias; fixemo-nos nas tabelas e gráficos 11, 12, 13, 14, 15, 16 e 17: eles nos permitirão situar a *posição do Brasil* neste conjunto. A tabela e gráfico 11 indica a curva total de importações das colônias para a metrópole, a curva das importações do Brasil (para Portugal), e finalmente as demais colônias. Fica, obviamente, ressaltada a posição preeminente do Brasil dentro do conjunto. A tabela e gráfico 12 dá os valores percentuais dessas importações; os produtos brasileiros formam, entre 1796 e 1807, 83,7% das importações portuguesas vindas das colônias. A tabela e gráfico 13 apresenta as curvas de exportação (da metrópole para as colônias) discriminando o total, a posição do Brasil, e das demais colônias. A tabela e gráfico 14 indica os valores percentuais das importações portuguesas para as colônias discriminando a posição do Brasil: entre 1796 e 1807, o Brasil recebeu em média 78,4% das exportações portuguesas. Logo, o Brasil participava com 83,7% das importações portuguesas e recebia 78,4% das suas exportações com as colônias. A primeira constatação é, pois, que o *peso do Brasil no intercâmbio de Portugal com suas colônias* era de tal ordem que tornava quase que inexpressiva a posição das demais colônias portuguesas. Se examinarmos agora a tabela e gráfico 15, onde está indicado o cruzamento das curvas de importação e exportação do Brasil com Portugal, a *tendência superavitária desta colônia em relação à metrópole* fica claramente expressa. As tabelas e gráficos 16 e 17, que indicam pontos de déficits e superávits e seus resultados acumulados do comércio entre Portugal e Brasil, deixam mais clara esta constatação. As tabelas e gráficos 18, 19 e 20 analisam a importação e a exportação de Portugal com as demais colônias, isto é, com exclusão do Brasil. O nível baixo das curvas no gráfico 18 expressa a pouca significação desse comércio no cômputo geral. Mas o mais importante a destacar aqui é que neste gráfico a curva de exportação (da metrópole para as colônias) permanece quase sempre acima da de importação (das colônias para a metrópole). É o contrário do que se dá com o comércio de Portugal com o Brasil. As tabelas e gráficos 19 e 20, indicando déficits e superávits do comércio de Portugal com as demais colônias, e acumulando--os, deixam bem clara a tendência superavitária (observe-se o gráfico 20) do comércio de Portugal com as demais colônias, isto é, excluído o Brasil. Logo, a tendência do comércio entre Portugal e Brasil, de superávits para esse último, coincide com a tendência geral do comércio colonial português. Em sentido contrário, o comércio de Portugal com as outras colônias, de tendência superavitária para a metrópole, contraria as características gerais do comércio colonial lusitano. Noutros termos: *é o comércio com o Brasil que define a tendência geral.* Esta conclusão expressa-se nitidamente na tabela e gráfico 21: as curvas de déficits e superávits acumulados do comércio de Portugal com o Brasil e as demais colônias possuem tendências totalmente divergentes; como porém o peso percentual do Brasil sobreleva de longe as demais colônias, o resultado médio (linha contínua) acompanha de um modo geral a conformação da curva relativa ao Brasil.

V — A exemplo do que fizemos com relação ao comércio de Portugal com suas colônias, retomemos agora a análise do comércio de Portugal com as nações estrangeiras, para demarcar, neste caso, a *posição da Inglaterra*. Ela fica indicada nas tabelas e gráficos 23, 24, 25, 26, 27 e 28. No que diz respeito às importações portuguesas, a posição da Inglaterra vem indicada nas curvas do gráfico 23; com relação às exportações portuguesas, a posição da Inglaterra vem indicada no gráfico 24. Em ambos os casos percebe-se claramente a posição destacada dessa nação no quadro do comércio internacional português; o gráfico 22 indica que esse comércio se desenvolve com doze nações. Atendendo a isto vê-se bem a importância do comércio anglo-português; e a tabela e o gráfico 25 indicam-na da maneira mais concreta: de fato, Portugal importa da Inglaterra em torno de 40% do conjunto de suas importações, e exporta para ela numa porcentagem ainda mais alta. Entre 1796 e 1807 a posição da Inglaterra nas importações portuguesas oscilou de um mínimo (excepcional) de 14,5% a um máximo de 45,2%; no mesmo período a Inglaterra consumiu exportações portuguesas numa proporção em relação ao total que oscilou entre 30,5% e 51,3%. Em média para o período de 1796 a 1807 a Inglaterra participa com 34% nas importações e para ela se dirigiram no mesmo período 39% das exportações de Portugal. Note-se (vide tabela 25) que houve uma maior estabilidade nas exportações de Portugal para a Inglaterra do que nas importações (da Inglaterra para Portugal), isto é, Portugal conseguiu manter o nível de suas exportações para a Inglaterra numa certa estabilidade enquanto este país flutuou nas suas exportações para Portugal. A *Inglaterra* teve, de qualquer maneira, uma *posição de destaque* no comércio internacional português, do mesmo modo (mas não na mesma proporção) que o *Brasil* a teve no seu comércio colonial.[300] Por outro lado, se examinarmos as tabelas e gráficos 26, 27 e 28 fica indicado o *caráter superavitário do comércio português com a Inglaterra*: no gráfico 26, a curva de exportação corre mais alta que a de importação, a partir de 1798; o gráfico 27 indica os pontos de déficits e superávits, e o gráfico 28 acumula esses resultados mostrando as vantagens que Portugal conseguiu no comércio com a Inglaterra nesse período. Logo, a tendência do comércio português com a Inglaterra (para o superávit) acompanha a tendência geral do comércio de Portugal com as nações estrangeiras (vide tabela e gráfico 10). No conjunto, o comér-

---

[300] A propósito: o tradutor inglês do famoso *Ensaio econômico*, em 1807, na dedicatória ao presidente do Board of Trade and Plantations, Conde de Liverpool [Charles Jenkinson, 1729-1808], assim se expressava: "[...] at the present crisis, when it may become a mesure of policy and expedience, for Great Britain, to take under her protection the colonial possessions of Portugal [...] every information that relates to these colonies, must be highly valuable to the British administration". Cf. *Essay on the Commerce and Products of Portuguese Colonies in South America, especially the Brazil's. Translated from the Portuguese of J. J. da Cunha de Azeredo Coutinho, bishop of Pernambuco, and fellow of the Royal Academy of Sciences of Lisbon; many years a resident of South America. London, Printed for the translator and sold at the Medical Observer Office, nº 31, Great Carte Lane, Doctors Commons, 1807.*

cio externo português era superavitário com a Inglaterra, Hamburgo, Itália, França, Castela e Dinamarca, como se pode observar na tabela e gráfico 22. Neste mesmo gráfico fica clara a tendência de Portugal ter um comércio superavitário com as nações com as quais tinha um maior volume de intercâmbio, e deficitário com aquelas de menor volume: do que resultava, evidentemente, a tendência superavitária geral. Entre os países do primeiro grupo sobreleva de muito a posição da Inglaterra, que define a tendência. Logo, sem ter uma posição tão marcadamente preponderante como a do Brasil, a Inglaterra ocupa, neste quadro de intercâmbio que estamos analisando, uma posição similar, mas de sentido contrário. Isto é, *a Inglaterra tem no comércio externo português importância semelhante à que tem o Brasil no seu comércio colonial; mas de sentido contrário.*[301] Portugal é deficitário no comércio com as colônias em função da posição do Brasil, e é superavitário no comércio exterior pelo menos em grande parte graças ao seu intercâmbio com a Inglaterra.

VI — Finalmente, as tabelas e gráficos 34, 35, 36, 37, 38, 39, 40, 41, 42 e 43 permitem-nos articular os vários pontos até aqui estabelecidos, e assim encaminhar conclusões para a discussão dos problemas que inicialmente colocamos. A tabela e gráfico 34 discrimina a *posição relativa dos produtos do Brasil*, das outras colônias, do Reino (isto é, de Portugal), e das reexportações, *no movimento geral das exportações portuguesas* no período. Observe-se, em primeiro lugar, a preeminência dos produtos brasileiros nas exportações portuguesas, evidente no gráfico. Aliás, a curva dos produtos do Brasil acompanha a conformação da curva das exportações totais; as outras curvas (produtos do Reino, outras colônias, reexportações) discrepam da curva geral. Logo, são os produtos brasileiros que comandam as flutuações da curva das

[301] E no prefácio da mesma obra: "[...] it having allways been the policy of the Portuguese government to prevent the publicity of information, concerning their colonies, specially the rich country of Brazil, which may eventually stand so much in need of the protection of the British empire [...] The advantages, which may result to Portugal, if it should remain an independent nation, from the knowledge conveyed in this work, may equally result to Great Britain, if circunstamces should render it necessary for her to occupy, either provisionaly or permanently, the colonies of her unfortunate ally", op. cit., pp. II-III.

exportações portuguesas. Observe-se, em segundo lugar, a insignificância da posição dos produtos das outras colônias. Destaca-se que a curva do Brasil fica bem acima da curva dos produtos do Reino. Todas essas observações ficam mais claras nas tabelas e gráficos seguintes: a posição dos produtos do Brasil é evidenciada no gráfico 35; essa mesma posição expressa-se porcentualmente no gráfico 36. O valor médio dos produtos do Brasil nas exportações portuguesas mantém-se em torno de 60%; o gráfico 37 dá a porcentagem dos produtos do Reino em relação ao total; o gráfico 38 dá a porcentagem das reexportações; o gráfico 39, a porcentagem dos produtos das outras colônias. A tabela e gráfico 40 dá-nos a visão de conjunto: entre 1796 e 1807 os produtos do Brasil formam 60,6% das exportações portuguesas, os produtos do Reino 27,5%, os produtos reexportados 9%, os produtos de outras colônias 2,9%, o que se expressa na primeira coluna do gráfico. As demais colunas revelam a radical alteração advinda com a abertura dos portos. Era, pois, graças aos produtos brasileiros que o Portugal metropolitano conseguia desenvolver um comércio superavitário nesta viragem do século XVIII para o século XIX. A tabela e gráfico 41 indica as relações entre as importações portuguesas de produtos brasileiros (do Brasil para Portugal) e as exportações portuguesas (de Portugal para as nações estrangeiras), ficando clara a correlação. Podemos agora, finalmente, compreender as tabelas e gráficos 42 e 43: no 42 se discriminam os déficits e superávits gerais do comércio português, isto é, o balanço entre as perdas com as colônias (ou melhor, com o Brasil) e os ganhos com as nações estrangeiras. O acumulado desses déficits e superávits globais expressa-se na linha contínua ("resultado global") do gráfico 43. Este gráfico indica os acumulados de déficits portugueses em relação às colônias, e seus superávits em relação às nações estrangeiras, e ainda o referido resultado global. Vê-se que o superávit com as nações estrangeiras, sendo maior que o déficit com as colônias, o resultado global era superavitário. Ora, como são sobretudo os produtos coloniais (60% em produtos brasileiros) que Portugal exportava, segue-se que eram os *mecanismos do sistema colonial* que possibilitavam o funcionamento do esquema: o superávit português expressava um efetivo ganho de monopólio, pois fundava-se sobre a diferença dos preços (baixos) desses produtos nas colônias e (altos) nos mercados internacionais. Temos agora a conexão efetiva que se expressa nessas curvas. Repitamo-lo: no período analisado, *é em função da exportação dos produ-*

tos brasileiros que o comércio internacional português consegue ser superavitário; noutros termos, *é porque o comércio colonial português é deficitário que seu comércio exterior é superavitário*. Ao cabo desta longa análise, portanto, reencontramos, agora realizado concretamente, o princípio teórico de política econômica colonial, formulado por Azeredo Coutinho. E neste sentido devemos concluir que, nas suas linhas gerais, e apesar de todas as hesitações, a política colonial do mercantilismo ilustrado português foi efetivamente levada à prática, e com relativo êxito.

Se considerarmos, agora, que toda essa recuperação do comércio externo português se fez com produtos coloniais brasileiros, o que permitiu entre 1787 e 1796 inverter a tendência tradicional nas relações mercantis portuguesas com as demais nações, fica indicado que a produção se dinamizou amplamente na colônia neste período. Por outro lado, se lembrarmos que esta etapa é contemporânea ao declínio inexorável da mineração do ouro e anterior à ascensão do café, segue-se que esta recuperação da produção colonial deu-se através de uma *diversificação* dos setores produtivos, o que se revela na lista dos produtos exportados, que se eleva a 126 (quando anteriormente girava em torno de trinta).[302]

Recuperação e diversificação das atividades produtivas na colônia,[303] reequilíbrio e mesmo inversão da tendência (passando de deficitária para superavitária) no seu intercâmbio com as demais nações: tais são os êxitos mais evidentes do período em que atuaram os estadistas da Ilustração portuguesa.

---

[302] J. J. de A. Arruda, *O Brasil no comércio colonial, 1796-1808: contribuição ao estudo quantitativo da economia colonial*, op. cit., pp. 506-532.

[303] Observa Celso Furtado que, no fim da era colonial, a tendência na América portuguesa era para a integração econômica, enquanto nas Índias de Castela, ao contrário, tendia-se para a regionalização da economia, o que não será de pouca monta para se compreender o curso que tomará a emancipação política num e noutro caso (cf. *Formação econômica da América Latina*, Rio de Janeiro, 1970, 2ª ed., pp. 38-41). Richard Graham caracteriza as diferenças do processo político de emancipação no Brasil e nas demais regiões da América hispânica (cf. *Independence in Latin America: Comparative Approach*, Nova York, 1972).

b) Frustrações

E, entretanto, as vitórias alternaram-se com as derrotas. É certo que a política econômica até aqui analisada teve a vantagem de atuar numa conjuntura geral de prosperidade econômica nos quadros do Ocidente;[304] se essa mesma prosperidade, ligada ao desenvolvimento da Revolução Industrial, dadas as mudanças estruturais que implicava, promovia tensões no sistema colonial — no plano conjuntural abria condições vantajosas nos mercados internacionais. É bom lembrar que não é pequeno mérito de uma política econômica saber aproveitar-se de uma conjuntura favorável,[305] para não desmerecer a ação dos estadistas ilustrados.

Mas a verdade é que a política do mercantilismo ilustrado não conseguiu, de um lado, levar até o limite a implementação de suas proposições e, de outro, mesmo em alguns setores em que mais atuou, acabaria por frustar-se. O caso mais típico, aqui, é o do esforço em promover o surto manufatureiro na metrópole. Já vimos que o objetivo central era, ao mesmo tempo, fomentar a produção colonial e desenvolver a metrópole assimilando as vantagens da exploração da colônia, isto é, da comercialiação de seus produtos. Desenvolver a metrópole significava promover uma sólida base de produção industrial para reduzir a desfasagem que a apartava dos centros mais desenvolvidos da Europa.

E, efetivamente, a política de promoção às manufaturas que, articulada no período pombalino, foi firmemente seguida no período seguinte, em que se mostram os seus desdobramentos, conseguiu recuperar esse setor da eco-

---

[304] Sobre a conjuntura favorável da segunda metade do século XVIII e início do XIX: François Simiand, *Recherches anciennes et nouvelles sur le mouvement général des prix du XVIe au XIXe siècle*, Paris, 1932, pp. 552-627; Ernest Labrousse, *Flutuaciones económicas e historia social*, trad. esp., Madri, 1962, pp. 171-175. Para Portugal: Vitorino Magalhães Godinho, *Prix et monnaies au Portugal, 1730-1850*, Paris, 1955, pp. 139 segs. Para o Brasil: Frédéric Mauro, "A conjuntura atlântica e a Independência do Brasil", in Carlos Guilherme Mota (org.), *1822: dimensões*, São Paulo, 1972, pp. 38-47.

[305] Bom exemplo dessa capacidade de auscultar a oportunidade é exatamente a *Memória sobre o preço do açúcar* (1791) de J. J. da Cunha Azeredo Coutinho, in *Obras econômicas de J. J. da Cunha de Azeredo Coutinho*, op. cit., pp. 173-185.

nomia metropolitana, que manifesta um progresso substancial na segunda metade do século XVIII.[306] Na tabela e gráfico 29 está indicada a exportação dos produtos manufaturados portugueses para as colônias, ao mesmo tempo que apresenta as curvas do valor total das exportações e a curva de "tecidos", que expressa as exportações portuguesas para as colônias de tecidos importados de fora de Portugal. Na tabela e gráfico 30 põe-se em destaque o confronto das duas curvas: de manufaturas portuguesas e de tecidos estrangeiros indo, via metrópole, para o Ultramar em porcentagens. Várias observações se impõem: primeiro, as manufaturas portuguesas conseguem ser uma porcentagem bem significativa do total (vide tabela 30); segundo, o comportamento da curva mostra, entretanto, que tais exportações cresceram até 1801, declinando depois, inexoravelmente: em valores absolutos, o ponto mais alto está em 1799, em termos percentuais em 1798; de qualquer forma, a curva tem tendência média crescente até 1801, e decrescente em seguida. Em confronto com o envio para as colônias de produtos importados, 1801 destaca-se ainda como o ano em que as manufaturas portuguesas superaram as estrangeiras, depois de 1798. Mais claramente: as duas curvas alternam-se entre 1796 e 1798; as manufaturas estrangeiras se avantajam depois, para ceder ante a recuperação das metropolitanas em 1801; a partir daí, voltam os tecidos estrangeiros a predominar, e a distância se alarga tanto em termos absolutos como percentuais até o fim do período, isto é, 1807.

Se atentarmos, agora, para as tabelas e gráficos 31 e 32, constatamos que a importação de têxteis estrangeiros para Portugal declina em todo o período, em termos absolutos e percentuais. A tabela e o gráfico 33, finalmente, contrapõem a importação de tecidos dos países estrangeiros com a exportação deles para as colônias: e por eles se vê que enquanto declina a importação dos têxteis estrangeiros em Portugal aumenta sua exportação para a colônia. Logo, a metrópole conseguia de certo modo preservar o mercado interno para suas próprias manufaturas, mas não conseguia fazer o mesmo com o mercado da colônia.

O declínio das exportações de manufaturados para a colônia, entretanto, marca um significativo ponto de inflexão no surto industrialista de Por-

[306] Jorge de Macedo, *Problemas de história da indústria portuguesa no século XVIII*, Lisboa, 1963, pp. 185 segs.

tugal, iniciando-se a sua fase negativa;[307] a explicação desse fenômeno tem dado lugar a divergências entre os historiadores portugueses. Jorge de Macedo, neste debate, propende a diminuir a importância do mercado colonial brasileiro para a indústria portuguesa do século XVIII, duma vez que o recuo começou efetivamente antes da abertura dos portos.[308] Entretanto, é preciso não esquecer que o fato de o ponto de inflexão situar-se antes de 1808 não diminui a importância do mercado colonial, aliás sentida vivamente pelos coevos.[309] O problema consiste em saber se diminuíram as exportações de tecidos e outras manufaturas para as colônias porque se reteve o surto industrialista, ou se o surto se reteve porque declinaram as exportações para a colônia. Ora, se ligarmos esse problema com as observações e informações já citadas[310] de Maurício Teixeira de Morais, parece claro que o principal fator de recuo das manufaturas portuguesas no Brasil foi a pressão irresistível da indústria inglesa. Neste sentido, parece mais correto afirmar que, apesar do esforço, a política de incentivo não conseguiu conter a penetração do industrialismo nascente e consolidar as suas conquistas na recuperação da defasagem econômica.

Por outro lado, mas em conexão com o que fica dito, as reformas não se aprofundaram em Portugal: apesar de toda a campanha em prol da modernização da agricultura e da regeneração da sociedade, a revolução liberal é que iria enfrentar decisivamente os pontos nevrálgicos do arcaísmo. Apenas dois atos de legislação verdadeiramente significativos — a supressão da justiça senhorial e abolição do tributo do maneio —,[311] embora audaciosos, não

---

[307] J. de Macedo, op. cit., pp. 237 segs.; V. M. Godinho, op. cit., pp. 276 segs.

[308] J. de Macedo, op. cit., pp. 237 segs.

[309] "[...] perdido o mercado exclusivo das produções da nossa indústria, que era principalmente no Brasil, e não podendo ela sustentar mesmo em Portugal a concorrência das manufaturas estrangeiras, vimos quase aniquiladas nossas fábricas." José Acúrsio das Neves, *Memória sobre os meios de melhorar a industria portuguesa*, Lisboa, 1820, p. 6. Cf. O mapa das fábricas em 1814, in *Variedades sobre objetos relativos às artes, comércio e manufaturas*, Lisboa, 1814; J. Ratton, op. cit., p. 96.

[310] São os comentários às introduções às balanças de comércio.

[311] Abolição do maneio: alvará de 17/12/1789, Biblioteca do Museu Paulista, *Coleção de leis, decretos e alvarás*, "D. Maria I", vol. VII (1782-1792), f. 42; Biblioteca Nacional — Lisboa,

chegam a configurar uma mudança substancial. A política de companhias, se abandonada para a colônia, manteve-se, posto que abrandada, na metrópole.[312] Mesmo no setor colonial, que, juntamente com o esforço manufatureiro, foi dos mais incisivamente abordados pela ação fundada nas novas diretrizes, avanços e recuos marcaram a política reformista. Abolidos os contratos do sal e da pesca da baleia, mais rígidos, mantiveram-se os do tabaco e do pau-brasil. Um alvará de 1802 marcava recuo nas aberturas ao comércio intercolonial.[313] Já indicamos os bloqueios no caso do comércio do trigo e da tentativa das caixas de crédito na colônia.

Na própria perspectiva das Luzes, portanto, compreender-se-ia a fraqueza com que a metrópole havia de enfrentar os momentos mais agudos da crise. Se a associação de muitos brasileiros ao projeto das Luzes significou de certo modo uma vitória sobre a ação revolucionária, isto não quer dizer que, na colônia, as tensões sociais tenham se aliviado. Por outro lado, a timidez das reformas sociais em Portugal tornavam-no vulnerável à onda revolucionária; e a isso se somava a indispensável proteção inglesa que de um lado colocava em xeque o esforço de autonomização econômica e, de outro, colocava Portugal em posição de hostilidade em face da França, centro de uma revolução já agora na fase expansionista.

Esse feixe inextricável de contradições explode enfim em 1807 e 1808, e a vinda da Corte para o Brasil marca a primeira ruptura definitiva do Antigo Sistema. A abertura dos portos do Brasil,[314] imposta pelas circunstâncias

---

Coleção Pombalina, códice 463, f. 73; C. Beirão, *D. Maria I, 1777-1792: subsídios para a revisão da história de seu reinado*, op. cit., pp. 401-402; "Alvará de 4/4/1795", A. D. da Silva, op. cit., vol. 1791-1801, p. 211; F. M. T. de A. Morato, vol. XXVII, documento 9. Sobre a supressão definitiva da justiça senhorial, cf. A. Silbert, *Le Portugal méditerranéen à la fin de l'Ancien Régime*, tomo I, op. cit., pp. 148 segs.

[312] Companhias das vinhas do Alto Douro e das Pescas do Algarve. Cf. Miriam Halpern Pereira, *Livre câmbio e desenvolvimento económico: Portugal na segunda metade do século XIX*, Lisboa, 1971, pp. 252-254.

[313] A. D. da Silva, op. cit., vol. V, pp. 135-138.

[314] "Carta régia de 28/1/1808", *Collecção das leis do Brazil de 1808*, Rio de Janeiro, 1891, pp. 1-2.

e decretada como provisória, seria na realidade irreversível.[315] E assim se configurava a nossa "inversão do pacto", fenômeno característico da crise do sistema colonial. No caso da Inglaterra, centro da Revolução Industrial, as colônias se tornam onerosas para a metrópole, que pode contudo romper unilateralmente o pacto e ainda manter o domínio político sobre elas. Aqui, ao contrário, é a colônia que se transforma em sede do governo. Daí a forma peculiar que assumiria, de um lado, nosso processo de independência política, e de outro, o advento do liberalismo em Portugal.

[315] "As leis coloniais foram revogadas logo no principio da residência do Rei no Brasil, e isto ocorreu para a melhoria do país, pois que quando os colonos descobriram que seus interesses não mais seriam sacrificados ao exclusivo proveito de Portugal, puseram-se a cultivar suas terras com energia e perseverança, fornecendo-lhes o sucesso esperanças novas e estímulos." John Luccock, *Notas sobre o Rio de Janeiro e partes meridionais do Brasil (1808-1818)*, trad. port., São Paulo, 1951, 2ª ed., p. 372. "Portugal não pode esperar que, mesmo no caso de a sede do governo se transportar para a Europa, possa recuperar o monopólio do Brasil. Os brasileiros tomaram gosto pela liberdade do comércio. Ela foi para eles uma fonte de riqueza imensa..." Louis-François Tollenare, *Notes dominicales prises pendant un voyage en Portugal et au Brésil en 1816, 1817, 1818*, ed. comentada por L. Bourdon, vol. I, Paris, 1971, p. 65.

Conclusões

Retomemos as principais reflexões com que vimos caminhando ao longo dessas páginas. A política colonial portuguesa relativa ao Brasil na última etapa do Antigo Regime articula-se de forma sistemática com a política econômica executada na metrópole, e configuram ambas uma manifestação muito clara da Época das Luzes. Na maneira de focalizar os problemas, na teorização que lastreia o seu esquema de ação, nas próprias hesitações com que foi levada à prática revelam-se as marcas características das incidências da Ilustração.

Visava-se fundamentalmente a aberturas dentro do sistema — o sistema colonial mercantilista — e isto se manifesta na tendência para reduzir o exclusivo metropolitano à sua expressão mais geral, no fomento à produção da colônia, na própria proibição das manufaturas; buscava-se, ainda, uma integração das economias colonial e metropolitana, numa tentativa de harmonizar os interesses dos dois polos do sistema, de que resultaria a prosperidade comum. Tal esquema derivava de uma tomada de consciência da situação, elaborada nos trabalhos do movimento iluminista luso-brasileiro, que, nas suas expressões mais lúcidas, penetrou fundo na compreensão da realidade que pretendia regenerar, mas que esbarrou em limitações advindas da posição dos seus mentores na estrutura em que atuavam; e essas barreiras intransponíveis imprimiram um inevitável componente ideológico nas suas formulações, levando-as a dilemas sem alternativa. Da mesma forma, a política efetiva que derivava daquelas teorizações se movimentaria em meio a contradições impossíveis de superar.

Tal manifestação de reformismo na política colonial só se torna inteligível quando referido à crise geral do sistema de colonização mercantilista, que percorre todo o período, e na sua forma de manifestar-se nas relações

Brasil-Portugal. Era diante dos problemas propostos pela crise que tomavam posição teóricos e estadistas; era para solucioná-los que elaboravam seus esquemas de explicação e intervenção na realidade. Tais problemas, contudo, por mais longe que tenham avançado na sua análise, não os podiam ver como manifestação de uma crise advinda do próprio funcionamento do sistema — e esta era fundamentalmente a limitação em que se debatiam; para tanto, seria preciso negá-lo, e pois abandonar a sua posição metropolitana dentro dele. Daí os dilemas teóricos e as hesitações na prática de sua política econômica e colonial; daí, enfim, a frustração geral da tentativa: no fim do processo, a colônia se independiza, e rui o Absolutismo na metrópole.

É que a crise era geral e promanava da própria estrutura e funcionamento do sistema, e a política econômica portuguesa relativa ao Brasil atuava apenas sobre um segmento dele.

Efetivamente, organizado como um vasto mecanismo de aceleração da acumulação primitiva, o Antigo Sistema Colonial, na medida em que funcionava, ia se constituindo cada vez mais em fator da passagem para o capitalismo industrial; o que, por sua vez, significava a emergência de condições que se não compatibilizavam com a permanência desse mesmo sistema de colonização mercantilista: exclusivo, escravismo, de fatores de acumulação, tornam-se óbices ao desenvolvimento capitalista. Tal mecanismo básico operava no nível da estrutura fundante do sistema, subjacente a todo processo de colonização da Época Moderna. Neste sentido, no nível estrutural, pode dizer-se que, com o florescimento da Revolução Industrial, o Antigo Sistema Colonial estava condenado.

Esse mecanismo estrutural de desenvolvimento e crise, por isso mesmo que estrutural, operava no conjunto do sistema: no conjunto, as economias coloniais periféricas promoviam acumulação de capital nas economias centrais europeias; no conjunto, a exploração das colônias na Época Moderna foi um dos fatores da passagem para o moderno industrialismo; no conjunto, o Antigo Sistema Colonial irá sendo afetado, alterado e enfim destruído pelo capitalismo industrial, que organiza a sua forma própria de exploração das áreas periféricas. É claro, contudo, que, desenvolvendo-se a colonização por meio de Estados nacionais altamente competitivos, os mecanismos de base, que operavam no conjunto, apresentavam-se diferentemente nas suas várias manifestações particulares. Disputavam as potências entre si o desfrute da exploração colonial; e dessa competição, muitas vezes, os estímulos da colonização de uma potência acabavam por transferirem-se para outra: e esse foi o caso dos países ibéricos, sobretudo a partir do século XVII. Igualmente, no processo de superação do sistema, os mecanismos de fundo manifestavam-se diferentemente conforme incidiam sobre tal ou qual colônia e metrópole; ou, noutros termos, colônias e metrópoles situavam-se diferentemente no processo de crise e superação do sistema colonial mercantilista.

Para a Inglaterra, teatro da Revolução Industrial e centro da crise, o processo de superação apresentou-se como a "inversão do pacto", e foi inteiramente comandado pela metrópole, que vai suprimindo o "exclusivo", o tráfico, a escravidão, e se pôde ainda dar ao luxo, no mais das vezes, de manter a dominação política para organizar o novo império; daí uma certa continuidade que a transformação preserva no caso da Grã-Bretanha. Para Portugal, os mecanismos de crise apresentavam-se como que de fora para dentro; o que já contribuía para a distorção ideológica com que se pretendeu dar conta da situação. Mas a "peculiaridade" não era capaz de isolar a relação Portugal-Brasil das malhas do sistema. Na medida em que se avança no processo, as contradições se agravam: no plano das relações internacionais, Portugal precisava da colônia, porque esta era a sua moeda para obter proteção; mas assim ela seria menos "colônia" para a metrópole, que transferia as vantagens para a aliada protetora. Em face desse dilema, o máximo que se conseguia era preconizar a neutralidade e, no limite, a aliança inglesa. No plano econômico, para conseguir aproveitar os estímulos da exploração de sua grande colônia, Portugal precisava desenvolver-se; mas a exploração da colônia era condição para seu desenvolvimento. Imaginar uma "integração" era quanto se conseguia propor para superar esse dilema insolúvel. Mesmo assim, para conseguir "integrar", tinha de modernizar-se; mas, agora no nível político interno, isso levava a um novo dilema: mobilizar o pensamento crítico para empreender as reformas, e contê-lo para que não revelasse a sua face revolucionária. O ecletismo teórico e o reformismo prático não conseguiam, pois, superar as agudas contradições por onde se manifestava a crise.

E mesmo, entre a teoria e a prática do mercantilismo ilustrado, abria-se uma certa distância, preenchida pelas resistências que as reformas encontravam; mas, se aos olhos dos corifeus das Luzes, as frustrações da tentativa se explicariam por essa defasagem, de um ponto de vista crítico o fracasso era inerente à própria tentativa, na medida em que a perspectiva assumida não podia, nem prática nem teoricamente, dar conta da situação.

Nem por isso a experiência deixa de ter enorme significado e substancial interesse. Como todo governo reformista, o dos ilustrados do fim do Antigo Regime tendia, de certo modo, a afastar-se dos grupos e classes, ou pelo menos procurava evitar uma identificação muito direta com uma única camada social. Vimos exemplos dessa postura "equidistante". É claro que há sempre uma dimensão ideológica nesses governos que se pretendem expressão do "bem comum", e que no limite acabam por se empenhar em preservar o *status quo*. Não se trata de confundir ideologia e realidade, mas é evidente que há graus de identificação entre Estado e camada dominante, e os momentos reformistas são exatamente aqueles em que esta relação se torna mais complexa: o Estado, nessas situações, tende a ver além dos interesses da camada dominante, com vistas à própria preservação da estrutura de dominação.

Parece ser bem essa a situação que nos apresenta o Estado metropolitano português da época ilustrada: daí essa ênfase permanente no "bem comum" dos "vassalos destes Reinos e daqueles Domínios". Para preservar o sistema, a perspectiva reformista avançou corajosamente até as suas fronteiras, e mesmo forçou-as; não hesitou, ainda para salvar o sistema, em sacrificar temporariamente a metrópole, e a Corte embarcou para o Brasil. Veja-se bem: a colônia era essencial para a preservação da metrópole não só enquanto metrópole mas enquanto Estado soberano; em 1807 torna-se impossível manter as duas, e os estadistas têm que optar: ora, seria mais fácil recuperar a pequena metrópole do que a grande colônia, que se independizaria — e a sede da monarquia transferiu-se para a América. Assim acabou por se configurar, também na relação Portugal-Brasil, a "inversão do pacto": aqui, porém, é a colônia que comanda a mudança e acaba por assimilar a metrópole.

Somente essa compreensão da teoria e da prática do reformismo ilustrado permite-nos, pois, equacionar a forma que assumiu entre nós a passagem, as dimensões e manifestações da crise do Antigo Sistema Colonial sobre o laço Brasil-Portugal. Somente a partir da análise da perspectiva reformista e da frustração da sua aplicação podemos entender os avanços que foi seguindo a ideia da permanência da Corte no Brasil; ela se desdobra daquela perspectiva. Em contrapartida, somente a partir da análise da frustração da tentativa ilustrada, e dos seus desdobramentos, poder-se-ia focalizar os caminhos e descaminhos que assumiria a revolução liberal na metrópole. Independência do Brasil e liberalismo em Portugal reportam-se pois ao fundo comum da experiência ilustrada. Com isso, entretanto, vamos transitando como que insensivelmente do terreno das conclusões para o da proposição de novos problemas. Colocar problemas, porém, talvez seja uma maneira fecunda de concluir.

Tabelas e gráficos

Tabela 1
MOVIMENTO COMERCIAL 1796-1811
PORTUGAL-COLÔNIAS: IMPORTAÇÃO
DAS COLÔNIAS PARA A METRÓPOLE

Ano	Importação
1796	13.413.265$038
1797	5.519.870$608
1798	12.802.090$872
1799	15.169.305$719
1800	14.850.936$376
1801	17.527.723$934
1802	12.966.553$680
1803	14.193.353$435
1804	13.579.874$717
1805	15.843.481$445
1806	16.103.966$250
1807	16.968.810$061
1808	614.857$782
1809	5.857.754$930
1810	3.949.320$962
1811	5.304.266$468

Gráfico 1
MOVIMENTO COMERCIAL 1796-1811
PORTUGAL-COLÔNIAS: IMPORTAÇÃO
DAS COLÔNIAS PARA A METRÓPOLE

Tabela 2
MOVIMENTO COMERCIAL 1796-1811
PORTUGAL-COLÔNIAS: EXPORTAÇÃO
DA METRÓPOLE PARA AS COLÔNIAS

Ano	Exportação
1796	7.527.648$713
1797	9.651.734$406
1798	12.418.654$675
1799	20.458.608$483
1800	13.521.110$817
1801	13.133.542$148
1802	12.800.313$175
1803	12.741.308$922
1804	14.905.960$519
1805	12.245.019$147
1806	11.313.313$554
1807	10.348.602$741
1808	1.694.187$512
1809	3.911.194$516
1810	3.811.220$063
1811	3.479.940$500

Gráfico 2
MOVIMENTO COMERCIAL 1796-1811
PORTUGAL-COLÔNIAS: EXPORTAÇÃO
DA METRÓPOLE PARA AS COLÔNIAS

Tabela 3

MOVIMENTO COMERCIAL 1796-1811

PORTUGAL-COLÔNIAS: IMPORTAÇÃO E EXPORTAÇÃO

Ano	Importação	Exportação
1796	13.414.265$038	7.527.648$713
1797	5.519.870$608	9.651.734$406
1798	12.802.090$872	12.418.654$675
1799	15.169.305$719	20.458.608$483
1800	14.850.936$376	13.521.110$817
1801	17.527.723$934	13.133.542$148
1802	12.966.553$680	12.800.313$175
1803	14.193.353$435	12.741.308$922
1804	13.579.874$717	14.905.960$519
1805	15.843.481$445	12.245.019$147
1806	16.103.966$250	11.313.313$554
1807	16.968.810$061	10.348.602$741
1808	614.857$782	1.694.187$512
1809	5.857.754$930	3.911.194$516
1810	3.949.320$962	3.811.220$063
1811	5.304.266$468	3.479.940$500

Gráfico 3

MOVIMENTO COMERCIAL 1796-1811

PORTUGAL-COLÔNIAS: IMPORTAÇÃO E EXPORTAÇÃO

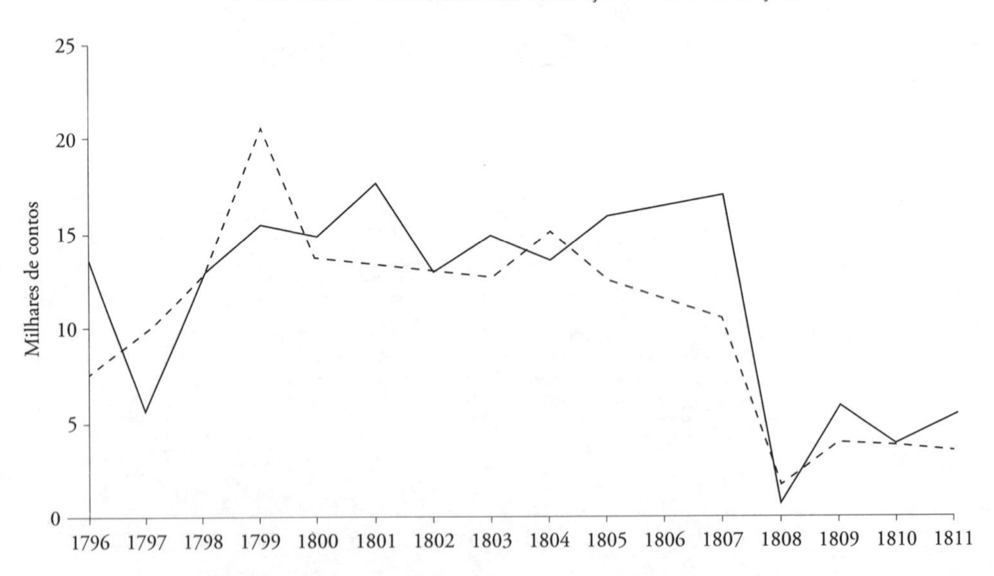

Tabela 4
MOVIMENTO COMERCIAL 1796-1811
PORTUGAL-COLÔNIAS: DÉFICITS E SUPERÁVITS

Ano	Superávits	Déficits
1796		5.885.616$325
1797	4.131.863$798	
1798		383.436$197
1799	5.289.302$764	
1800		1.329.825$559
1801		4.394.181$786
1802		166.240$505
1803		1.452.044$513
1804	1.326.085$802	
1805		3.598.462$298
1806		4.789.652$696
1807		6.620.207$320
1808	1.079.329$730	
1809		1.946.560$414
1810		138.100$899
1811		1.824.325$968

Gráfico 4
MOVIMENTO COMERCIAL 1796-1811
PORTUGAL-COLÔNIAS: DÉFICITS E SUPERÁVITS

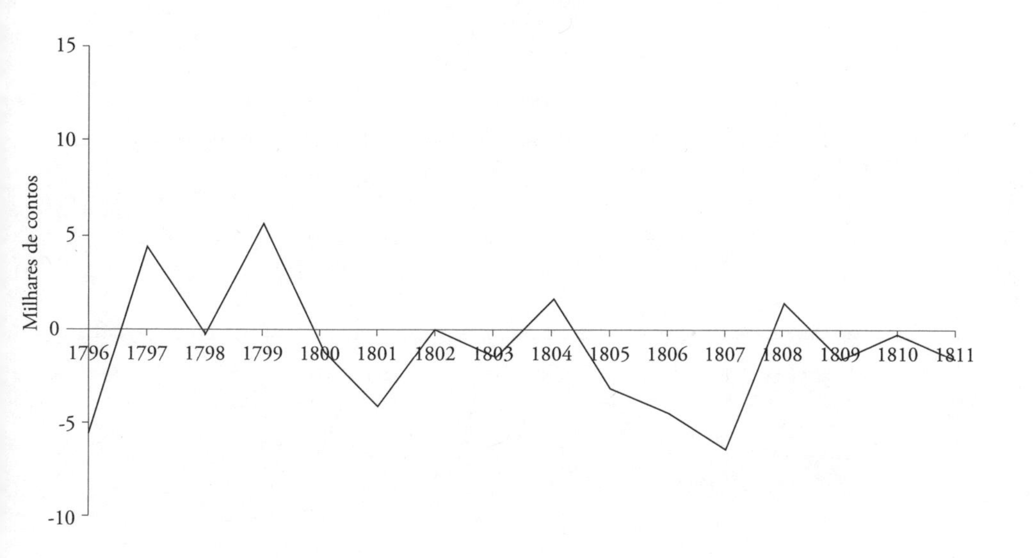

Tabela 5
MOVIMENTO COMERCIAL 1796-1811
PORTUGAL-COLÔNIAS: DÉFICITS E SUPERÁVITS — ACUMULADO

Ano	Superávits	Déficits
1796		5.885.616$325
1797		1.753.752$527
1798		2.137.188$724
1799	3.152.114$040	
1800	1.822.288$481	
1801		2.571.893$305
1802		2.738.133$810
1803		4.190.178$323
1804		2.864.092$521
1805		6.462.554$819
1806		11.252.207$515
1807		17.872.414$835
1808		16.793.085$105
1809		18.739.645$519
1810		18.877.746$418
1811		20.702.072$386

Gráfico 5
MOVIMENTO COMERCIAL 1796-1811
PORTUGAL-COLÔNIAS: DÉFICITS E SUPERÁVITS — ACUMULADO

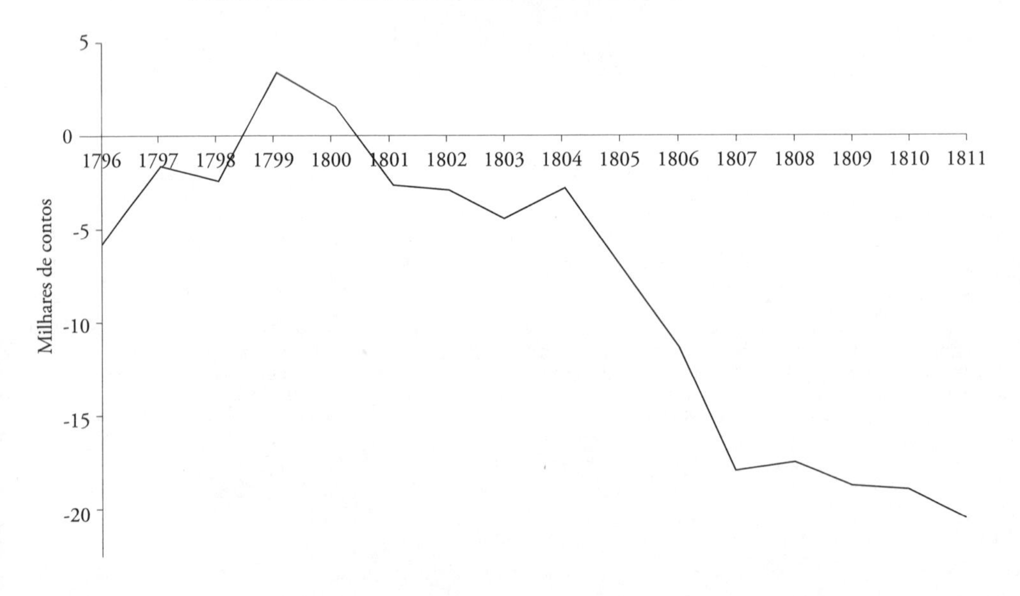

Tabela 6

MOVIMENTO COMERCIAL 1796-1811
PORTUGAL-NAÇÕES ESTRANGEIRAS: IMPORTAÇÃO
DAS NAÇÕES ESTRANGEIRAS PARA PORTUGAL

Ano	Importação
1796	12.652.771$691
1797	14.498.399$597
1798	14.729.238$360
1799	19.755.284$401
1800	20.031.347$325
1801	19.337.425$504
1802	17.942.240$592
1803	15.068.304$594
1804	17.841.034$672
1805	19.656.685$570
1806	16.440.921$781
1807	13.896.318$253
1808	2.740.598$802
1809	8.833.965$232
1810	17.051.885$239
1811	38.704.283$725

Gráfico 6

MOVIMENTO COMERCIAL 1796-1811
PORTUGAL-NAÇÕES ESTRANGEIRAS: IMPORTAÇÃO
DAS NAÇÕES ESTRANGEIRAS PARA PORTUGAL

Tabela 7
MOVIMENTO COMERCIAL 1796-1811
PORTUGAL-NAÇÕES ESTRANGEIRAS: EXPORTAÇÃO
DE PORTUGAL PARA AS NAÇÕES ESTRANGEIRAS

Ano	Exportação
1796	16.013.356$598
1797	11.822.970$024
1798	15.053.960$930
1799	17.688.107$851
1800	20.684.802$298
1801	25.103.785$190
1802	21.405.349$072
1803	21.528.379$563
1804	21.060.962$501
1805	22.654.204$293
1806	23.255.505$241
1807	20.999.506$331
1808	5.811.038$620
1809	9.858.222$739
1810	12.521.960$437
1811	6.913.924$928

Gráfico 7
MOVIMENTO COMERCIAL 1796-1811
PORTUGAL-NAÇÕES ESTRANGEIRAS: EXPORTAÇÃO
DE PORTUGAL PARA AS NAÇÕES ESTRANGEIRAS

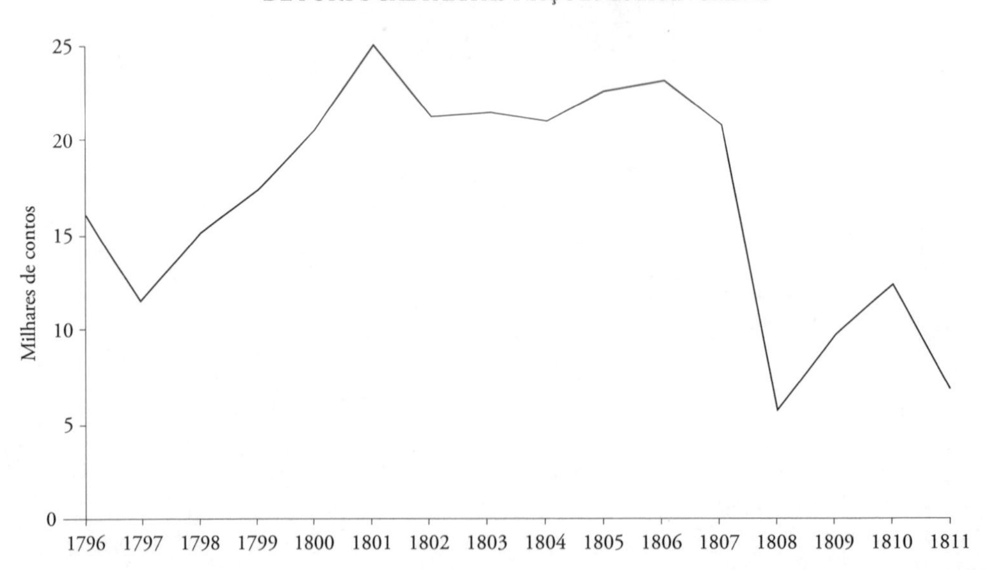

Tabela 8
MOVIMENTO COMERCIAL 1796-1811
PORTUGAL-NAÇÕES ESTRANGEIRAS: IMPORTAÇÃO E EXPORTAÇÃO

Ano	Importação	Exportação
1796	12.652.771$691	16.013.356$598
1797	14.498.399$597	11.822.970$024
1798	14.729.238$360	15.053.960$930
1799	19.755.284$401	17.688.107$851
1800	20.031.347$325	20.684.802$298
1801	19.337.425$504	25.103.785$190
1802	17.942.240$592	21.405.349$072
1803	15.068.304$594	21.528.379$563
1804	17.841.034$672	21.060.962$501
1805	19.656.685$570	22.654.204$293
1806	16.440.921$781	23.255.505$141
1807	13.896.318$253	20.999.506$331
1808	2.740.598$802	5.811.038$620
1809	8.833.965$232	9.858.222$739
1810	17.051.885$239	12.521.960$437
1811	38.704.283$725	6.913.924$928

Gráfico 8
MOVIMENTO COMERCIAL 1796-1811
PORTUGAL-NAÇÕES ESTRANGEIRAS: IMPORTAÇÃO E EXPORTAÇÃO

Tabela 9

MOVIMENTO COMERCIAL 1796-1811

PORTUGAL-NAÇÕES ESTRANGEIRAS: DÉFICITS E SUPERÁVITS

Ano	Superávits	Déficits
1796	3.360.584$907	
1797		2.675.429$573
1798	324.722$570	
1799		2.067.176$550
1800	653.454$973	
1801	5.766.359$686	
1802	3.463.108$480	
1803	6.460.074$969	
1804	3.219.927$829	
1805	2.997.518$723	
1806	6.814.563$360	
1807	7.103.188$078	
1808	3.070.439$818	
1809	1.024.257$507	
1810		4.529.924$802
1811		31.790.358$797

Gráfico 9

MOVIMENTO COMERCIAL 1796-1811

PORTUGAL-NAÇÕES ESTRANGEIRAS: DÉFICITS E SUPERÁVITS

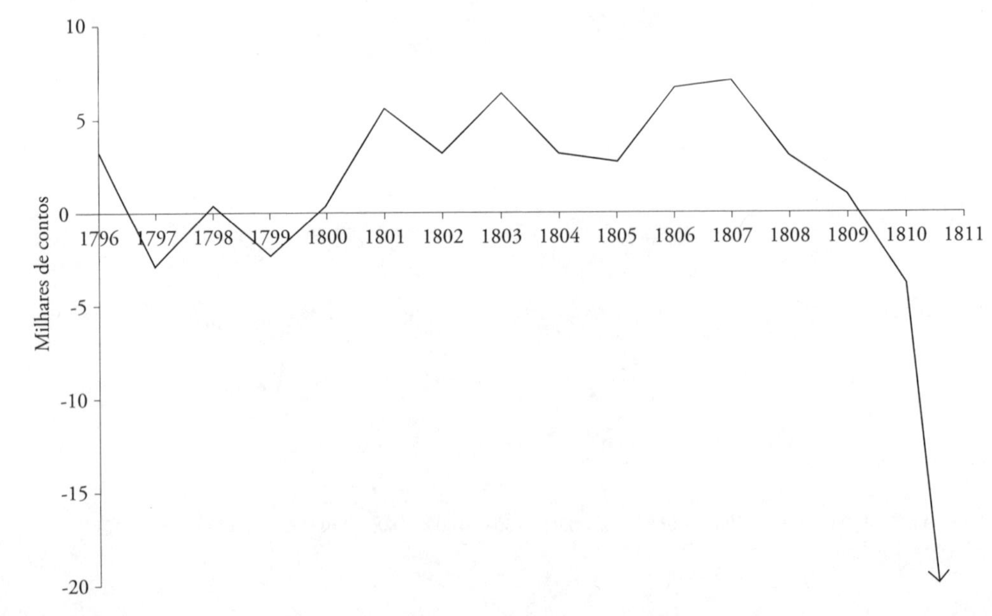

Tabela 10
MOVIMENTO COMERCIAL 1796-1811
PORTUGAL-NAÇÕES ESTRANGEIRAS: DÉFICITS E SUPERÁVITS — ACUMULADO

Ano	Superávits	Déficits
1796	3.360.584$907	
1797	685.155$334	
1798	1.009.877$904	
1799		1.057.298$646
1800		403.843$673
1801	5.362.516$013	
1802	8.825.624$493	
1803	15.285.699$462	
1804	18.505.627$291	
1805	21.503.146$014	
1806	28.317.729$374	
1807	35.420.917$452	
1808	38.491.357$270	
1809	39.515.614$777	
1810	34.985.689$975	
1811	3.195.331$178	

Gráfico 10
MOVIMENTO COMERCIAL 1796-1811
PORTUGAL-NAÇÕES ESTRANGEIRAS: DÉFICITS E SUPERÁVITS — ACUMULADO

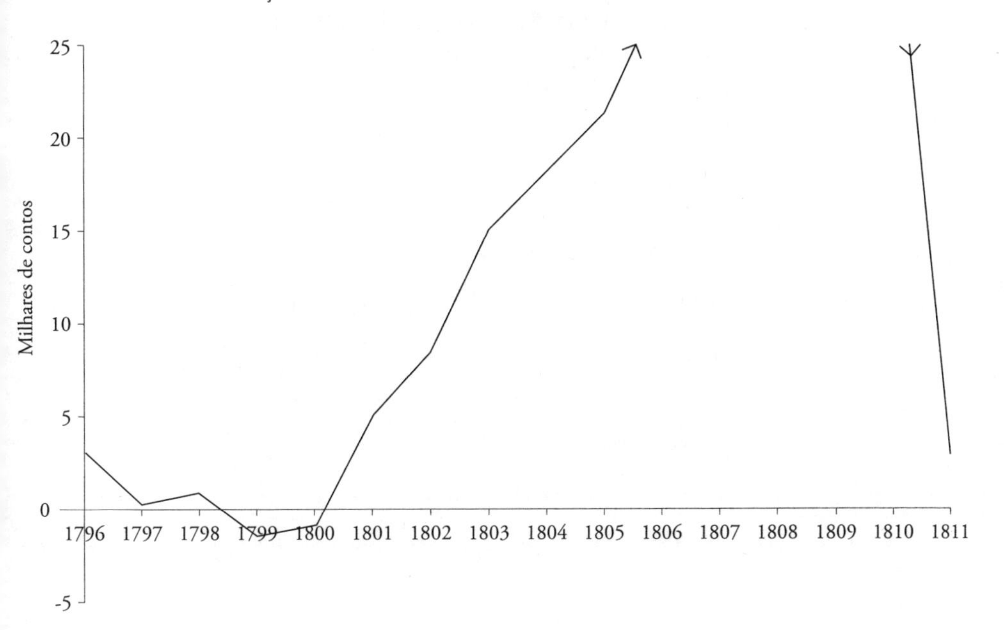

Tabela 11
MOVIMENTO COMERCIAL 1796-1811
PORTUGAL-COLÔNIAS: IMPORTAÇÃO
DAS COLÔNIAS PARA A METRÓPOLE;
POSIÇÃO DO BRASIL EM RELAÇÃO AO TOTAL E ÀS OUTRAS COLÔNIAS

Ano	Brasil	Outras colônias	Total
1796	11.474.863$931	1.938.401$107	13.413.265$038
1797	4.258.823$470	1.261.047$138	5.519.870$608
1798	10.816.561$028	1.985.529$844	12.802.090$872
1799	12.584.505$139	2.584.800$580	15.169.305$719
1800	12.528.091$556	2.322.844$820	14.850.936$376
1801	14.776.706$349	2.751.017$385	17.527.723$934
1802	10.353.244$931	2.613.308$749	12.966.553$680
1803	11.332.290$669	2.861.062$766	14.193.353$435
1804	11.199.922$858	2.379.951$859	13.579.874$717
1805	13.948.658$601	1.894.822$844	15.843.481$445
1806	14.153.761$891	1.950.204$359	16.103.966$250
1807	13.927.799$336	3.041.010$725	16.968.810$061
1808	546.930$970	67.926$812	614.857$782
1809	4.819.373$394	1.038.381$536	5.857.754$930
1810	3.683.331$085	265.989$811	3.949.320$962
1811	3.633.586$588	1.670.679$880	5.304.266$468

Gráfico 11
MOVIMENTO COMERCIAL 1796-1811
PORTUGAL-COLÔNIAS: IMPORTAÇÃO
DAS COLÔNIAS PARA A METRÓPOLE;
POSIÇÃO DO BRASIL EM RELAÇÃO AO TOTAL E ÀS OUTRAS COLÔNIAS

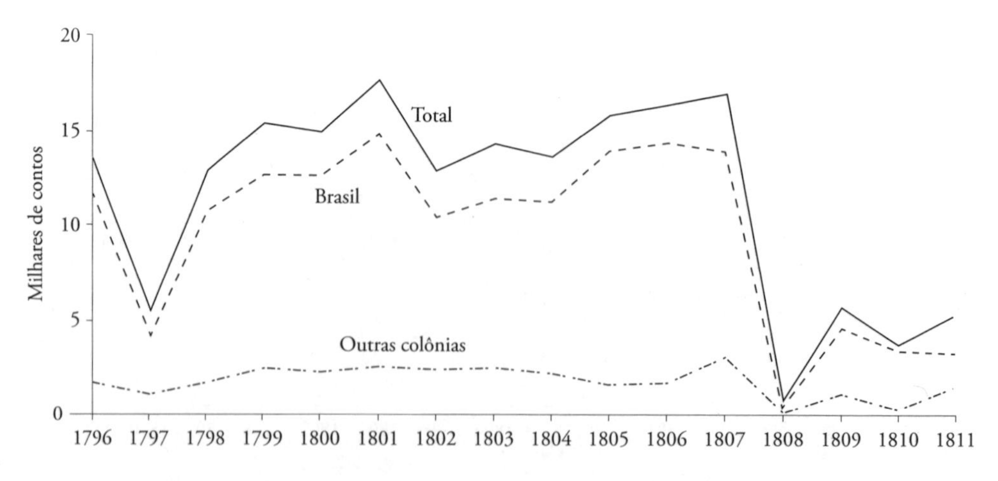

Tabela 12

MOVIMENTO COMERCIAL 1796-1811

PORTUGAL-COLÔNIAS: IMPORTAÇÃO

DAS COLÔNIAS PARA A METRÓPOLE; % EM RELAÇÃO AO TOTAL

Ano	Brasil	Outras colônias
1796	85,5%	14,5%
1797	77,3%	22,7%
1798	84,7%	15,3%
1799	83,0%	17,0%
1800	84,4%	15,6%
1801	84,0%	16,0%
1802	79,9%	20,1%
1803	80,1%	19,9%
1804	82,6%	17,4%
1805	88,0%	12,0%
1806	88,3%	11,7%
1807	82,2%	17,8%
de 1796 a 1807	83,7%	16,3%
1808	89,0%	11,0%
1809	82,2%	17,8%
1810	93,3%	6,7%
1811	68,5%	31,5%
de 1808 a 1811	80,5%	19,5%
de 1796 a 1811	83,3%	16,7%

Gráfico 12

MOVIMENTO COMERCIAL 1796-1811

PORTUGAL-COLÔNIAS: IMPORTAÇÃO

DAS COLÔNIAS PARA A METRÓPOLE; % EM RELAÇÃO AO TOTAL

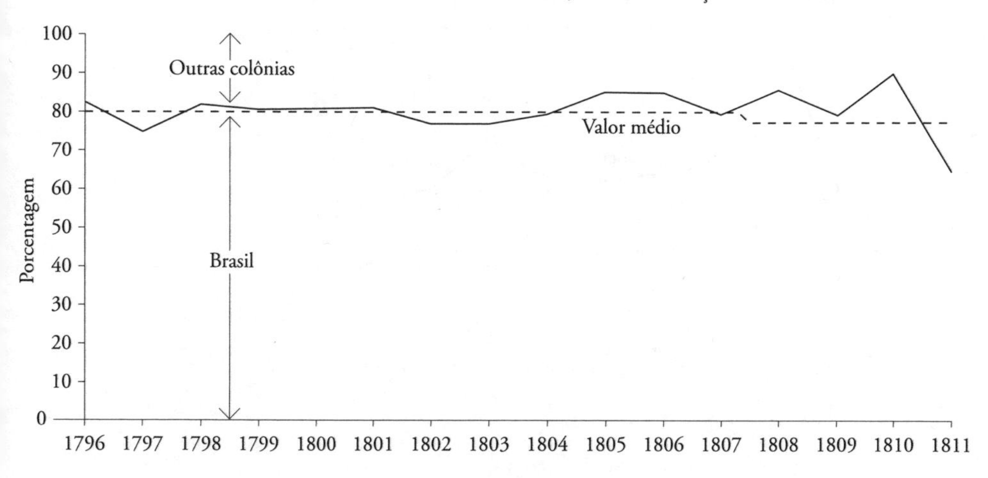

Tabela 13
MOVIMENTO COMERCIAL 1796-1811
PORTUGAL-COLÔNIAS: EXPORTAÇÃO
DA METRÓPOLE PARA AS COLÔNIAS;
POSIÇÃO DO BRASIL EM RELAÇÃO AO TOTAL E ÀS OUTRAS COLÔNIAS

Ano	Brasil	Outras colônias	Total
1796	6.982.356$248	545.292$465	7.527.648$713
1797	8.525.780$093	1.125.954$313	9.651.734$406
1798	10.668.177$385	1.750.477$290	12.418.654$675
1799	15.800.938$555	4.657.669$928	20.458.608$483
1800	9.432.156$624	4.088.954$193	13.521.110$817
1801	10.680.059$775	2.453.482$373	13.133.542$148
1802	10.151.660$235	2.548.652$940	12.800.313$175
1803	9.928.504$852	2.812.804$070	12.741.308$922
1804	11.383.279$024	3.522.681$495	14.905.960$519
1805	9.505.255$996	2.739.763$151	12.245.019$147
1806	8.426.097$899	2.888.215$655	11.314.313$554
1807	6.952.957$454	3.395.645$287	10.348.602$741
1808	1.511.188$078	182.999$434	1.694.187$512
1809	3.437.735$091	473.459$425	3.911.194$516
1810	2.932.527$927	878.692$136	3.811.220$063
1811	2.792.765$820	687.174$680	3.479.940$500

Gráfico 13
MOVIMENTO COMERCIAL 1796-1811
PORTUGAL-COLÔNIAS: EXPORTAÇÃO
DA METRÓPOLE PARA AS COLÔNIAS;
POSIÇÃO DO BRASIL EM RELAÇÃO AO TOTAL E ÀS OUTRAS COLÔNIAS

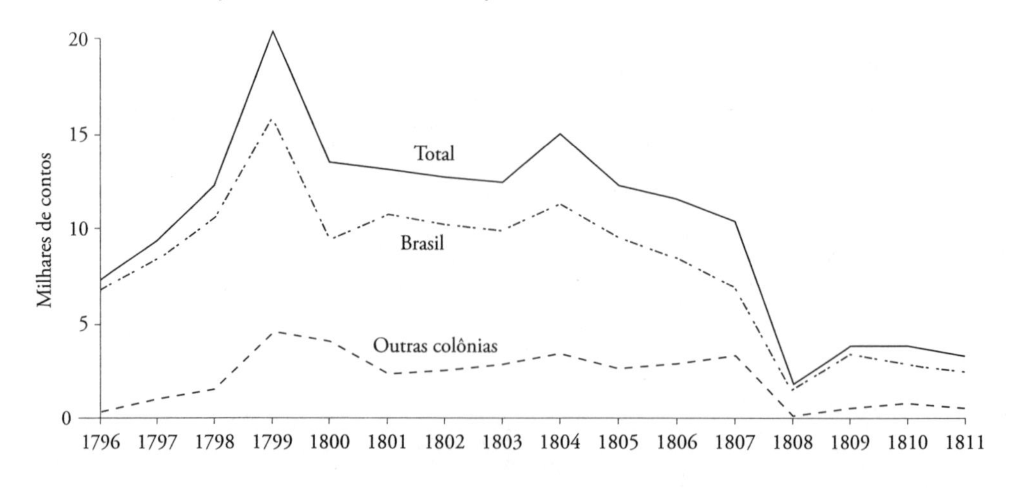

Tabela 14
MOVIMENTO COMERCIAL 1796-1811
PORTUGAL-COLÔNIAS: EXPORTAÇÃO
DA METRÓPOLE PARA AS COLÔNIAS; % EM RELAÇÃO AO TOTAL

Ano	Brasil	Outras colônias
1796	92,7%	7,3%
1797	88,4%	11,6%
1798	85,9%	14,1%
1799	77,2%	22,8%
1800	69,7%	30,3%
1801	81,3%	18,7%
1802	79,4%	20,6%
1803	78,0%	22,0%
1804	76,3%	23,7%
1805	77,6%	22,4%
1806	74,4%	25,6%
1807	67,2%	32,8%
de 1796 a 1807	78,4%	21,6%
1808	89,3%	10,7%
1809	87,9%	12,1%
1810	76,9%	23,1%
1811	80,2%	19,8%
de 1808 a 1811	82,8%	17,2.%
de 1796 a 1811	79,8%	20,2%

Gráfico 14
MOVIMENTO COMERCIAL 1796-1811
PORTUGAL-COLÔNIAS: EXPORTAÇÃO
DA METRÓPOLE PARA AS COLÔNIAS; % EM RELAÇÃO AO TOTAL

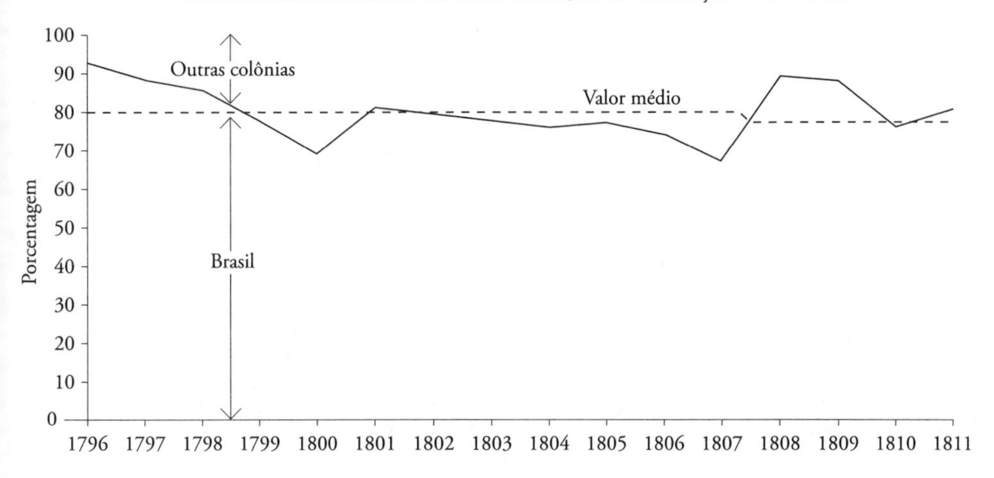

Tabela 15
MOVIMENTO COMERCIAL 1796-1811
PORTUGAL-BRASIL: IMPORTAÇÃO E EXPORTAÇÃO

Ano	Importação Brasil para Portugal	Exportação Portugal para Brasil
1796	11.474.863$931	6.982.356$248
1797	4.258.823$470	8.525.780$093
1798	10.816.561$028	10.668.177$385
1799	12.584.505$139	15.800.938$555
1800	12.528.091$556	9.432.156$624
1801	14.776.706$549	10.680.059$775
1802	10.353.244$931	10.151.660$235
1803	11.332.290$669	9.928.504$852
1804	11.199.922$858	11.383.279$024
1805	13.948.658$601	9.505.255$996
1806	14.153.761$891	8.426.097$899
1807	13.927.799$336	6.952.957$454
1808	546.930$970	1.511.188$078
1809	4.819.373$394	3.437.735$091
1810	3.683.331$085	2.932.527$927
1811	3.633.586$588	2.792.765$820

Gráfico 15
MOVIMENTO COMERCIAL 1796-1811
PORTUGAL-BRASIL: IMPORTAÇÃO E EXPORTAÇÃO

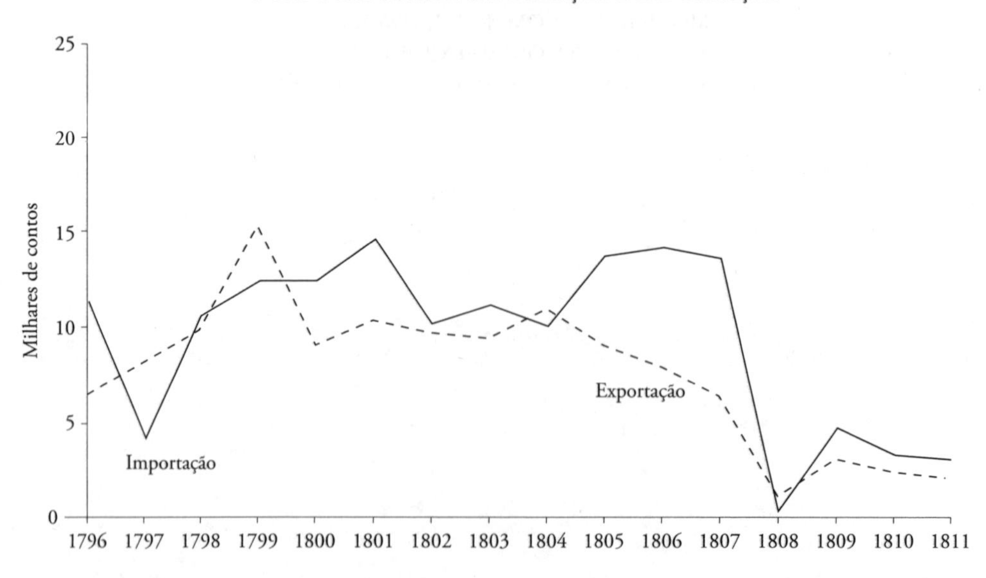

Tabela 16
MOVIMENTO COMERCIAL 1796-1811
PORTUGAL-BRASIL: DÉFICITS E SUPERÁVITS

Ano	Superávits	Déficits
1796		4.492.507$683
1797	4.266.956$623	
1798		148.383$643
1799	3.216.433$416	
1800		3.095.934$932
1801		4.096.646$774
1802		201.584$696
1803		1.403.785$817
1804	183.356$166	
1805		4.443.402$605
1806		5.727.663$992
1807		6.974.841$882
1808	964.257$108	
1809		1.381.638$303
1810		750.803$158
1811		840.820$768

Gráfico 16
MOVIMENTO COMERCIAL 1796-1811
PORTUGAL-BRASIL: DÉFICITS E SUPERÁVITS

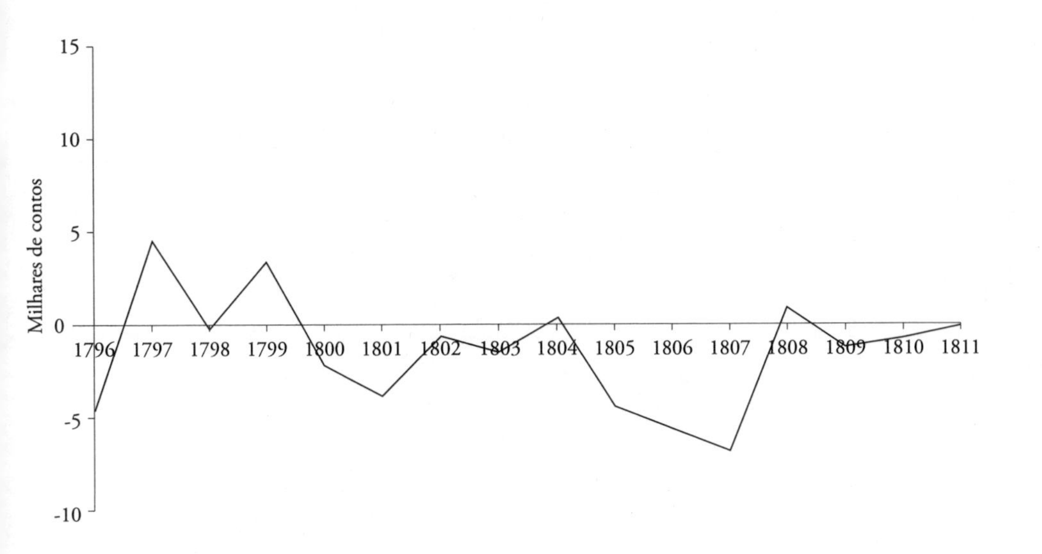

Tabela 17
MOVIMENTO COMERCIAL 1796-1811
PORTUGAL-BRASIL: DÉFICITS E SUPERÁVITS — ACUMULADO

Ano	Superávits	Déficits
1796		4.492.507$683
1797		225.551$060
1798		373.934$703
1799	2.842.498$713	
1800		253.436$219
1801		4.350.082$993
1802		4.551.667$689
1803		5.955.453$506
1804		5.772.097$340
1805		10.215.499$945
1806		15.943.163$937
1807		22.918.005$819
1808		21.953.748$711
1809		23.335.387$014
1810		24.086.190$172
1811		24.927.010$940

Gráfico 17
MOVIMENTO COMERCIAL 1796-1811
PORTUGAL-BRASIL: DÉFICITS E SUPERÁVITS — ACUMULADO

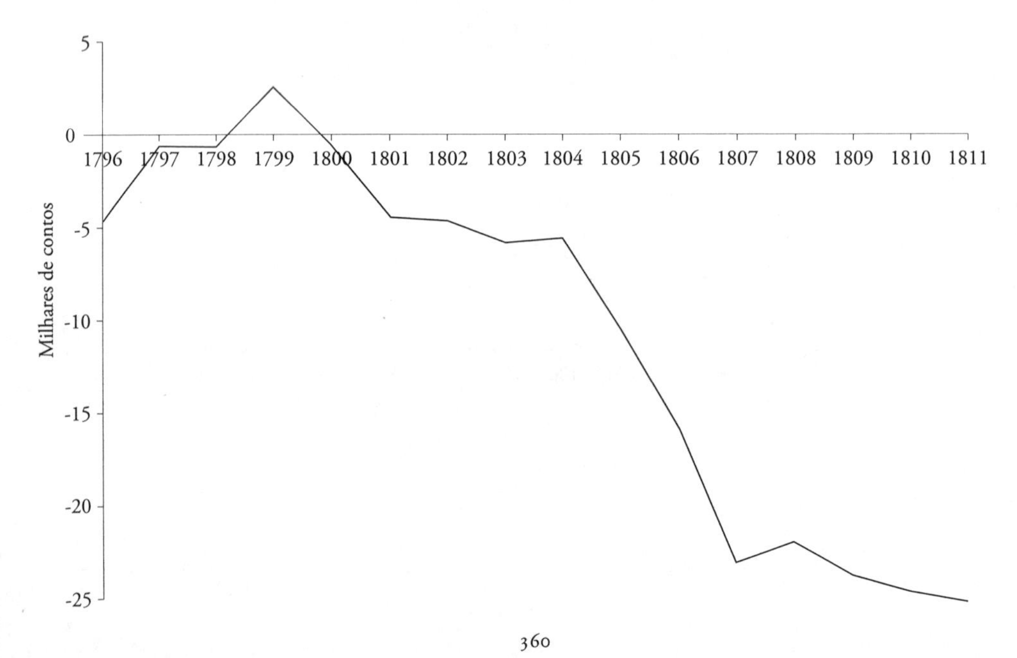

Tabela 18

MOVIMENTO COMERCIAL 1796-1811

PORTUGAL-OUTRAS COLÔNIAS: IMPORTAÇÃO E EXPORTAÇÃO

Ano	Importação outras colônias para Portugal	Exportação Portugal para outras colônias
1796	1.938.401$107	545.292$465
1797	1.261.047$138	1.125.954$313
1798	1.985.529$844	1.750.477$290
1799	2.584.800$580	4.657.669$928
1800	2.322.844$820	4.088.954$193
1801	2.751.017$385	2.453.482$373
1802	2.613.308$749	2.648.652$940
1803	2.861.062$766	2.812.804$070
1804	2.379.951$859	3.522.681$495
1805	1.894.822$844	2.739.763$151
1806	1.950.204$359	2.888.215$655
1807	3.041.010$725	3.395.645$287
1808	67.926$812	182.999$434
1809	1.038.381$536	473.459$425
1810	265.989$877	878.692$136
1811	1.670.679$880	657.174$680

Gráfico 18

MOVIMENTO COMERCIAL 1796-1811

PORTUGAL-OUTRAS COLÔNIAS: IMPORTAÇÃO E EXPORTAÇÃO

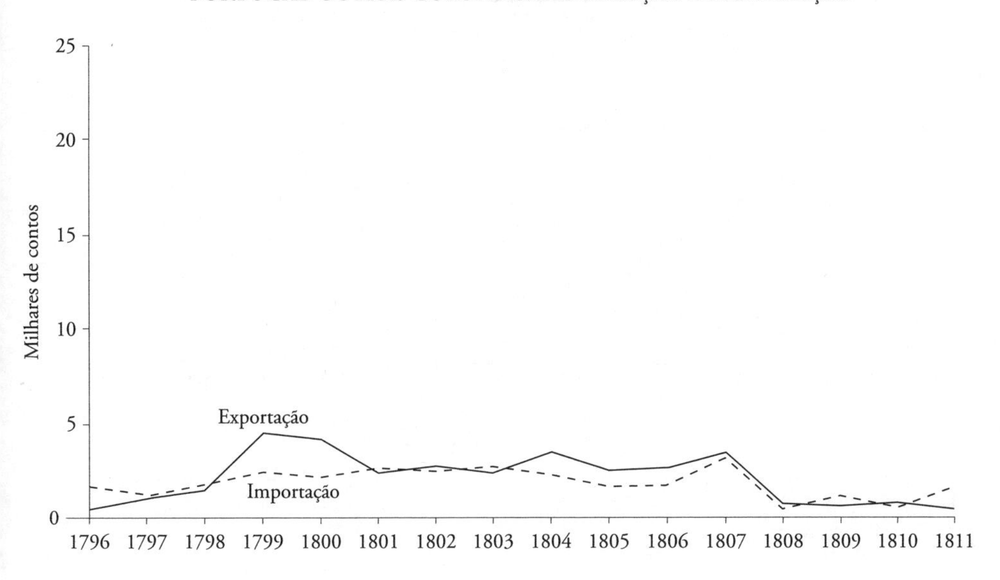

Tabela 19
MOVIMENTO COMERCIAL 1796-1811
PORTUGAL-OUTRAS COLÔNIAS: DÉFICITS E SUPERÁVITS

Ano	Superávits	Déficits
1796		1.393.108$642
1797		135.092$825
1798		235.052$554
1799	2.072.869$348	
1800	1.766.109$373	
1801		297.535$012
1802	35.344$191	
1803		48.258$696
1804	1.142.729$636	
1805	844.940$307	
1806	938.011$296	
1807	354.634$562	
1808	115.072$622	
1809		564.922$111
1810	612.702$259	
1811		983.505$200

Gráfico 19
MOVIMENTO COMERCIAL 1796-1811
PORTUGAL-OUTRAS COLÔNIAS: DÉFICITS E SUPERÁVITS

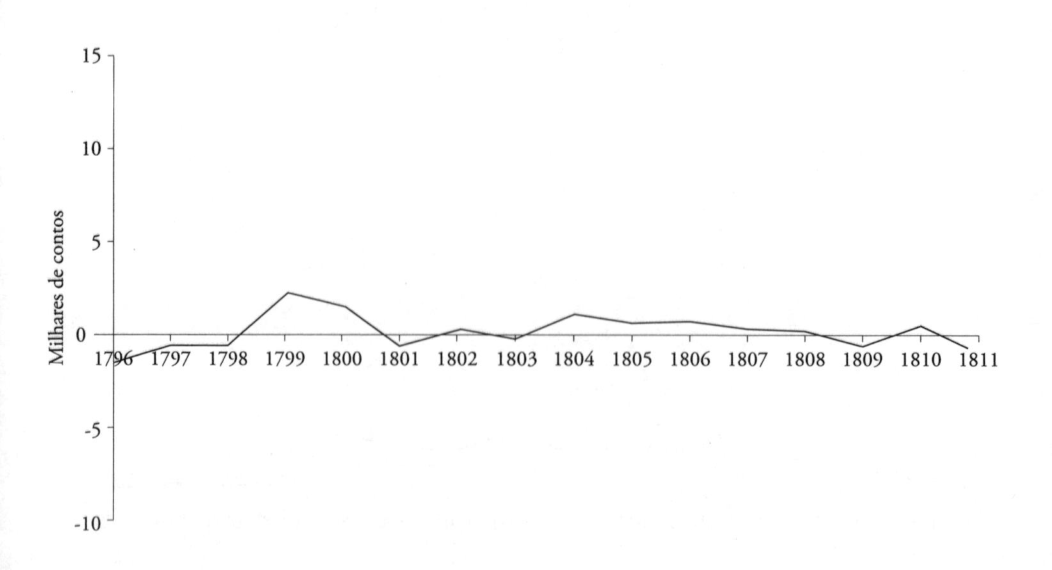

Tabela 20
MOVIMENTO COMERCIAL 1796-1811
PORTUGAL-OUTRAS COLÔNIAS: DÉFICITS E SUPERÁVITS — ACUMULADO

Ano	Superávits	Déficits
1796		1.393.108$642
1797		1.528.201$467
1798		1.763.254$021
1799	309.615$327	
1800	2.075.724$700	
1801	1.778.189$688	
1802	1.813.533$879	
1803	1.765.275$183	
1804	2.908.004$819	
1805	3.752.945$126	
1806	4.690.956$422	
1807	5.045.590$984	
1808	5.160.663$606	
1809	4.595.741$495	
1810	5.208.443$754	
1811	4.224.938$554	

Gráfico 20
MOVIMENTO COMERCIAL 1796-1811
PORTUGAL-OUTRAS COLÔNIAS: DÉFICITS E SUPERÁVITS — ACUMULADO

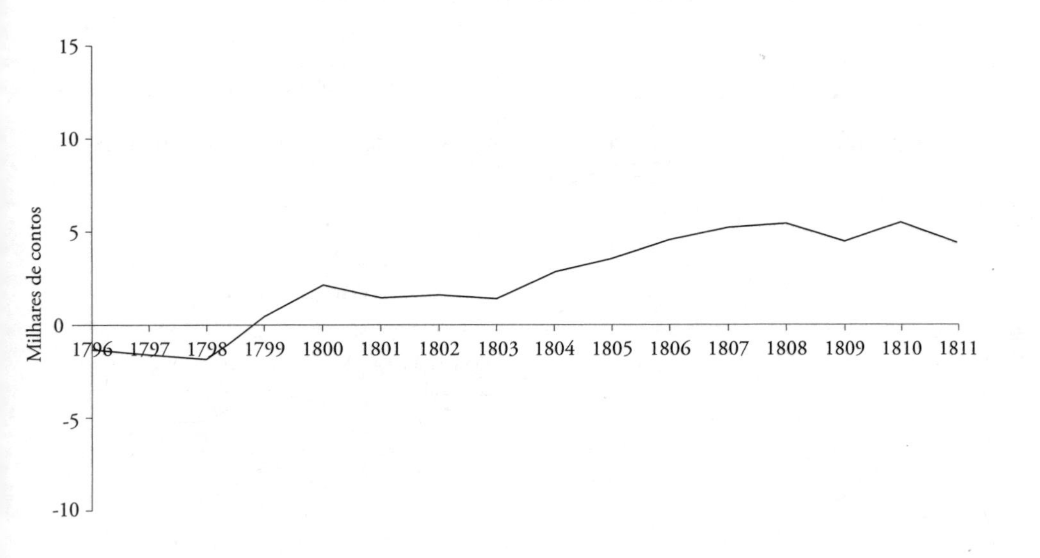

Tabela 21
MOVIMENTO COMERCIAL 1796-1811
PORTUGAL-BRASIL-OUTRAS COLÔNIAS:
DÉFICITS E SUPERÁVITS — ACUMULADO

Ano	Portugal-Brasil acumulado	Portugal-outras colônias acumulado
1796	- 4.492.507$683	- 1.393.108$642
1797	- 225.551$060	- 1.528.201$467
1798	- 373.934$703	- 1.763.254$021
1799	+ 2.842.498$713	+ 309.615$327
1800	- 253.436$219	+ 2.075.724$700
1801	- 4.350.082$993	+ 1.778.189$688
1802	- 4.551.667$689	+ 1.813.533$879
1803	- 5.955.453$506	+ 1.765.275$183
1804	- 5.772.097$340	+ 2.908.004$819
1805	- 10.215.499$945	+ 3.752.945$126
1806	- 15.943.163$937	+ 4.690.956$422
1807	- 22.918.005$819	+ 5.045.590$984
1808	- 21.953.748$711	+ 5.160.663$606
1809	- 23.335.387$014	+ 4.595.741$495
1810	- 24.086.190$172	+ 5.208.443$754
1811	- 24.927.010$940	+ 4.224.948$554

Gráfico 21
MOVIMENTO COMERCIAL 1796-1811
PORTUGAL-BRASIL-OUTRAS COLÔNIAS:
DÉFICITS E SUPERÁVITS — ACUMULADO

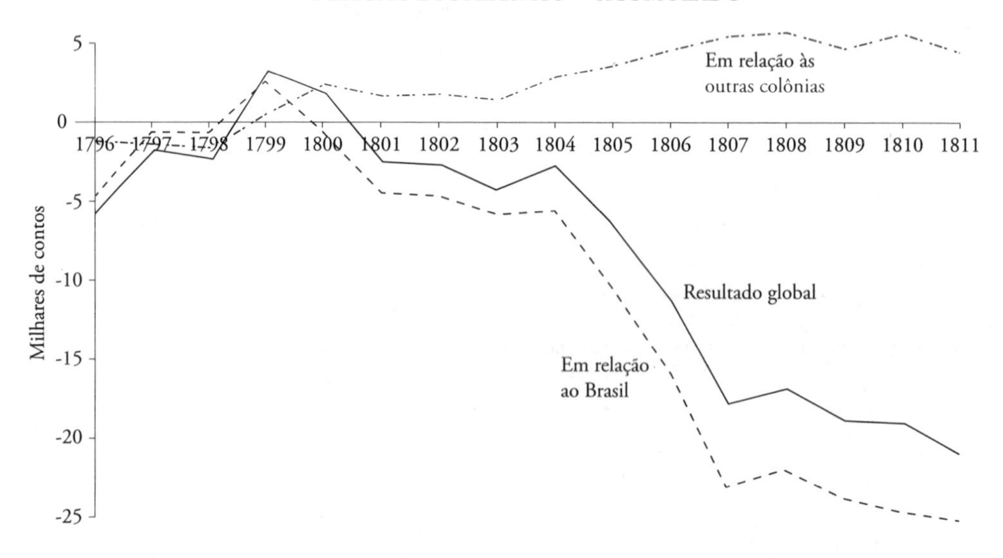

Tabela 22
MOVIMENTO COMERCIAL 1796-1811
PORTUGAL-NAÇÕES ESTRANGEIRAS: IMPORTAÇÃO E EXPORTAÇÃO
POSIÇÃO RELATIVA DAS NAÇÕES

Nações	Importação nações para Portugal	Exportação Portugal para nações
Inglaterra	68.760.120$496	92.593.818$815
Hamburgo	20.301.026$668	45.648.635$163
Itália	15.975.526$909	34.315.449$906
França	11.779.600$510	24.968.105$134
Castela	10.093.517$694	13.179.906$434
Holanda	12.430.723$169	7.249.059$579
Estados Unidos	10.202.011$352	5.888.239$037
Prússia	8.429.029$091	3.281.936$209
Berbéria	5.356.607$884	2.793.174$357
Dinamarca	1.202.839$301	2.620.605$969
Rússia	22.313.611$669	2.341.524$079
Suécia	8.921.491$510	2.132.175$360

Gráfico 22
MOVIMENTO COMERCIAL 1796-1811
PORTUGAL-NAÇÕES ESTRANGEIRAS: IMPORTAÇÃO E EXPORTAÇÃO
POSIÇÃO RELATIVA DAS NAÇÕES

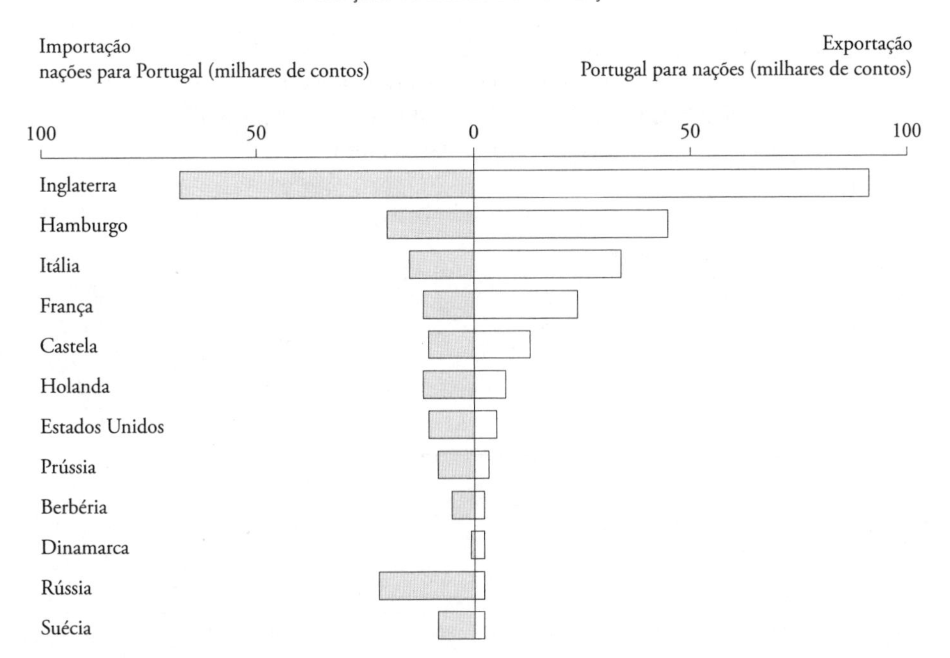

Tabela 23
MOVIMENTO COMERCIAL 1796-1811
PORTUGAL-NAÇÕES ESTRANGEIRAS: IMPORTAÇÃO
POSIÇÃO DA INGLATERRA

Ano	Importação Inglaterra para Portugal	Importação total nações estrangeiras para Portugal
1796	4.951.737$334	12.652.771$691
1797	4.627.613$455	14.498.399$597
1798	6.661.419$574	14.729.238$360
1799	8.835.649$603	19.755.284$401
1800	2.911.061$642	20.031.347$325
1801	4.879.357$324	19.337.425$504
1802	6.693.774$311	17.942.240$592
1803	5.587.493$136	15.068.304$594
1804	5.764.885$656	17.841.034$672
1805	5.837.705$848	19.656.685$570
1806	6.587.150$292	16.440.921$781
1807	5.422.272$321	13.896.318$253
1808	1.966.375$040	2.740.598$802
1809	4.531.952$809	8.833.965$232
1810	9.564.761$528	17.051.885$239
1811	21.559.960$503	38.704.287$728

Gráfico 23
MOVIMENTO COMERCIAL 1796-1811
PORTUGAL-NAÇÕES ESTRANGEIRAS: IMPORTAÇÃO
POSIÇÃO DA INGLATERRA

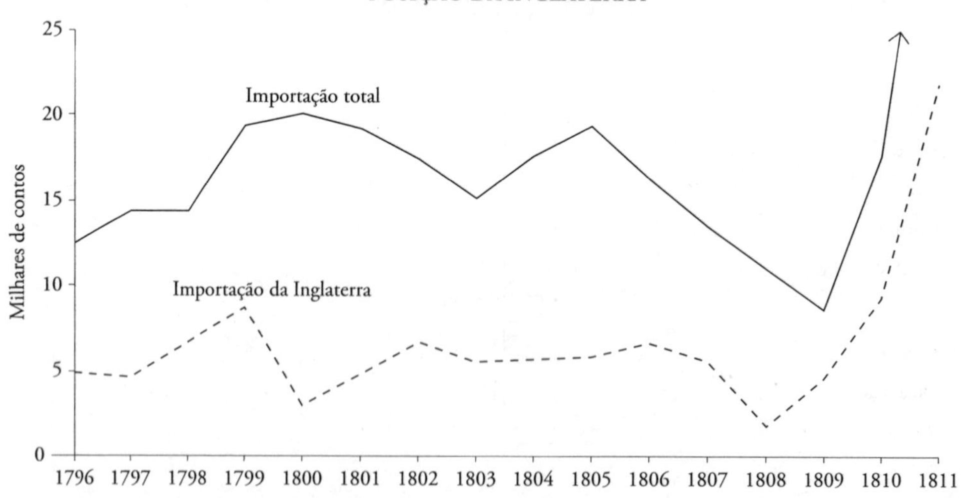

Tabela 24
MOVIMENTO COMERCIAL 1796-1811
PORTUGAL-NAÇÕES ESTRANGEIRAS: EXPORTAÇÃO
POSIÇÃO DA INGLATERRA

Ano	Exportação Portugal para Inglaterra	Exportação total Portugal para nações estrangeiras
1796	4.887.076$129	16.013.356$598
1797	3.979.976$884	11.822.970$024
1798	6.828.261$088	15.053.960$930
1799	9.058.217$010	17.688.107$851
1800	6.702.836$204	20.684.802$298
1801	9.651.014$710	25.103.785$190
1802	8.472.170$155	21.405.349$072
1803	10.514.250$356	21.528.379$563
1804	7.462.492$334	21.060.962$501
1805	8.865.210$950	22.654.204$293
1806	8.201.116$990	23.255.505$141
1807	7.971.196$005	20.999.506$331
1808	802.980$620	5.811.038$620
1809	7.342.270$330	9.858.222$739
1810	10.219.063$660	12.521.960$437
1811	4.323.864$845	6.913.924$928

Gráfico 24
MOVIMENTO COMERCIAL 1796-1811
PORTUGAL-NAÇÕES ESTRANGEIRAS: EXPORTAÇÃO
POSIÇÃO DA INGLATERRA

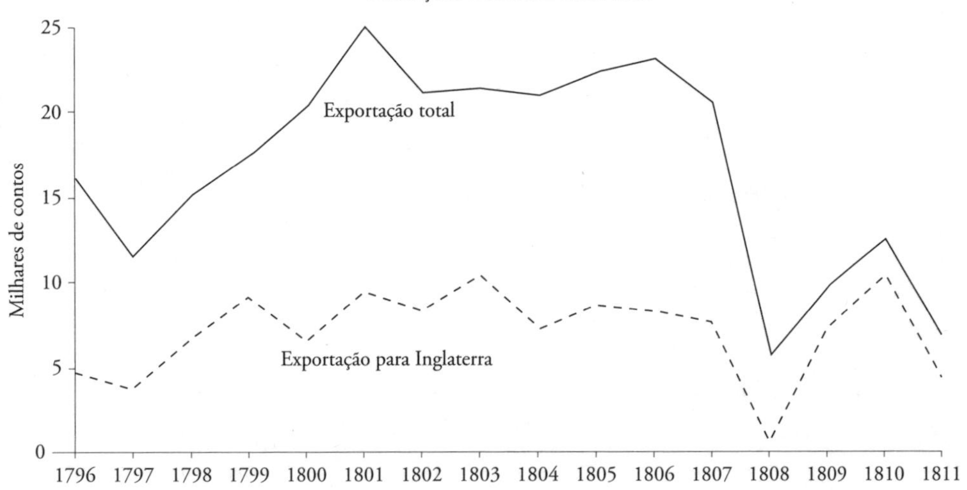

Tabela 25
MOVIMENTO COMERCIAL 1796-1811
PORTUGAL-NAÇÕES ESTRANGEIRAS: IMPORTAÇÃO E EXPORTAÇÃO
POSIÇÃO PERCENTUAL DA INGLATERRA

Ano	Importação em relação ao total	Exportação em relação ao total
1796	39,1%	30,5%
1797	31,9%	33,6%
1798	45,2%	45,4%
1799	44,7%	51,3%
1800	14,5%	32,4%
1801	25,2%	38,5%
1802	37,2%	39,6%
1803	37,1%	49,0%
1804	32,3%	35,4%
1805	29,7%	39,1%
1806	40,0%	35,3%
1807	39,0%	37,9%
1808	71,8%	13,8%
1809	51,4%	74,4%
1810	56,1%	81,6%
1811	55,7%	62,5%

Gráfico 25
MOVIMENTO COMERCIAL 1796-1811
PORTUGAL-NAÇÕES ESTRANGEIRAS: IMPORTAÇÃO E EXPORTAÇÃO
POSIÇÃO PERCENTUAL DA INGLATERRA

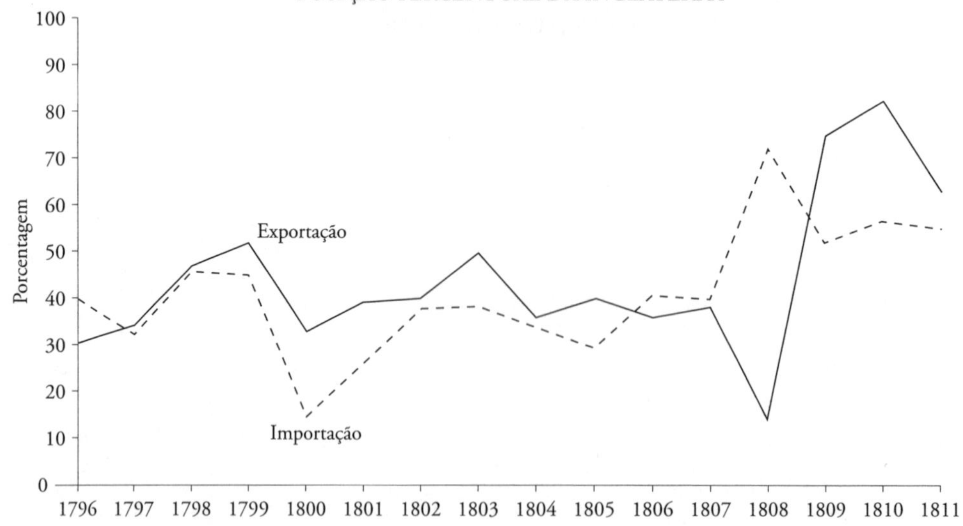

Tabela 26
MOVIMENTO COMERCIAL 1796-1811
PORTUGAL-INGLATERRA: IMPORTAÇÃO E EXPORTAÇÃO

Ano	Importação Inglaterra para Portugal	Exportação Portugal para Inglaterra
1796	4.951.737$334	4.887.076$129
1797	4.627.613$455	3.979.976$884
1798	6.661.419$574	6.828.261$088
1799	8.835.649$603	9.058.217$010
1800	2.911.061$642	6.702.836$204
1801	4.879.357$324	9.651.014$710
1802	6.693.774$311	8.472.170$155
1803	5.587.493$136	10.514.250$356
1804	5.764.885$656	7.462.492$334
1805	5.837.705$848	8.865.210$950
1806	6.587.150$292	8.201.116$990
1807	5.422.272$321	7.971.196$005
1808	1.966.375$040	802.980$620
1809	4.531.952$809	7.342.270$330
1810	9.564.761$528	10.219.063$660
1811	21.559.960$503	4.323.864$845

Gráfico 26
MOVIMENTO COMERCIAL 1796-1811
PORTUGAL-INGLATERRA: IMPORTAÇÃO E EXPORTAÇÃO

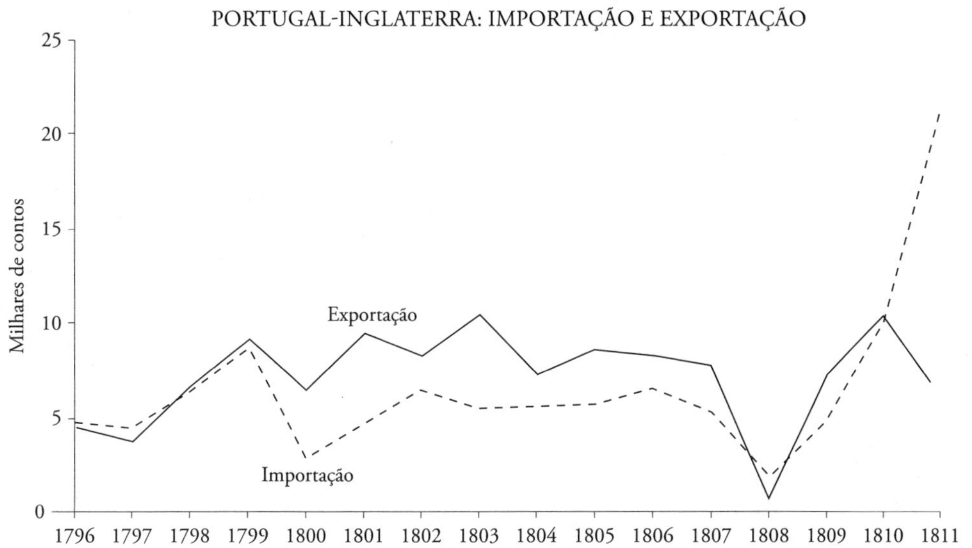

Tabela 27
MOVIMENTO COMERCIAL 1796-1811
PORTUGAL-INGLATERRA: DÉFICITS E SUPERÁVITS

Ano	Superávits	Déficits
1796		395.338$795
1797		647.636$571
1798	166.841$514	
1799	222.567$407	
1800	3.791.774$562	
1801	4.771.657$386	
1802	1.778.395$844	
1803	4.926.757$220	
1804	1.697.606$678	
1805	3.027.505$102	
1806	1.613.966$698	
1807	2.548.923$684	
1808		1.163.394$420
1809	2.810.317$521	
1810	654.302$132	
1811		17.236.095$658

Gráfico 27
MOVIMENTO COMERCIAL 1796-1811
PORTUGAL-INGLATERRA: DÉFICITS E SUPERÁVITS

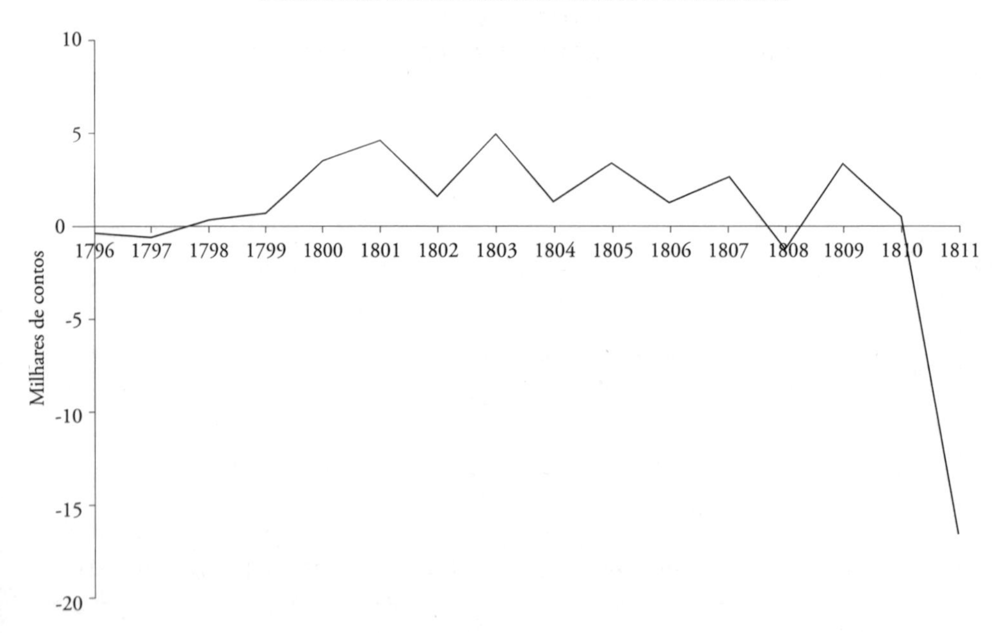

Tabela 28
MOVIMENTO COMERCIAL 1796-1811
PORTUGAL-INGLATERRA: DÉFICITS E SUPERÁVITS — ACUMULADO

Ano	Superávits	Déficits
1796		395.338$795
1797		1.042.975$366
1798		876.135$852
1799		653.566$445
1800	3.138.208$117	
1801	7.909.865$503	
1802	9.688.261$347	
1803	14.615.018$567	
1804	16.312.625$245	
1805	19.340.130$347	
1806	20.954.097$045	
1807	23.503.020$729	
1808	22.339.626$309	
1809	25.149.943$830	
1810	25.804.245$962	
1811	8.568.150$304	

Gráfico 28
MOVIMENTO COMERCIAL 1796-1811
PORTUGAL-INGLATERRA: DÉFICITS E SUPERÁVITS — ACUMULADO

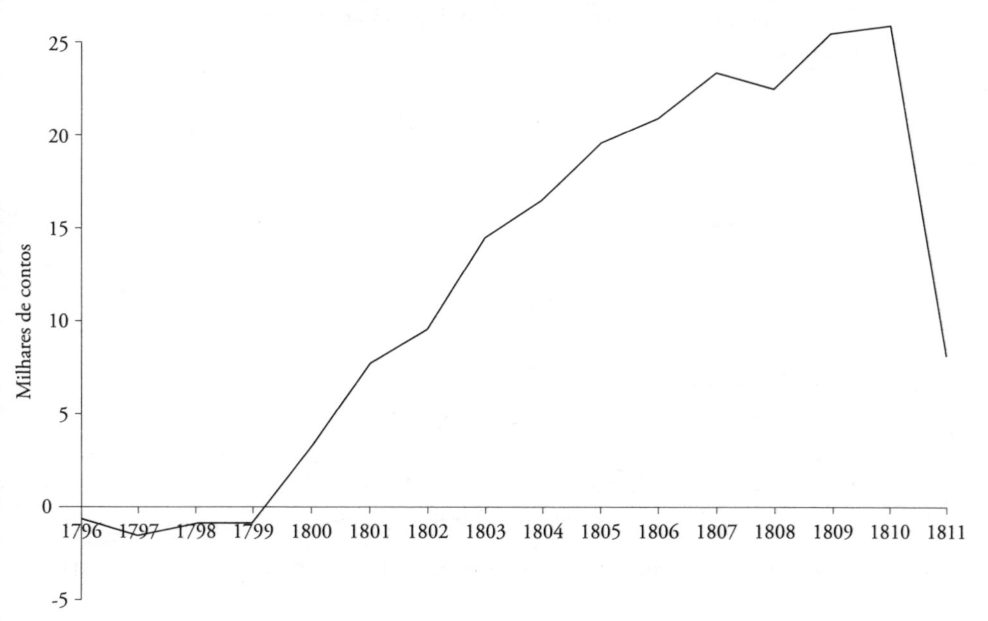

Tabela 29

MOVIMENTO COMERCIAL 1796-1811

PORTUGAL-COLÔNIAS: EXPORTAÇÃO (PORTUGAL PARA COLÔNIAS)

POSIÇÃO DOS TECIDOS EM RELAÇÃO AO TOTAL

Ano	Produção das fábricas	Têxteis estrangeiros	Total
1796	1.753.670$407	2.334.354$027	7.527.648$713
1797	2.864.346$262	2.760.412$788	9.651.734$406
1798	4.131.634$004	3.586.918$552	12.418.654$675
1799	5.632.347$141	8.346.771$473	20.458.608$483
1800	3.842.509$563	5.713.146$379	13.521.110$817
1801	4.012.321$709	3.712.353$733	13.133.542$148
1802	3.470.647$256	4.439.354$748	12.800.313$175
1803	2.774.644$761	5.260.677$583	12.741.308$922
1804	3.379.716$308	5.878.259$261	14.905.960$519
1805	2.524.757$965	4.784.775$834	12.245.019$147
1806	1.919.765$767	4.131.154$920	11.314.313$554
1807	1.174.636$990	4.853.858$492	10.348.602$741
1808	227.255$550	680.841$264	1.694.187$512
1809	451.665$515	1.521.173$070	3.911.194$516
1810	431.863$677	1.474.325$590	3.811.220$590
1811	389.602$565	1.457.085$740	3.479.940$500

Gráfico 29

MOVIMENTO COMERCIAL 1796-1811

PORTUGAL-COLÔNIAS: EXPORTAÇÃO (PORTUGAL PARA COLÔNIAS)

POSIÇÃO DOS TECIDOS EM RELAÇÃO AO TOTAL

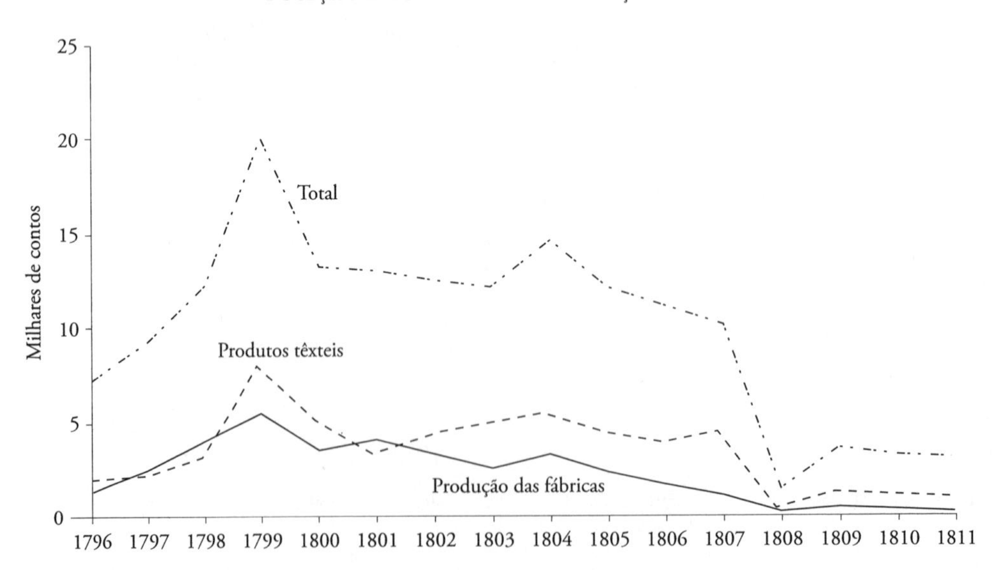

Tabela 30
MOVIMENTO COMERCIAL 1796-1811
PORTUGAL-COLÔNIAS: EXPORTAÇÃO (PORTUGAL PARA COLÔNIAS)
POSIÇÃO PERCENTUAL DOS TECIDOS

Ano	Produção das fábricas % sobre total das exportações	Têxteis estrangeiros % sobre total das exportações
1796	23,3%	31,0%
1797	29,7%	28,7%
1798	33,2%	28,8%
1799	27,5%	40,8%
1800	28,4%	42,2%
1801	30,5%	28,4%
1802	27,1%	34,6%
1803	21,8%	41,3%
1804	22,7%	39,4%
1805	20,6%	39,0%
1806	17,0%	36,5%
1807	11,3%	47,0%
1808	13,4%	40,1%
1809	11,6%	38,9%
1810	11,3%	38,7%
1811	11,2%	41,9%

Gráfico 30
MOVIMENTO COMERCIAL 1796-1811
PORTUGAL-COLÔNIAS: EXPORTAÇÃO (PORTUGAL PARA COLÔNIAS)
POSIÇÃO PERCENTUAL DOS TECIDOS

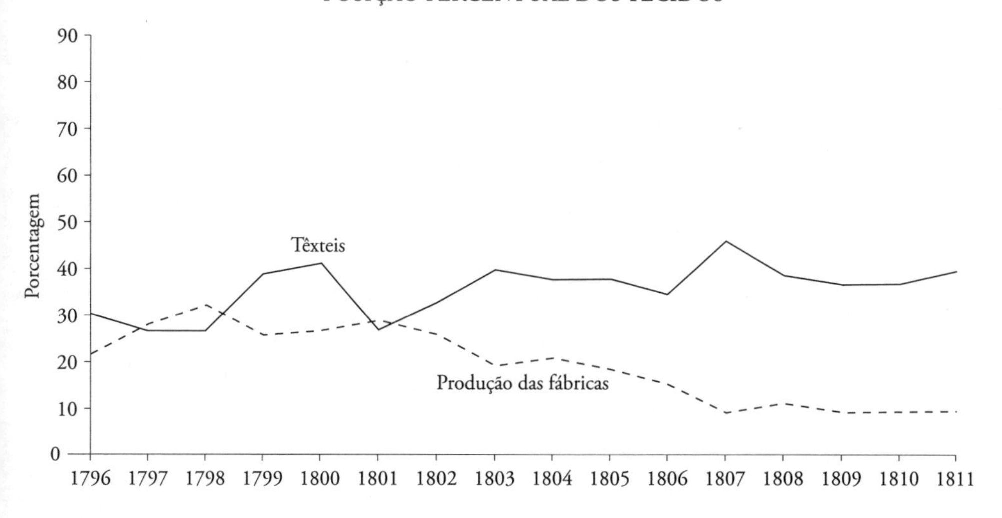

Tabela 31
MOVIMENTO COMERCIAL 1796-1811
PORTUGAL-NAÇÕES ESTRANGEIRAS: IMPORTAÇÃO
POSIÇÃO DOS TECIDOS

Ano	Importação de tecidos	Importação total
1796	6.638.681$003	12.652.771$691
1797	6.041.074$894	14.498.399$597
1798	6.389.687$531	14.729.238$360
1799	8.666.238$668	19.755.284$401
1800	8.002.950$177	20.031.347$325
1801	5.178.462$051	19.337.425$504
1802	7.479.162$865	17.942.240$592
1803	5.916.447$773	15.068.304$594
1804	4.627.640$204	17.841.034$672
1805	5.553.016$618	19.656.685$570
1806	5.773.521$220	16.440.921$781
1807	4.302.451$505	13.896.318$253
1808	569.667$660	2.740.598$802
1809	2.057.018$350	8.833.965$232
1810	5.715.643$337	17.051.885$239
1811	9.390.998$533	38.704.283$725

Gráfico 31
MOVIMENTO COMERCIAL 1796-1811
PORTUGAL-NAÇÕES ESTRANGEIRAS: IMPORTAÇÃO
POSIÇÃO DOS TECIDOS

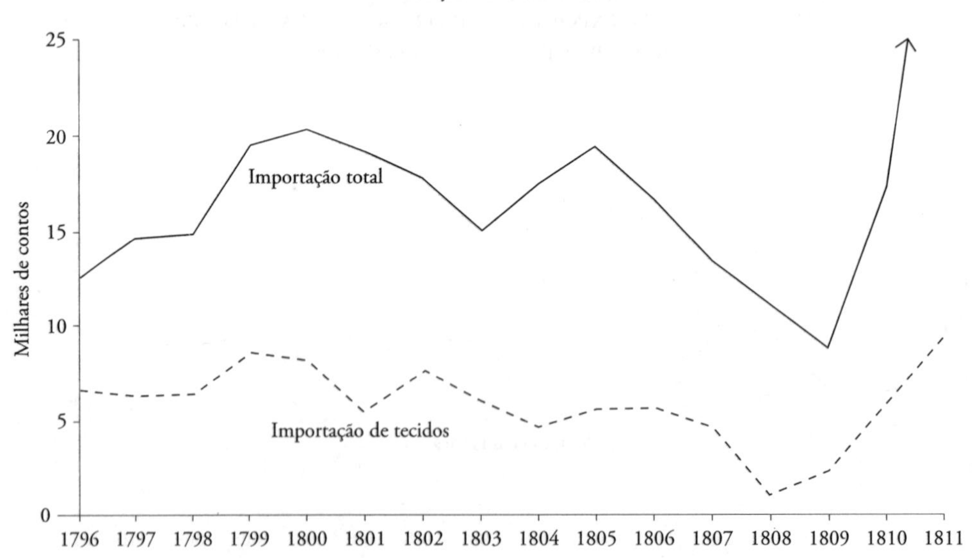

Tabela 32
MOVIMENTO COMERCIAL 1796-1811
PORTUGAL-NAÇÕES ESTRANGEIRAS: IMPORTAÇÃO
POSIÇÃO PERCENTUAL DOS TECIDOS

Ano	% dos tecidos em relação ao total das importações
1796	52,5%
1797	41,6%
1798	43,3%
1799	43,9%
1800	39,9%
1801	26,8%
1802	41,7%
1803	39,3%
1804	25,9%
1805	28,2%
1806	35,1%
1807	31,0%
1808	20,8%
1809	23,3%
1810	33,5%
1811	24,3%

Gráfico 32
MOVIMENTO COMERCIAL 1796-1811
PORTUGAL-NAÇÕES ESTRANGEIRAS: IMPORTAÇÃO
POSIÇÃO PERCENTUAL DOS TECIDOS

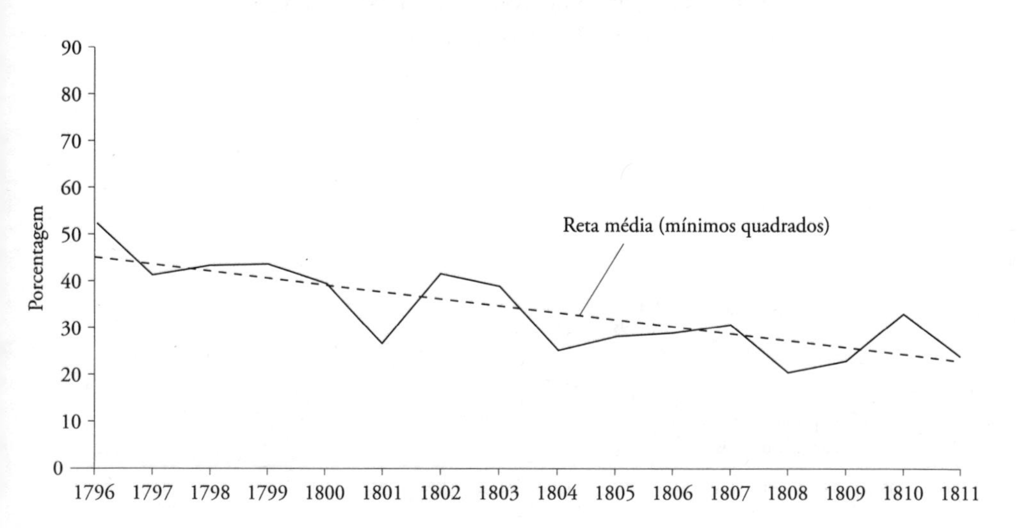

Tabela 33
MOVIMENTO COMERCIAL 1796-1811
PORTUGAL-COLÔNIAS-NAÇÕES ESTRANGEIRAS
POSIÇÃO DOS TECIDOS

Ano	Importação de tecidos de países estrangeiros	Exportação de tecidos para as colônias
1796	6.638.681$003	2.334.354$027
1797	6.041.074$894	2.760.412$788
1798	6.389.687$531	3.586.918$552
1799	8.666.238$668	8.346.771$473
1800	8.002.950$177	5.713.146$379
1801	5.178.462$051	3.712.353$733
1802	7.479.162$865	4.439.354$748
1803	5.916.447$773	5.260.677$583
1804	4.627.640$204	5.878.259$261
1805	5.553.016$618	4.784.773$261
1806	5.773.521$220	4.131.154$920
1807	4.302.451$505	4.853.858$492
1808	569.667$660	680.841$264
1809	2.057.018$350	1.521.173$070
1810	5.715.643$337	1.474.325$590
1811	9.390.998$533	1.457.085$740

Gráfico 33
MOVIMENTO COMERCIAL 1796-1811
PORTUGAL-COLÔNIAS-NAÇÕES ESTRANGEIRAS
POSIÇÃO DOS TECIDOS

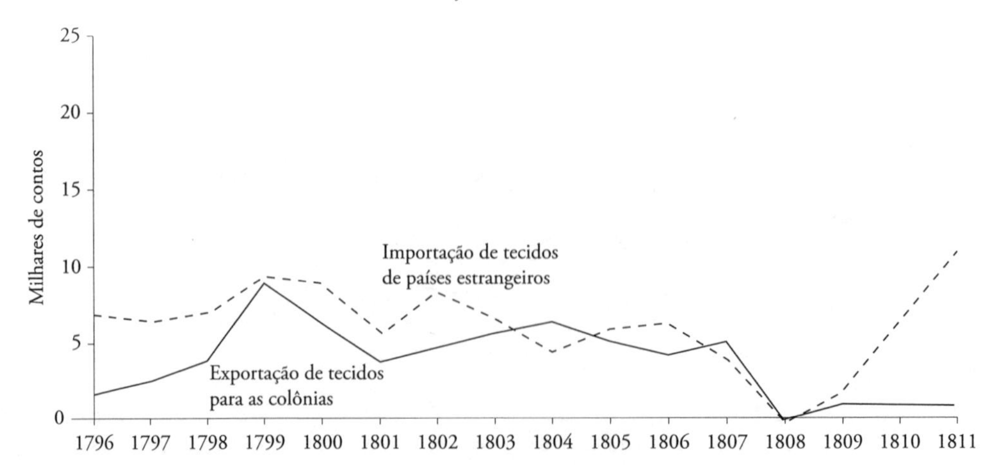

Tabela 34
MOVIMENTO COMERCIAL 1796-1811
PORTUGAL-NAÇÕES ESTRANGEIRAS: EXPORTAÇÃO
POSIÇÃO RELATIVA DOS PRODUTOS
DO BRASIL, OUTRAS COLÔNIAS, REINO E DAS REEXPORTAÇÕES

Ano	Produção do Brasil	Produção das outras colônias	Produção do Reino	Reexportações
1796	9.883.946$717	289.368$917	3.911.778$669	1.928.262$611
1797	6.789.415$431	308.919$097	3.572.058$979	1.152.576$517
1798	8.881.529$629	538.825$084	4.727.860$746	905.745$477
1799	10.202.526$910	468.384$820	4.878.954$325	2.138.241$796
1800	14.173.413$965	480.063$710	4.077.677$650	1.953.646$973
1801	15.092.956$970	1.205.040$640	7.176.424$030	1.629.363$550
1802	14.538.325$439	452.280$820	5.318.917$155	1.095.825$658
1803	11.831.181$658	676.476$340	7.231.050$010	1.789.671$555
1804	13.167.969$276	920.075$655	4.821.105$620	2.151.811$950
1805	13.893.192$268	460.327$840	5.998.441$855	1.302.242$330
1806	14.506.024$046	659.005$700	6.080.209$710	2.010.265$685
1807	11.434.569$041	639.621$060	7.229.652$715	1.695.663$515
1808	4.635.424$220	201.274$560	854.536$830	119.803$010
1809	2.061.200$555	143.257$560	6.337.494$374	1.316.270$250
1810	2.961.732$515	69.010$080	6.888.955$857	2.602.261$985
1811	521.591$895	48.371$540	4.250.589$988	2.102.371$505

Gráfico 34
MOVIMENTO COMERCIAL 1796-1811
PORTUGAL-NAÇÕES ESTRANGEIRAS: EXPORTAÇÃO
POSIÇÃO RELATIVA DOS PRODUTOS
DO BRASIL, OUTRAS COLÔNIAS, REINO E DAS REEXPORTAÇÕES

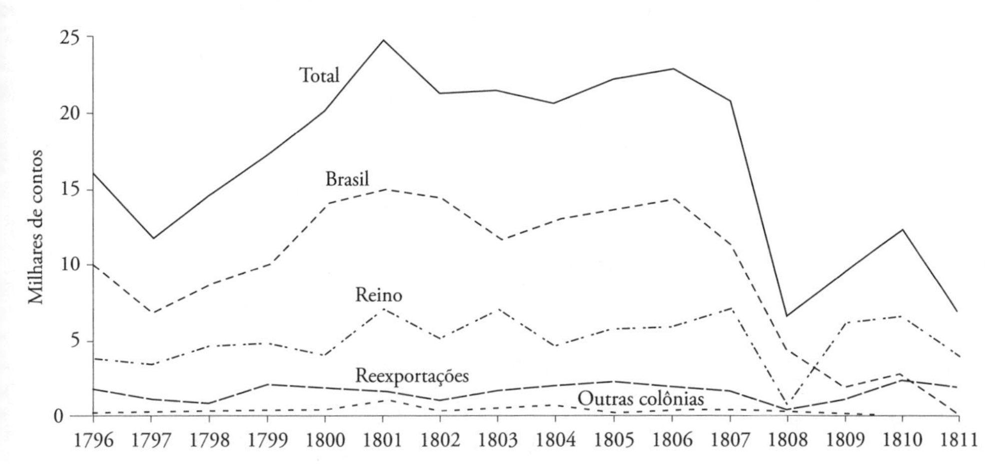

Tabela 35

MOVIMENTO COMERCIAL 1796-1811

PORTUGAL-NAÇÕES ESTRANGEIRAS: EXPORTAÇÕES

POSIÇÃO DO BRASIL (EXPORTAÇÃO DE PRODUTOS BRASILEIROS)

Ano	Exportação de produtos do Brasil	Exportação total
1796	9.883.946$717	16.013.356$598
1797	6.789.415$431	11.822.970$024
1798	8.881.529$629	15.053.960$930
1799	10.202.526$910	17.688.107$851
1800	14.173.413$965	20.684.802$298
1801	15.092.956$970	25.103.785$190
1802	14.538.325$439	21.405.349$072
1803	11.831.181$658	21.528.379$563
1804	13.167.969$276	21.060.962$501
1805	13.893.192$268	22.654.204$293
1806	14.506.024$046	23.255.505$141
1807	11.434.569$041	20.999.506$331
1808	4.635.424$220	5.811.038$620
1809	2.061.200$555	9.858.222$739
1810	2.961.732$515	12.521.960$437
1811	521.591$895	6.913.924$928

Gráfico 35

MOVIMENTO COMERCIAL 1796-1811

PORTUGAL-NAÇÕES ESTRANGEIRAS: EXPORTAÇÕES

POSIÇÃO DO BRASIL (EXPORTAÇÃO DE PRODUTOS BRASILEIROS)

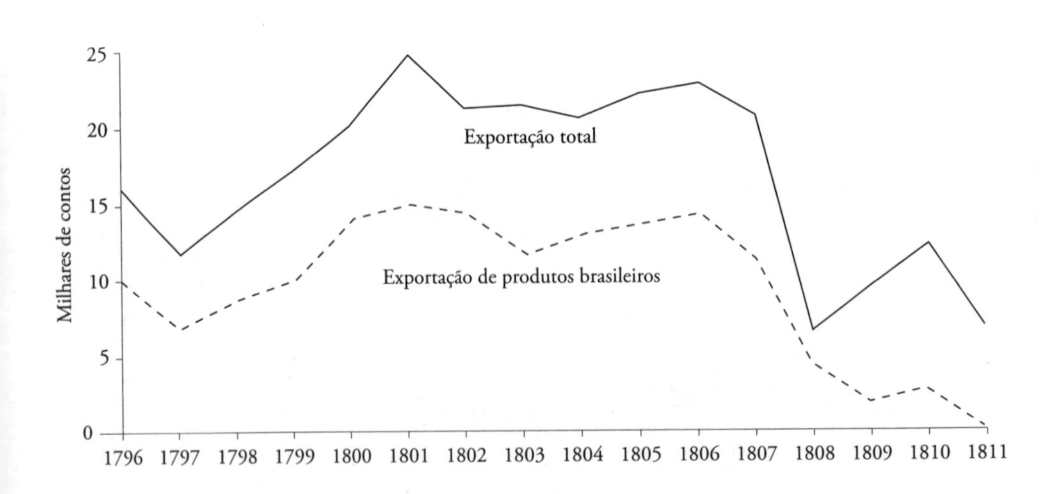

Tabela 36
MOVIMENTO COMERCIAL 1796-1811
PORTUGAL-NAÇÕES ESTRANGEIRAS: EXPORTAÇÃO
PORCENTAGEM DE PRODUTOS BRASILEIROS EM RELAÇÃO AO TOTAL

Ano	% dos produtos brasileiros em relação ao total das exportações
1796	61,7%
1797	57,4%
1798	59,0%
1799	57,8%
1800	68,5%
1801	60,1%
1802	67,9%
1803	54,9%
1804	62,5%
1805	61,3%
1806	62,4%
1807	54,5%
1808	79,7%
1809	20,9%
1810	23,6%
1811	7,4%

Gráfico 36
MOVIMENTO COMERCIAL 1796-1811
PORTUGAL-NAÇÕES ESTRANGEIRAS: EXPORTAÇÃO
PORCENTAGEM DE PRODUTOS BRASILEIROS EM RELAÇÃO AO TOTAL

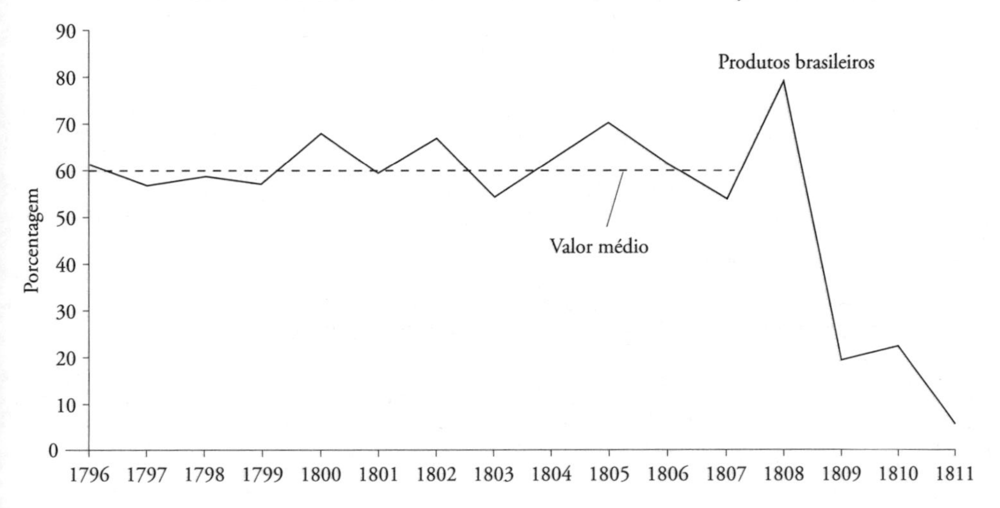

Tabela 37
MOVIMENTO COMERCIAL 1796-1811
PORTUGAL-NAÇÕES ESTRANGEIRAS: EXPORTAÇÃO
PORCENTAGEM DE PRODUTOS DO REINO EM RELAÇÃO AO TOTAL

Ano	% dos produtos do Reino em relação ao total das exportações
1796	24,4%
1797	30,2%
1798	31,5%
1799	27,6%
1800	19,7%
1801	28,6%
1802	24,5%
1803	33,6%
1804	22,9%
1805	26,5%
1806	26,2%
1807	34,4%
1808	14,7%
1809	64,3%
1810	55,0%
1811	61,5%

Gráfico 37
MOVIMENTO COMERCIAL 1796-1811
PORTUGAL-NAÇÕES ESTRANGEIRAS: EXPORTAÇÃO
PORCENTAGEM DE PRODUTOS DO REINO EM RELAÇÃO AO TOTAL

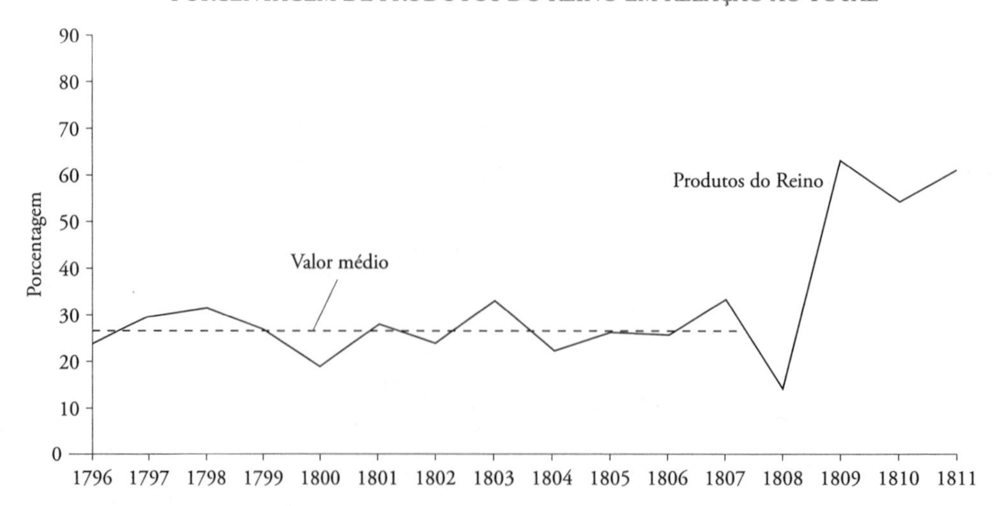

Tabela 38
MOVIMENTO COMERCIAL 1796-1811
PORTUGAL-NAÇÕES ESTRANGEIRAS: EXPORTAÇÃO
PORCENTAGEM DAS REEXPORTAÇÕES EM RELAÇÃO AO TOTAL

Ano	% das reexportações em relação ao total
1796	12,1%
1797	9,8%
1798	6,0%
1799	12,0%
1800	9,5%
1801	6,5%
1802	5,1%
1803	8,3%
1804	10,2%
1805	10,2%
1806	8,6%
1807	8,1%
1808	20,6%
1809	13,4%
1810	20,8%
1811	30,4%

Gráfico 38
MOVIMENTO COMERCIAL 1796-1811
PORTUGAL-NAÇÕES ESTRANGEIRAS: EXPORTAÇÃO
PORCENTAGEM DAS REEXPORTAÇÕES EM RELAÇÃO AO TOTAL

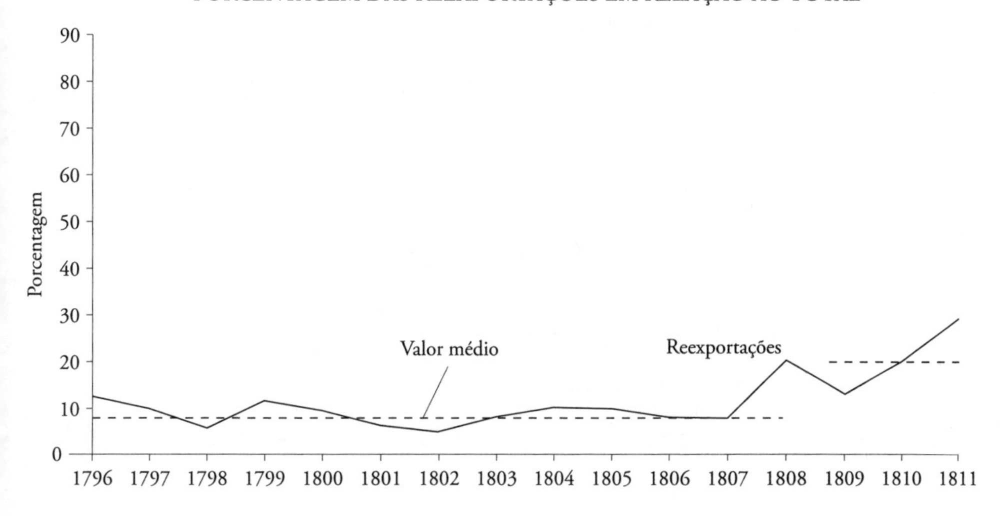

Tabela 39

MOVIMENTO COMERCIAL 1796-1811
PORTUGAL-NAÇÕES ESTRANGEIRAS: EXPORTAÇÃO
PORCENTAGEM DE PRODUTOS DE OUTRAS COLÔNIAS
EM RELAÇÃO AO TOTAL

Ano	% de produtos das outras colônias
1796	1,8%
1797	2,6%
1798	3,6%
1799	2,6%
1800	2,3%
1801	4,8%
1802	2,1%
1803	3,2%
1804	4,4%
1805	2,0%
1806	2,8%
1807	3,0%
1808	3,5%
1809	1,4%
1810	0,6%
1811	0,7%

Gráfico 39

MOVIMENTO COMERCIAL 1796-1811
PORTUGAL-NAÇÕES ESTRANGEIRAS: EXPORTAÇÃO
PORCENTAGEM DE PRODUTOS DE OUTRAS COLÔNIAS
EM RELAÇÃO AO TOTAL

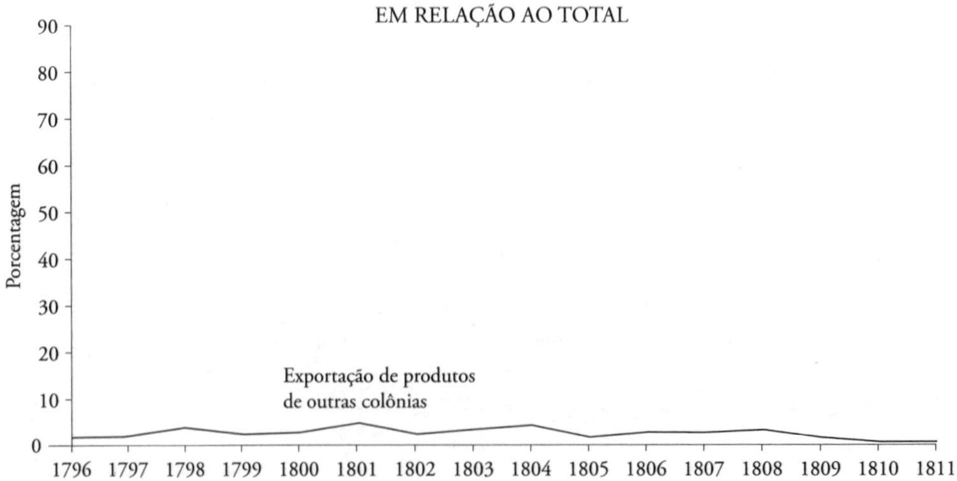

Tabela 40

MOVIMENTO COMERCIAL 1796-1811

PORTUGAL-NAÇÕES ESTRANGEIRAS: EXPORTAÇÃO

PORCENTAGENS EM RELAÇÃO AO TOTAL:

PRODUTOS DO BRASIL, REINO, OUTRAS COLÔNIAS E REEXPORTAÇÕES

Ano	Produtos do Brasil	Produtos do Reino	Produtos de outros países reexportadores	Produtos de outras colônias
1796-1807	60,6%	27,5%	9,0%	2,9%
1809	20,9%	64,3%	13,4%	1,4%
1810	23,6%	55,0%	20,8%	0,6%
1811	7,4%	61,5%	30,4%	0,7%

Gráfico 40

MOVIMENTO COMERCIAL 1796-1811

PORTUGAL-NAÇÕES ESTRANGEIRAS: EXPORTAÇÃO

PORCENTAGENS EM RELAÇÃO AO TOTAL:

PRODUTOS DO BRASIL, REINO, OUTRAS COLÔNIAS E REEXPORTAÇÕES

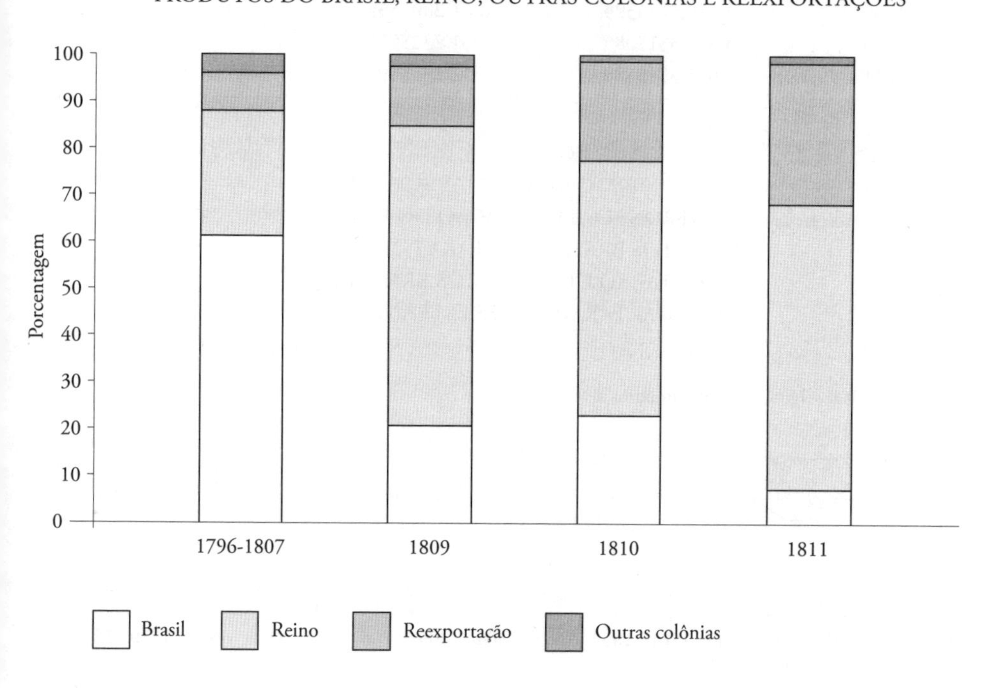

Tabela 41
MOVIMENTO COMERCIAL 1796-1811
CONFRONTO: IMPORTAÇÃO DO BRASIL
(PRODUTOS BRASILEIROS PARA PORTUGAL)
E EXPORTAÇÃO DE PRODUTOS BRASILEIROS
(PORTUGAL PARA NAÇÕES ESTRANGEIRAS)

Ano	Importação de produtos brasileiros do Brasil para Portugal	Exportação de produtos brasileiros de Portugal para nações estrangeiras	Relação exportação/ importação
1796	11.474.863$931	9.883.946$717	86
1797	4.258.823$470	6.789.415$431	159
1798	10.816.561$028	8.881.529$629	82
1799	12.584.505$139	10.202.526$910	81
1800	12.528.091$556	14.173.413$965	113
1801	14.776.706$549	15.092.956$970	102
1802	10.353.244$931	14.538.325$439	141
1803	11.332.290$669	11.831.181$658	104
1804	11.199.922$858	13.167.969$276	118
1805	13.948.658$601	13.893.192$278	99
1806	14.153.761$891	14.506.024$046	103
1807	13.927.799$336	11.434.569$041	82
1808	546.930$970	4.635.424$220	846
1809	4.819.373$394	2.061.200$555	43
1810	3.683.331$085	2.961.732$515	80
1811	3.633.586$588	512.591$895	14

Gráfico 41
MOVIMENTO COMERCIAL 1796-1811
CONFRONTO: IMPORTAÇÃO DO BRASIL
(PRODUTOS BRASILEIROS PARA PORTUGAL)
E EXPORTAÇÃO DE PRODUTOS BRASILEIROS
(PORTUGAL PARA NAÇÕES ESTRANGEIRAS)

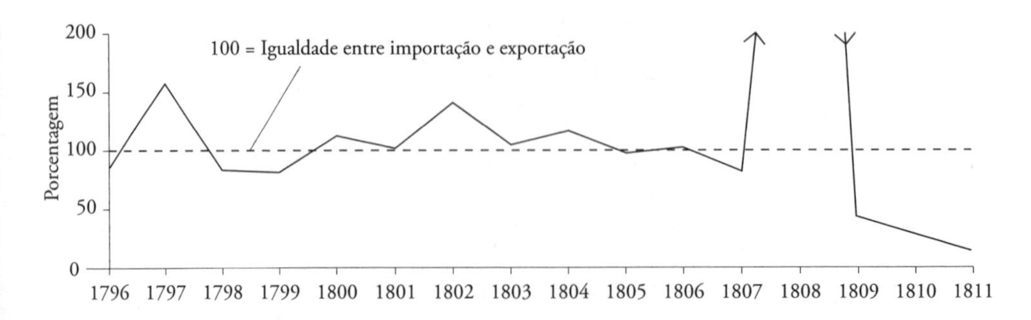

Tabela 42
MOVIMENTO COMERCIAL 1796-1811
BALANÇO GERAL: DÉFICITS E SUPERÁVITS DE PORTUGAL
EM RELAÇÃO ÀS COLÔNIAS E NAÇÕES ESTRANGEIRAS

Ano	Portugal-colônias déficits e superávits	Portugal-nações estrangeiras déficits e superávits	Portugal-colônias-nações estrangeiras déficits e superávits
1796	- 5.885.616$325	+ 3.360.584$907	- 2.525.031$418
1797	+ 4.141.863$798	- 2.675.429$573	+ 1.456.434$225
1798	- 383.436$197	+ 324.722$570	- 58.713$627
1799	+ 5.289.302$764	- 2.067.176$550	+ 3.222.126$214
1800	- 1.329.825$559	+ 653.454$973	- 676.370$586
1801	- 4.394.181$786	+ 5.766.359$686	+ 1.372.177$900
1802	- 166.240$505	+ 3.463.108$580	+ 3.296.867$955
1803	- 1.452.044$513	+ 6.460.074$969	+ 5.008.030$456
1804	+1.326.085$802	+ 3.219.927$829	+ 4.546.013$631
1805	- 3.598.462$298	+ 2.997.518$723	- 600.943$575
1806	- 4.789.652$696	+ 6.814.583$360	+ 2.024.930$664
1807	- 6.620.207$320	+ 7.103.188$078	+ 482.980$758
1808	+ 1.079.329$730	+ 3.070.439$818	+ 4.149.769$548
1809	- 1.946.560$414	+ 1.024.257$507	- 922.302$907
1810	- 138.100$899	- 4.529.924$802	- 4.668.025$701
1811	- 1.824.325$968	- 31.790.358$797	- 33.614.684$765

Gráfico 42
MOVIMENTO COMERCIAL 1796-1811
BALANÇO GERAL: DÉFICITS E SUPERÁVITS DE PORTUGAL
EM RELAÇÃO ÀS COLÔNIAS E NAÇÕES ESTRANGEIRAS

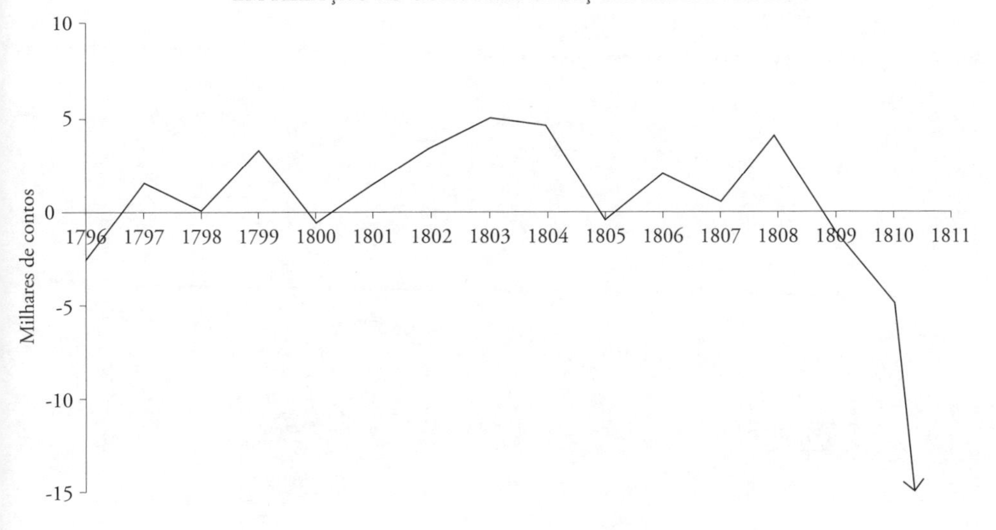

Tabela 43

MOVIMENTO COMERCIAL 1796-1811

BALANÇO GERAL: PORTUGAL-COLÔNIAS-NAÇÕES ESTRANGEIRAS

DÉFICITS E SUPERÁVITS — ACUMULADO

Ano	Nações estrangeiras déficits e superávits acumulado	Colônias déficits e superávits acumulado	Acumulado geral
1796	+ 3.360.584$907	- 5.885.616$325	- 2.525.031$418
1797	+ 685.155$334	- 1.753.752$527	- 1.068.597$193
1798	+ 1.009.877$904	- 2.137.188$724	- 1.127.310$820
1799	- 1.057.298$646	+ 3.152.114$040	+ 2.094.815$394
1800	- 403.843$673	+ 1.822.288$481	+ 1.418.444$808
1801	+ 5.362.516$013	- 2.571.893$305	+ 2.790.622$708
1802	+ 8.825.624$493	- 2.738.133$810	+ 6.087.490$683
1803	+ 15.285.699$462	- 4.190.178$323	+ 11.095.521$139
1804	+ 18.505.627$291	- 2.864.092$521	+ 15.641.534$770
1805	+ 21.503.146$014	- 6.462.554$819	+ 15.040.591$195
1806	+ 28.317.729$374	- 11.252.207$515	+ 17.065.521$859
1807	+ 35.420.917$452	- 17.872.414$835	+ 17.548.502$617
1808	+ 38.491.357$270	- 16.793.085$105	+ 21.698.272$165
1809	+ 39.515.614$777	- 18.739.645$519	+ 20.775.969$258
1810	+ 34.985.689$975	- 18.877.746$418	+ 16.107.943$557
1811	+ 3.195.331$178	- 20.702.072$386	- 17.506.741$208

Gráfico 43
MOVIMENTO COMERCIAL 1796-1811
BALANÇO GERAL: PORTUGAL-COLÔNIAS-NAÇÕES ESTRANGEIRAS
DÉFICITS E SUPERÁVITS — ACUMULADO

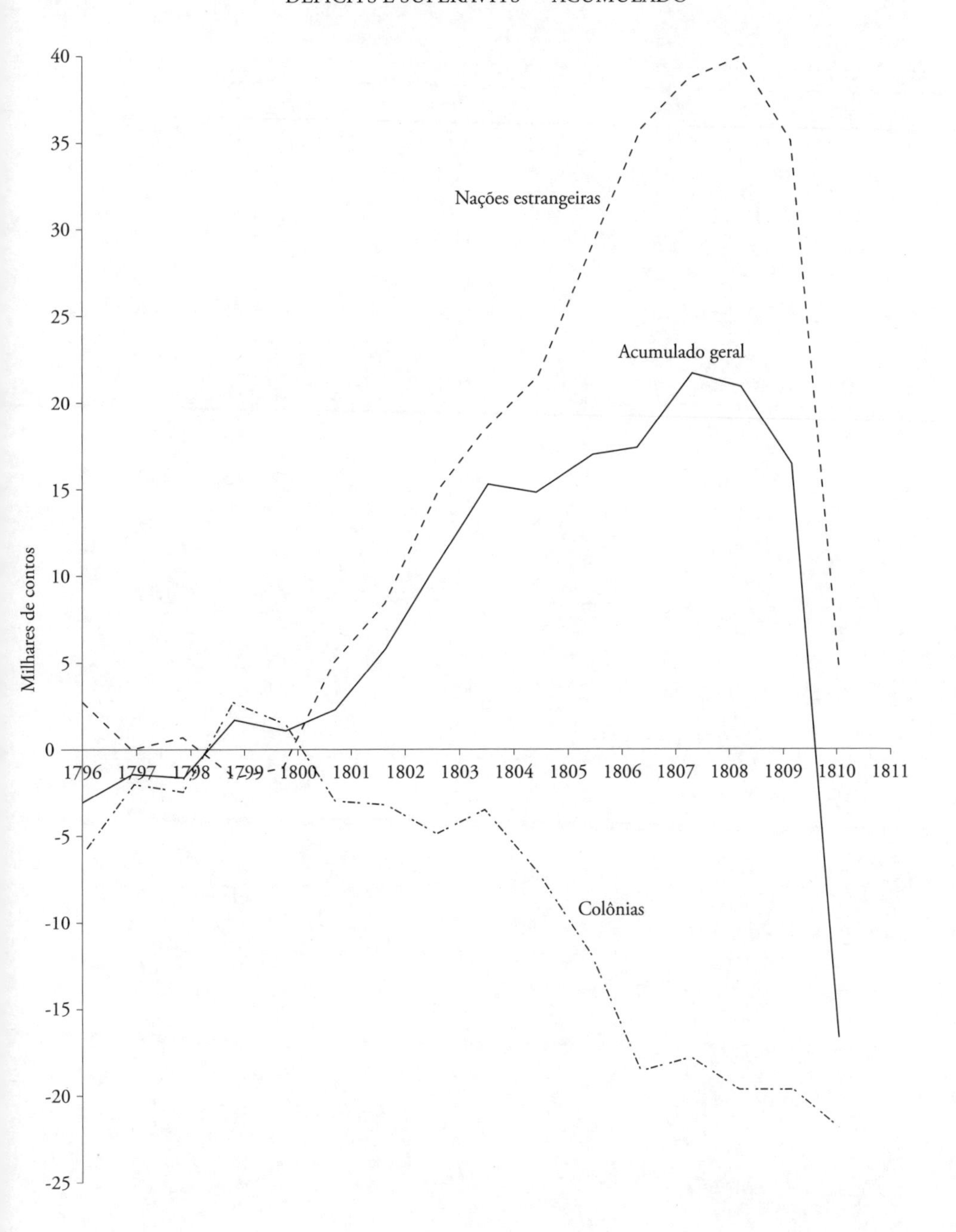

Fontes e bibliografia

I. FONTES

A) FONTES MANUSCRITAS

1. Academia das Ciências de Lisboa, coleção de manuscritos:

    Memórias manuscritas:

    Série A: 17, 28, 272, 310, 351, 373, 374, 375, 376, 377, 378, 389, 485, 488, 648, 652, 847, 998, 1098, 1126, 1700, 1776, 1908.

    Série V: 25, 29, 31, 32, 35, 124, 143, 167, 186, 238, 902, 932.

    Nas notas indicamos os títulos das memórias e seus autores.

2. Arquivo Histórico do Ministério de Obras Públicas (Lisboa)

    Balança geral do comércio do Reino de Portugal com os seus domínios ultramarinos e nações estrangeiras no ano... (elaboradas sob a direção de Maurício José Teixeira de Morais): 1776, 1777, 1798, 1808.

3. Arquivo Histórico Ultramarino (Lisboa)

    Consultas, instruções, correspondência e ofícios (1777-1808).

    Códices 9, 10, 68, 69, 70, 71, 101, 107, 202, 231, 235, 251, 255, 267, 296, 305, 386, 387, 458, 465, 534, 536, 567, 568, 572, 573, 574, 575, 588, 589, 834, 920, 921, 922, 937, 938, 939, 962, 1155, 1103, 1227, 1237, 1908.

    Documentos avulsos: Maços do Reino, Caixas e maços do Rio de Janeiro, Pernambuco e Bahia (1777-1808). *As caixas e os maços são numerados ou se identificam pelas datas.*

4. Arquivo Nacional da Torre do Tombo (Lisboa)

    Balança geral do comércio do Reino de Portugal com os seus domínios ultramarinos e nações estrangeiras no ano... (elaboradas sob a direção de Maurício José Teixeira de Morais): 1799, 1800, 1802, 1803, 1804.

5. Biblioteca da Ajuda (Lisboa)

    Correspondência diplomática: 51-VI-44, 52-IX-14.

6. Biblioteca Nacional (Lisboa), seção de reservados

Fundo Geral:

Códices 235, 254, 598, 610, 4530.

Coleção Pombalina: códices 461, 462, 463, 464, 465, 466, 467, 468, 472, 473, 495, 626, 635, 638, 642, 643, 651.

7. Biblioteca Nacional (Rio de Janeiro)

Seção de manuscritos: II-33, 22, 26; 7, 4, 57 nº 1; II-33, 32, 54; I-28, 25, II; I-32, 22.

Coleção Linhares: I-29, 13, 4; I-29, 14, 30; I-29, 14, 41; I-29, 13; I-29, 13, 16; I-29, 13, 19; I-29, 13, 22; I-29, 13, 35.

Balança geral do comércio do Reino de Portugal com os seus domínios ultramarinos e nações estrangeiras no ano... (elaboradas sob a direção de Maurício José Teixeira de Morais): 1777, 1787, 1796, 1797, 1798, 1799, 1800, 1801, 1802, 1805.

8. Instituto Histórico e Geográfico Brasileiro (Rio de Janeiro)

Balança geral do comércio do Reino de Portugal com os seus domínios ultramarinos e nações estrangeiras no ano... (elaboradas sob a direção de Maurício José Teixeira de Morais): 1796, 1808, 1810, 1811, 1812.

9. Instituto Nacional de Estatística (Lisboa)

Balança geral do comércio do Reino de Portugal com os seus domínios ultramarinos e nações estrangeiras no ano... (elaboradas sob a direção de Maurício José Teixeira de Morais): 1796, 1797, 1799, 1800, 1801, 1802, 1803, 1804, 1805, 1806, 1807, 1809, 1810, 1811.

B) LEGISLAÇÃO IMPRESSA E MANUSCRITA

Codigo philippino, ou Ordenação de leis do Reino de Portugal (1603), edição de Cândido Mendes de Almeida, Rio de Janeiro, Typographia do Instituto Philomathico, 1870.

Collecção chronologica de leis extravagantes, posteriores à nova compilação das Ordenações do Reino, Coimbra, Real Imprensa da Universidade, 1819, 6 vols.

Collecção das leis do Brazil de 1808, Rio de Janeiro, Imprensa Nacional, 1891.

Collecção das leys, e ordens, que prohibem os navios estrangeiros, assim os de guerra, como os mercantes, nos portos do Brazil, Arquivo Histórico Ultramarino (Lisboa), códice 1193, e Biblioteca Nacional (Rio de Janeiro), Seção de Manuscritos: 7, I, 6.

Collecção das leis do Reinado de D. Maria I (Coleção Mariana), Biblioteca Nacional de Lisboa, Reservados, Coleção Pombalina, códices 461-468.

Leis, decretos e alvarás (coleção de legislação impressa e manuscrita), Biblioteca do Museu Paulista, São Paulo.

MORATO, Francisco Manuel Trigoso de Aragão. *Collecção de legislação portuguesa*, impressa e manuscrita, 43 vols., Biblioteca da Academia das Ciências de Lisboa.

SOISA, Jozé Roberto Monteiro de Campos Coelho e. *Systema, ou Collecção dos regimentos reaes*, Lisboa, Officina de Francisco Borges de Sousa, 1783, 6 vols.

SILVA, Antonio Delgado da. *Collecção de legislação portugueza (1750-1820)*, Lisboa, Typographia Maigrense, 1828, 9 vols.

SILVA, José Justino de Andrade e. *Collecção chronologica de legislação portugueza (1603-1700)*, Lisboa, 1854, 10 vols.

C) FONTES IMPRESSAS

AIRES, Matias. *Reflexões sobre a vaidade dos homens* [1752], introdução de Alceu Amoroso Lima, São Paulo, Livraria Martins Editora, 1952.

ALCOCHETE, Nuno Daupiás. "Lettres de Jacques Ratton (1812-1817)", *Bulletin des Études Portugaises*, nova série, XV, Lisboa, 1964, pp. 137-256.

Alexandre Rodrigues Ferreira: catálogo de manuscritos e bibliografia, Biblioteca Nacional, Rio de Janeiro, 1952.

ALMEIDA, Eduardo de Castro e. *Inventário dos documentos relativos ao Brasil existentes no Archivo da Marinha e Ultramar de Lisboa*, 4 vols., Rio de Janeiro, Officinas Graphicas da Bibliotheca Nacional, Rio de Janeiro, 1913.

AMZALAK, Moses Bensabat. *Do estudo e das doutrinas económicas em Portugal*, Lisboa, Oficina Gráfica do Museu Comercial, 1928.

Anais da Biblioteca Nacional do Rio de Janeiro, Rio de Janeiro, Typ. G. Leuzinger & Filhos, 1875-seguintes.

Antología del pensamiento económico-social, dir. Jesús Silva Herzog, México, Fondo de Cultura Económica, 1963.

Antologia dos economistas portugueses, seleção, prefácio e notas de António Sérgio, Lisboa, Oficinas Gráficas da Biblioteca Nacional, 1924.

ANTONIL, André João. *Cultura e opulência do Brasil por suas drogas e minas* [1711], texto da edição de 1711, tradução para o francês e comentários críticos por Andrée Mansuy, Paris, Institut des Hautes Études de l'Amérique Latine, 1968.

__________. *Cultura e opulência do Brasil por suas drogas e minas* [1711], introdução e vocabulário por Alice P. Canabrava, Companhia Editora Nacional, São Paulo, 1967.

ARAÚJO, Manuel Travaços da Costa. *Táboas topográficas e estatísticas* [1801], in *Subsídios para a história da estatística em Portugal*, vol. II, Lisboa, Instituto Nacional de Estatística, 1948.

ARREDONDO, Nicolás de. "Memórias al sucesor D. Pedro de Melo de Portugal y Villena" [1795], in *Memorias de los Virreyes del Rio de la Plata*, introdução de S. A. Radaelli, Buenos Aires, Editorial Bajel, 1945.

"Autos-crimes contra os réus eclesiásticos da conjuração formada em Minas Gerais" [1791], in *Anuário do Museu da Inconfidência*, vol. I, Ouro Preto, 1952.

Autos de devassa da Inconfidência Mineira, 7 vols., Rio de Janeiro, Biblioteca Nacional, 1936-1938.

"Autos da devassa do levantamento e sedição na Bahia em 1798", *Anais do Arquivo Público da Bahia*, vol. XXXV, 1959, e vol. XXXVI, 1961.

BALBI, Adrien. *Essai statistique sur le Royaume de Portugal et d'Algarve*, 2 vols., Paris, Chez Rey et Gravier, Libraires, 1822.

BARATA, Custodio Jazão. *Carta de hum amigo assistente na corte de Lisboa a outro assistente no Estado do Brasil*, Lisboa, Nova Officina Sylviana, 1745.

BARROS, José Soares de. "Memória sobre as causas da diferente população de Portugal em diversos tempos da Monarquia", in *Memorias Economicas da Academia Real das Sciencias de Lisboa*, vol. I, Lisboa, 1789.

BELTRÃO, J. Botelho de Almeida. "Memória sobre a mina de chumbo do Rio Pisco", in *Memorias Economicas da Academia Real das Sciencias de Lisboa*, vol. I, Lisboa, 1789.

Britain and the Independence of Latin America, 1812-1830, selected documents by C. K. Webster, 2 vols., Londres, Oxford University Press, 1938.

BRITO, João Rodrigues de. *Cartas económico-políticas sobre a agricultura e o comércio da Bahia*, Lisboa, Imprensa Nacional, 1821.

__________. *Cartas econômico-políticas sobre a agricultura e o comércio da Bahia*. Salvador, Governo do Estado da Bahia, 1924. Republicado com o título *A economia brasileira no alvorecer do século XIX*, prefácio de J. M. Góis Calmon, Salvador, Livraria Progresso Editora, 1946.

BROCHADO, José da Cunha. *Cartas*, seleção, prefácio e notas de A. Álvaro Dória, Lisboa, Livraria Sá da Costa, 1944.

"Cadastro do Reino, 1801-1802", in *Subsídios para a história da estatística em Portugal*, vol. I, Lisboa, Instituto Nacional de Estatística, 1945.

CÂMARA, Manuel de Arruda. *Memória sobre a cultura dos algodoeiros...*, Lisboa, Officina da Casa Litteraria do Arco do Cego, 1799.

CÂMARA, Manuel Ferreira da. "Observação feita acerca do carvão de pedra...", in *Memorias Economicas da Academia Real das Sciencias de Lisboa*, vol. II, Lisboa, 1790.

CAMPILLO Y COSIO, D. Joseph Del. *Nuevo sistema de gobierno económico para la América...*, Madri, Imprenta de Benito Cano, 1789.

CANTILLON, Richard. *Ensayo sobre la naturaleza del comercio en general* (1755), tradução para o espanhol, México, Fondo de Cultura Económica, 1950.

CARRÈRE, Joseph B. François. *Voyage en Portugal, et particulièrement à Lisbonne*, Paris, Chez Deterville Libraire, 1798.

"Carta de D. Francisco de Assis Mascarenhas, governador da capitania de Goiás" [1809], *Revista do Instituto Histórico e Geográfico Brasileiro*, Rio de Janeiro, tomo V, 1863, pp. 58-56.

"Carta de D. Rodrigo de Sousa Coutinho" [4/10/1798], *Revista do Instituto Histórico e Geográfico Brasileiro*, Rio de Janeiro, tomo LIX, 1896, pp. 406-407.

Cartas jesuíticas, Rio de Janeiro, Academia Brasileira de Letras, 1931.

Cartas e outras obras selectas do Marquês de Pombal, 2 vols., Lisboa, Tipographia de Marques Leão, 1861.

CASTRO, Joaquim de Amorim. "Memória sobre as espécies de tabaco e manufatura do tabaco" [1788], in LAPA, J. R. do Amaral, "O tabaco brasileiro no século XVIII", separata de *Studia*, Lisboa, 1970. Também in LAPA, J. R. do Amaral. *Economia colonial*, São Paulo, Perspectiva, 1973, pp. 187-229.

CHICHORRO, José de Abreu Bacellar. *Memória económico-política da província da Estremadura* [1795], Lisboa, editado por M. B. Amzalak, 1943.

CLETO, Marcelino Pereira. "Dissertação a respeito da capitania de São Paulo, sua decadência e modo de restabelecê-la" [1782], *Anais da Biblioteca Nacional*, Rio de Janeiro, vol. XXI, 1899, pp. 103-255.

COELHO, J. J. Teixeira. "Instrução para o govêrno da capitania de Minas Gerais" [1780], *Revista do Instituto Histórico e Geográfico Brasileiro*, Rio de Janeiro, tomo XV (2ª ed., 1888), pp. 255-481; também *Revista do Arquivo Público Mineiro*, Belo Horizonte, vol. VIII, 1903, pp. 399-581.

"Consulta do Conselho Ultramarino" [29/9/1676], in *Documentos Históricos*, Rio de Janeiro, vol. LXXXVIII, 1950, pp. 109-115.

"Consulta do Conselho Ultramarino a S.M. no ano de 1732, feita pelo Conselheiro Antonio Rodrigues da Costa", *Revista do Instituto Histórico e Geográfico Brasileiro*, Rio de Janeiro, tomo VII, 1866, pp. 498-507.

COSTA, José Inácio da. "Memória agronômica relativa ao Concelho de Chaves", in *Memorias Economicas da Academia Real das Sciencias de Lisboa*, vol. I, Lisboa, 1789.

COSTIGAN, Arthur William. *Cartas de Portugal (1778-1779)*, tradução para o português, Lisboa, Edições Ática, 1946, 2 vols.

Correspondência de várias autoridades, *Revista do Instituto Histórico e Geográfico Brasileiro*, Rio de Janeiro, tomo LXV, 1902, pp. 71-335.

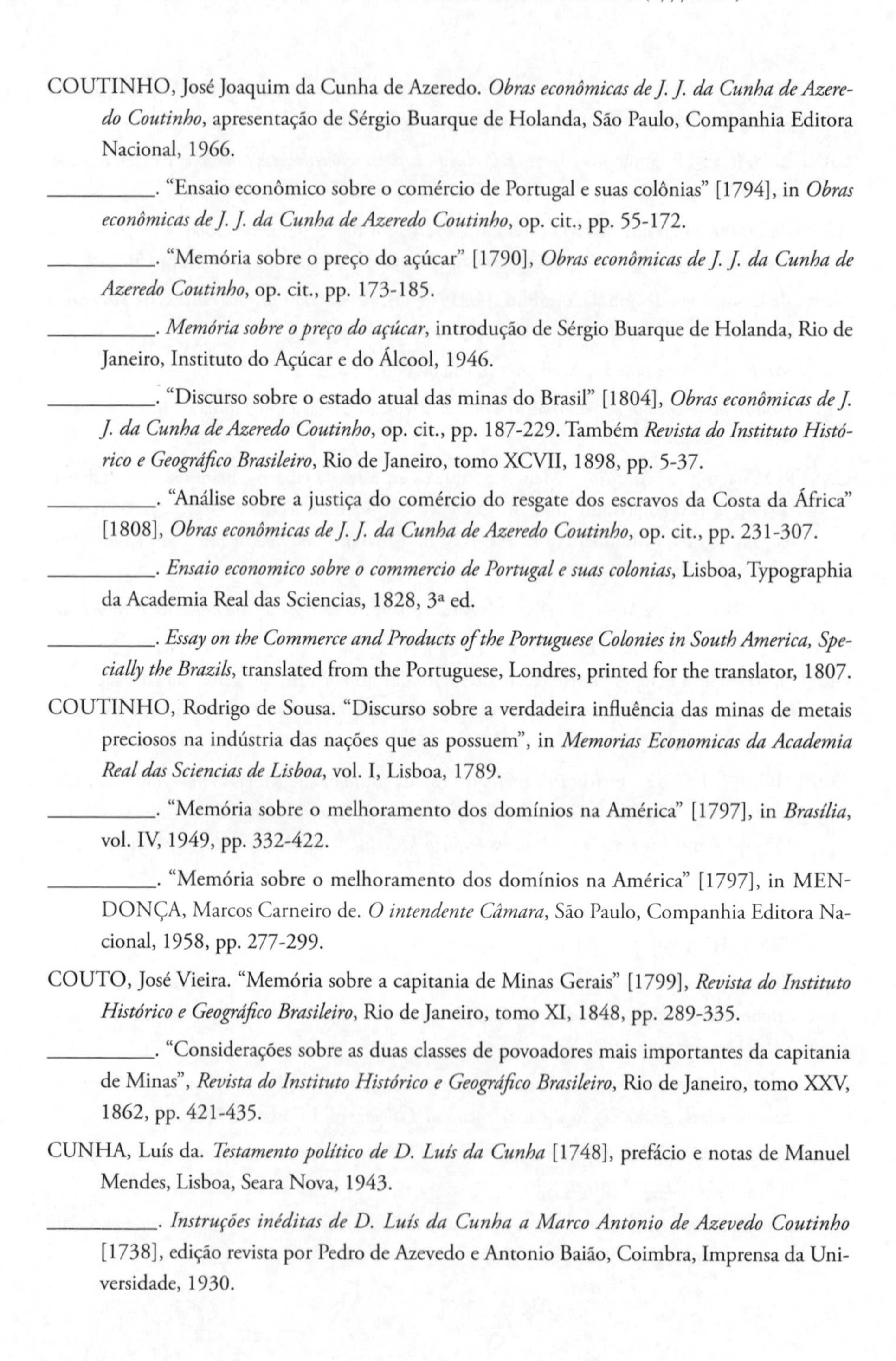

COUTINHO, José Joaquim da Cunha de Azeredo. *Obras econômicas de J. J. da Cunha de Azeredo Coutinho*, apresentação de Sérgio Buarque de Holanda, São Paulo, Companhia Editora Nacional, 1966.

_________. "Ensaio econômico sobre o comércio de Portugal e suas colônias" [1794], in *Obras econômicas de J. J. da Cunha de Azeredo Coutinho*, op. cit., pp. 55-172.

_________. "Memória sobre o preço do açúcar" [1790], *Obras econômicas de J. J. da Cunha de Azeredo Coutinho*, op. cit., pp. 173-185.

_________. *Memória sobre o preço do açúcar*, introdução de Sérgio Buarque de Holanda, Rio de Janeiro, Instituto do Açúcar e do Álcool, 1946.

_________. "Discurso sobre o estado atual das minas do Brasil" [1804], *Obras econômicas de J. J. da Cunha de Azeredo Coutinho*, op. cit., pp. 187-229. Também *Revista do Instituto Histórico e Geográfico Brasileiro*, Rio de Janeiro, tomo XCVII, 1898, pp. 5-37.

_________. "Análise sobre a justiça do comércio do resgate dos escravos da Costa da África" [1808], *Obras econômicas de J. J. da Cunha de Azeredo Coutinho*, op. cit., pp. 231-307.

_________. *Ensaio economico sobre o commercio de Portugal e suas colonias*, Lisboa, Typographia da Academia Real das Sciencias, 1828, 3ª ed.

_________. *Essay on the Commerce and Products of the Portuguese Colonies in South America, Specially the Brazils*, translated from the Portuguese, Londres, printed for the translator, 1807.

COUTINHO, Rodrigo de Sousa. "Discurso sobre a verdadeira influência das minas de metais preciosos na indústria das nações que as possuem", in *Memorias Economicas da Academia Real das Sciencias de Lisboa*, vol. I, Lisboa, 1789.

_________. "Memória sobre o melhoramento dos domínios na América" [1797], in *Brasília*, vol. IV, 1949, pp. 332-422.

_________. "Memória sobre o melhoramento dos domínios na América" [1797], in MENDONÇA, Marcos Carneiro de. *O intendente Câmara*, São Paulo, Companhia Editora Nacional, 1958, pp. 277-299.

COUTO, José Vieira. "Memória sobre a capitania de Minas Gerais" [1799], *Revista do Instituto Histórico e Geográfico Brasileiro*, Rio de Janeiro, tomo XI, 1848, pp. 289-335.

_________. "Considerações sobre as duas classes de povoadores mais importantes da capitania de Minas", *Revista do Instituto Histórico e Geográfico Brasileiro*, Rio de Janeiro, tomo XXV, 1862, pp. 421-435.

CUNHA, Luís da. *Testamento político de D. Luís da Cunha* [1748], prefácio e notas de Manuel Mendes, Lisboa, Seara Nova, 1943.

_________. *Instruções inéditas de D. Luís da Cunha a Marco Antonio de Azevedo Coutinho* [1738], edição revista por Pedro de Azevedo e Antonio Baião, Coimbra, Imprensa da Universidade, 1930.

D'ALAMBERT, Jean Le Rond. *Discours préliminaire de L'Encyclopédie* [1751], Paris, Éditions Gonthier, 1965.

"Devassa de 1801, Pernambuco", in *Documentos Históricos*, Rio de Janeiro, vol. CX, 1955.

"Devassa ordenada pelo Vice-Rei Conde de Rezende" [1794], *Anais da Biblioteca Nacional*, vol. LXI, 1939, pp. 339-509.

Diálogos das grandezas do Brasil [1618], introdução de Capistrano de Abreu e notas de Rodolfo Garcia, Salvador, Livraria Progresso, 1956.

Diálogos das grandezas do Brasil [1618], edição de J. A. Gonsalves de Melo, Recife, Imprensa Universitária, 1966.

"Discurso político sobre as vantagens que Portugal pode tirar de sua desgraça", in *Cartas e outras obras selectas do Marquês de Pombal*, 2 vols., Lisboa, Typographia de Costa Sanches, 1861, vol. II, pp. 97-187.

"Discurso preliminar, histórico, introdutivo, com natureza de descrição econômica da comarca e cidade da Bahia", *Anais da Biblioteca Nacional*, Rio de Janeiro, vol. XXVII, 1905, pp. 281-349. Reeditado in AGUIAR, M. Pinto de. *Aspectos da economia colonial*, Salvador, Livraria Progresso, 1957.

"Documentos oficiais inéditos relativos ao alvará de 5 de janeiro de 1785", *Revista do Instituto Histórico e Geográfico Brasileiro*, Rio de Janeiro, tomo X, 1870, 2ª ed., pp. 213-240.

Documentos sobre a expansão portuguesa, 3 vols., V. M. Godinho (org.), Lisboa, Cosmos, 1943.

DUMOURIEZ, C. F. *État présent du Royaume de Portugal en l'année 1766*, Lausanne, Chez François Grasset, 1775.

Encyclopédie, ou Dictionnaire Raisonné des Sciences, des Arts, et des Métiers par une societé de gens de lettres. Mis en ordre & publié par M. Diderot, de l'Académie Royale des Sciences & des Belles Lettres de Prusse ; & quant à la partie Mathématique, par M. D'Alembert, de l'Académie Royale des Sciences de Paris, de celle de Prusse, & de la Société Royale de Londres, 35 vols., Paris, Chez Briasson; David, l'Ainé; Le Breton; Durand, 1751-1772.

Encyclopédie. Textes choisies de l'Encyclopédie ou Dictionnaire raisonné..., introdução e notas de Albert Soboul, Paris, Éditions Sociales, 1962.

ESCHWEGE, Wilhelm L. von. *Pluto Brasiliensis* [1833], 2 vols., tradução para o português, São Paulo, Companhia Editora Nacional, 1944.

__________. "Extrato de uma memória sobre a decadência das Minas", in *Memorias Economicas da Academia Real das Sciencias de Lisboa*, vol. IV, 2ª parte, Lisboa, 1911.

ESQUEMELING, John. *The Buccaneers of America* [1678], Londres, George Allen & Unwin 1951.

ESQUER, Gabriel. *L'Anticolonialisme au XVIIIe siècle: L'Histoire philosophique et politique... par l'Abbé Raynal*, introdução, escolha de textos e notas de G. Esquer, Paris, Presses Universitaires de France, 1951.

"Extratos da correspondência de Thomas Jefferson", *Revista do Instituto Histórico e Geográfico Brasileiro*, Rio de Janeiro, tomo III, 1841, pp. 208-216.

FARIA, Manuel Severim de. "Dos remédios para a falta de gente" [1655], *Antologia dos economistas portugueses*, seleção de notas de A. Sérgio, Lisboa, Oficinas Gráficas da Biblioteca Nacional, 1924.

FERREIRA, J. e SERRA, R., "Reflexões sobre a capitania de Mato Grosso", *Revista do Instituto Histórico e Geográfico Brasileiro*, Rio de Janeiro, tomo II, 1849, pp. 377-406.

FLORES, Xavier N. *Le "Peso politico de todo el Mundo" d'Anthony Sherley, ou Un aventurier anglais au service de l'Espagne*, Paris, Ed. SEVPEN, 1963.

GODECHOT, Jacques. *La Pensée révolutionnaire en France et en Europe, 1780-1790*, textos escolhidos, introdução e notas de J. Godechot, Paris, Armand Colin, 1964.

GUSMÃO, Alexandre de. *Obras (cartas, poesias, teatro)*, São Paulo, Edições Cultura, 1945, 2ª ed.

__________. "Cálculo sobre a perda de dinheiro do Reino" [1749], in CORTESÃO, Jaime. *Alexandre de Gusmão e o Tratado de Madri*, 9 vols., Rio de Janeiro, Ministério das Relações Exteriores/Instituto Rio Branco, 1952-1963, parte II, tomo I. Também in *Obras várias de Alexandre de Gusmão*, Rio de Janeiro, 1950, pp. 194-199.

__________. "Grande instrução" [1736], in CORTESÃO, Jaime. *Alexandre de Gusmão e o Tratado de Madri*, 9 vols., Rio de Janeiro, Ministério das Relações Exteriores/Instituto Rio Branco, 1952-1963, parte III, tomo I, Rio de Janeiro, 1951, pp. 420-454.

HILL, Henri. *A View of the Commerce of Brazil* [1808], Salvador, Banco da Bahia, 1964, edição bilíngue.

"Inconfidência da Bahia em 1798, devassas e sequestros", *Anais da Biblioteca Nacional*, Rio de Janeiro, vol. XLIII-XLIV, 1920-1923.

"Instrução do governo para Francisco Delgado Freire de Castilho" [1797], *Revista do Instituto Histórico e Geográfico Brasileiro*, Rio de Janeiro, tomo VI, 1865, 2ª ed., pp. 444-448.

"Instrução para D. Antonio de Noronha" [1775], *Revista do Instituto Histórico e Geográfico Brasileiro*, Rio de Janeiro, tomo IV, 1844, pp. 215-221.

"Instrução para o Marquês de Valença, governador e capitão general da capitania da Bahia", 10/9/1779, in VARNHAGEN, F. A. *História geral do Brasil*, São Paulo, Companhia Melhoramentos, 1948, tomo IV, 3ª ed., pp. 376-395.

"Instrução para o Visconde de Barbacena Luís Antonio de Mendonça" [1788], *Revista do Instituto Histórico e Geográfico Brasileiro*, Rio de Janeiro, tomo VI, 1865, pp. 3-59.

"Instruções de Luís Pinto de Sousa Coutinho aos governadores do Brasil em 1795", *Documentos Interessantes*, vol. XXV, pp. 133-135.

"Instrução de Martinho de Melo e Castro a Luís de Vasconcelos e Sousa acerca do governo do Brasil" [1779], *Revista do Instituto Histórico e Geográfico Brasileiro*, Rio de Janeiro, tomo XXV, 1862, pp. 479-483.

"Instrução militar para Martins Lopes Lobo de Saldanha", *Revista do Instituto Histórico e Geográfico Brasileiro*, Rio de Janeiro, tomo IV, 1842, pp. 350-363.

JUDICE, J. Antônio. "Memória sobre a fábrica de pedra hume da Ilha da Madeira", in *Memorias Economicas da Academia Real das Sciencias de Lisboa*, vol. I, 1789.

LEME, A. Pires da Silva Pontes. "Memória sobre a utilidade pública de se extrair o ouro das minas", *Revista do Arquivo Público Mineiro*, Belo Horizonte, vol. I, 1896, pp. 417-426.

LISBOA, José da Silva. *Memória sobre os benefícios políticos do governo de El-Rey Nosso Senhor D. João VI*, Rio de Janeiro, Impressão Régia, 1818.

__________. *Princípios de economia política* [1804], edição comentada por L. Nogueira de Paula, Rio de Janeiro, Pongetti, 1956.

"Cartas a Domingos Vandelli" [18/10/1781], *Anais da Biblioteca Nacional*, Rio de Janeiro, vol. XXXII, 1910, pp. 494-509.

LOBO, Constantino Botelho de Lacerda. "Memória sobre a decadência das pescarias de Portugal", in *Memorias Economicas da Academia Real das Sciencias de Lisboa*, Lisboa, vol. IV, 1812.

LUCCOCK, John. *Notas sobre o Rio de Janeiro e partes meridionais do Brasil* [1808-1818], tradução para o português, São Paulo, Martins, 1951, 2ª ed.

MACEDO, Duarte Ribeiro de. "Discurso sobre a introdução das artes no Reino" [1675], *Antologia dos economistas portugueses*, introdução e notas de A. Sérgio, Lisboa, Biblioteca Nacional, 1924.

__________. *Obras inéditas*, Lisboa, Impressão Régia, 1817.

MASCARENHAS, Francisco de Assis. "Carta no dia em que deu posse do governo da capitania de Goiás", *Revista do Instituto Histórico e Geográfico Brasileiro*, Rio de Janeiro, tomo V, 1885, 2ª ed., pp. 60-71.

"Memória apresentada ao governador de São Paulo Antonio José da França e Horta", *Documentos Interessantes*, vol. XLIV, 1915.

Memorias Economicas da Academia Real das Sciencias de Lisboa, 5 vols., Lisboa, Officina da Academia Real, 1789-1815.

Memorias de los Virreyes del Rio de la Plata, Buenos Aires, Bajel, 1945.

"Memória sobre a manufatura do tabaco na capitania da Bahia" [1788], *Publicações do Arquivo Nacional*, Rio de Janeiro, vol. IV, 1903, pp. 109-117.

MERLE, Marcel. *L'Anticolonialisme européen de Las Casas à Marx*, textos escolhidos e apresentados por M. Merle, Paris, Armand Colin, 1969.

MONTESQUIEU. *Espírito das leis* [1748], tradução para o português, São Paulo, Difusão Europeia do Livro, 1962.

MIN, Thomas. *La riqueza de Inglaterra por el comercio exterior* [1621] e *Discurso acerca del comercio con las Indias Orientales* [1665], tradução para o espanhol, México, Fondo de Cultura Económica, 1954.

NEVES, José Acúrsio das. *Memória económico-política sobre a liberdade do comércio dos grãos com a sua aplicação à Ilha dos Açores* [1800]. Guimarães, 1941.

__________. *Memórias sobre os meios de melhorar a indústria portuguesa*, Lisboa, Officina de Simão Tadeu Ferreira, 1820.

__________. *Considerações políticas e comerciais sobre os descobrimentos e posessões dos portugueses*, Lisboa, Impressão Régia, 1830.

__________. *Variedades sobre objetos relativos às artes, comércio e manufaturas*, 2 vols., Lisboa, Impressão Régia, 1814.

"Notícias e reflexões estatísticas a respeito da província de Minas Gerais", in *Memorias Economicas da Academia Real das Ciências de Lisboa*, tomo IX, pp. 1-27.

"Ofícios dos vice-reis do Brasil. Índice da correspondência dirigida à corte de Portugal, 1763-1808", *Publicações do Arquivo Nacional*, Rio de Janeiro, vol. II, 1971, 2ª ed.

"Ofício do Vice-Rey Luís de Vasconcelos e Sousa ao seu sucessor" [1789], *Revista do Instituto Histórico e Geográfico Brasileiro*, Rio de Janeiro, tomo IV, 1863, 2ª ed., pp. 3-42, 129-167.

OLIVEIRA, Cavaleiro de [Francisco Xavier de Oliveira], *Recreação periódica* [1751], 2 vols., tradução e prefácio de Aquilino Ribeiro, Lisboa, Oficinas Gráficas da Biblioteca Nacional, 1922.

__________. *Cartas*, seleção, prefácio e notas de Aquilino Ribeiro, Lisboa, Sá da Costa, 1942.

__________. *Opúsculos contra do Santo Ofício*, edição de A. Gonsalves Rodrigues, Coimbra, Universidade de Coimbra, 1942.

"Opinião de um frade capuchinho sobre a escravidão no Brasil em 1794", *Revista do Instituto Histórico e Geográfico Brasileiro*, Rio de Janeiro, tomo LX, 1897, pp. 155-157.

OTTONI, José Eloi "Memória sobre o estado atual da capitania de Minas Gerais" [1796]. *Anais da Biblioteca Nacional*, Rio de Janeiro, vol. XXX, 1908, pp. 301-319.

PESSOA, J. Martins da Cunha. "Memórias sobre as fábricas de ferro de Figueiró", in *Memorias Economicas da Academia Real das Sciencias de Lisboa*, Lisboa, Officina da Academia Real, vol. II, 1790.

QUESNAY, F. *Quadro económico: análise das variações do rendimento de uma nação*, tradução para o português, introdução de B. Murteira, Lisboa, Fundação Calouste Gulbenkian, 1969.

__________. *Tableau économique des physiocrates*, prefácio de M. Lutfalla, Paris, Calmann Lévy, 1969.

Quesnay's Tableau Économique, R. Meek e M. Kuczynski (eds.), Londres, MacMillan, 1972.

RATTON, Jácome. *Recordações de Jácome Ration sobre as ocorrências do seu tempo* [1747-1810], Coimbra, Imprensa da Universidade, 1920, 2ª ed.

RAYNAL, Guillaume-Thomas. *Histoire philosophique et politique des établissements et du commerce des européens dans les deux Indes*, 4 vols., com o *Atlas de toutes les parties connues du Globe terrestre*, Genebra, Chez Jéan-Léonard, Pellet, Imprimeurs de la Ville et de la Académie, 1780.

__________. *Histoire philosophique et politique des établissements et du commerce des européens dans les deux Indes*, 7 vols., La Haye, Chez Gosse, Fils, 1774.

__________. *Histoire philosophique et politique des établissements et du commerce des européens dans les deux Indes*, 7 tomos, Maestricht, Chez Jean-Edme Dufour, Imprimeur et Libraire, 1775. (*Suppléments à Histoire philosophique et politique des établissements et du commerce des européens dans les deux Indes*, Maestricht, Chez Jean Edme Dufour et Philippe Roux, Imprimeur et Libraires associés, 1781).

__________. *Esprit de Guillaume-Thomas Raynal: recueil également nécessaire a ceux qui commandent et a ceux qui obéissent*, 2 tomos, Londres/Paris, Cazin, 1782.

"Regimento dos governadores gerais do Estado do Brasil" [1677], *Documentos Históricos*, Rio de Janeiro, vols. VI, 1928, e VII, 1929.

"Relatório de Bernardo José de Lorena", *Documentos Interessantes*, vol. XV, 1904.

"Relatório do Marquês de Lavradio" [1779], *Revista do Instituto Histórico e Geográfico Brasileiro*, Rio de Janeiro, tomo IV, 1863, 2ª ed., pp. 409-486.

"Relatório do Vice-Rei Luís de Vasconcelos e Sousa" [1789], *Revista do Instituto Histórico e Geográfico Brasileiro*, Rio de Janeiro, tomo XXIII, 1860, pp. 143-239.

ROCHA, José Joaquim. "Memória sobre a capitania de Minas Gerais", *Revista do Arquivo Público Mineiro*, Belo Horizonte, vol. IX, 1909, pp. 425-517.

SANTARÉM, Visconde de. *Quadro elementar das relações políticas e diplomáticas de Portugal*, 18 vols., Paris, J. P. Aillaud, 1842-1860.

__________. *Memórias e alguns documentos para a história e teoria das Cortes Gerais*, Lisboa, Imprensa de Portugal-Brasil, 1924.

SANTOS, Joaquim Felício dos. *Memórias do Distrito Diamantino* [1866], Rio de Janeiro, Castilho, 1924, 2ª ed.

SAY, Horace. *Histoire des relations commerciales entre la France et le Brésil*, Paris, Chez Guillaumin Libraire, 1839.

"Sequestro feito em 1794 nos bens que foram achados do bacharel MarianoJosé Pereira da Fonseca", *Revista do Instituto Histórico e Geográfico Brasileiro*, Rio de Janeiro, tomo LXIII, 1901, pp. 14-18.

SÉRGIO, António (seleção, prefácio e notas). *Antologia dos economistas portugueses*, Lisboa, Oficinas Gráficas da Biblioteca Nacional, 1924.

SERRA, J. Correia da. "Discurso preliminar", in *Memorias Economicas da Academia Real das Sciencias de Lisboa*, Lisboa, Officina da Academia Real, vol. I, 1789.

SIERRA Y MARISCAL, Francisco. "Ideias gerais sobre a revolução do Brasil" [1823], *Anais da Biblioteca Nacional*, Rio de Janeiro, vol. XLIII, 1920, pp. 49-81.

SILVA-HERZOG, Jesus. *Antología del pensamiento económico-social*, México, Fondo de Cultura Económica, 1963.

SILVA, José Bonifácio de Andrada e. "Memória sobre a pesca das baleias, e extração de seu azeite", in *Memorias Economicas da Academia Real das Sciencias de Lisboa*, Lisboa, Officina da Academia Real, vol. II, 1790.

SILVA, José Veríssimo Álvares da. "Memória histórica sobre a agricultura portuguesa", in *Memorias Economicas da Academia Real das Sciencias de Lisboa*, Lisboa, Officina da Academia Real, vol. V, 1825.

SMITH, Adam. *An Inquiry into the Nature and Causes of the Wealth of Nations* [1776], edição Edwin Cannan, Nova York, Modern Library, s.d.

SOLIS, Duarte Gomes de. *Discursos sobre los comercios de las dos Indias* [1622], Lisboa, edição de Moses B. Amzalak, 1943.

__________. "Alegación en favor de la compañia de la India Oriental", [1628], *Anais do Instituto Superior de Ciências Económicas e Financeiras*, vol. XXIII, Lisboa, 1953.

"Taboas Topográficas e Estatísticas de todas as comarcas de Portugal" [1801], *Subsídios para a história da estatística em Portugal*, Lisboa, Instituto Nacional de Estatística, 1948.

TOLLENARE, L. F. *Notes dominicales prises pendant un voyage en Portugal et au Brésil en 1816, 1817, 1818*, 3 vols., L. Bourdon (ed.), Paris, Presses Universitaires de France, 1972.

__________. *Notas dominicais*, tradução para o português, Recife, Departamento de Cultura, 1978.

[Tratado de 1661], *English Historical Documents*, vol. VIII, 1953, p. 857.

TURGOT, A. R. J. "Réflexions sur la formation et la distribution des richesses" [1766], *Ecrits économiques*, prefácio de B. Cazes, Paris, Calmann-Lévy, 1970.

VANDELLI, Domingos. "Memória sobre a agricultura deste reino e conquistas", in *Memorias Economicas da Academia Real das Sciencias de Lisboa*, Lisboa, Officina da Academia Real, vol. I, 1789.

__________. "Memória sobre a preferência que em Portugal se deve dar à agricultura", in *Memorias Economicas da Academia Real das Sciencias de Lisboa*, Lisboa, Officina da Academia Real, vol. I, 1789.

__________. "Memória sobre o modo de aproveitar o carvão de pedra", in *Memorias Economicas da Academia Real das Sciencias de Lisboa*, Lisboa, Officina da Academia Real, vol. II, 1790.

__________. "Memória sobre os diamantes do Brasil", *Anais da Biblioteca Nacional*, Rio de Janeiro, vol. XX, 1898, pp. 279-282.

VASCONCELOS, Luís Mendes de. "Diálogos do sítio de Lisboa" [1608], *Antologia dos economistas portugueses*, António Sérgio (org.), Lisboa, Biblioteca Nacional, 1924.

VERNEY, Luís Antônio. *Verdadeiro método de estudar* [1746], 5 vols., Antonio Salgado Junior (ed.), Lisboa, Sá da Costa, 1949.

VIEIRA, Padre Antonio. "Papel a favor da entrega de Pernambuco aos holandeses" [1648], *Obras escolhidas*, A. Sérgio e H. Cidade (eds.), Lisboa, Sá da Costa, 1951, vol. III, pp. 29-197.

__________. "Proposta feita a El Rei D. João IV em que lhe representa o miserável estado do Reino" [1643], *Obras escolhidas*, A. Sérgio e H. Cidade (eds.), Lisboa, Sá da Costa, 1951, vol. IV, pp. 1-26.

"Vigilância do governo português contra os princípios jacobinos no Brasil", *Revista do Instituto Histórico e Geográfico Brasileiro*, Rio de Janeiro, tomo LIX, 1896, pp. 406-412.

VILHENA, Luís dos Santos. *Recopilação de notícias soteropolitanas e brasílicas* [1804], Braz do Amaral (ed.). Salvador, Imprensa Official do Estado, 1921; nova edição com o título *A Bahia no século XVIII*, 3 vols., apresentação de Edison Carneiro, Salvador, Itapoã, 1969,

VILLAS BOAS, Custódio José. "Plano para descrição geográfica e econômica da Província do Minho" [1799], *Geografia e Economia da Província do Minho, nos fins do século XVIII*, notas de A. Cruz, Porto, Centro de Estudos Humanísticos, 1970.

II. BIBLIOGRAFIA

A) DICIONÁRIOS

BLAKE, Augusto Victorino Alves Sacramento. *Diccionario bibliographico brasileiro*, 7 vols., Rio de Janeiro, Typographia Nacional, 1883-1902.

Dicionário da história de Portugal, 4 vols., dirigido por Joel Serrão, Lisboa, Iniciativas Editoriais, 1963.

Encyclopedia of the Social Sciences, 10 vols., dirigida por Edwin Seligman e Alvin Johnson, Nova York, MacMillan, 1948.

PEREIRA, Esteves e RODRIGUES, Guilherme. *Portugal: dicionário histórico, corográfico, heráldico, biográfico, bibliográfico, numismático, artístico*, 7 vols., Lisboa, João Romano Torres Editor, 1904.

SILVA, Inocêncio Francisco da. *Dicionário bibliográfico português*, 22 vols., Lisboa, Imprensa Nacional, 1858-1923.

B) LIVROS E ARTIGOS

ABREU, João Capistrano de. *Capítulos de história colonial*, introdução e notas de José Honório Rodrigues, Rio de Janeiro, Briguiet, 1954, 4ª ed.

AGESTA, Luis Sánchez. *El pensamiento político del despotismo ilustrado*, Madri, Instituto de Estudios Políticos, 1953.

AGUIAR, Manoel Pinto de. *Ensaios de história e economia*, 2 vols., Salvador, Progresso, 1960.

__________. *A abertura dos portos do Brasil*, Salvador, Progresso, 1960.

__________. *Bancos no Brasil colonial*, Salvador, Progresso, 1960.

AKOLA NETO, Maria de Lurdes. "Demografia", *Dicionário da história de Portugal*, direção de Joel Serrão, vol. I, Lisboa, Iniciativas Editoriais, 1963, pp. 795-800.

ALDEN, Dauril. *Royal Government in Colonial Brazil, with Special Reference to the Administration of the Marquis of Lavradio, Vice-Roy, 1769-1779*, Berkeley, University of California Press, 1968.

__________. "The Population of Brazil in the Eighteenth Century: A Preliminary Survey", *The Hispanic American Historical Review*, vol. XLIII, 1963, pp. 173-206.

__________. "Manuel Luís Vieira: An Entrepreneur in Rio de Janeiro during Brazil's Eighteenth Century Agricultural Renaissance", *The Hispanic American Historical Review*, vol. XXXIX, nº 4, 1959, pp. 521-538.

__________. "The Growth and Decline of Indigo Production in Colonial Brazil: A Study in Comparative Economic History", *The Journal of Economic History*, vol. XXV, nº 1, março 1965.

__________ (org.). *Colonial Roots of Modern Brazil*, Berkeley, University of California Press, 1973.

ALMADA, José de. *A aliança inglesa: subsídios para o seu estudo*, Lisboa, Imprensa Nacional, 1946.

ALMEIDA, Fortunato de. *História de Portugal*, 6 vols., Coimbra, edição do autor, 1922-1929.

AMZALAK, Moses B. *O fisiocratismo: as Memorias Economicas da Academia e seus colaboradores*, Lisboa, edição do autor, 1922.

__________. *Do estudo e da evolução das doutrinas económicas em Portugal*, Lisboa, Oficina Gráfica do Museu Comercial, 1928.

ANDERSON, Matthew S. "European Diplomatic Relations, 1763-1790", *The New Cambridge Modern History*, dir. G. N. Clark, vol. III, Cambridge, Cambridge University Press, 1965, pp. 252-278.

ANDRADE, Manuel Correia de. *Movimentos nativistas em Pernambuco*, Recife, Universidade Federal de Pernambuco, 1971.

ANDREWS, Charles M. *The Colonial Background of the American Revolution*, New Haven, Yale University Press, 1963.

__________. *The Colonial Period of American History*, 4 vols., New Haven, Yale University Press, 1948.

__________. "The Acts of Trade", in ROSE, John H., NEWTON, Arthur P. e BENIANS, Ernest A. (dir.), *The Cambridge History of the British Empire*, 8 vols., Cambridge, Cambridge University Press, 1960, vol. I, pp. 268-299.

ANES, Gonzalo. *Economía e Ilustración en la España del siglo XVIII*, Barcelona, Ariel, 1969.

APPOLIS, Émile. "A travers le XVIIIe siècle catholique, entre jansénistes et constitutionnaires: un tiers parti", *Annales. Économies, Sociétés, Civilisations*, ano VI, 1951, pp. 154-171.

ARCILA FARIAS, E. *El siglo ilustrado en América*, Caracas, Ministerio de la Educación, 1955.

ARNAULT, Salvador Dias. *A crise nacional dos fins do século XIV*, Coimbra, Faculdade de Letras, 1960.

ARRUDA, José Jobson de Andrade. *O Brasil no comércio colonial, 1796-1808: contribuição ao estudo quantitativo da economia colonial*, São Paulo, 1972 (exemplar mimeografado).

ASHTON, T. S. *The Industrial Revolution, 1760-1830*, Londres, Oxford University Press, 1952.

AZEVEDO, Aroldo de. *Vilas e cidades do Brasil colonial*, São Paulo, FFCL-USP, 1956.

AZEVEDO, João Lúcio de. *Épocas de Portugal económico: esboços de história*, Lisboa, Clássica, 1947, 2ª ed.

__________. *O Marquês de Pombal e sua época*, Rio de Janeiro, Annuario do Brasil, 1922, 2ª ed.

__________. *História dos christãos novos portugueses*, Lisboa, Clássica, 1921.

__________. *A evolução do sebastianismo*, Lisboa, Clássica, 1947, 2ª ed.

__________. *História de Antonio Vieira*, 2 vols., Lisboa, Clássica, 1931, 2ª ed.

__________. *Novas epanáforas: estudos de história e literatura*, Lisboa, Clássica, 1932.

AZEVEDO, Julião Soares de. *Condições económicas da Revolução Portuguesa de 1820*, Lisboa, Empresa Contemporânea de Edições, 1944.

BAIÃO, Antonio; CIDADE, Hernani e MÚRIAS, Manuel (dir.). *História da expansão portuguesa no mundo*, 3 vols., Lisboa, Ática, 1937-1940.

BARBOSA, Francisco de Assis. *D. João VI e a siderurgia no Brasil*, Rio de Janeiro, Biblioteca do Exército, 1958.

BARBOUR, Violet. *Capitalism in Amsterdam in the 17th Century*, Baltimore, Johns Hopkins Press, 1950.

BARGALLO, Modesto. *La minería y la metalurgia en la América española durante la época colonial*, México, Fondo de Cultura Económica, 1955.

BARRETO, Célia de Barros. "A ação das sociedades secretas", Sérgio Buarque de Holanda (dir.), *História geral da civilização brasileira*, tomo II, vol. 1, São Paulo, 1962, pp. 191-206.

BEALES, H. L. *The Industrial Revolution, 1752-1850*, Londres, Frank Cass, 1958.

BECKER, Carl. *La Ciudad de Dios del siglo XVIII*, tradução para o espanhol, México, Fondo de Cultura Económica, 1942.

BEIRÃO, Caetano. *D. Maria I, 1777-1792: subsídios para a revisão da história de seu reinado*, Lisboa, Empresa Nacional de Publicidade, 1944, 4ª ed.

__________. *História breve de Portugal*, Lisboa, Verbo, 1960.

BENOT, Yves. *Diderot: de l'athéisme à l'anticolonialisme*, Paris, Maspero, 1970.

BIRNIE, Arthur. *Historia económica de Europa, 1760-1833*, tradução para o espanhol, México, Fondo de Cultura Económica, 1944.

BLOCH, Marc. *Les Caractères originaux de l'histoire rurale française*, 2 vols., Paris, Armand Colin, 1952, 2ª ed.

__________. "Le Problème de l'or au Moyen-Âge", *Annales d'Histoire Économique et Sociale*, vol. V, 1933, pp. 1-34.

BOON, H. N. "Decadencia y despertar", in LANDHEER, Batholomew, *La nación holandesa*, tradução para o espanhol, México, Fondo de Cultura Económica, 1945, pp. 67-78.

BOUDON, Albert-Alain. *Histoire du Portugal*, Paris, PUF, 1970.

BOXER, Charles Ralph. *Salvador de Sá and the Struggle for Brazil and Angola, 1602-1686*, Londres, Athlone Press, 1952. Tradução para o português: *Salvador de Sá e a luta pelo Brasil e Angola*, São Paulo, Companhia Editora Nacional, 1973.

__________. *The Dutch in Brazil, 1624-1654*, Oxford, Clarendon, 1957.

__________. *The Portuguese Seaborn Empire*, Nova York, Alfred Knopf, 1969.

__________. *Portuguese Society in the Tropics: The Municipal Councils of Goa, Macao, Bahia, and Luanda, 1500-1800*. Madison, University of Wisconsin Press, 1965.

__________. *The Golden Age of Brazil, 1695-1750*, Berkeley, University of California Press, 1962.

BRAUDEL, Fernand. *La Méditerranée et le monde méditerranéen à l'époque de Philippe II*, Paris, Armand Colin, 1949.

__________. "Moedas e civilizações. Do ouro do Sudão à prata da América", *Revista de História*, nº 13, São Paulo, 1953, pp. 67-68.

__________ e LABROUSSE, Ernest (dir.), *Histoire économique et sociale de la France*, 4 vols., Paris, Presses Universitaires de France, 1970.

BUCK, Philip. *The Politics of Mercantilism*, Nova York, Henry Holt and Company, 1942.

BUESCU, Mircea. *História econômica do Brasil: pesquisas e análises*, Rio de Janeiro, APEC, 1970.

__________ e TAPAJÓS, Vicente. *História do desenvolvimento econômico do Brasil*, Rio de Janeiro, A Casa do Livro, 1969.

BURNS, Edward Bradford. "The Role of Azeredo Coutinho in the Enlightenment of Brazil", *The Hispanic American Historical Review*, vol. XLIV, 1964, pp. 145-161.

__________. "The Enlightenement in Two Colonial Brazilian Libraries", *Journal of the History of Ideas*, vol. XXV, 1964, pp. 430-439.

CAETANO, Marcelo. *O Conselho Ultramarino: esboço da sua história*, Rio de Janeiro, Sá Cavalcante, 1969.

CALAZANS, José. *Os vintistas e a regeneração econômica de Portugal*, Salvador, S. A. Artes Gráficas, 1959.

CALMON, Pedro. *História do Brasil*, 7 vols., Rio de Janeiro, José Olympio, 1963, 2ª ed.

CALÓGERAS, João Pandiá. *As minas do Brasil e sua legislação*, 3 vols., Rio de Janeiro, Imprensa Nacional, 1904.

CAMARGO, Florêncio da Silveira. *História eclesiástica do Brasil*, Petrópolis, Vozes, 1955.

The Cambridge Economic History of Europe, 6 vols., J. H. Clapham e Eillen Power (dir.), Cambridge, Cambridge University Press, 1942.

The Cambridge History of the British Empire, 8 vols., John H. Rose, Arthur P. Newton e Ernest A. Benians (dir.), Cambridge, Cambridge University Press, 1960.

CANABRAVA, Alice P. *O comércio português no Rio da Prata (1580-1640)*, São Paulo, FFCL-USP, 1944.

__________. "A influência do Brasil nas técnicas do fabrico do açúcar nas Antilhas Francesas e Inglesas no meado do século XVII", *Anuário da Faculdade de Ciências Econômicas e Administrativas da Universidade de São Paulo*, São Paulo, FCEA-USP, 1947.

__________. "Um capítulo na história das técnicas do Brasil", separata de *Revista da Universidade de São Paulo*, nº 1, 1950.

CANDIDO, Antonio. *Formação da literatura brasileira: momentos decisivos*, 2 vols., São Paulo, Martins, 1959.

CANU, Jean. "El Nuevo Mundo y el oro español", in LACOUR-GAYET, Jacques (dir.), *Historia del comercio*, tradução para o espanhol, Barcelona, Vergara, 1958, tomo III, pp. 99-144.

CARDOSO, Ciro Flamarion Santana. "Severo Martinez Pelaez y el carater del régimen colonial", in *Modos de producción en América Latina*, Córdoba, Cuadernos de Pasado y Presente, nº 40, 1973.

__________. "Sobre los modos de producción colonial en América", tradução para o português, in SANTIAGO, Théo A. (org.), *América colonial: ensaios*, Rio de Janeiro, Pallas, 1975.

__________. "El modo de producción esclavista colonial en América", tradução para o português, in SANTIAGO, Théo A. (org.), *América colonial: ensaios*, Rio de Janeiro, Pallas, 1975.

CARDOSO, Fernando Henrique. *Capitalismo e escravidão no Brasil meridional*, São Paulo, Difusão Europeia do Livro, 1962.

CARDOZO, Manuel. "Azeredo Coutinho e o fermento intelectual de sua época", in KEITH, H. e EDWARDS, S. F. (dir.), *Conflito e continuidade na sociedade brasileira*, tradução para o português, Rio de Janeiro, Civilização Brasileira, 1970.

CARRATO, José F. *Igreja, Iluminismo e escolas mineiras coloniais*, São Paulo, Companhia Editora Nacional, 1968.

CARREIRA, Antônio. *As companhias pombalinas de navegação, comércio e tráfico de escravos entre a costa africana e o Nordeste brasileiro*, Porto, Imprensa Portuguesa, 1969.

CARUS-WILSON, Eleanora M. (org.). *Essays in Economic History*, 3 vols., Londres, Edward Arnold, 1958.

CARVALHO, Joaquim Barradas de. *Rumos de Portugal: a Europa ou o Atlântico*, Lisboa, Livros Horizonte, 1974.

CARVALHO, Laerte Ramos de. *As reformas pombalinas da instrução pública*, São Paulo, FFCL-USP, 1952.

CASSIRER, Ernst. *Filosofía de la Ilustración*, tradução para o espanhol, México, Fondo de Cultura Económica, 1950.

CASTRO, Armando. *Ensaios de história económico-social*, Lisboa, Portugália, 1967.

CASTRONUOVO, Valerio. *La Revolución Industrial*, tradução para o espanhol, Barcelona, Nova Terra, 1975.

CÉSPEDES DEL CASTILLO, Guillelmo. "Las Índias en el reinado de los Reyes Catolicos", in VICENS-VIVES, Jaume (dir.), *Historia social y económica de España y América*, Barcelona, Teide, 1957, tomo II.

__________. "La sociedad colonial americana en los siglos XVI y XVII", in VICENS-VIVES, Jaume (dir.), *Historia social y económica de España y América*, Barcelona, Teide, 1957, tomo III, pp. 387-588.

CHABOD, Federico. "Giovanni Botero", *Scritti sul Rinascimento*, Turim, Giulio Einaudi, 1967.

CHAUNU, Pierre. "Place et rôle du Brésil dans le système de communications et dans lés mécanismes de croissance de l'économie du XVIe siècle", *Revue d'Histoire Économique et Sociale*, vol. XLVIII, 1970, pp. 460-482.

CHRISTELOW, Allan. "Great Britain and the trade from Cadiz and Lisbon to Spanish America and Brazil, 1759-1783", *The Hispanic American Historical Review*, vol. XXVII, 1947, pp. 1-29.

CIDADE, Hernani. *Lições de cultura e literatura portuguesa*, 2 vols., Coimbra, Coimbra Editora, 1959.

__________. *A literatura autonomista sob os Filipes*, Lisboa, Sá da Costa, 1948.

CLAPHAM, J. H. *An Economic History of Modern Britain*, 3 vols., Cambridge, Cambridge University Press, 1950.

CLARK, G. N. et al. (dir.), *The New Cambridge Modern History*, 14 vols., Cambridge, Cambridge University Press, 1957.

CLARK, Victor. *History of Manufactures in the United States*, 3 vols., Nova York, McGraw Hill, 1949.

CLOGH, Shepard B. e COLE, Charles W. *Economic History of Europe*, Boston, D. C. Heath and Company, 1952.

COELHO, Antonio Borges. *A Revolução de 1383*, Lisboa, Portugália, 1965.

COELHO, José Maria Latino. *História política e militar de Portugal desde os fins do XVIII século até 1814*, 3 vols., Lisboa, Imprensa Nacional, 1916, 2ª ed.

COLE, William A. "Trends in Eighteenth Century Smugling", *The Economic History Review*, 2ª série, vol. X, 1958, pp. 395-410.

COLEMAN, D. G. *Revisions in Mercantilism*, Londres, Methuen & Co., 1969.

COLMEIRO, Manuel. *Historia de la economía política en España*, 2 vols., Madri, Taurus, 1965.

COORNAERT, Émile J. "The Chartered Companies", in RICH, E. (dir.), *The Cambridge Economic History of Europe*, Cambridge, 1967, vol. IV, pp. 223-275.

CÓRDOVA-BELLO, Eleazar. *Compañias holandesas de navegación, agentes de la colonización neerlandesa*, Sevilha, Escuela de Estudios Hispano-Americanos, 1964.

CORREIA, Francisco Antônio. *História económica de Portugal*, 2 vols., Lisboa, Empresa Nacional de Publicidade, 1929.

CORTESÃO, Jaime. *Alexandre de Gusmão e o Tratado de Madri*, 9 vols., Rio de Janeiro, Ministério das Relações Exteriores/Instituto Rio Branco, 1952.

__________. *Os fatores democráticos na formação de Portugal*, Lisboa, Portugália, 1964.

__________. "A integração territorial do Brasil", in PERES, Damião (dir.), *História de Portugal*, Barcelos, 1934, vol. VI, pp. 673-674.

__________. "O território da Colônia do Sacramento e a formação dos Estados platinos", *Revista de História*, São Paulo, nº 17, pp. 135-165.

COSTA, Emilia Viotti da. "Introdução ao estudo da emancipação política", in MOTA, Carlos G. (org.), *Brasil em perspectiva*, São Paulo, Difusão Europeia do Livro, 1968.

COUTO, Carlos. "O pacto colonial e a interferência brasileira no domínio das relações entre Angola e o Reino no século XVIII", *Estudos Históricos*, nº 10, 1971, pp. 21-32.

DAVIES, C. C. "Rivalries in Índia", in CLARK, George N. (dir.), *The New Cambridge Modern History*, vol. VII, Cambridge, Cambridge University Press, 1957, pp. 541-565.

DAVIES, Kenneth G. *The Royal African Company*, Londres, Longmans Green, 1957.

DAVIS, David Brion. *The Problem of Slavery in Western Culture*, Ithaca, Cornell University Press, 1970.

__________. *The Problem of Slavery in the Age of Revolution*, Ithaca, Cornell University Press, 1975.

DAY, Clive. *Historia del comercio*, 2 vols., tradução para o espanhol, México, Fondo de Cultura Económica, 1941,

RAMSAY, George D. "The Smuggler's Trade: A Neglected Aspect of English Commercial Development", *Transactions of the Royal Historical Society*, 5ª série, vol. II, 1952.

DEANE, Phyllis. *A Revolução Industrial*, tradução para o português, Rio de Janeiro, Zahar, 1969.

DEFOURNEAUX, Marcelin. *L'Inquisition espagnole et les livres français au XVIIIe siècle*, Paris, PUF, 1963.

DENIS, Henri. *História do pensamento económico*, tradução para o português, Lisboa, Livros Horizonte, s.d.

DESCHAMPS, Hubert. *Méthodes et doctrines coloniales de la France*, Paris, Armand Colin, 1953.

DESNÉ, Roland. *Os materialistas franceses de 1750 a 1800*, tradução para o português, Lisboa, Seara Nova, 1969.

DEVÈZE, Michel. *L'Europe et le monde à la fin du XVIIIe siècle*, Paris, Albin Michel, 1970.

DEYON, Pierre. *Le Mercantilisme*, Paris, Flammarion, 1969.

DIAS, Carlos Malheiros (dir.). *História da colonização portuguesa do Brasil*, 3 vols., Porto, Litografia Nacional, 1921-1924.

DIAS, Demosthenes de Oliveira. *Formação territorial do Brasil*, Rio de Janeiro, Gráfica Olímpica, 1956.

DIAS, José Sebastião da Silva. "Portugal e a cultura europeia (séculos XVI a XVIII)", Coimbra, 1953, separata de *Biblos*, vol. XXVIII.

DIAS, Manuel Nunes. *O capitalismo monárquico português (1415-1549)*, 2 vols., Coimbra, Faculdade de Letras/Instituto de Estudos Históricos Dr. António de Vasconcelos, 1963.

__________. *A Companhia Geral do Grão-Pará e Maranhão (1755-1778)*, São Paulo, FFLCH--USP, 1971.

__________. *O comércio livre entre Havana e os portos de Espanha (1778-1789)*, 2 vols., São Paulo, s.ed., 1965.

DIAS, Maria Odila da Silva. "Aspectos da Ilustração no Brasil", Rio de Janeiro, 1969, separata de *Revista do Instituto Histórico e Geográfico Brasileiro*, Rio de Janeiro, tomo CCLXXVIII.

DOBB, Maurice. *Studies in the Development of Capitalism*, Londres, Routledge & Kegan Paul, 1954.

DONGHI, Tulio Halperin. *Historia contemporánea de América Latina*, Alianza Editorial, Madri, 1972, 3ª ed.

DUCHET, Michèle. *Anthropologie et histoire au Siècle des Lumières*, Paris, Maspero, 1971.

EÇA, Raul. "Colonial Brazil as an Element in the Early Diplomatic Negociations between the United States and Portugal, 1776-1808", in WILGUS, Alva Curtis (dir.), *Colonial Hispanic America*, Washington, 1936.

EÇA, Vicente Almeida. *Normas económicas da colonização portuguesa*, Coimbra, Imprensa da Universidade, 1931.

__________. *A abertura dos portos do Brasil*, Lisboa, Typographia da Livraria Ferin, 1908.

EGERTON, H. E. *A Short History of the British Colonial Policy*, Londres, Methuen & Co., 1950.

ELLIS, Myriam. *O monopólio do sal no Estado do Brasil*, São Paulo, FFCL-USP, 1955.

__________. *A baleia no Brasil colonial*, São Paulo, Melhoramentos, 1969.

__________. *Aspectos da pesca da baleia no Brasil colonial*, São Paulo, FFCL-USP, 1958.

__________. "Um documento anônimo dos fins do século XVIII", *Revista de História*, nº 38, 1959, pp. 383-412.

ESQUER, Gabriel. *L'Anticolonialisme au XVIIIe siècle*, Paris, PUF, 1951.

FAORO, Raymundo. *Os donos do poder: formação do patronato político brasileiro*, Porto Alegre, Globo, 1958.

FARNIE, Douglas A. "The Commercial Empires of the Atlantic, 1607-1783", *The Economic History Review*, vol. XV, 1962, pp. 205-218.

FAULKNER, Harold U. *American Economic History*, Nova York, Harper & Brothers, 1960, 8ª ed.

FENELON, Déa R. *Cairu e Hamilton, estudo comparativo*, Belo Horizonte, 1973 (exemplar mimeografado).

FERNANDES, Florestan. *Capitalismo dependente e classes sociais na América Latina*, Rio de Janeiro, Zahar, 1973.

__________. *Sociedade de classes e subdesenvolvimento*, Rio de Janeiro, Zahar, 1972, 2ª ed.

__________. *Circuito fechado*, São Paulo, Hucitec, 1976.

FERNANDES, Heloísa R. *Política e segurança*, São Paulo, Hucitec, 1974.

FIGUEIREDO, Fidelino de. *Literatura portuguesa*, Rio de Janeiro, Acadêmica, 1955, 2ª ed.

FISHER, Harold E. S., *The Portugal Trade: A Study of Anglo-Portuguese Commerce, 1700-1770*, Londres, Methuen & Co., 1971.

FOHLEN, Claude. *Qu'est-ce que la révolution industrielle?*, Paris, Robert Laffont, 1971.

FRANÇA, Eduardo d'Oliveira. *Portugal na época da Restauração*, São Paulo, FFCL-USP, 1951.

__________. *O poder real em Portugal e as origens do absolutismo*, São Paulo, FFCL-USP, 1946.

FRANÇA, José Augusto. *Une ville des Lumières: la Lisbonne de Pombal*, Paris, SEVPEN, 1963; edição portuguesa: *Lisboa pombalina e o Iluminismo*, Lisboa, Livros Horizonte, 1965.

FRANCIS, Allen D. *The Methuens and the Portugal (1691-1708)*, Cambridge, Cambridge University Press, 1966.

FREITAS, Gustavo de. "A Companhia Geral do Comércio do Brasil (1649-1720)", São Paulo, separata de *Revista de História*, 1951.

FRIEIRO, Eduardo. *O diabo na livraria do cônego*, Belo Horizonte, Itatiaia, 1957.

FUGIER, André. *La Révolution et l'Empire napoléonien*, in RENOUVIN, Pierre (dir.), *Histoire des relations internationales*, Paris, Hachette, tomo IV, 1954.

FUNCHAL, Marquez do. *O Conde de Linhares*, Lisboa, Typographia Bayard, 1908.

FURTADO, Celso. *Formação econômica do Brasil*, Rio de Janeiro, Fundo de Cultura, 1959.

__________. *Formação econômica da América Latina*, Rio de Janeiro, Lia, 1970, 2ª ed.

GAGÉ, Jean. *L'Expansion coloniale britannique*, São Paulo, mimeo., FFLCH-USP, 1942.

GALLAGHER, John e ROBINSON, Ronald. "The Imperialism of Free Trade", *Economic History Review*, 2ª série, vol. IV, 1953, pp. 1-15.

GARCIA, Emanuel S. Veiga. "A real fábrica de São João de Ipanema", *Revista de História*, nº 11, 1952, pp. 33-61.

GARCIA, Rozendo Sampaio. "Contribuição ao estudo do aprovisionamento de escravos negros na América espanhola", separata de *Anais do Museu Paulista*, São Paulo, 1962.

GELDER, Herman A. E. van. *Histoire des Pays-Bas*, Paris, Armand Colin, 1936.

GENOVESE, Eugene D. *The Political Economy of Slavery*, Nova York, Vintage Books, 1967.

__________. *The World the Slaveholders Made*, Nova York, Vintage Books, 1969.

GERBI, Antonello. *La disputa del Nuevo Mundo: historia de una polémica, 1750-1900*, tradução para o espanhol, México, Fondo de Cultura Económica, 1960.

GERSHOY, Leo. *From Despotism to Revolution (1763-1789)*, NovaYork, Harper and Brothers, 1944.

GIDE, Charles e RIST, Charles. *Histoire des doctrines économiques*, 2 vols., Paris, Sirey, 1959, 7ª ed.

GOBERT, Andrée. "Hacia el liberalismo, 1774-1840", in LACOUR-GAYET, Jacques (dir.), *Historia del comercio*, tradução para o espanhol, Barcelona, Vergara, 1958, tomo III, pp. 293-415.

GODECHOT, Jacques. *Les Révolutions, 1770-1799*, Paris, PUF, 1963.

__________. *L'Europe et l'Amérique à l'époque napoléonienne*, Paris, PUF, 1967.

__________. *La Grande Nation: l'expansion révolutionnaire de la France dans de le monde*, 2 vols., Paris, Aubier, 1956.

__________. *La Contre-Révolution; doctrine et action (1789-1804)*, Paris, PUF, 1961.

GODINHO, Vitorino Magalhães. *A expansão quatrocentista portuguesa*, Lisboa, Empresa Contemporânea de Edições, 1944.

__________. *Prix et monnaies au Portugal, 1750-1850*, Paris, Armand Colin, 1955.

__________. *A economia dos descobrimentos henriquinos*, Lisboa, Sá da Costa, 1962.

__________. *Économie de l'Empire Portugais aux XVe et XVIe siècles*, Paris, SEVPEN, 1969.

__________. *Estrutura da antiga sociedade portuguesa*, Lisboa, Arcádia, 1971.

__________. *Ensaios*, 3 vols., Lisboa, Sá da Costa, 1968.

__________. "A historiografia portuguesa: orientações, problemas, perspectivas", *Revista de História*, nº 21-22, 1955, pp. 3-21.

__________. "Portugal, as frotas do açúcar e as frotas do ouro, 1670-1770", *Revista de História*, nº 15, 1953, pp. 69-88.

__________. "Création et dynamisme économique du monde atlantique", *Annales. Économies, Sociétés, Civilisations*, ano V, Paris, 1950.

__________. "A evolução dos complexos histórico-geográficos", *Ensaios*, Lisboa, Sá da Costa, vol. II, pp. 12-23.

__________. "Flutuações econômicas e devir estrutural do século XV ao XVII", *Ensaios*, Lisboa, Sá da Costa, vol. II, pp. 177-207.

GOLDMANN, Lucien. "Goethe et la Revolution Française", *Recherches dialectiques*, Paris, Gallimard, 1959.

GONDRA, Luís Roque, et al. *El pensamiento económico latinoamericano*, México, Fondo de Cultura Económica, 1945.

GONNARD, René. *História de las doctrinas económicas*, tradução para o espanhol, Madri, Aguilar, 1968.

__________. *La Conquête portugaise: découvreurs et economistes*, Paris, De Medicis, 1947.

GOSSE, Philip. *Histoire de la piraterie*, tradução para o francês, Paris, Payot, 1933.

GOULART, Maurício. *A escravidão africana no Brasil*, São Paulo, Alfa-Omega, 1975, 2ª ed.

GOULEMOT, Jean-Marie e LAUNAY, Michel. *Le Siècle des Lumières*, Paris, Seuil, 1968.

GRAHAM, Richard. *Independence in Latin America: Comparative Approach*, Nova York, McGraw-Hill, 1972.

GRAINHA, Borges M. *História da maçonaria em Portugal (1735-1912)*, Lisboa, Typographia "A Editora Limitada", 1912.

GUEDES, Armando Marques. *A aliança inglesa: notas de história diplomática*, Lisboa, Editorial Enciclopédia, 1938.

HAMILTON, Earl J. "The Role of Monopoly in the Overseas Expansion and Colonial Trade of Europe before 1800", *American Economic Review*, vol. XXXVIII, 1948, pp. 33-53.

__________. "The Decline of Spain", in CARUS-WILSON, Eleanora (dir.), *Essays in Economic History*, Londres, Edward Arnold, 1958, vol. 1, pp. 215-226.

HAMPSON, Norman. *O Iluminismo*, tradução para o português, Lisboa, Ulisseia, 1973.

HARDY, Georges. *Histoire de la colonisation française*, Paris, Larose, 1938, 3ª ed.

HARING, Clarence H. *Comercio y navegación entre España y las Indias*, tradução para o espanhol, México, Fondo de Cultura Económica, 1939.

__________. *Los bucaneros de las Indias Occidentales en el siglo XVII*, Paris/Bruges/Caracas, Desclée/De Brouwer, 1939, 2ª ed.

HARTWELL, Ronald M. "Economic Change in England and Europe, 1780-1830", in CLARK, George N. (dir.), *The New Cambridge Modern History*, vol. IX, 1965, pp. 31-59.

HAUSER, Henri. *La Prépondérance espagnole (1539-1660)*, Paris, PUF, 1948, 3ª ed.

__________. *La Pensée et l'action économique du Cardinal de Richelieu*, Paris, PUF, 1944.

HAUSER, H. e RENAUDET, A. *Les Débuts de l'Âge Moderne*, Paris, PUF, 1956, 4ª ed.

HAZARD, Paul. *La Crise de la conscience européenne (1680-1715)*, Paris, Boivin, 1935.

__________. *La Pensée européenne au XVIIIe siècle*, Paris, Arthème Fayard, 1963.

HEATON, Herbert. "Industrial Revolution", in *Encyclopaedia of the Social Sciences*, Nova York, 1942, vol. III.

HECKSCHER, Eli F. *La época mercantilista*, tradução para o espanhol, México, Fondo de Cultura Económica, 1943.

__________. *The Continental System: An Economic Interpretation*, Gloucester, Peter Smith, 1964.

HEIMAN, Eduard. *História das doutrinas econômicas*, tradução para o português, Rio de Janeiro, Zahar, 1971, 2ª ed.

HELLEINER, Karl F. "The Population of Europe from the Black Death to the Vital Revolution", in POSTAN, Michael e HABAKKUK, Hrothgar J. (dir.), *The Cambridge Economic History of Europe*, vol. IV, Cambridge, Cambridge University Press, 1967.

HERCULANO, Alexandre. "Mousinho da Silveira ou la Révolution Portugaise" [1856], *Opúsculos*, Rio de Janeiro, Francisco Alves, 1907, vol. II, pp. 167-216.

HERR, Richard. *The Eighteenth Century Revolution in Spain*, Princeton, Princeton University Press, 1958.

HIGGS, Henry. *Los fisiocratas*, tradução para o espanhol, México, Fondo de Cultura Económica, 1944.

HILL, Lawrence. *Diplomatic Relations between the United States and Brazil*, Durham, Duke University Press, 1932.

HOBSBAWM, Eric J. *Industry and Empire*, Harmondsworth, Penguin, 1972.

__________. *The Age of Revolution: Europe, 1789-1848*, Londres, Weidenfeld and Nicolson, 1964.

__________. *En torno a los orígenes de la Revolución Industrial*, tradução para o espanhol, Buenos Aires, Siglo XXI, 1972, 2ª ed.

HOLANDA, Sérgio Buarque de. *Raízes do Brasil*, Rio de Janeiro, José Olympio, 1956, 3ª ed.

__________. *Caminhos e fronteiras*, Rio de Janeiro, José Olympio, 1957.

__________. "A Colônia do Sacramento e a expansão no extremo sul", in HOLANDA, Sérgio Buarque de (dir.), *História geral da civilização brasileira*, tomo I, vol. 1, São Paulo, Difusão Europeia do Livro, 1962.

__________. "Introdução", *Obras econômicas de J. J. da Cunha de Azeredo Coutinho*, São Paulo, Companhia Editora Nacional, 1966.

__________ (dir.), *História geral da civilização brasileira*, 7 vols., São Paulo, Difusão Europeia do Livro, 1960-1972.

__________ e PANTALEÃO, Olga. "Franceses, holandeses e ingleses no Brasil quinhentista", in HOLANDA, Sérgio Buarque de (dir.), *História geral da civilização brasileira*, São Paulo, Difusão Europeia do Livro, tomo I, vol. 2, pp. 147-175.

HORROCKS, John W. *A Short History of Mercantilism*, Nova York, Methuen & Co., 1925.

HUGON, Paul. *História das doutrinas econômicas*, São Paulo, Atlas, 1959, 6ª ed.

HUSSEY, Denis. *The Caracas Company, 1728-1784*, Cambridge, Harvard University Press, 1934.

HYPOLITTE, Jean. "La Signification de la Révolution Française dans la *Phenomenologie* de Hegel", *Études sur Marx et Hegel*, Paris, Marcel Rivière, 1955.

IANNI, Octávio. *Estado e planejamento econômico no Brasil*, Rio de Janeiro, Civilização Brasileira, 1971.

__________. *As metamorfoses do escravo*, São Paulo, Difusão Europeia do Livro, 1962.

KAFKER, Frank A. "Les Encyclopédistes et la Terreur", *Revue d'Histoire Moderne et Contemporaine*, Paris, vol. XIV, 1967, pp. 284-295.

KEITH, H. e EDWARDS, S. (orgs.), *Conflito e continuidade na sociedade brasileira*, tradução para o português, Rio de Janeiro, Civilização Brasileira, 1970.

KEYNES, John Maynard. *Teoria geral do emprego, do juro e do dinheiro*, tradução para o português, Rio de Janeiro, Fundo de Cultura, 1964.

KIRKLAND, Edward. *Historia económica de los Estados Unidos*, tradução para o espanhol, México, Fondo de Cultura Económica, 1947.

KLAVEREN, Jacob J. van. *The Dutch Colonial System in the East Indies*, Rotterdam, M. Nijhoff, 1953.

KNIGHT, Melvin. "Colonies", *Encyclopaedia of Social Sciences*, vol. III, pp. 653-663.

KOSELLECK, Reinhardt. *Critica illuminista e crisi della società borghese*, tradução para o italiano, Bolonha, Il Mulino, 1972.

KOULISCHER, Joseph. "La Grande industrie aux XVIIe et XVIIIe siècles: France, Alemagne, Russie", *Annales. Histoire, Économie, Societé*, vol. III, 1931.

LABROUSSE, Ernest. *Fluctuaciones económicas e historia social*, tradução para o espanhol, Madri, Tecnos, 1962.

LACOMBE, Américo Jacobina. "A Igreja no Brasil colonial", in HOLANDA, Sérgio Buarque de (dir.), *História geral da civilização brasileira*, São Paulo, Difusão Europeia do Livro, 1960, tomo I, vol. 2, pp. 51-75.

__________. "A conjuração do Rio de Janeiro", in HOLANDA, Sérgio Buarque de (dir.), *História geral da civilização brasileira*, São Paulo, Difusão Europeia do Livro, tomo I vol. 2, pp. 406-410.

LACOSTE, Yves. *Geografia do subdesenvolvimento*, tradução para o português, São Paulo, Difusão Europeia do Livro, 1966.

LACOUR-GAYET, Jacques (dir.). *Historia del comercio*, 3 vols., tradução para o espanhol, Barcelona, Vergara, 1958.

LANDES, David. *The Unbound Prometheus: Technological Change and Industrial Development in Western Europe from 1750 to the Present*, Cambridge, Cambridge University Press, 1972.

LANDHEER, Bartholomew, et al. *La nación holandesa*, tradução para o espanhol, México, Fondo de Cultura Económica, 1945.

LAPA, José R. do Amaral. *A Bahia e a carreira da Índia*, São Paulo, Companhia Editora Nacional, 1969.

__________. *Economia colonial*, São Paulo, Perspectiva, 1973.

__________. *O Brasil e as drogas do Oriente*, Marília, coleção Boletins da Faculdade de Filosofia, Ciências e Letras, 1966.

__________. "O tabaco brasileiro no século XVIII (anotações aos estudos sobre o tabaco de Joaquim de Amorim Castro)", separata de *Studia*, nº 29, Lisboa, 1970.

LARRAZ, José. *La época del mercantilismo en Castilla (1500-1700)*, Madri, Atlas, 1943, 2ª ed.

LEFORT, Claude. *Le Travail de l'oeuvre: Machiavel*, Paris, Gallimard, 1972.

LEGENDRE, Pierre. "Reactionnaires et politiques devant la crise coloniale", *Revue Historique*, vol. LCXXXI, 1964, pp. 357-376.

LEROY-BEAULIEU, Paul. *De la colonisation chez les peuples modernes* [1874], 2 vols., Paris, Guillemin et Cie., 1902, 5ª ed.

LESSA, Clado Ribeiro de. "As bibliotecas brasileiras dos tempos coloniais", *Revista do Instituto Histórico e Geográfico Brasileiro*, Rio de Janeiro, tomo CXCI, 1946, pp. 339-345.

LETAYF, Marcelo Bitar. *Economistas españoles del siglo XVIII: sus ideas sobre la libertad del comercio con las Indias*, Madri, Cultura Hispánica, 1968.

LIMA, Alceu Amoroso. "Época, vida e obra de Cairu", in LISBOA, José da Silva, *Princípios de economia política* [1804], edição comentada por L. Nogueira de Paula, Rio de Janeiro, Pongetti, 1956.

LIMA, Heitor Ferreira. *História político-econômica e industrial do Brasil*, São Paulo, Companhia Editora Nacional, 1970.

__________. *História do pensamento econômico no Brasil*, São Paulo, Companhia Editora Nacional, 1976.

__________. *Formação industrial do Brasil (período colonial)*, Rio de Janeiro, Fundo de Cultura, 1961.

LIMA, Manuel de Oliveira. *D. João VI no Brasil (1808-1821)*, 3 vols., Rio de Janeiro, José Olympio, 1945, 2ª ed.

LINDEN, Herman van der e LANNOY, Charles de, *Histoire de l'expansion coloniale des peuples européens*, Bruxelas, Lamertin, 1907.

LINDSAY, J. O. "International Relations", in CLARK, George N. (dir.), *The New Cambridge Modern History*, Cambridge, Cambridge University Press, 1957 vol. VII, pp. 191-213.

LIPSON, E. *The Growth of English Society*, Londres, Adam and Charles Black, 1959, 4ª ed.

__________. *Economic History of England*, 3 vols., Londres, Adam and Charles Black, 1949, 10ª ed.

LIVERMORE, H. *A New History of Portugal*, Cambridge, Cambridge University Press, 1966.

LOPES, Óscar e SARAIVA, Antonio J. *História da literatura portuguesa*, Porto, Porto Editora, s.d., 4ª ed.

LOPEZ, Robert S. "Trade in Medieval Europe: The South", in POSTAN, Michael e HABAKKUK, Hrothgar J. (dir.), *The Cambridge Economic History of Europe*, Cambridge, 1952, vol. 2, pp. 257-338.

LOUREIRO, Fernando P., "Vida e ideias econômicas de José Acúrsio das Neves", Lisboa, 1957, separata de *Revista do Centro de Estudos Económicos*, nº 16 e 17.

LOWENTHAL, David. "Colonial Experiments in French Guiana, 1760-1800", *The Hispanic American Historical Review*, vol. XXXII, 1952, pp. 22-43.

LUZ, Nícia Villela. "Inquietação revolucionária no Sul: a conjuração mineira", in HOLANDA, Sérgio Buarque de (dir.). *História geral da civilização brasileira*, tomo I, vol. 2, São Paulo, Difusão Europeia do Livro, 1960, pp. 294-406.

LUZZATTO, Gino. *Storia economica dell'età moderna e contemporanea*, 2 vols., Padua, CEDAM, 1955.

MACEDO, Jorge de. *A situação económica no tempo de Pombal: alguns aspectos*, Porto, Portugália, 1951.

__________. *Problemas de história da indústria portuguesa no século XVIII*, Lisboa, Associação Industrial Portuguesa, 1963.

__________. *O bloqueio continental: economia e guerra peninsular*, Lisboa, Delfos, 1962.

__________. "Portugal e a economia pombalina: temas e hipóteses", *Revista de História*, nº 19, 1954, pp. 81-99.

__________. "O pensamento econômico do Cardeal da Mota. Contribuição para o seu estudo", *Revista da Faculdade de Letras de Lisboa*, 3ª série, nº 4, 1960.

MACHADO, Lourival Gomes. "Política e administração sob os últimos Vice-Reis", in HOLANDA, Sérgio Buarque de (dir.), *História geral da civilização brasileira*, tomo I, vol. 2, São Paulo, 1960, pp. 355-379.

MAGALHÃES, Basílio de. *Expansão geográfica do Brasil colonial*, Rio de Janeiro, EPASA, 1944, 3ª ed.

MAGALHÃES, José Calvet. *História do pensamento económico em Portugal*, Coimbra, Universidade de Coimbra, 1967.

MALAVÉ-MATA, Héctor. "Reflexões sobre o modo de produção colonial latino americano", in SANTIAGO, Théo A. (org.), *América colonial: ensaios*, Rio de Janeiro, Pallas, 1975.

MANCHESTER, Allan K. *Britsh Preeminence in Brazil: Its Rise and Decline*, Chapel Hill, University of North Carolina Press, 1933.

MANNHEIM, Karl. *Ideologia e utopia*, tradução para o português, Porto Alegre, Globo, 1959.

__________. "Conservative thought", *Essays on Sociology and Social Psychology*, Londres, Routledge & Kegan Paul, 1953.

MANTOUX, Paul. *The Industrial Revolution in the Eighteenth Century*, tradução para o inglês, Londres, Jonathan Cape, 1961.

MARCHAL, Jean. *Le Mécanisme des prix*, Paris, De Médicis, 1961, 3ª ed.

MARCHANT, Alexander. *From Barter to Slavery*, Baltimore, Johns Hopkins Press, 1942.

__________. "Tiradentes in the Conspiracy of Minas", *The Hispanic American Historical Review*, vol. XXI, 1941, pp. 239-257.

MARQUES, A. H. de Oliveira. *História de Portugal*, 2 vols., Lisboa, Ágora, 1973.

MARQUES, Maria Adelaide S. *A Real Mesa Censória e a cultura nacional*, Coimbra, s.ed., 1963.

MARTIN, Gaston. *Histoire de l'esclavage dans les colonies françaises*, Paris, Gérard Monfort, 1948.

__________. *L'Ère des négriers*, Paris, Félix Alcan, 1931.

MARTINS, Francisco A. O. *Pina Manique, o político*, Lisboa, Sociedade Industrial de Tipografia, 1948.

MARTINS, J. P. de Oliveira. *Portugal contemporâneo*, 3 vols., Lisboa, Guimarães, 1953.

__________. *História de Portugal*, 2 vols., Lisboa, Guimarães, 1951.

__________. *O Brasil e as colónias portuguesas*, Lisboa, Guimarães, 1953.

MARX, Karl. *El Capital: crítica de la economía política*, 3 vols., tradução para o espanhol, México, Fondo de Cultura Económica, 1946.

__________. *História crítica de la teoría de la plusvalía*, 3 vols., tradução para o espanhol, México, Fondo de Cultura Económica, 1945.

MARX, Karl e ENGELS, Friedrich. *Sobre el colonialismo*, tradução para o espanhol, Córdoba, Cuadernos de Pasado y Presente, nº 37, 1973.

MASSELMAN, George. "Dutch Colonial Policy in the XVIIth Century", *The Journal of Economic History*, vol. XXI, 1961, pp. 455-468.

MATTOSO, Kátia M. de Queiroz. *Presença francesa no movimento democrático baiano de 1798*, Salvador, Itapoã, 1969.

MAURO, Frédéric. *Le Portugal et l'Atlantique au XVIIe siècle: étude économique*, Paris, SEVPEN, 1960.

__________. *Nova História, Novo Mundo*, tradução para o português, São Paulo, Perspectiva, 1969.

__________. "A conjuntura atlântica e a Independência do Brasil", in MOTA, C. G. (org.), *1822: dimensões*, São Paulo, Perspectiva, 1972.

MAUZI, Robert. *L'Idée du bonheur dans la littérature et la pensée française au XVIIIe siècle*, Paris, Armand Colin, 1965.

MAXWELL, Kenneth R. *Conflicts and Conspiracies: Brazil and Portugal (1750-1808)*, Cambridge, Cambridge University Press, 1973.

__________. "The Generation of 1790's and the Idea of Luso-Brazilian Empire", in ALDEN, Dauril (org.), *Colonial Roots of Modern Brazil*, Berkeley, University of California Press, 1973.

__________. "Pombal and Modernization of Luso-Brazilian Economy", separata de *The Hispanic American Historical Review*, vol. XLIII, 1968.

MCKISAK, May. *The Fourteenth Century, 1307-1399*, Oxford, Clarendon Press, 1959.

MELO, Astrogildo R. de e ALMEIDA, Antonia Fernanda P. de. "O Brasil no período dos Filipes", in HOLANDA, Sérgio Buarque de (dir.), *História geral da civilização brasileira*, São Paulo, Difusão Europeia do Livro, tomo I, vol. 1, pp. 176-189.

MENDONÇA, Marcos Carneiro de. *O intendente Câmara*, São Paulo, Companhia Editora Nacional, 1958.

MENEZES, Djacir. *O Brasil econômico*, Rio de Janeiro, Dip, 1944.

MERCADER-RIBA, Juan e ORTIZ, A. Dominguez. "La época del despotismo ilustrado", in VICENS-VIVES, Jaume (dir.), *Historia social y económica de España y América*, tomo IV, Barcelona, Teide, 1958.

MERLE, Marcel. *L'Anticolonialisme européen de Las Casas à Marx*, Paris, Armand Colin, 1969.

MERRIMAN, Roger B. *The Rise of Spanish Empire*, 3 vols., Nova York, McMillan, 1936.

MONCADA, Luís Cabral de. *Estudos de história do direito*, 3 vols., Coimbra, Imprensa da Universidade, 1950.

__________. *Um "iluminista" português no século XVIII: Luís Antônio Verney*, São Paulo, Saraiva, 1941.

MONTEIRO, Jônathas da Costa Rêgo. *A Colônia do Sacramento (1688-1777)*, 2 vols., Porto Alegre, Globo, 1937.

MORGAN, Edmund (org.). *The American Revolution: Two Centuries of Interpretation*, Nova York, Prentice Hall, 1965.

MORINI-COMBY, Jean. *Mercantilisme et protectionnisme: essai sur les doctrines interventionnistes en politique commerciale du XVe au XIXe siècle*, Paris, Félix Alcan, 1930.

MORNET, Daniel. *Les Origines intellectuelles de la Revolution Française (1715-1787)*, Paris, Armand Colin, 1954, 5ª ed.

MORRISON, Samuel E. e COMMAGER, Henry S. *The Growth of American Republic*, 2 vols., Nova York, Oxford University Press, 1960.

MORTON, J. W. O. "The Royal Timber in Late Colonial Bahia", *The Hispanic American Historical Review*, vol. 58, nº 1, fev. 1978.

MOTA, Carlos Guilherme. *Atitudes de inovação no Brasil, 1789-1801*, Lisboa, Horizonte, 1970.

__________. *Nordeste, 1817: estruturas e argumentos*, São Paulo, Perspectiva, 1972.

__________. "Mentalidade ilustrada na colonização portuguesa: Luís dos Santos Vilhena", *Revista de História*, nº 72, 1967, pp. 405-416.

__________ (org.). *1822: dimensões*, São Paulo, Perspectiva, 1972.

__________ (org.). *Brasil em perspectiva*, São Paulo, Difusão Europeia do Livro, 1968.

MOUSNIER, Roland. *Os séculos XVI e XVII*, in CROUZET, Maurice (dir.), *História geral das civilizações*, tomo IV, vol. 1, tradução para o português, São Paulo, Difusão Europeia do Livro, 1957.

MURET, Pierre. *La Prépondérance anglaise (1715-1763)*, Paris, PUF, 1949, 3ª ed.

NEF, John U. *La conquista del mundo material*, tradução para o espanhol, Buenos Aires, Paidós, 1969.

__________. "Prices and Industrial Capitalism in France and England, 1540-1640", in CARUS-WILSON, Eleanora M. (dir.), *Essays in Economic History*, vol. 1, Londres, Edward Arnold, 1958.

__________. "The Progress of Technology and the Growth of Large Scale Industry in Great Britain, 1540-1640", in CARUS-WILSON, Eleanora M. (dir.), *Essays in Economic History*, vol. I, Londres, Edward Arnold, 1958.

NELSON, William. "The Revolutionary Character of American Revolution", *The American Historical Review*, vol. LXX, 1965, pp. 998-1015.

NEME, Mário. "A Holanda e a Companhia das Índias Ocidentais no tempo do domínio holandês no Brasil", São Paulo, 1968, separata de *Anais do Museu Paulista*.

The New Cambridge Modern History, 14 vols., dir. por George N. Clark, Londres, Cambridge University Press, 1957.

NEWTON, Arthur P. "The Great Emigration, 1618-1648", in ROSE, John H., NEWTON, Arthur P. e BENIANS, Ernest A. (dir.), *The Cambridge History of British Empire*, Cambridge, Cambridge University Press, vol. I, 1960, pp. 136-181.

NOVAIS, Fernando A. "A proibição das manufaturas no Brasil e a política econômica portuguesa do fim do século XVIII", *Revista de História*, nº 67, 1966, pp. 145-166.

__________. "O Brasil nos quadros do Antigo Sistema Colonial", in MOTA, Carlos G. (org.), *Brasil em perspectiva*, São Paulo, Difusão Europeia do Livro, 1968, pp. 53-71.

__________. "Colonização e Sistema Colonial: discussão de conceitos e perspectiva histórica", *Anais do IV Simpósio Nacional dos Professores Universitários de História*, 1969.

__________ e FALCON, Francisco. "A extinção da escravatura africana em Portugal no quadro da política econômica pombalina", *Anais do VI Simpósio Nacional dos Professores Universitários de História*, São Paulo, 1973.

OTS-CAPDEQUI, Jose M. *El Estado español en las Indias*, México, Fondo de Cultura Económica, 1946, 2ª ed.

PALACIN, Luís. *Goiás, 1722-1822: estrutura e conjuntura numa capitania de minas*, Goiânia, Gráfica Oriente, 1972.

PALMER, Robert. *The Age of Democratic Revolution*, 2 vols., Princeton, Princeton University Press, 1959.

PALMER, Robert e GODECHOT, Jacques. "Le Problème de l'Atlantique du XVIIIe au XXe siècle", *Relazione del X Congresso Internazionale di Scienze Storiche*, Florença, 1955, vol. V, pp. 173-239.

PANTALEÃO, Olga. *A penetração comercial da Inglaterra na América espanhola de 1773-1783*, São Paulo, FFCL-USP, 1946.

PARRY, John H. e THISTLETHWAITE, Frank. "Rivalries in America" in CLARK, G. (dir.), *The New Cambridge Modern History*, Cambridge, Cambridge University Press, vol. VII, 1957, pp. 514-540.

PASSARELLI, Bruno. *Colonialismo y acumulación en la Europa moderna*, Buenos Aires, Preamar, 1973.

PAULA, Luís Nogueira de. "Brasil", in *El pensamiento económico latinoamericano*, México, Fondo de Cultura Económica, 1945.

PAULA, Samuel de. *Aspectos negativos da colonização portuguesa*, Rio de Janeiro, Paralelo, 1971.

PEREIRA, Gonsalves A. "As consequências econômicas dos descobrimentos e das conquistas", in CIDADE, Hernani e BAIÃO, António (dir.), *História da expansão portuguesa no mundo*, Lisboa, Ática, 1940, tomo III.

PEREIRA, Myriam Halpern. *Livre-câmbio e desenvolvimento económico*, Lisboa, Cosmos, 1971.

PERES, Damião. *A diplomacia portuguesa e a sucessão de Espanha (1700-1704)*, Barcelos, Portucalense, 1931.

__________ (dir.). *História de Portugal*, 9 vols., Barcelos, Portucalense, 1928-1937.

PETRONE, Maria T. Schörer. *A lavoura canavieira em São Paulo (1765-1851)*, São Paulo, Difusão Europeia do Livro, 1968.

PICÓN-SALAS, Mariano. *De la Conquista a la Independencia: tres siglos de historia cultural hispano-americana*, México, Fondo de Cultura Económica, 1944.

PINHO, J. Wanderley. *A abertura dos portos*, Salvador, Publicações da Universidade da Bahia, 1961.

PINS, Jean de. "La Correspondance de Mallet du Pin avec la Cour de Lisbonne", *Annales Historiques de la Révolution Française*, vol. XXXVI, 1964, pp. 469-477.

PINTO, Virgilio Noya. *O ouro brasileiro e o comércio anglo-português: contribuição ao estudo da economia atlântica no século XVIII*, mimeo, São Paulo, Universidade de São Paulo, 1972.

PIRENNE, Henri. *Les Anciennes démocraties des Pays-Bas*, Paris, Flammarion, 1910.

__________. *Historia económica y social de la Edad Media*, tradução para o espanhol, Mexico, Fondo de Cultura Económica, 1961.

PLONGERON, Bernard. "Recherches sur *l'Aufklärung* catholique' en Europe occidentale", *Revue d'Histoire Moderne et Contemporaine*, vol. XVI, 1969, pp. 555-605.

POMEAU, René. *Politique de Voltaire*, Paris, Armand Colin, 1963.

POSTAN, Michael. "Trade in Medieval Europe: The North", in POSTAN, Michael (dir.), *The Cambridge Economic History of Europe*, Cambridge, Cambridge University Press, 1952, vol. II, pp. 119-251.

PRADA, Valentin Vasquez de. *Historia económica mundial*, 2 vols., Madri, Rialp, 1964.

PRADO JR., Caio. *Formação do Brasil contemporâneo*, São Paulo, Brasiliense, 1953, 5ª ed.

__________. *História econômica do Brasil*, São Paulo, Brasiliense, 1953, 3ª ed.

PRESTAGE, Edgar. *As relações diplomáticas de Portugal com a França, a Inglaterra e a Holanda de 1640 a 1668*, tradução para o português, Coimbra, Imprensa da Universidade, 1942.

__________. "The Anglo-Portuguese Alliance", *Transactions of The Royal Historical Society*, 4ª série, vol. XVII, 1934, pp. 69-100.

PRIMERIO, Fr. Fidelis de. *Capuchinhos em Terras de Santa Cruz nos séculos XVII, XVIII e XIX*, São Paulo, Martins, 1942.

QUENTAL, Antero de. "Causas da decadência dos povos peninsulares nos últimos três séculos" [1871], *Prosas*, vol. II, Lisboa, Couto Martins, s.d., pp. 92-141.

RAMOS-PÉREZ, Demétrio. *Historia de la colonización española en América*, Madri, Ediciones Pegaso, 1947.

RÉAU, Louis. *L'Europe française au Siècle des Lumières*, Paris, Albin Michel, 1971.

REDDAWAY, William F. "Rivalry for Colonial Power, 1660-1713", in ROSE, John H., NEWTON, Arthur P. e BENIANS, Ernest A. (dir.), *The Cambridge History of the British Empire*, Cambridge, Cambridge University Press, 1960, vol. I, pp. 300-329.

REES, J. F. "Mercantilism and the Colonies" in ROSE, John H.; NEWTON, Arthur P. e BENIANS, Ernest A. (dir.), *The Cambridge History of the Britsh Empire*, Cambridge, Cambridge University Press, 1960, vol. I, pp. 561-601.

__________. "Colonial System", in SELIGMAN, Edwin R. A. e JOHNSON, Alvin S., *Encyclopedia of Social Sciences*, Londres, Macmillan, 1937, vol. III, pp. 651-653.

REIS, Arthur Cezar Ferreira. *A política de Portugal no vale amazônico*, Belém, Novidade, 1940.

__________. "O comércio colonial e as companhias privilegiadas", in HOLANDA, Sérgio Buarque de (dir.), *História geral da civilização brasileira*, São Paulo, 1960, tomo I, vol. 2, pp. 311-339.

__________. "Os tratados de limites", in HOLANDA, Sérgio Buarque de (dir.), *História geral da civilização brasileira*, São Paulo, 1960, tomo I, vol. 1, pp. 364-379.

REIS, Paulo Pereira dos. *O colonialismo português e a conjuração mineira*, São Paulo, Companhia Editora Nacioal, 1964.

RENOUVIN, Pierre (org.). *Histoire des relations internationales*, 8 vols., Paris, Hachette, 1963.

RIBEIRO, Angelo. "A atividade diplomática da Restauração" e "De Montijo à morte de D. João IV", in PERES, Damião (dir.), *História de Portugal*, tomo VI, Barcelos, 1934, pp. 23-40.

RIBEIRO JR., José. *Colonização e monopólio no Nordeste brasileiro: a Companhia Geral de Pernambuco e Paraíba (1759-1780)*, São Paulo, Hucitec, 1976.

RIBEIRO, Orlando. *Portugal, o Mediterrâneo e o Atlântico*, Lisboa, Sá da Costa, 1963, 2ª ed.

RIVEREND-BRESONE, Júlio. "Las ideas económicas en el *Papel Periodico de la Havana* (1790-1805)", *Estúdios históricos americanos: homenaje a Silvio Zavala*, México, El Colegio de México, 1953.

ROBERTSON, Ross. *História da economia americana*, 2 vols., tradução para o português, Rio de Janeiro, Record, 1967.

RODRIGUES, José Honório. *Brasil: período colonial*, México, Instituto Panamericano de Geografía e Historia, 1953.

__________. "D. Henrique e a abertura da fronteira mundial", in *História e historiografia*, Petrópolis, Vozes, 1970.

__________. "A literatura brasileira sobre o açúcar no século XVIII", *Brasil Açucareiro*, vol. XX, 1942, pp. 25-62.

ROLL, Eric. *History of Economic Thought*, Londres, Faber & Faber, 1956.

ROSCHER, Wilhelm e JANNASCH, Robert. *Kolonien, Kolonialpolitik und Auswanderung*, Leipzig, C. F. Winter'sche, 1885, 3ª ed.

ROSE, John H., NEWTON, Arthur P. e BENIANS, Edward A. (dir.), *The Cambridge History of the British Empire*, 8 vols., Cambridge, Cambridge University Press, 1960.

ROSTOW, Walt W. *As etapas do desenvolvimento econômico*, tradução para o português, Rio de Janeiro, Zahar, 1961.

ROVIRA, Maria del Carmen. *Ecléticos portugueses del siglo XVIII y algunas de sus influencias en América*, México, El Colegio de México, 1958.

RUY, Afonso. *A primeira revolução social brasileira*, Rio de Janeiro, Laemmert, 1970, 3ª ed.

SAGNAC, Philippe. *La Fin de l'Ancien Régime et la Révolution Americaine (1763-1789)*, Paris, PUF, 1952, 3ª ed.

__________ e SAINT-LEGER, Alexandre. *La Prépondérance française (1661-1715)*, Paris, PUF, 1935.

SÁNCHEZ-ALBORNOZ, Nicolás. *La población de América Latina*, Madri, Alianza, 1973.

SANTIAGO, Théo A. (org.). *América colonial: ensaios*, Rio de Janeiro, Pallas, 1975.

SANTOS, Célia Nunes Galvão Quirino dos. "A Inconfidência Mineira", São Paulo, 1966, separata de *Anais do Museu Paulista*, vol. XX.

SANTOS, Fernando Piteira. *Geografia e economia da Revolução de 1820*, Lisboa, Europa-América, 1962.

SARAIVA, Antônio José. *Inquisição e cristãos-novos*, Lisboa, Inova, 1969.

SARRAILH, Jean. *L'Espagne éclairée de la seconde moitié du XVIIIe siècle*, Paris, C. Klincksieck, 1954.

SARTRE, Jean-Paul. *Questão de método*, tradução para o português, São Paulo, Difusão Europeia do Livro, 1966.

SCELLE, Georges. *La Traite negrière aux Indes de Castille*, 2 vols., Paris, Recueil Sirey, 1906.

SCHENK, Hans G. "Revolutionary Influences and Conservatism in Literature and Thought", in CLARK, George N. (dir.), *The New Cambridge Modern History*, vol. IX, Cambridge, Cambridge University Press, 1965, pp. 91-117.

SCHUMPETER, Joseph A. *History of Economic Analysis*, Nova York, Oxford University Press, 1959.

SCHUYLER, Robert. *The Fall of the Old Colonial System: A Study in British Free Trade, 1770-1870*, Londres, Oxford University Press, 1945.

SCHWARTZ, Stuart. "Free Labor in a Slave Economy: The *Lavradores de Cana* of Colonial Brazil", in ALDEN, Dauril (dir.), *Colonial Roots of Modern Brazil*, Berkeley, University of California Press, 1973.

SÉDILLOT, René. *Historia de las colonizaciones*, tradução para o espanhol, Barcelona, Ayma, 1961.

SÉE, Henri. *As origens do capitalismo moderno*, tradução para o português, Rio de Janeiro, Fundo de Cultura, 1959.

__________. *Histoire économique de la France*, 2 vols., Paris, Armand Colin, 1948.

SEMMEL, Bernard. *The Rise of Free Trade Imperialism*, Cambridge, Cambridge University Press, 1970.

SÉRGIO, António. *Historia de Portugal*, tradução para o espanhol, Barcelona, Labor, 1929.

__________. "A conquista de Ceuta", *Ensaios*, vol. I, Coimbra, Atlântida, 1949, 2ª ed., pp. 307-329.

__________. "O reino cadaveroso ou o problema da cultura de Portugal", *Ensaios*, vol. II, Lisboa, Europa-América, 1957, 2ª ed., pp. 41-83.

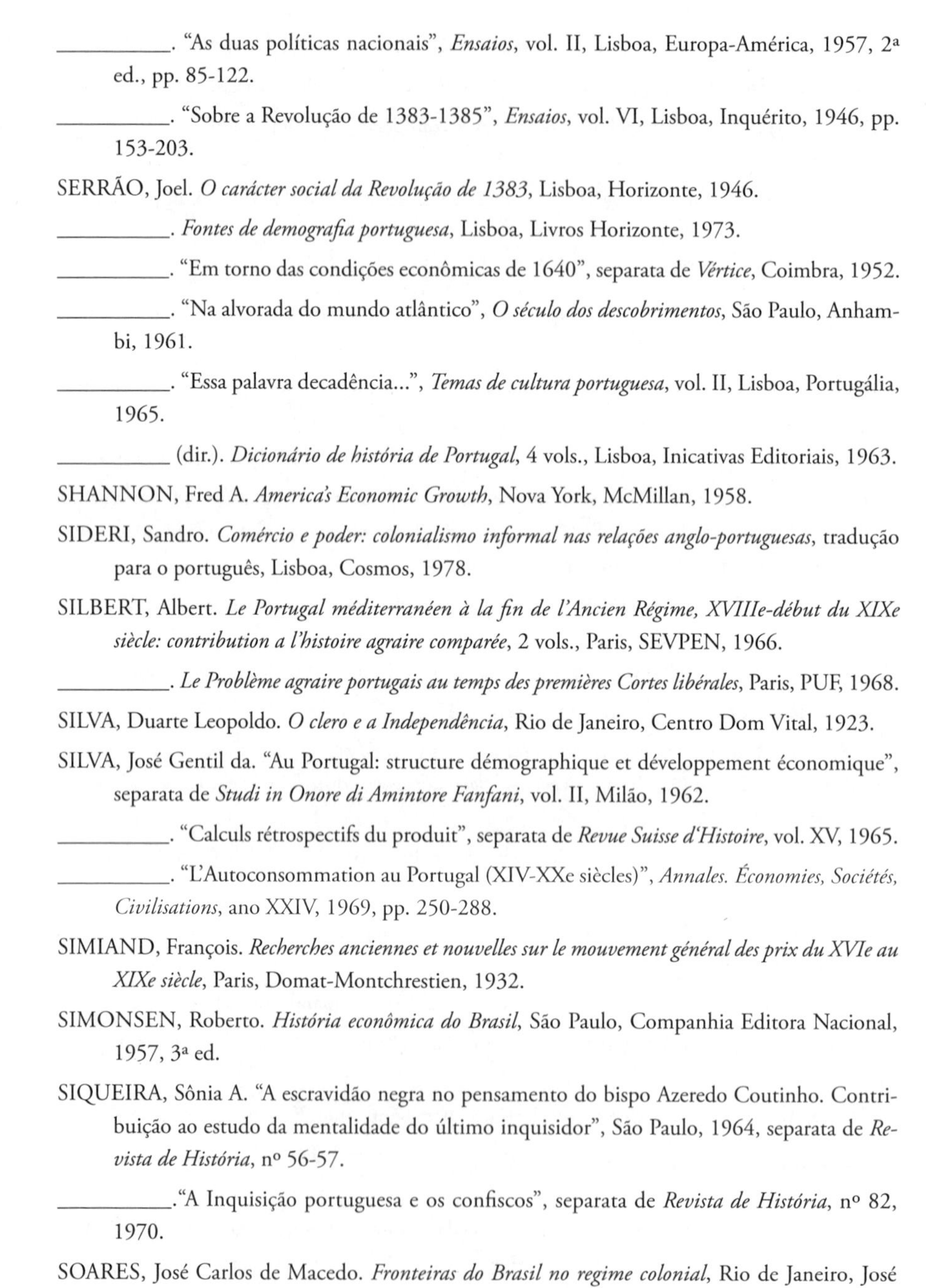

__________. "As duas políticas nacionais", *Ensaios*, vol. II, Lisboa, Europa-América, 1957, 2ª ed., pp. 85-122.

__________. "Sobre a Revolução de 1383-1385", *Ensaios*, vol. VI, Lisboa, Inquérito, 1946, pp. 153-203.

SERRÃO, Joel. *O carácter social da Revolução de 1383*, Lisboa, Horizonte, 1946.

__________. *Fontes de demografia portuguesa*, Lisboa, Livros Horizonte, 1973.

__________. "Em torno das condições econômicas de 1640", separata de *Vértice*, Coimbra, 1952.

__________. "Na alvorada do mundo atlântico", *O século dos descobrimentos*, São Paulo, Anhambi, 1961.

__________. "Essa palavra decadência...", *Temas de cultura portuguesa*, vol. II, Lisboa, Portugália, 1965.

__________ (dir.). *Dicionário de história de Portugal*, 4 vols., Lisboa, Inicativas Editoriais, 1963.

SHANNON, Fred A. *America's Economic Growth*, Nova York, McMillan, 1958.

SIDERI, Sandro. *Comércio e poder: colonialismo informal nas relações anglo-portuguesas*, tradução para o português, Lisboa, Cosmos, 1978.

SILBERT, Albert. *Le Portugal méditerranéen à la fin de l'Ancien Régime, XVIIIe-début du XIXe siècle: contribution a l'histoire agraire comparée*, 2 vols., Paris, SEVPEN, 1966.

__________. *Le Problème agraire portugais au temps des premières Cortes libérales*, Paris, PUF, 1968.

SILVA, Duarte Leopoldo. *O clero e a Independência*, Rio de Janeiro, Centro Dom Vital, 1923.

SILVA, José Gentil da. "Au Portugal: structure démographique et développement économique", separata de *Studi in Onore di Amintore Fanfani*, vol. II, Milão, 1962.

__________. "Calculs rétrospectifs du produit", separata de *Revue Suisse d'Histoire*, vol. XV, 1965.

__________. "L'Autoconsommation au Portugal (XIV-XXe siècles)", *Annales. Économies, Sociétés, Civilisations*, ano XXIV, 1969, pp. 250-288.

SIMIAND, François. *Recherches anciennes et nouvelles sur le mouvement général des prix du XVIe au XIXe siècle*, Paris, Domat-Montchrestien, 1932.

SIMONSEN, Roberto. *História econômica do Brasil*, São Paulo, Companhia Editora Nacional, 1957, 3ª ed.

SIQUEIRA, Sônia A. "A escravidão negra no pensamento do bispo Azeredo Coutinho. Contribuição ao estudo da mentalidade do último inquisidor", São Paulo, 1964, separata de *Revista de História*, nº 56-57.

__________."A Inquisição portuguesa e os confiscos", separata de *Revista de História*, nº 82, 1970.

SOARES, José Carlos de Macedo. *Fronteiras do Brasil no regime colonial*, Rio de Janeiro, José Olympio, 1939.

SOBOUL, Albert. "Jean-Jacques Rousseau et le jacobinisme", *Paysans, sans-culottes et jacobins*, Paris, Clavreuil, 1966, pp. 256-279.

__________ (introdução e notas). "L'*Encyclopédie* et le mouvement encyclopédiste", *Textes choisis de l'Encyclopédie*, Paris, Éditions Sociales, 1962, 2ª ed.

SODRÉ, Nelson Werneck. *As razões da Independência*, Rio de Janeiro, Civilização Brasileira, 1965.

__________. *A ideologia do colonialismo: seus reflexos no pensamento brasileiro*, Rio de Janeiro, ISEB, 1961.

__________. *O Tratado de Methuen*, Rio de Janeiro, ISEB, 1957.

__________. *História da imprensa no Brasil*, Rio de Janeiro, Civilização Brasileira, 1966.

SOLDEVILLA, Ferran. *Historia de España*, 4 vols., tradução para o espanhol, Barcelona, Ariel, 1964.

SOMMER, Louise. "Cameralism", *Encyclopaedia of Social Sciences*, vol. III, pp. 158-161.

SORRE, Maximilien. *Les Migrations des peuples*, Paris, Flammarion, 1955.

SOUZA, José Antonio Soares de. "Aspectos do comércio do Brasil e de Portugal no fim do século XVIII e começo de XIX", *Revista do Instituto Histórico e Geográfico Brasileiro*, Rio de Janeiro, tomo 289, 1971.

SPALDING, Walter. "Jefferson e o Brasil", *Revista de História*, nº 24, 1955, pp. 355-386.

STARK, Werner. *Historia de la economía en su relación con el desarrollo social*, tradução para o espanhol, México, Fondo de Cultura Económica, 1961.

STEIN, Stanley e STEIN, Barbara. *La herencia colonial de América Latina*, tradução para o espanhol, México, Siglo XXI, 1970.

STIGLER, George. *La teoría de los precios*, tradução para o espanhol, Madri, Editorial Revista de Derecho Privado, 1953.

TARRADE, Jean. "L'Administration coloniale en France à la fin de l'Ancien Régime: projets de réforme", *Revue Historique*, vol. CCXXIX, 1963, pp. 103-122.

TAVARES, Luís Henrique Dias. *História da sedição intentada na Bahia em 1798*, São Paulo, Pioneira, 1975.

TELLES, José Homem Correa. *Comentário crítico à Lei da Boa Razão em data de 18 de agosto de 1769*, Lisboa, Typographia de Maria da Madre de Deus, 1865.

TOCQUEVILLE, Alexis de. *L'Ancien Régime et la Révolution*, in *Oeuvres complètes*, MAYER, Jacob P. (org.), Paris, Gallimard, 1952.

TREVELYAN, George M. *História da Inglaterra*, 2 vols., tradução para o português, Lisboa, Cosmos, 1946.

VALJAVEC, Fritz. *Historia de la Ilustración en Occidente*, tradução para o espanhol, Madri, Rialp, 1964.

VARNHAGEN, Francisco Adolfo de. *História geral do Brasil*, 5 vols., São Paulo, Melhoramentos, s.d., 3ª ed.

_________. *História das lutas com os holandeses no Brasil*, Salvador, Progresso, 1955.

VASCONCELLOS, Sylvio de. *Mineiridade: ensaio de caracterização*, Belo Horizonte, Imprensa Oficial, 1968.

VENTURI, Franco. *Utopia e riforma nell'Illuminismo*, Turim, Einaudi 1970.

_________. "Economisti e riformatori spagnoli e italiani del '700", *Rivista Storica Italiana*, vol. LXXIV, 1962, pp. 532-561.

VERGER, Pierre. *Flux et reflux de la traite des nègres entre le Golfe de Benin et Bahia de Todos os Santos du XVIIe au XIXe siècle*, Paris, Mouton, 1968.

VERLINDEN, Charles. *Les Origines de la civilisation atlantique*, Neuchâtel, La Baconnière, 1966.

_________. *Introduction à l'histoire économique générale*, Coimbra, Universidade de Coimbra, 1948.

VIANNA, Antônio. *Introdução aos apontamentos para a história diplomática comtemporânea (1789-1815)*, Lisboa, Ferrin, 1907.

VICENS-VIVES, Jaume (dir.). *Historia social y económica de España y América*, 5 vols., Barcelona, Teide, 1957.

_________. *Manual de historia económica de España*, Barcelona, Editorial Vicens-Vives, 1964, 3ª ed.

VILAR, Pierre. *Oro y moneda en la historia (1450-1920)*, tradução para o espanhol, Barcelona, Ariel, 1969.

VLEKKE, Bernard M. "Las Índias Orientales holandesas", in LANDHEER, Bartholomew (dir.), *La nación holandesa*, tradução para o espanhol, México, Fondo de Cultura Económica, 1945.

WALLERSTEIN, Immanuel. *The Modern World System*, Nova York, Academic Press, 1974.

WÄTJEN, Hermann. *O domínio colonial holandês no Brasil*, tradução para o português, São Paulo, Companhia Editora Nacional, 1938.

WHITAKER, Arthur P. "The Dual Role of Latin America in Enlightenment", *Latin America and Enlightenment*, Nova York, D. Appleton-Century, 1942.

WEBER, Max. *Wirtschaftsgeschichte*, Berlim, Duncker & Humblot, 1958, 3ª ed.

WEULERSSE, Georges. *Le Mouvement physiocratique en France*, 2 vols., Paris, Mouton, 1910.

_________. *La Physiocratie à la fin du régne de Louis XV (1770-1774)*, Paris, PUF, 1959.

WHEELER, G. C. "The *Discours Politique* Attributed to Pombal", *English Historical Review*, vol. XIX, 1904, pp. 128-131.

WILGUS, Alva Curtis (org.). *Colonial Hispanic America*, Washington, The George Washington University Press, 1936.

WILLIAMS, Eric. *Capitalism & Slavery*, Nova York, Russell & Russell, 1961, 2ª ed.

WILLIAMSON, James A. "The Beginnings of an Imperial Policy", in ROSE, John H., NEWTON, Arthur P. e BENIANS, Ernest A. (dir.), *The Cambridge History of British Empire*, Cambridge, Cambridge University Press, 1960, vol. I, pp. 207-237.

WILSON, Charles. "The Economic Decline of the Netherlands", in CARUS-WILSON, Eleanora (dir.), *Essays in Economic History*, Londres, Edward Arnold, 1958, pp. 254-270.

WINCH, Donald. *Classical Political Economy and Colonies*, Londres, G. Bell and Sons, 1965.

WOLPE, Hans. *Raynal et sa machine de guerre: l'Histoire de deux Indes et ses perfectionnements*, Stanford, Stanford University Press, 1957.

WRIGHT, Antônia Fernanda Pacca de Almeida. *Desafio americano à preponderância britânica no Brasil*, Rio de Janeiro, Companhia Editora Nacional, 1972.

ZELLER, Gaston. *Les Temps modernes*, tomo II de RENOUVIN, Pierre (dir.), *Histoire des relations internationales*, Paris, Hachette, 1963.

ZEMELLA, Mafalda. *O abastecimento da capitania das Minas Gerais no século XVIII*, São Paulo, FFCL-USP, 1951.

Sobre o autor

Fernando Antônio Novais nasceu em Guararema (SP) em 1933. Em 1958 formou-se em História e Geografia pela Faculdade de Filosofia, Ciências e Letras da Universidade de São Paulo. No mesmo ano ingressou como assistente da cadeira de História Econômica da Faculdade de Economia e Administração da USP, que tinha Alice Piffer Canabrava como catedrática. Em 1960 transferiu-se para a cátedra de História Moderna e Contemporânea da FFCL, sob a orientação de Eduardo d'Oliveira França. Doutorou-se em 1973 pela FFLCH-USP e nessa instituição permaneceu até 1985, quando, aposentado, ingressou como convidado no Instituto de Economia da Unicamp, onde deu aulas até 2003. Como historiador atuou em atividades docentes e de pesquisa na Europa (França, Portugal e Bélgica) e nos Estados Unidos (Texas, Califórnia e Nova York), tendo recebido o título de professor emérito da USP em 2006. É autor de *Portugal e Brasil na crise do Antigo Sistema Colonial (1777-1808)* (Hucitec, 1979), *A independência política do Brasil*, com Carlos Guilherme Mota (Moderna, 1986) e *Aproximações: estudos de história e historiografia* (Cosac Naify, 2005). Dirigiu a coleção *História da vida privada no Brasil* (Companhia das Letras, 1997-1998), em quatro volumes, e, com Rogerio Forastieri da Silva, organizou e assinou a introdução da antologia *Nova História em perspectiva* (Cosac Naify, 2011-2013), em dois volumes.

SOBRE O AUTOR

Este livro foi composto
em Adobe Garamond pela
Bracher & Malta, com CTP e
impressão da Bartira Gráfica e Editora
em papel Pólen Soft 70 g/m^2
da Cia. Suzano de Papel
e Celulose para a Editora 34,
em setembro de 2019.